权威·前沿·原创

皮书系列为
“十二五”“十三五”国家重点图书出版规划项目

中国人力资源发展报告（2017）

ANNUAL REPORT ON THE DEVELOPMENT OF CHINA'S HUMAN RESOURCES (2017)

主　编／余兴安
副主编／李维平

图书在版编目(CIP)数据

中国人力资源发展报告. 2017 / 余兴安主编. -- 北京：社会科学文献出版社，2017.11

（人力资源蓝皮书）

ISBN 978 - 7 - 5201 - 1667 - 1

Ⅰ. ①中… Ⅱ. ①余… Ⅲ. ①人力资源管理 - 研究报告 - 中国 - 2017 Ⅳ. ①F249.21

中国版本图书馆 CIP 数据核字（2017）第 261201 号

人力资源蓝皮书
中国人力资源发展报告（2017）

主　　编 / 余兴安
副 主 编 / 李维平

出 版 人 / 谢寿光
项目统筹 / 邓泳红　吴　敏
责任编辑 / 宋　静

出　　版 / 社会科学文献出版社 · 皮书出版分社（010）59367127
　　　　　地址：北京市北三环中路甲 29 号院华龙大厦　邮编：100029
　　　　　网址：www.ssap.com.cn
发　　行 / 市场营销中心（010）59367081　59367018
印　　装 / 北京季蜂印刷有限公司

规　　格 / 开　本：787mm × 1092mm　1/16
　　　　　印　张：24　字　数：399 千字
版　　次 / 2017 年 11 月第 1 版　2017 年 11 月第 1 次印刷
书　　号 / ISBN 978 - 7 - 5201 - 1667 - 1
定　　价 / 89.00 元

皮书序列号 / PSN B - 2012 - 287 - 1/1

《中国人力资源发展报告（2017）》
编　委　会

主　　编　余兴安

副 主 编　李维平

编委会成员　（按姓氏音序排列）

柏良泽　蔡学军　陈　力　董志超
范　巍　何凤秋　金维刚　赖德胜
李建忠　李　普　李维平　李志更
梁玉萍　刘　霞　刘艳良　刘燕斌
柳学智　鲁士海　罗双平　苗月霞
莫　荣　潘小娟　庞　诗　苏永华
孙　锐　唐志敏　田永坡　萧鸣政
熊　缨　熊通成　徐　斌　杨伟国
袁　娟　郑东亮　周建华

主要编写人员　（按姓氏音序排列）

丁晶晶　董志超　冯　凌　范　巍
奉　莹　郭丽峰　何凤秋　郝玉明
李　慧　李　普　李维平　李学明
李志更　林　彤　刘敏华　刘　霞
刘　洋　黎　宇　穆桂斌　南连伟
庞　诗　孙　锐　孙一平　田永坡

主要编撰者简介

余兴安　中国人事科学研究院院长，研究员。历任中国人事科学研究院研究室主任、人事部人才流动开发司副司长、人力资源和社会保障部人力资源市场司副司长、山东省日照市副市长，兼任国际行政科学学会副主席、中国人才研究会常务副会长等。主要从事行政管理体制改革、人事制度改革与人才资源开发等研究。

李维平　中国人事科学研究院首席专家，研究员，国务院特殊津贴专家。曾任人事部人事与人才研究所人才资源开发理论研究室主任、中国人事科学研究院人才战略与规划研究室主任，兼任中国人才研究会常务理事、中国太平洋经济合作全国委员会人力资源开发工作委员会委员。长期从事人才战略及规划理论与技术研究。

中国人事科学研究院介绍

中国人事科学研究院（简称“人科院”）是隶属于中华人民共和国人力资源和社会保障部的一家从事人事制度改革、人才资源开发及公共行政等研究的国家级科研机构，是中央人才工作协调小组办公室命名的“人才理论研究基地”。

人科院肇端于1982年6月劳动人事部成立的人才资源研究所和1984年11月成立的行政管理科学研究所，经多次机构改革与职能调整后，于1994年7月正式成立。历经三十余年的发展，人科院积累了丰富的科研资源，培养了一支素质优良的科研队伍，形成了较完备的学术研究体系，产生了一大批具有较大影响力的科研成果，发挥了应有的参谋智囊作用，同时也成为全国人才与人事科学研究的合作交流中心。王通讯、吴江等知名学者曾先后担任院长之职，现任院长为余兴安研究员。

多年来，人科院围绕大局，服务中心，研究领域涉及行政管理体制改革、人才队伍建设、公务员管理、事业单位人事制度改革、企业人力资源管理、收入分配制度改革、就业与创业、人才流动与人力资源服务业发展等多方面。曾参与《公务员法》《事业单位人事管理条例》《国家中长期人才发展规划纲要》等重大政策法规的调研与起草，推动了相关领域诸多重大、关键性改革事业的发展。人科院每年承担中央单位和各省市下达或委托的数十项课题研究任务，出版十余部著作，发表百余篇学术论文，并编辑出版《中国人事科学》（月刊）、《国际行政科学评论》（季刊）、《第一资源》（集刊）、《中国人力资源发展报告》（年刊）、《中国人事科学研究报告》（年度出版）等学术刊物。

人科院是我国在国际行政科学学术交流与科研合作领域的重要组织与牵头单位，是国际行政科学学会（IIAS）和东部地区行政组织（EROPA）中国秘书处所在地，也是亚洲公共行政网络（AGPA）的主席国秘书处。通过多年努力，人科院在国际行政科学研究领域的作用与地位不断提升，2016年承办了国际行政科学学会联合大会，余兴安院长当选为国际行政科学学会副主席。

人科院注重与国家部委、地方政府、高等院校和科研院所的交流与合作，积极搭建学术交流平台，成立了“全国人事人才科研合作网”，每年举办科研年会，组织科研协作攻关。还与中国人民大学、首都经济贸易大学等院校联合招收硕士、博士研究生，设有公共管理学科博士后工作站。

摘　要

2016 年是全面建成小康社会决胜之年，是“十三五”开局之年，也是推进供给侧结构性改革的关键之年。在党中央、国务院的坚强领导下，人力资源和社会保障事业发展以习近平总书记系列重要讲话精神和治国理政新理念、新思想、新战略为遵循，围绕民生为本、人才优先工作主线，坚持改革创新、稳中求进、综合施策、精准发力，各项工作扎实推进，主要任务指标圆满完成，事业发展呈现良好态势，实现了“十三五”良好开局。

进入 2017 年，我国经济保持稳中向好，稳的格局在巩固，进的态势更明显。按照“五位一体”总体布局和“四个全面”战略布局，人力资源和社会保障工作坚持“三抓一促”方针，在改革和发展的新阶段做出了新努力、新成绩，呈现了新特点、新趋势。

人力资源蓝皮书《中国人力资源发展报告（2017）》以 2016 年下半年至 2017 年上半年为主要研究时段，有些重要制度安排和举措可能回溯至十八大以来。全书凝结了来自人力资源和社会保障领域近 40 位专家学者最新研究成果，展现了一年多来中国人力资源和社会保障事业发展的总体情况和未来走向。全书由总报告和六个专题报告组成。总报告对 2016 年以来我国人力资源发展、人才工作推进、公共部门人事制度改革、就业创业、工资收入分配、社会保险、人力资源服务业发展、人力资源社会保障法制建设等方面的新情况、新发展、新举措做了回顾，对当前我国人力资源和社会保障事业发展面临的新形势、新挑战、新任务做了研究。六个专题包括人力资源状况篇、人才工作篇、公共部门人事制度篇、就业篇、社会保障篇和人力资源服务业篇，分别从基本情况、当前形势和未来发展趋势着手，梳理了人力资源和社会保障领域的新进展、新举措和新特点。

人力资源状况篇主要介绍我国人力资源的总体状况、科技人才发展体制机制改革的重要进展和京津冀地区的人力资源发展状况。人才工作篇主要关注了

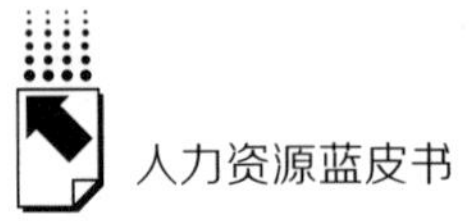

人才规划评估、区域人才政策、海外人才引进以及职称和职业资格制度改革，呈现了我国人才规划纲要实施以来人才体制机制创新和人才政策实施的主要进展，区域人才发展政策的基本状况及展望，我国海外人才引进工作发展状况，职称制度和职业资格制度改革现状与趋势。公共部门人事制度改革主要探究了公务员分类管理改革和公务员职务与职级并行实施进展，我国公务员平时考核工作状况，事业单位人事制度改革状况，事业单位工资制度改革现状与趋势，以及国有企业人事制度改革的基本情况。就业篇主要分析了 2016 年我国就业的总体状况，我国孵化器的发展状况及发展趋势，电子商务的发展对就业的影响。社会保障篇主要阐述了我国社会保险发展的总体状况和基本养老保险制度基本状况、改革成效及发展趋势。人力资源服务业篇主要对我国人力资源服务市场发展现状、当前“互联网 + 人力资源服务业”的发展状况以及 2016 年人力资源服务企业经营状况进行了调研分析。

本书以新发展、新理念、新改革为基调，从人力资源和社会保障事业发展视角，展现了一年多来人力资源和社会保障事业发展的轨迹和各领域的新进展、新举措，重点阐释了目前出台的具有代表性的相关政策文件，在深入调研、全面梳理、系统分析的基础上，提出人力资源和社会保障未来的发展趋势和改革走向。

目　录

Ⅰ　总报告

Ⅱ　人力资源状况篇

Ⅲ　人才工作篇

Ⅳ　公共部门人事制度篇

Ⅴ　就业篇

Ⅵ 社会保障篇

Ⅶ 人力资源服务业篇

皮书数据库阅读使用指南

总 报 告

General Report

B.1
2016年中国人力资源状况及事业发展

余兴安 李维平 刘 洋 王 梅 南连伟*

摘 要: 2016年是“十三五”开局之年，中国人力资源基本状况呈现良好态势。人力资源总量保持基本平稳，人力资源的产业分布结构不断优化，受教育水平稳步提升，人才体制机制改革继续深化，就业结构性矛盾逐步缓解，就业局势保持总体稳定，劳动关系趋于和谐，社会保障制度改革稳步推进。本报告从人力资源基本状况、人才工作状况、公共部门人事制度改革、就业创业、收入分配、社会保障、劳动关系、人力资源服务业发展、法制建设等方面介绍了2016年以来我国人力资源发展的新动态、新举措和新情况，并从当前人力资源发展中遇到的问题入手，对今后一个时期我国人力资源和社会

* 余兴安，中国人事科学研究院院长，研究员；李维平，中国人事科学研究院首席专家，研究员；刘洋，中国人事科学研究院助理研究员；王梅，中国人事科学研究院助理研究员；南连伟，人力资源和社会保障部规划财务司。

保障事业的发展趋势做出简要分析。

关键词： 人力资源 人才工作 人事制度改革 就业创业

一 人力资源基本状况

2016 年，我国人口总量保持稳定，劳动年龄人口五连降；人口老龄化进程加快，养老服务人才缺口较大；人口性别比平稳，男女人口数量增长基本持平；就业人员数量增加，服务业就业人数占比最大；农民工总量有所增加，外出农民工数量增速下降；留学回国创业人员数量增长，各类留创园数量有所增加。

（一）人口总量保持稳定，劳动年龄人口五连降

根据《2016 年国民经济和社会发展统计公报》，截至 2016 年末，全国大陆总人口 138271 万人①，比上年末增加 809 万人，增长率为 0.59%。2016 年，全国 16～59 岁（含不满 60 周岁）的人口数量为 90747 万人，比 2015 年减少 349 万人，占总人口的 65.6%，较上年占比下降了 0.7 个百分点，劳动年龄人口绝对量出现了自 2012 年以来五年连降的局面。

（二）人口老龄化进程加快，养老服务人才缺口较大

根据《2016 年国民经济和社会发展统计公报》，截至 2016 年末，60 周岁及以上人口数为 23086 万人，占到总人口的 16.7%，比上年增加 886 万人；65 周岁及以上人口数为 15003 万人，比上年末增加了 617 万人，占总人口的比重较上年增加了 0.3 个百分点，达到 10.8%。近三年，老龄人口的占比不断攀升，凸显老龄化形势严峻。《2017 年中国养老服务人才培养情况报告》显示：预计到 2020 年，我国老年人口将达到 2.43 亿人，约占人口总量的 18%；2030 年，这一比例将为 25% 左右。此外，目前我国失能半失能老人约有 4063 万人，按照国际失能老人与护理员 3∶1 的配置标准，我国至少需要 1300 万名护

① 国家统计局：《2016 年国民经济和社会发展统计公报》，2017。

理员；按照不能自理老人与专业护理人员 1∶3 的配置标准推算，至少需要 20 万名专业护理人员。我国目前各类养老服务设施的服务人员不足 50 万人，持证专业护理人员不足两万人，养老服务人才缺口巨大。①

（三）人口性别比平稳，男女人口数量增长基本持平

根据《2016 年国民经济和社会发展统计公报》②，截至 2016 年末，全国总人口中男性人口数量为 70815 万人，较上年增长了 401 万人，占总人口的 51.2%，与上年持平；女性人口数量为 67456 万人，较上年增长了 408 万人，占总人口的 48.8%，女性人口的增长量高于男性，但男性人口总量比女性人口总量仍多出 3359 万人，总人口性别比为 104.98（以女性为 100）。

（四）就业人员数量增加，服务业就业人数占比最大

根据《2016 年度人力资源和社会保障事业发展统计公报》，2016 年末，全国就业人员总数为 77603 万人，比 2015 年末增加了 152 万人，同比增长了 0.20%。其中，城镇就业人员为 41428 万人，比上年末增加了 1018 万人。第一产业就业人员数约为 21496 万人，比上年减少了 423 万人，占全国就业人员的 27.7%；第二产业就业人员数约为 22350 万人，比上年减少 343 万人，占全国就业人员的 28.8%；第三产业就业人员数约为 33757 万人，比上年增加了 918 万人，占全国就业人员的 43.5%，较上年提升了 1.1 个百分点，成为就业总数中占比最大的产业。

（五）农民工总量有所增加，外出农民工数量增速下降

根据《2016 年国民经济和社会发展统计公报》，截至 2016 年末，全国农民工总量为 28171 万人，比上年增长了 424 万人，增长率为 1.5%。其中，外出农民工 16934 万人，比上年增加了 50 万人，低于 2011 ~ 2015 年的年平均增加数 255.25 万人，增长率为 0.3%；本地农民工 11237 万人，比上年增加了 374 万，增长 3.4%。

---

① 《2017 年中国养老服务人才培养情况报告》，2017。

② 国家统计局：《2016 年国民经济和社会发展统计公报》，2017。

（六）留学回国创业人员数量增长，各类留创园数量有所增加

根据《2016 年度人力资源和社会保障事业发展统计公报》①，截至 2016 年末，我国留学回国人员总数达 265.11 万人，其中 2016 年回国 43.25 万人，较上年增加 2.34 万人。十八大以来，五年留学回国人数占回国人员总数的 70%，完成学业后选择回国发展的留学人员比例由 2012 年的 72.38% 增长到 2016 年的 82.23%。全国建成各级各类留学人员创业园 347 个，较上年增加 26 个，7.9 万名留学人才在园创业。其中省部共建创业园 49 个，入园企业总数 2.7 万家，2016 年技工贸总收入近 2500 亿元。

二　人才工作推进情况

2016～2017 年，人才工作稳步推进，出台《“十三五”国家科技人才发展规划》，不断打造科技人才制度优势；继续深化人才发展体制机制改革，完善相关配套措施，人才资源合理配置的制度保障更加坚实；人才队伍建设持续加强，人才供给的质量稳步提升，人才供需存在的结构性矛盾逐步缓解。

（一）继续深化人才发展体制机制改革，完善相关配套措施

1. 出台《“十三五”国家科技人才发展规划》，不断打造科技人才制度优势

2017 年 4 月，科技部印发《“十三五”国家科技人才发展规划》（国科发政〔2017〕86 号），提出：到 2020 年，科技人才队伍规模将达到 480 万人年以上，R&D 研究人员达到 200 万人年以上，每万名就业人员中研究开发人力投入提升到 60 人年以上；科技人才结构显著优化，基础研究人员占 R&D 人员的比重为 7% 左右。“十三五”期间，改革和完善人才发展机制，深入实施重大人才工程；清除人才管理中的体制机制障碍，充分给予科技人才科研自主权；按照市场规律促进科技人才良性流动，优化科技人力资本配置，形成创新性科技人才优先发展的战略布局。

① 人力资源和社会保障部：《2016 年度人力资源和社会保障事业发展统计公报》，2017。

2. 深化职称改革，创新人才评价机制

2016 年 12 月，中共中央办公厅等部门印发《关于深化职称制度改革的意见》（以下简称《意见》），《意见》指出：改革应坚持重品德、重能力、重业绩的评价导向，坚持党管人才原则，以职业分类为基础，以科学评价为核心，以促进人才开发使用为目的。通过畅通非公有制经济、社会组织、自由职业专业技术人才职称申报渠道，为非公领域专业技术人才开辟顺畅的职业发展通道。通过对在艰苦边远地区和基层一线工作的专业技术人才倾斜，最大限度地激励专业技术人才扎根基层。建立科学化、规范化、社会化的职称制度，为客观、科学、公正评价专业技术人才提供制度保障。

3. 鼓励人才创新创业，强化人才创新创业激励机制

2017 年 3 月，人力资源和社会保障部出台《关于支持和鼓励事业单位专业技术人员创新创业的指导意见》（人社部规〔2017〕4 号），进一步贯彻落实深化人才发展体制机制改革，发挥事业单位在科技创业和“大众创业、万众创新”中的示范引导作用，激发高校、科研院所等事业单位专业技术人员科技创新活力及热情，促进人才在事业单位和企业间合理流动。支持和鼓励事业单位选派专业技术人员到企业挂职或者参与项目合作，与原单位在岗人员同等享有参加职称评审、项目申报、岗位竞聘、培训、考核、激励等方面权利。支持和鼓励事业单位专业技术人员兼职创新或者在职创办企业，推动科技成果加快向现实生产力转化。支持和鼓励事业单位专业技术人员离岗创新创业，创新创业期间依法继续在原单位参加社会保险，工资、医疗等待遇由各地各部门根据国家和地方有关政策结合实际确定。同时，支持和鼓励事业单位根据创新工作需要设置开展科技项目开发、科技成果推广和转化、科研社会服务等的创新型岗位和流动岗位，发挥事业单位的人力资源和技术资源优势，加快推动科技创新。

4. 规范人才合理有序流动，健全人才流动机制

为深入贯彻落实《关于深化人才发展体制机制改革的意见》，教育部于 2017 年 1 月发布《关于坚持正确导向促进高校高层次人才合理有序流动的通知》（教人厅〔2017〕1 号），提出要认真落实党管人才原则，建立健全党委领导和工作机制。坚持正确的人才流动导向，服从服务于西部大开发、东北老工业基地振兴和“一带一路”倡议等国家重大发展战略，明确提出不鼓励东部高校从中西部、东北地区高校引进人才。同时，强调科学合理统筹人才薪酬待遇，合理确定高层次人才薪酬待遇，完善内部收入分配体系。

（二）加强人才队伍建设，改善人才供给的质量

随着国家“一带一路”倡议、《中国制造2025》的推进，人才资源作为创新驱动的重要战略资源，发挥着重要的作用，人才队伍建设不断加强，人才供给质量不断改善。除了高度重视高层次、高技能人才队伍建设外，基层专业技术人才队伍建设和技能型人才队伍建设不断夯实，使人才工作更好地服务、支撑经济社会发展。

1. 专业技术人才队伍规模壮大

截至2016年底，我国专业技术人员总量约7700万人[①]，队伍规模不断壮大，结构进一步优化，整体素质不断提高，服务经济社会发展的作用愈发明显。我国有两院院士1500多人，享受政府特殊津贴专家17.7万人，国家百千万人才工程入选者5300多人。[②] 2016年，累计招收培养博士后16万多人，博士后科研流动站总数达到3010个，博士后科研工作站设站总数达到3396个。[③]

2016年新建国家级专业技术人员继续教育基地20家，总数已达120家。开展急需紧缺人才培养培训和岗位培训127.35万人次，共举办300期高级研修班推进专业技术人才知识更新工程，培训高层次专业技术人才2.1万人次。[④] 2016年，全国206万人取得专业技术人员资格证书。截至2016年底，全国累计2358万人取得了各类专业技术人员资格证书。

2. 高技能人才队伍培养模式不断转型

2016年全年新增高技能人才290万人，高技能人才总量达到4791万人。2016年，表彰30名“中华技能大奖”获得者和299名全国技术能手，提高奖励标准，新增478名高技能人才享受国务院政府特殊津贴。全年新建69个国家级高技能人才培训基地、94个国家级技能大师工作室，从中央补助地方就业资金中列支经费近4亿元；会同国家发改委支持20个省份建设29个公共实训基地，18个

① 人力资源和社会保障部网站，http://www.mohrss.gov.cn/SYrlzyhshbzb/dongtaixinwen/buneiyaowen/201707/t20170731_274876.html，2017年7月28日。

② 人力资源和社会保障部：《2016年度人力资源和社会保障事业发展统计公报》，2017。

③ 人力资源和社会保障部：《2016年度人力资源和社会保障事业发展统计公报》，2017。

④ 人力资源和社会保障部：《2016年度人力资源和社会保障事业发展统计公报》，2017。

省市的39所技工院校纳入产教融合项目，中央预算内投资近13亿元。

2016年，全国技工院校共有2526所，招生127.2万人，比2015年增长4.8%，实现5年来首次回升。新启动10个专业国家技能人才培养标准和一体化课程规范开发工作，部署10个省份启动职业训练院试点，探索转型发展新模式。重点依托技工院校建设世赛集训基地，对接先进标准，提高人才培养质量。

企业新兴学徒制试点扩大到22个省份。启动技能脱贫千校行动，组织全国近千所技工院校面向贫困家庭学生大力开展教育培训。全国共开展政府补贴职业培训1775万人次，岗位技能培训和创业培训次数大幅增加，职业培训结业考试或鉴定合格总量1370万人次，通过就业技能培训和创业培训实现就业767万人，培训后就业率达到65%，人均职业培训补贴资金476元，比上年提高24%。

3. 公务员队伍建设平稳推进

截至2016年底，全国共有公务员719万人，当年招录公务员19.46万人。[①]其中，中央机关及其直属机构2.81万人，较上年增长了0.71万人；地方录用公务员16.65万人，较上年减少了0.65万人。中央机关公开遴选99名公务员，较上年减少了133名；省级机关公开遴选2524名公务员，较上年增加了798名。

4. 社会工作人才队伍职业化增强

根据《2016年社会服务发展统计公报》[②]，截至2016年底，全国持证社会工作者共计28.8万人，较上年增加8.2万人，其中社会工作师6.9万人，较上年增加了1.7万人；助理工作师21.9万人，较上年增加了6.5万人。社会工作人才队伍在社会服务等方面发挥了重要作用，职业化程度不断增强，社会地位和待遇不断提高。

（三）人才政策不断创新，为人才工作提供制度保障

1. 高层次人才引进培养更加规范

随着“千人计划”“万人计划”的推进，中共中央组织部于2017年2月印发了《国家海外高层次人才引进计划管理办法》《国家高层次人才特殊支持计划管理办法》（组通字〔2017〕9号），对“千人计划”“万人计划”实施工作做出

---

① 人力资源和社会保障部：《2016年度人力资源和社会保障事业发展统计公报》，2017。

② 民政部：《2016年社会服务发展统计公报》，2017。

进一步的规范，完善统分结合、分工协作的工作机制，提升工作科学化、规范化、制度化水平。《国家海外高层次人才引进计划管理办法》明确了应遵循党管人才、服务国家战略、突出高精尖缺需求、注重公平公正科学、体现高端示范引领的原则，对创新人才长期项目、创新人才短期项目、创业人才项目、青年项目、外国专家项目、新疆西藏项目、文化艺术人才项目都做了明确的资格条件规定，并应遵循遴选程序，做好服务和管理。《国家高层次人才特殊支持计划管理办法》也明确了实施国家“万人计划”应遵循党管人才，统筹实施；高端引领，重点支持；科学规范，公平公正；协同推进，权责统一的原则，对杰出人才、科技创新领军人才、科技创业领军人才、哲学社会科学领军人才、教学名师、青年拔尖人才的资格条件做了规定，并明确了遴选程序和服务管理等。

2017 年 4 月，人力资源和社会保障部办公厅印发《关于 2017 年专家服务基层重点项目的通知》（人社厅函〔2017〕96 号），遴选确定了 56 个重点项目，继续推动各行业领域专家深入基层一线开展服务，助推基层经济社会发展和科技创新，并在服务基层的同时，促进专家队伍建设。

2. 技能人才发展的政策方向更加明确

为贯彻落实《中国制造 2025》，健全人才培养体系，教育部、人力资源和社会保障部、工业和信息化部联合印发《制造业人才发展规划指南》（教职成〔2016〕9 号），旨在解决制造业人才结构性过剩与短缺并存，传统产业人才素质提高和转岗专业任务艰巨，领军人才和大国工匠紧缺，制造业人才培养与企业实际需求脱节，企业在制造业人才发展中的主体作用尚未充分发挥等问题。

2016 年 12 月，人力资源和社会保障部发布《技工教育“十三五”规划》，从统筹区域发展布局、优化技工院校结构、稳定学制教育规模、增强技工教育社会服务能力、规范技工院校管理、提高技工教育质量、增强技工教育特色、优化技工教育发展环境等八个方面做了明确要求，同时提出，通过技工教育援助计划、技工院校师资能力提升计划、技工教育高端引领计划等措施，提升技工院校师资队伍的能力，加强技能人才队伍建设。

2017 年 6 月，中共中央、国务院印发了《新时期产业工人队伍建设改革方案》，方案要求改革不适应产业工人队伍建设要求的体制机制，充分调动广大产业工人的积极性、主动性、创造性，通过强化产业工人队伍建设支撑保障等五个方面 25 条措施使产业工人队伍不断壮大，使保障产业工人地位的制度更加健全。

3. 博士后制度不断改革完善

2017 年 3 月，人力资源和社会保障部全国博士后管理委员会发布《全国博士后管理委员会关于贯彻落实〈国务院办公厅关于改革完善博士后制度的意见〉有关问题的通知》（人社部发〔2017〕20 号），明确提出，优化博士后工作平台建设，严格博士后人员招收管理，要求申请从事博士后研究工作的人员，年龄应在 35 周岁以下，获得博士学位一般不超过 3 年。同时对博士后出站考核、博士后人员退站管理都予以了明确规定，此外，还规范了博士后人员的相关服务，如家属户口档案办理等。

4. 海外人才引进政策更加细化

为了更好地吸引人才，实施更加积极、更加开放、更加有效的人才引进政策，中央人才工作协调小组办公室组织编制了《国家引进海外高层次人才参考目录》（以下简称《引才目录》），中共中央组织部办公厅于 2016 年 12 月发布（组厅字〔2016〕60 号），《引才目录》包括“前沿科学和重点技术方向”“全球知名专家”“国内引才平台”3 个子目录。其中，“前沿科学和重点技术方向目录”确定了前沿基础交叉科学、新型能源技术等 10 个国家引才重点领域和 129 个重点方向；“全球知名专家目录”包括 2600 余名前沿科学和重点技术方向的科学家名单；“国内引才平台目录”确定了 686 个国家引才承接平台。《引才目录》的出台，使人才引进更加精准、有效。

2017 年 1 月，人力资源和社会保障部、外交部、教育部三部委联合发布《关于允许优秀外籍高校毕业生在华就业有关事项的通知》（人社部发〔2017〕3 号），规定在中国境内高校取得硕士及以上学位且毕业一年以内的外国留学生，以及在境外知名高校取得硕士及以上学位且毕业一年以内的外籍毕业生，达到审批条件可以申请外国人就业许可证，这一举措，有利于留住优秀海外人才为我国经济社会做贡献。

三　公共部门人事制度改革与发展

2016～2017 年，我国公共部门人事制度改革不断深化，公务员职务职级制度进一步推进，公务员辞职后从业行为不断规范；事业单位聘用制度不断完善，鼓励事业单位人员创新创业的配套政策相继出台；以市场化为方向的国企改革不断深化，市场化选聘国企高管的比例将逐步增加，随着央企、国企“一把手”更多地从市场中产生，以市场化薪酬为主体的改革将提速，国有企业领导人员符合市场规律的工资制度在加紧探索中。

（一）公务员管理制度改革的主要举措

1. 公务员职务职级并行制度逐步推进

公务员管理部门研究制定包括地市以上机关的、适用于全部综合管理类公务员的职务与职级并行制度提上议事日程，并于 2016 年 12 月开始在 4 个中央部委机关和 4 个省市开展试点。

2. 公务员辞职后从业行为初步规范

2017 年 5 月，中央组织部、人力资源和社会保障部、国家工商行政管理总局、国家公务员局联合印发《关于规范公务员辞去公职后从业行为的意见》，明确规定县处级以上职务的公务员，以及担任原领导班子成员的公务员辞去公职后 3 年内，不得接受原任职务管辖地区和业务范围内的企业、中介机构或其他营利性组织的聘任等。同时，提出建立健全公务员辞去公职后从业备案和监督检查制度。

3. 公务员管理工作服务于京津冀协同发展

2017 年 5 月，国家公务员局发布《关于公务员管理工作更好地服务于京津冀协同发展战略的实施意见》（国公局发〔2017〕3 号），提出要加大公务员交流力度、加强公务员考录协作、做好及时奖励表彰、深入开展培训交流、协调推进公务员管理改革、共同开展公务员管理重大问题研究、全力支持雄安新区公务员队伍建设等七项措施。

（二）事业单位人事制度改革的主要举措

1. 事业单位聘用制度逐步完善

截至 2016 年底，工作人员聘用合同签订率超过 93%，事业单位聘用制度推行基本实现全覆盖。岗位设置完成率超过 95%，事业单位岗位设置基本实现制度入轨。事业单位公开招聘制度推行率达到 91%，全国共公开招聘事业单位工作人员 79.86 万人，其中中央事业单位 6.65 万人，地方 73.21 万人。①

---

① 人力资源和社会保障部：《2016 年度人力资源和社会保障事业发展统计公报》，2017。

2. 事业单位领导人员分类管理逐步规范

2017 年 1 月，中组部分别会同中宣部、教育部、科技部、国家卫生计生委，印发了《宣传思想文化系统事业单位领导人员管理暂行办法》《高等学校领导人员管理暂行办法》《中小学校领导人员管理暂行办法》《科研事业单位领导人员管理暂行办法》《公立医院领导人员管理暂行办法》（以下简称“5 个办法”），“5 个办法”分别对这五个系统的事业单位领导人员任职条件和资格、选拔任用、任期和任期目标责任、考核评价、职业发展和激励保障、监督约束、退出做出了明确规定，进一步规范了对各类事业单位领导人员的管理。

3. 艰苦边远地区事业单位公开招聘政策进一步健全

2016 年 11 月，《关于进一步做好艰苦边远地区县乡事业单位公开招聘工作的通知》（人社部规〔2016〕3 号）由中组部、人力资源和社会保障部印发，将管理人员和初级专业技术人员的年龄放宽到 40 周岁以下，招聘中、高级专业技术人员，可以根据需要做进一步放宽。招聘乡镇事业单位大学本科以上毕业生、中级以上专业技术职称或者硕士以上学位人员、“三支一扶”大学生、大学生村官、西部志愿者等各类人员，可以根据实际情况改进招聘方式方法，积极为事业单位工作人员搭建干事创业平台，落实乡镇工作补贴等，拓宽县乡事业单位工作人员的职业发展空间。

4. 进一步鼓励事业单位科研人员离岗创业

2015 年以来，中共中央、国务院等陆续下发关于科研人员离岗创业的相关文件。2016 年，中共中央下发了《关于深化人才发展体制机制改革的意见》后，人力资源和社会保障部出台了《关于支持和鼓励事业单位专业技术人员创新创业的指导意见》（人社部规〔2017〕4 号），进一步贯彻落实深化人才发展体制机制改革，发挥事业单位科研人员在创新创业中更大的示范引领作用，激发高校、科研院所等事业单位专业技术人员科技创新活力及热情，促进人才合理流动，发挥人才最大潜能。

（三）国有企业人事制度改革的主要举措

《关于深化国有企业改革的指导意见》下发以来，国有企业人事制度改革逐步深化，不断开展经理层市场化选聘、契约化管理、任期制考核，积极探索职业经理人制度，在经营管理人员能上能下、薪酬能高能低、员工能进能出上取得新的实质性进展。

1. 扩大市场化选聘成为国企改革的重要内容

国务院国有企业改革领导小组已审议通过《关于开展市场化选聘和管理国有企业经营管理者试点工作的意见》。推进市场化选聘国有企业经营管理者，既是国有企业人事制度改革的重大举措，也是国有企业领导人员管理体制机制的重大转变。扩大市场化选聘将成为国企改革的重要内容。完善市场化的激励机制，提高企业领导人的市场化选聘比例，对国有企业领导人提供差异化薪酬分配，要严格绩效考核，对没有完成的，按照市场化机制实行正常退出。目前，多数省份已将建立职业经理人制度以及市场化选聘总经理作为国企改革工作试点之一。2016 年，在山东省管企业中，推行契约化管理的有 23 家，占全部省管企业的 77%，所涉 53 名高管人员中有 49 人摘掉官帽，选择了契约化身份，其选聘、考核、薪酬分配权均由董事会行使。

2. 职业经理人薪酬制度改革逐步推进

《中央管理企业负责人薪酬制度改革方案》实施以来，国务院深化国有企业负责人薪酬制度改革工作领导小组及国务院相关部门继续推进国有企业负责人薪酬制度改革，开展国有企业职业经理人市场化薪酬分配改革试点，充分尊重市场规律，发挥市场配置资源的决定性作用，不断深化国有企业职业经理人薪酬制度改革，加快制定国有企业工资决定机制。

地方层面，杭州市于 2016 年 12 月出台《关于深化市管企业负责人薪酬制度改革的实施意见》，对杭州市政府出资并授权国有资产监督管理机构履行出资人职责的国有独资或国有控股企业的董事长、党委书记、总经理（总裁、行长等）、监事长（监事会主席）以及其他副职负责人的薪酬做了规定，明确薪酬由基本年薪、绩效年薪和任期激励收入三个部分组成。基本年薪按月支付，绩效年薪考核后一次性兑现，任期激励收入延期支付，原则上在任期考核结束后的 3 年内按照 6∶2∶2 的比例逐年兑现。

四　就业创业基本情况及工作进展

2016 年，就业创业总体发展态势良好，就业规模持续扩大，规模增速下降速度加快；就业结构进一步优化，就业分布更趋合理；就业报酬稳步增长，各类增幅有升有降；创业带动就业数量增加，效果显著。

（一）就业创业总体发展态势良好

1. 就业规模持续扩大，规模增速下降速度加快

2016 年，我国就业总体发展形势良好，就业规模持续扩大，就业结构进一步优化，就业薪酬不断增加，第三产业吸纳就业的能力持续增强。截至 2016 年底，我国就业人员总数达到 77603 万人①，较上年增加 152 万人。2012 ~2016 年，就业总量逐年增加，从 76704 万人增加到 77603 万人，增加了 899 万人，年均增加 224.75 万人。但从就业增速上来看，就业总量增长率在这四年间一直处于低位区间并呈现下降的趋势，从 2012 年的 0.37% 下降到 2016 年的 0.20%，尤其是从 2014 年开始，就业总量增长率下降速度加快。其中，2016 年，城镇就业人员 41428 万人，较上年末增加了 1018 万人，城镇新增就业 1314 万人。② 2013 ~2016 年，我国城镇新增就业人数分别高达 1310 万人、1322 万人、1312 万人、1314 万人，连续 4 年保持在 1300 万人以上。2016 年末全国城镇登记失业率为 4.02%，31 个大城市城镇调查失业率也降到 5% 以下，是近年来的低点。2016 年，城镇失业人员再就业人数为 554 万人，较上年减少了 412 万人，就业困难人员就业人数为 169 万人，较上年减少了 4 万人。③ 2016 年末，城镇登记失业人数为 982 万人，城镇登记失业率为 4.03%。

2016 年，全国农民工总量达到 28171 万人，比上年增加 424 万人，2012 ~2016 年，农民工总量和外出农民工人数持续增加。农民工总量从 26261 万人增加到 28171 万人，增加了 1910 万人，平均年增加 477.5 万人。外出农民工数量从 16336 万人增加到 16934 万人，增加了 598 万人，平均年增加 149.5 万人。农民工总量增长率呈现先降后增态势，2012 ~2015 年从 3.89% 下降到 1.28%，2016 年又增加到 1.53%。

2. 就业结构进一步优化，就业分布更趋合理

经济新常态对就业提出了更高要求，第三产业的发展仍显现出强劲的势头，就业结构进一步优化。2016 年末，第一产业就业人员为 21496 万人，比 2012 年

---

① 国家统计局：《2016 年国民经济和社会发展统计公报》，2017。

② 人力资源和社会保障部：《2016 年度人力资源和社会保障事业发展统计公报》，2017。

③ 人力资源和社会保障部：《2016 年度人力资源和社会保障事业发展统计公报》，2017。

减少4277万人，年均减少1069万人；第二产业就业人员为22350万人，比2012年减少892万人，年均减少223万人；第三产业就业人员为33757万人，比2012年增加6067万人，年均增加1517万人。2012～2016年，我国第一产业就业人员比重持续下降，第二产业就业人员比重变化不大，第三产业就业人员比重显著增加。我国三次产业就业人员的比重已从2012年的33.6∶30.3∶36.1变为2016年的27.7∶28.8∶43.5。

除就业结构、产业布局得到优化外，城乡就业结构也得到明显改善。2016年末，我国城镇就业人员41428万人，与2012年相比，增加了4326万人，年均增加1081.5万人；乡村就业人员36175万人，与2012年相比，减少了3427万人，年均减少856.8万人；城乡就业结构从2012年的48.4∶51.6调整为2016年的53.4∶46.6。

3. 创业带动就业数量增加，效果显著

根据国家工商总局发布的数据，截至2016年底，全国实有各类市场主体8705.4万家，全年新设市场主体1651.3万家，比2015年增长11.6%。新登记企业保持较快增长势头，全年新登记企业552.8万家，同比增长24.5%；平均每天新登记企业达1.51万家，同比增长25.8%。① 作为创业主体的个体私营经济、小微企业，在吸纳就业中发挥了重要作用。截至2016年底，全国个体私营经济从业人员实有3.1亿人，比2015年增加2782.1万人。第三产业个体私营经济从业人员最多，实有2.3亿人。小微企业活跃度不断提升，带动就业作用愈加显著，初次创业小微企业占新设小微企业的85.8%，新设小微企业周年开业率达70.8%，近八成开业企业实现营业收入。②

（二）促进就业创业工作取得良好成效

重点群体就业保持了稳定，高校毕业生就业水平有了新的提高，农村劳动力转移就业规模持续扩大，去产能职工得到多渠道分流安置，就业扶贫也取得阶段性进展，就业困难人员和零就业家庭继续得到有效帮扶。

① 同比增长数值根据2015年数据计算，2015年数据来自国家发展和改革委员会著《2015年中国大众创业万众创新发展报告》，人民出版社，2016。

② 国家工商总局网站，http：//www.saic.gov.cn/xw/yw/zj/201701/t20170119_ 211037.html。

1. 出台战略性规划指导全国促进就业工作

2017 年 1 月，国务院印发《“十三五”促进就业规划》（以下简称《规划》），《规划》强调，“十三五”时期，全国促进就业工作应坚持总量与结构并重、供需两端发力、就业政策与宏观政策协调、统筹发挥市场与政府作用、普惠性与差别化相结合的原则。激发经济升级和扩大就业内生动力，开展城乡居民增收行动；加快困难地区脱困步伐，创造更多就地就近就业机会，在重点地区开展促进就业专项行动；扩大创业带动就业效应，强化创业服务，提高创业成功率；拓展高校毕业生就业领域，引导和鼓励高校毕业生到基层就业，增强高校毕业生就业服务能力；拓宽农村劳动力专业就业渠道，促进农村贫困劳动力转移就业；健全人力资源市场体系，加大监管力度；提高公共就业服务能力，大力发展人力资源服务业；强化劳动者素质提升能力，构建更有力的保障支撑体系。

2. 促进高校毕业生就业创业及到基层工作

2016 年，大学生村官、“三支一扶”计划、农村教师特岗计划、西部计划等重大项目，累计已选派近 160 万名高校毕业生，到全国 2300 多个县区基层工作。“三支一扶”前两批已累计选派 27.6 万名高校毕业生到基层服务。

2016 年 11 月，人力资源和社会保障部、教育部下发了《关于实施高校毕业生就业创业促进计划的通知》，决定从 2016 年起实施“高校毕业生就业创业促进计划”，实施能力提升、创业引领、校园精准服务、就业帮扶、权益保护五大行动，加强部门协同、信息共享、工作对接，促进高校毕业生就业创业。

2017 年 1 月，中共中央办公厅、国务院办公厅印发《关于进一步引导和鼓励高校毕业生到基层工作的意见》，对引导和鼓励高校毕业生到基层工作提出了明确的要求，要多渠道开发基层岗位，为高校毕业生到基层工作搭建平台，继续组织实施大学生村官、农村教师特岗计划、“三支一扶”计划、志愿服务西部计划和农技特岗计划等专门项目。畅通流动渠道，为在基层工作的高校毕业生职业发展提供支持，优化公共就业和人才服务。

3. 鼓励农民工返乡就业创业，促进农村贫困人口就业脱贫

2016 年 7 月，人力资源和社会保障部等五部门下发通知，提出到 2020 年鼓励农民工返乡创业的资金支持、创业培训等一系列政策。12 月，人力资源和社会保障部等部门印发《关于切实做好就业扶贫工作的指导意见》，并召开全国就业扶贫工作视频会，要求各地采取多种措施促进贫困劳动力实现就业增收，加强劳务协作、技能培训，促进就地就近就业、稳定就业。

4. 积极推进其他重点群体就业

针对去产能过程中的职工安置问题，整合社会资源，动员系统力量，缓解东北等困难地区就业压力。国家先后出台《关于钢铁行业化解过剩产能实现脱困发展的意见》《关于煤炭行业化解过剩产能实现脱困发展的意见》《关于在化解钢铁煤炭行业过剩产能实现脱困发展过程中做好职工安置工作的意见》《关于实施化解过剩产能企业职工特别职业培训计划的通知》《关于开展东北等困难地区就业援助工作的通知》等文件。开展有针对性的劳务对接和就业帮扶，加强人才援助，提升劳动者技能，推动东北等困难地区就业工作。组织实施了巾帼家政服务专项培训工程，建立各级人力资源和社会保障部门与妇联组织的家政服务培训协作机制。2016 年底，针对大龄失业人员、零就业家庭有劳动能力劳动者等各类就业困难人员、残疾登记失业人员、去产能中失业人员和长期停产停工企业职工、农村建档立卡贫困家庭劳动力等，在全国组织开展就业援助月专项活动。

5. 公共就业服务信息化建设进一步增强

2016 年 10 月，人力资源和社会保障部出台《关于加快推进公共就业服务信息化建设和应用工作的指导意见》（人社厅发〔2016〕159 号），打造信息全国共享的公共就业创业服务信息化平台，加快公共就业服务业务应用系统建设，打造“互联网 +”公共就业创业服务平台，夯实信息化建设基础，提升信息化水平，加快制定全国统一的公共就业服务信息指标体系，加强安全体系建设，从制度、队伍、资金方面保障公共就业服务信息化建设。

五　工资收入分配状况及工作进展

2016 年，全国居民人均可支配收入有所增长，但实际增长率较上年有所下降，全国城镇非私营单位就业人员年平均工资高于全国城镇私营单位就业人员平均工资，东部、西部、中部、东北地区非私营单位就业人员年平均工资和城镇私营单位就业人员平均工资依次递减。工资标准的调整与经济发展水平相适应，调整最低工资标准省份明显减少，工资指导线继续下调，公立医院薪酬制度改革进入试点阶段，事业单位绩效工资制度不断推进。

（一）工资收入分配基本情况

2016 年，全年全国居民人均可支配收入为 23821 元，比上年增长 8.4%，扣除物价因素，实际增长 6.3%。城镇居民人均可支配收入为 33616 元，比上年增长 7.8%，扣除价格因素，实际增长 5.6%；城镇居民人均可支配收入中位数为 31554 元，增长 8.3%。农村居民人均可支配收入为 12363 元，比上年增长 8.2%，扣除价格因素，实际增长 6.2%；农村居民人均可支配收入中位数为 11149 元，增长 8.3%。[①] 城乡居民人均收入倍差为 2.72，较上一年缩小 0.01。

2016 年，全国城镇非私营单位就业人员年平均工资为 67569 元，比上年增加 5540 元，增长 8.9%。2016 年末，外出农民工人均月收入水平为 3275 元，比上年提高 203 元，增长 6.6%。[②] 2016 年城镇非私营单位就业人员平均工资为，东部 77013 元，西部 62453 元，中部 55299 元，东北地区 54872 元，同比名义增长率东部为 9.1%，西部、中部和东北地区依次为 9.0%、8.8% 和 7.5%。最高和最低区域的平均工资之比为 1.40，比上年扩大 0.01。[③] 从行业门类来看，2016 年，城镇非私营单位就业人员年平均工资最高的三个行业分别是信息传输、软件和信息技术服务业，金融业，科学研究和技术服务业，分别为 122478 元、117418 元、96638 元，与上年的排序变化不大，金融业与信息传输、软件和信息技术服务业的顺序互换。同时，与上年相比，信息传输、软件和信息技术服务业，金融业，科学研究和技术服务业年均工资增加值分别为 10436 元、2641 元、7228 元，金融业的年均工资增加值最小。2016 年，城镇非私营单位就业人员年平均工资最低的三个行业是农林牧渔业 33612 元，住宿和餐饮业 43382 元，居民服务、修理和其他服务业 47577 元，分别为全国平均水平的 50%、64% 和 70%。最高与最低行业平均工资之比为 3.64，与 2015 年的 3.59 相比，差距略有扩大。

2016 年，全国城镇私营单位就业人员年平均工资低于非私营单位就业人员的年平均工资 42833 元，与 2015 年的 39589 元相比，同比名义增长 8.2%，

---

① 国家统计局：《2016 年国民经济和社会发展统计公报》，2017。

② 国家统计局：《2016 年国民经济和社会发展统计公报》，2017。

③ 数据来源于国家统计局。

增加了3244元，增速比2015年回落0.6个百分点；扣除物价因素，2016年全国城镇私营单位就业人员年平均工资实际增长6.0%，低于2015年的7.2%。从四大区域来看，城镇私营单位就业人员年平均工资由高到低依次是东部47347元、西部39047元、中部35000元、东北地区33184元，同比名义增长率从高到低依次为9.0%、7.0%、6.8%、3.1%。最高和最低区域的平均工资之比为1.43，比上年扩大0.08。[①] 从行业门类来看，2016年城镇私营单位就业人员年平均工资最高的三个行业分别是信息传输、软件和信息技术服务业，科学研究和技术服务业，金融业（主要是各种保险代理、典当行和投资咨询公司），工资水平依次为63578元、54764元、50366元，分别为全国平均水平的1.48倍、1.28倍和1.18倍。城镇私营单位就业人员年平均工资最低的三个行业分别是农林牧渔业，住宿和餐饮业，居民服务、修理和其他服务业，工资水平依次是31301元、34712元、35824元，分别为全国平均水平的73%、81%和84%。从平均工资的增长速度来看，增速最高的三个行业依次为金融业增长12.2%，电力热力燃气及水生产和供应业增长11.5%，房地产业增长10.3%。增速最低的三个行业依次为采矿业增长3.7%，交通运输仓储和邮政业增长5.5%，教育增长6.7%。全部18个行业门类中，有10个行业的平均工资增速高于全国平均水平。

（二）工资收入分配制度改革的工作进展

1. 调整最低工资标准的省份明显减少

截至2016年底，全国只有9个省份提高了最低工资标准，分别是北京、上海、天津、重庆、河北、山东、江苏、辽宁和海南，平均增幅为10.7%。与2015年相比，调高的省份减少了17个。最低工资标准调整后，上海月最低工资标准为2190元，成为全国月最低工资标准最高的省份，小时最低工资标准最高的是北京，为每小时21元。

2. 继续下调工资指导线

截至2016年12月，全国共有19个省份调整了工资指导线，分别是海南、贵州、天津、北京、上海、内蒙古、甘肃、河北、四川、山东、云南、广西、

---

① 数据来源于国家统计局。

福建、新疆、江西、宁夏、青海、山西及陕西。其中，宁夏工资增长基准线均为8%，下调了5%，而工资指导线的下线为零增长。此外，新疆和江西工资增长基准线均为8%，下调了4%。从上线来看，江西、宁夏不设上线；天津为16.0%，是最高的，但与上年相比，下降2%。从下线来看，宁夏的下线是19个省份中下线最低的，零增长；福建次之，下线为2%；天津、内蒙古、河北、四川、山东、云南、广西、新疆、江西、青海、陕西的下线均为3%。

3. 公立医院薪酬制度改革逐步推进

2017年2月，人力资源和社会保障部等部门联合发布《关于开展公立医院薪酬制度改革试点工作的指导意见》（人社部发〔2017〕10号），决定在11个综合医改试点省份各选择3个市（州、区）综合改革试点城市进行试点，为期一年。公立医院薪酬制度改革试点主要包括：优化公立医院薪酬结构，完善岗位绩效工资制，有条件的可探索实行年薪制、协议工资制等多种模式；在现有水平基础上合理确定公立医院薪酬水平和绩效工资总量，对高层次人才适当提高薪酬水平，建立动态调整机制；推进公立医院主要负责人薪酬改革，合理确定医院主要负责人薪酬水平，探索实行年薪制；落实公立医院分配自主权，在核定的薪酬总量内进行自主分配，向关键和紧缺岗位，高风险、高强度岗位，高层次人才、业务骨干等倾斜；健全以公益性为导向的考核评价机制，综合考虑职责履行、工作量、服务质量、费用控制、运行绩效、成本控制、医保政策执行等因素，考核结果与医院薪酬总量挂钩。

4. 出台以增加知识价值为导向的分配政策

2016年11月，中共中央办公厅、国务院办公厅印发《关于实行以增加知识价值为导向分配政策的若干意见》，强调应坚持价值导向、实行分类施策、激励约束并重、精神物质激励结合的原则；推动形成体现增加知识价值的收入分配机制，逐步提高科研人员收入水平，发挥财政科研项目资金激励引导作用。

六　社会保险基本状况和改革进展

2016年，我国社会保险制度改革成效显著，制度覆盖面稳步扩大，社保基金规模持续扩大，待遇水平持续提升，各项社会保险制度改革逐步向纵深推进，社会保险制度的公平性与可持续性得到进一步体现。

（一）总体情况

1. 制度覆盖面稳步扩大①

2016 年末，全国基本养老保险的参保总人数为 88777 万人，较上年末增加 3.43%；参加城镇基本医疗保险的总人数为 74392 万人，比上年末增加了 11.73%；参加失业保险的人数为 18089 万人，比上年末增加 4.4%；参加工伤保险的人数为 21889 万人，比上年末增加 2.13%；参加生育保险的人数为 18451 万人，比上年末增加 3.83%。

我国在覆盖城乡社会保障体系建设中取得的成绩获得了国际社会的高度认可。2016 年 11 月，在巴拿马召开的国际社会保障协会第 32 届全球大会上，中国政府被授予“社会保障杰出成就奖”。

2. 基金规模持续扩大②

2016 年全年五项社会保险基金总收入和总支出均呈现增加趋势，总支出的增长速度高于总收入将近 4 个百分点。其中，基金总收入为 53563 亿元，比上年度增长了 16.4%；基金总支出为 46888 亿元，比上年度增加了 20.3%。

基本养老保险基金总收入为 37991 亿元，总支出为 34004 亿元，分别比上年增长了 18% 和 21.8%；城镇基本医疗保险基金总收入为 13084 亿元，总支出为 10767 亿元，分别比上年增长 16.9% 和 15.6%；失业保险基金总收入为 1229 亿元，比上年度下降了 10.2%，基金总支出为 976 亿元，比上年度增长了 32.6%；工伤保险基金总收入为 737 亿元，比上年度下降了 2.3%，总支出 610 亿元，比上年度增长了 1.9%；生育保险基金总收入为 522 亿元，总支出为 531 亿元，分别比上年度增长了 4% 和 29%。

3. 待遇水平继续提高③

2016 年，全国基本养老金水平总体上调幅度为 6.5% 左右④，调整后全国

---

① 人力资源和社会保障部：《2015 年度人力资源和社会保障事业发展统计公报》《2016 年度人力资源和社会保障事业发展统计公报》。

② 人力资源和社会保障部：《2015 年度人力资源和社会保障事业发展统计公报》《2016 年度人力资源和社会保障事业发展统计公报》。

③ 《我国社会保险事业改革发展成就举世瞩目》，人力资源和社会保障部网站，http://www.mohrss.gov.cn/SYrlzyhshbzb/dongtaixinwen/buneiyaowen/201705/t20170525_271399.html。

④ 人力资源和社会保障部、财政部：《关于 2016 年调整退休人员基本养老金的通知》。

企业退休人员月人均基本养老金达到2362元，机关事业单位退休人员的基本养老金待遇也同步调整并发放到位，实现了企业和机关事业单位首次同步调整。与此同时，13个省份提高了城乡居民基础养老金标准，城乡居民月人均养老金达到117元，其中，月人均基础养老金达到105元。

城镇职工医疗保险和居民医疗保险的最高报销额度均达到当地职工年平均工资和当地居民年人均可支配收入的6倍，政策范围内住院费用基金支付比例分别为80%和70%左右。

全国失业保险金水平为每月1051元，比2012年增长365元，年均增长11.3%。

因工死亡职工的一次性工亡补助金标准为62.4万元，比2012年提高了18.8万元，年均增长9.4%。

生育保险待遇水平达到15385元，比2012年增加了4098元，年均增长8.1%。

4. 社保基金投资监管日益加强

国务院颁布《全国社会保障基金条例》，进一步完善了社会保障基金投资政策，扩大了投资范围，调整了投资比例，丰富了投资产品，为基金保值增值拓宽了渠道。

（二）社会保险制度改革进展

1. 启动基本养老保险基金投资运营

人力资源和社会保障部印发《关于做好基本养老保险基金委托投资工作有关问题的通知》（人社部发〔2016〕83号），制定基本养老保险基金投资策略，核准投资范围，开展托管机构和投资管理机构评审，加强投资风险管理，确保投资运营工作顺利启动。截至2017年1月底，已有7个省份委托社保基金理事会开展投资，共计3600亿元基本养老保险基金开始投资运营，为养老保险基金的保值增值提供了新的投资渠道。

2. 推进城镇企业职工基本养老保险关系转移接续

《关于城镇企业职工基本养老保险关系转移接续若干问题的通知》（人社部规〔2016〕5号）出台，该文件对城镇企业职工基本养老保险关系转移接续中的若干问题做了详细说明，完善了企业职工养老保险关系转移接续的相关规定。

3. 健全养老保险监管体系

人力资源和社会保障部出台《关于进一步加强企业职工养老保险基金收支管理的通知》（人社部发〔2016〕132 号），指导各地规范养老保险参保缴费政策，严格核定企业基本养老保险缴费基数，鼓励引导灵活就业人员按时足额参加基本养老保险。同时，加大社保待遇领取核查工作力度，实地稽核少缴社会保险费、冒领社会保险待遇等问题。

4. 积极整合城乡居民基本医疗保险制度

《关于整合城乡居民基本医疗保险制度的意见》（国发〔2016〕3 号）发布，进一步理顺管理体制、提升服务效能、推进城镇居民医保和新农合制度整合，逐步在全国范围内建立起统一的城乡居民医保制度。截至 2016 年底，全国 30 个省份和新疆生产建设兵团已经出台了城乡居民医保制度整合的文件，实现整个医疗保险一体化运行与社会化管理服务。

5. 开展长期护理保险制度试点

《关于开展长期护理保险制度试点的指导意见》（人社厅发〔2016〕80 号）印发，将长春等 15 个城市作为长期护理保险制度的试点，探索建立以社会互助共济方式筹集资金，为长期失能人员的基本生活照料和医疗护理提供资金或服务保障的社会保险制度。

6. 扩大基本医疗保障支付范围

人力资源和社会保障部制定了《国家基本医疗保险、工伤保险和生育保险药品目录（2017 年版）》，印发了《关于新增部分医疗康复项目纳入基本医疗保障支付范围的通知》（人社部发〔2016〕23 号），扩大了基本医疗保险支付范围，严格药品目录支付规定，完善药品目录使用管理。

7. 完善流动就业人员医保关系转移接续工作

《流动就业人员基本医疗保险关系转移接续业务经办规程》（人社厅发〔2016〕94 号）印发，完善了职工基本医疗保险和城镇（城乡）居民基本医疗保险参保人员流动就业时跨制度、跨统筹地区转移接续基本医疗保险关系的经办管理服务规定。

8. 正式上线全国跨省异地就医结算系统

2016 年底，国家基本医疗保险异地就医结算系统正式上线试运行，异地就医结算的国家级平台初步建成，参保人员异地就医住院费用结算更为顺畅。

9. 完成生育保险和医疗保险合并实施试点准备工作

在河北省邯郸市等12个省份的试点城市推进生育保险和基本医疗保险合并改革，将生育保险基金并入基本医疗保险基金征缴和管理，不再单独建账、分账核算。

10. 降低失业保险费率

从2016年5月1日起，失业保险总费率阶段性降至1%～1.5%，其中个人费率不超过0.5%，降低费率的期限暂按两年执行。这是在2015年费率降低1个百分点的基础上，失业保险实施的第二次阶段性降费。

11. 完善失业保险金标准和物价上涨挂钩联动机制

《关于进一步完善社会救助和社会保障标准与物价上涨挂钩联动机制的通知》（发改价格规〔2016〕1835号）规定，当居民消费价格指数（CPI）单月同比涨幅达到3.5%或CPI中的食品价格单月同比涨幅达到6%时，即可根据CPI指数变化，向领取失业保险金人员发放价格临时补贴。

12. 完善工伤保险制度体系

《工伤保险辅助器具配置管理办法》（人社部令27号）出台，对工伤保险辅助器具配置的确认和配置程序、管理与监督做出明确规定，完善了工伤保险配套规章和相关政策。

《人力资源社会保障部关于执行〈工伤保险条例〉若干问题的意见（二）》（人社部发〔2016〕29号）对工伤保险的认定、因工死亡亲属待遇领取、达到退休年龄人员因公负伤的待遇领取以及《工伤保险条例》中的若干规定进行了详细说明，为依法依规做好工伤认定工作，维护工伤职工的合法权益，提高完善服务能力和水平，妥善解决实际工作中存在的问题提供了制度保障。

七　劳动关系状况与工作进展

2016年，劳动关系较为和谐，劳动合同签订率维持不变，集体合同签订率有所提高；劳动争议立案受理数小幅增长，案件涉及人数有所减少；劳动监察力度加大，劳动保障监察执法成效显著；农民工权益保障有所改善，被拖欠工资的农民工比重下降。2016～2017年，劳动人事争议调解仲裁机制不断完善；劳动保障监察逐步规范。

（一）劳动关系基本情况

1. 劳动合同签订率维持不变，集体合同签订率有所增加

2016 年，全国企业劳动合同签订率达 90% 以上。[①] 截至 2016 年末，全国经人力资源和社会保障部门审查并在有效期内的集体合同累计 191 万份，较上年增加了 15 万份，同比增加了 7.9%，覆盖企业 341 万户、职工 1.78 亿人。截至 2016 年末，经各级人力资源和社会保障部门审批且在有效期内实行特殊工时制度的企业 8.2 万户，涉及职工 1432 万人。[②]

2. 劳动争议立案受理数小幅增长，案件涉及人数有所减少

2016 年底，全国劳动人事争议调解仲裁机构共处理争议 177.1 万件，较上年增加 5 万件，同比增加 2.9%；办结案件 163.9 万件，较上年增加 2.9 万件，同比增加 1.8%；其中，涉及劳动者 226.8 万人，同比下降 2.1%；涉案金额 471.8 亿元，同比上升 29%；案件调解成功率为 65.8%，仲裁结案率为 95.5%。终局裁决 10.4 万件，占裁决案件数的 28.4%。[③] 畅通农民工劳动争议案件处理绿色通道，全国仲裁机构受理涉及农民工的劳动争议案件 34.1 万件，涉及农民工人数 48.5 万人。扩大法律援助覆盖面，为 52 万多人次的农民工提供法律援助服务。

3. 劳动监察力度加大，劳动保障监察执法成效显著

2016 年，全国各级劳动保障监察机构共主动检查用人单位 190.8 万户次，涉及劳动者 8209.6 万人次。书面审查用人单位 222.6 万户次，涉及劳动者 7965.8 万人次。全年共查处各类劳动保障违法案件 32.3 万件。通过加强劳动保障监察执法，共为 372.2 万名劳动者追讨工资等待遇 350.6 亿元，其中为 290.1 万名农民工追讨工资等待遇 278.3 亿元。共督促用人单位与劳动者补签劳动合同 202.7 万份，督促 3 万户用人单位办理社保登记，督促 3.8 万户用人单位为 63.3 万名劳动者补缴社会保险费 17.3 亿元，追缴骗取的社会保险待遇或基金支出 261.6 万元，共依法取缔非法职业中介机构 2798 户。[④] 大力加强欠

---

① 人力资源和社会保障部：《2016 年度人力资源和社会保障事业发展统计公报》，2017。

② 人力资源和社会保障部：《2016 年度人力资源和社会保障事业发展统计公报》，2017。

③ 人力资源和社会保障部：《2016 年度人力资源和社会保障事业发展统计公报》，2017。

④ 人力资源和社会保障部：《2016 年度人力资源和社会保障事业发展统计公报》，2017。

薪问题综合治理，强化日常劳动监察执法，全年共查处工资类违法案件32.3万件，追发工资待遇350.6亿元，欠薪案件数和金额均较上年下降。推进实施全民参保等级计划，年末全国参加职工基本养老、基本医疗、失业、工伤保险的农民工分别达到5825万人、4825万人、4659万人、7510万人。

4. 农民工权益保障有所改善，被拖欠工资的农民工比重下降

2016年，农民工年从业时间平均为10个月，月从业时间平均为24.9天，日从业时间平均为8.5个小时，均与上年持平。① 此外，日从业时间超过8小时的农民工占64.4%，较上年下降了0.4个百分点，周从业时间超过44小时的农民工占78.4%，较上年下降1个百分点。其中，外出农民工日工作超过8小时的比重下降了1.8个百分点，周工作超过44小时的比重比上年下降了0.6个百分点，超时劳动情况改善比较明显。

2016年，被拖欠工资的农民工人数为236.9万人，比上年减少了38.9万人，下降了14.1%。被拖欠工资的农民工比重为0.84%，比上年下降了0.15个百分点。2013～2015年被拖欠工资的农民工比重呈现波动状态，分别为1%、0.76%、0.99%，其中，2015年被拖欠工资的农民工比重比2014年提高0.23个百分点。2016年，被拖欠的工资总额为270.9亿元，比上年增加0.9亿元，增长0.3%，与2015年被拖欠的工资总额增长35.8%相比，拖欠情况出现好转。② 被拖欠工资的农民工人均拖欠11433元，较上年增加了1645元，增长16.8%。被拖欠工资的外出农民工人均拖欠11941元，比上年增加1249元；被拖欠工资的本地农民工人均拖欠10518元，比上年增加1851元。

（二）劳动关系工作进展

1. 劳动人事争议调解仲裁机制不断完善

2017年3月，人力资源和社会保障部等部门联合发文《关于进一步加强劳动人事争议调解仲裁完善多元处理机制的意见》（人社部发〔2017〕26号），健全劳动人事争议预防协商机制，指导用人单位加强劳动人事争议源头预防，引导支持用人单位与职工通过协商解决劳动人事争议。

---

① 国家统计局：《2016年农民工检测调查报告》，2017。

② 国家统计局：《2016年农民工检测调查报告》，2017。

2017 年 5 月，人力资源和社会保障部令第 33 号《劳动人事争议仲裁办案规则》发布，33 号文共 5 章 81 条，从 2017 年 7 月 1 日开始实施，办案规则对使用的争议仲裁范围进行了界定，并对发生争议的用人单位、劳动合同履行、当事人提出管辖异议、当事人申请回避等情况做了一般性规定。对仲裁程序的申请和受理、开庭和裁决、简易处理、集体劳动人事争议处理、调解程序等都做了规定。

2017 年 5 月，人力资源和社会保障部令第 34 号《劳动人事争议仲裁组织规则》发布，自 2017 年 7 月 1 日起实施。组织规则共 6 章 38 条，对仲裁委员会及其办事机构、仲裁庭、仲裁员、仲裁监督做了明确的规定，废止了 2010 年 1 月 20 日的《劳动人事争议仲裁组织规则》（人力资源和社会保障部令第 5 号）。

2. 劳动保障监察逐步规范

2016 年 11 月，人力资源和社会保障部、国家发展改革委、公安部、司法部、财政部、住房城乡建设部、交通运输部、水利部、中国人民银行、国资委、国家工商总局、中华全国总工会《关于开展农民工工资支付情况专项检查的通知》（人社部明电〔2016〕6 号），规定对招用农民工较多的建筑市政、交通、水利等建设施工企业以及加工制造、餐饮服务等中小型劳动密集型企业、个体工商户，特别是政府投资工程项目建设施工企业及钢铁、煤炭等产能过剩行业企业保障农民工工资支付，并提出具体时间要求和具体的内容要求，落实企业清欠责任和地方政府监管责任，严肃处理拖欠农民工工资问题，加快建立健全保障工资支付长效机制。

2017 年 6 月，人力资源和社会保障部办公厅发布《关于开展用人单位遵守劳动用工和社会保险法律法规情况专项检查的通知》（人社厅函〔2017〕144 号），要求各地人力资源和社会保障部门充分认识维护广大职工合法权益、构建和谐劳动关系的重要意义，认真开展执法检查，严格规范公正文明执法。对重点行业、重点区域特别是在建工程项目及发生过劳动保障违法行为的用人单位要逐一进行检查，发现问题，依法及时严肃处理。改进执法方式，增强执法效果，发挥劳动保障监察举报投诉省级联动处理机制的作用，为劳动者提供优质高效的执法服务。

2017 年 7 月，人力资源和社会保障部办公厅关于印发《治欠保支三年行动计划（2017～2019）》的通知（人社厅发〔2017〕80 号），明确提出十大行动措施：全面推行劳动用工实名制管理，落实按月足额支付工资规定，完善工资支付监控机制，落实工资保证金制度，建立农民工工资专用账户管理制度，强化劳动保障监察执法，充分发挥劳动争议调解仲裁作用，加大对欠薪违法行为的信用惩戒力度，开展治欠保支法律援助和普法宣传，落实属地监管责任。旨在通过三年行动以解决工程建设领域欠薪问题，形成制度完备、责任落实、监管有力的治理格局。

八　人力资源服务业状况与工作进展

2016 年，人力资源服务市场规模持续扩大，人力资源服务业发展质量进一步提升；人力资源服务机构的总数略有减少，民营人力资源服务机构增长最快；人力资源流动配置服务需求得到了更好的开发与满足；人力资源服务业态发展良好。

（一）人力资源服务业基本状况

1. 人力资源服务市场规模持续扩大，人力资源服务业发展质量进一步提升

根据人力资源和社会保障部统计，2016 年人力资源服务业全行业营业总收入 11850 亿元（含服务外包等业务的代收代付部分 8792 亿元），比 2015 年增长 22.4%；与国内生产总值（GDP）的增速相比较，人力资源服务业营业总收入的增速远高于同期 GDP 增速（6.7%）和第三产业增加值增速（7.8%）。

人力资源服务业发展质量也得到进一步提升。从扣除代收代付后的营业收入看，2016 年的营业收入净额为 3058 亿元，比 2014 年的 1916 亿元增长了 59.6%；从从业人员的人均营业收入看，2016 年人均营业收入为 214 万元，比 2014 年的人均营业收入增加 16 万元。

2. 人力资源服务机构的总数略有减少，民营人力资源服务机构增长最快

截至 2016 年底，我国已设立县级以上公共就业和人才服务机构以及各类人力资源服务企业 2.67 万家，比 2015 年减少 410 家；全国各类人力资源服务机构共设立固定招聘（交流）场所 2.1 万个，建立各类人力资源市场网站 1.17 万个。

从服务机构构成类别上看，民营人力资源服务机构的数量增长最快，其已成为我国人力资源服务业的最大主体。截至2016年底，县级以上地方政府人力资源和社会保障部门等（含其他行业管理部门）共设立公共就业和人才服务机构5262家，占人力资源服务机构总量的19.7%；国有性质人力资源服务企业1493家，占5.6%；民营性质人力资源服务企业18859家，占70.6%；外资及港澳台资性质的服务企业227家（其中港资、澳资、台资性质的服务企业分别为103家、2家、4家），占0.9%；民办非企业等其他性质的服务机构854家，占3.2%。

3. 人力资源流动配置服务需求得到了更好的开发与满足

据人力资源和社会保障部统计数据，2016年，全国各类人力资源服务机构共服务各类人员6.94亿人次，比2015年增长15.4%；登记求职和要求提供流动服务的人员达3.47亿人次，比2015年提高18.5%；为2820万家次用人单位提供了人力资源服务，比2015年增长15.9%。实现就业和流动人数也保持了高速增长，2016年全国各类人力资源服务机构共帮助1.77亿人次实现就业和流动，比2015年增长17.7%。

4. 人力资源服务业态发展良好

人力资源服务主要业态呈现如下特点：现场招聘会继续萎缩，网络招聘保持高速发展；劳务派遣业务量近几年迅速下滑后保持稳定，而人力资源外包服务稳步增长；档案管理服务持续增长；人力资源管理咨询服务、人力资源培训和高级人才寻访服务等需求持续较快增长。从现场招聘会举办情况看，2016年招聘会总数进一步下降，针对重点人群的招聘会总场次略有减少，参会人数和招聘岗位也略有下降。人力资源和社会保障部数据显示，2016年，全国各类人力资源服务机构共举办现场招聘会20万场次，比2015年减少2.5万场次，下降11.1%。其中，高校毕业生专场交流会6.5万场次，农民工专场交流会6.1万场次，分别比2015年下降3%与1.6%。参会求职人员1.09亿人次，比2015年减少3.7%；参会用人单位688万家次，比2015年减少2.4%；提供招聘岗位信息1.01亿条，比上年减少2.7%。

（二）促进人力资源服务业发展的工作进展

1. 发布《人力资源服务机构能力指数》，人力资源服务国家标准进一步丰富

2017年5月，国家质检总局、国家标准委发布2017年第13号《中国国家标准公告》，批准发布《人力资源服务机构能力指数》国家标准，于2017年12月1日正式实施。标准设定了服务机构的5个能力指数以及相对应的代号和评价指标体系；规范了服务机构能力指数基本要求，包括服务场地、服务环境、从业人员、规章制度、服务项目和要求、服务评价与改进等方面；规范了服务机构能力指数基本条件，从基本要求、注册资本、从业人员、设施设备、服务环境和规章制度等六个方面对服务机构的能力水平所应具备的基本条件做了明确规定。该标准的实施，有利于推动人力资源服务机构实现服务的标准化、规范化、科学化，提升服务质量和水平以及服务效率，形成各级人力资源服务机构统一的能力指数。该标准对服务机构的从业人员、业务范围、设施设备、服务环境、规章制度等进行了规范，对各要素设定了相应的量化指标。

2. 举办人力资源服务创新创业大赛，助力人力资源行业“双创”事业发展

由中国人事科学研究院和宁波市人民政府主办，宁波市人社局、宁波人力资源行业协会承办的“2016年中国（宁波）人力资源服务创新创业大赛决赛”在宁波顺利举行。大赛以“资本+人力资源服务创新”为主题，致力于打造一个“互联网+”背景下的人力资源服务行业跨界创新、业态模式创新、人力资源管理和服务技术创新、人力资源服务产业和资本融合创新、关联产业创新的载体，旨在通过大赛重点发现、挖掘一批优质创新创业项目，孵化培育一批创新创业企业，转型升级一批人力资源服务机构。

3. 举办人力资源服务理论研讨会，发挥理论对行业发展的指导作用

2016年，各级政府、研究机构、各地人力资源服务行业协会等相关组织，围绕人力资源服务业发展面临的重要问题开展了一系列研讨。由全国博士后管委会办公室、人力资源和社会保障部人力资源市场司共同主办的“中国人力资源服务业博士后学术交流会”，以“全面深化改革背景下的人力资源服务业”为主题，围绕人力资源服务业发展的关键问题、服务和创新、未来趋势等做了探讨。中国人事科学研究院、陕西省人社厅、西安市政府联合举办了“丝路经济带人力资源服务业创新发展研讨会”。来自全国11个省区市的人社厅局、10个人力资源服务行业协会、40余家人力资源服务机构和十余个人力资源服务产业园的代表在西安参加了会议，共同探讨人力资源服务业发展创新之路和业务经营管理经验。

九　人力资源与社会保障法治建设

法治是治国理政的基本方式，健全完善的法律规范体系是人力资源和社会保障事业改革发展的基本保障。经过多年努力，我国人力资源和社会保障法律框架体系已经形成，为推动人力资源和社会保障事业持续健康发展发挥了保驾护航作用。2016 年以来，我国人力资源和社会保障法律和行政法规体系总体保持稳定，部门规章层面的立法工作有序推进，地方立法进行了积极探索，法律规范体系仍在不断完善中。

（一）总体情况

2016 年度人力资源和社会保障领域法治建设稳步推进。随着《法治政府建设实施纲要（2015～2020 年）》和《关于全面推进人力资源和社会保障部门法治建设的指导意见》相继出台，未来五年人力资源和社会保障法治建设的顶层设计已经基本完成，各业务领域的立法任务都在贯彻落实。从法律和行政法规层面来看，2016 年度人力资源和社会保障领域没有新法出台，原有的框架性法律法规，比如《劳动法》《劳动合同法》《就业促进法》《社会保险法》《公务员法》《劳动争议调解仲裁法》《事业单位人事管理条例》《劳动保障监察条例》等，也没有进行重大修改，法律和行政法规体系总体保持稳定。从部门规章层面来看，2016 年度国家陆续制定出台了《重大劳动保障违法行为社会公布办法》《公务员考试录用违纪违规行为处理办法》《劳动人事争议仲裁办案规则》《劳动人事争议仲裁组织规则》，修改了《专业技术人员资格考试违纪违规行为处理规定》《外国人在中国就业管理规定》，部门规章层面的立法工作有序推进。从地方立法层面来看，2016 年度河北、山西、浙江、安徽、江西、山东、广东、四川、宁夏等省份制定出台了相关的地方性法规和地方政府规章，地方立法进行了积极探索。与此同时，国务院办公厅印发了国务院 2017 年立法工作计划，其中制定人力资源市场条例、修订失业保险条例均被列为 2016 年度全面深化改革急需的立法项目，因此在接下来一个阶段，人力资源和社会保障领域的立法工作任务仍然较重，需要继续加快推进。总体而言，2016 年度人力资源和社会保障法治工作是按照全面推进依法治国的部署和建设法治政府的需要按部就班地开展，立法工作进度符合预期。

（二）人力资源和社会保障法治建设动态

1. 重大劳动保障违法行为社会公布于法有据

2016年9月1日，人力资源和社会保障部出台了《重大劳动保障违法行为社会公布办法》（人社部令第29号），自2017年1月1日起施行。办法总共13条，规定了立法目的、适用范围、基本原则、职责权限、应当向社会公布的重大劳动保障违法行为类型、公布内容与方式、公布程序、申诉与复核、法律责任等内容。维护劳动者合法权益是人力资源和社会保障部门的重要职责，该职责的履行不仅要依靠行政手段，也要发挥社会监督特别是舆论监督的作用。近年来，为加大对拖欠劳动报酬行为的打击力度，人力资源和社会保障部门定期将查处的拖欠劳动报酬典型案例向社会公布，借助舆论压力震慑违法犯罪行为，起到了很好的效果。在此基础上，适时制定出台《重大劳动保障违法行为社会公布办法》，既是对前期工作经验的总结，也是提升此项工作法治化、规范化水平的需要。办法第五条规定了七类应当向社会公布的重大违法行为，包括：克扣、无故拖欠劳动者劳动报酬，数额较大的；拒不支付劳动报酬，依法移送司法机关追究刑事责任的；不依法参加社会保险或者不依法缴纳社会保险费，情节严重的；违反工作时间和休息休假规定，情节严重的；违反女职工和未成年工特殊劳动保护规定，情节严重的；违反禁止使用童工规定的；因劳动保障违法行为造成严重不良社会影响的；其他重大劳动保障违法行为。这七类重大违法行为基本上涵盖了劳动关系的重要领域，为企业划定了“警戒线”，为劳动者编织了“安全网”。

2. 公务员考试违纪违规行为处理更加规范

2016年8月19日，人力资源和社会保障部出台了《公务员考试录用违纪违规行为处理办法》（人社部令第30号），自2016年10月1日起施行。2009年11月9日人力资源和社会保障部公布的《公务员录用考试违纪违规行为处理办法（试行）》（人社部令第4号）同时废止。新办法共有21条，规定了立法目的、适用范围、基本原则、违纪违规行为类型及其处理方式、处理程序、申诉与救济等内容。公务员考试是社会和舆论关注的焦点问题，关系到公务员考试能否充分发挥选拔人才的作用，能否得到群众的认可。近年来媒体曝光的公务员考试舞弊等负面现象，严重损害了考试的公平性，必须加大对违法违纪行为的打击力度。人力资源和社会保障部2009年就已经颁布了《公务员录用考试违纪违规行为处理办法（试行）》。2016年8月，在总结试行经验的基础上，新办法正式出台，进一步提升了公务员考试违纪违规行为处理的规范化水平。新办法规定的报考者的违法违规行为包括提供的申请材料或者信息不实、恶意注册报名信息、考试过程中违纪违规、体检过程中隐瞒影响录用的疾病或者病史、考察过程中弄虚作假等，涵盖了报名、考试、体检、考察等各个环节。同时，新办法第十七条规定了录用公务员部门的责任。

3. 劳动人事争议仲裁办案规则和组织规则进一步完善

2017年5月8日，人力资源和社会保障部出台了《劳动人事争议仲裁办案规则》（人社部令第33号）和《劳动人事争议仲裁组织规则》（人社部令第34号），自2017年7月1日起施行。2009年1月1日人力资源和社会保障部公布的《劳动人事争议仲裁办案规则》（人社部令第2号）同时废止。新办案规则包括总则、一般规定、仲裁程序、调解程序、附则五章，共有81条。人力资源和社会保障部2009年就制定了《劳动人事争议仲裁办案规则》，但近年来，特别是党的十八届三中全会以来，中央对于构建和谐劳动关系、完善矛盾纠纷多元化解机制等都有新政策出台，其中对于劳动人事争议仲裁工作也都提出了新要求，这些都需要贯彻落实。与此同时，各地在实际办案中积累了许多有益经验，也发现了许多新问题、新困难，这些都需要及时予以回应。与2009年的旧办案规则相比，新办案规则主要有三个方面的亮点：一是对适用终局裁决的情形进行了细化和完善；二是增加了简易处理程序有关内容，提升了案件办理效率，减轻了当事人负担；三是规范了集体劳动人事争议处理程序。组织规则的制定出台主要是着力加强仲裁员队伍建设，涉及管理、监督、保障等多个方面。

4. 专业技术人员资格考试和外国人在华就业管理有关规章修订完善

2017年2月16日，人力资源和社会保障部印发了修订后的《专业技术人员资格考试违纪违规行为处理规定》（人社部令第31号），自2017年4月1日起施行。人力资源和社会保障部2011年3月15日发布的《专业技术人员资格考试违纪违规行为处理规定》（人力资源和社会保障部令第12号）同时废止。

本次修订主要包括三个方面内容：一是调整了违纪违规行为的处理方式，细化了专业技术人员资格考试中的违纪违规行为的严重程度，规定了违纪违规行为将被记入诚信档案库，并影响将来的就业、职务评聘等；二是规定了雷同答卷当次科目考试成绩无效；三是完善了违纪违规行为的处理程序，保障当事人申诉救济的权利。2017 年 3 月 13 日，人力资源和社会保障部出台了《关于修改〈外国人在中国就业管理规定〉的决定》（人社部令第 32 号），自公布之日起施行。本次修订主要是根据《中华人民共和国出境入境管理法》和《外国人入境出境管理条例》的规定，对涉及 Z 字签证的部分条款进行了修改。

5. 地方人力资源和社会保障法治建设继续推进

按照国家层面的立法工作精神和部署，结合地方人力资源和社会保障工作的实践需要，各地围绕重点事项开展了积极的立法实践。例如，宁夏回族自治区出台了《宁夏回族自治区女职工劳动保护办法》，浙江省出台了《浙江省工会劳动法律监督条例》，河北省出台了《河北省女职工劳动保护特别规定》，山东省出台了《山东省企业工资集体协商条例》，安徽省出台了《安徽省最低工资规定》，四川省出台了《四川省〈对外劳务合作管理条例〉实施办法》，广东省出台了《广东省劳动人事争议处理办法》，山西省出台了《山西省实施〈工伤保险条例〉办法》，江西省出台了《江西省女职工劳动保护特别规定》。还有其他省份也开展了积极的立法探索，进一步完善了人力资源和社会保障领域的地方性法规和地方政府规章。

十　当前面临的新形势和新任务

2016 年，通过认真贯彻落实党中央、国务院决策部署，锐意改革，扎实工作，人力资源社会保障领域的各项改革和发展全面完成全年目标任务，实现了“十三五”的良好开局。但不容忽视的是，我国人力资源发展中还存在诸多亟待解决的矛盾和问题。一是人才队伍结构性矛盾仍然突出，人才发展体制机制改革有待继续深化。二是就业总量压力不减，高校毕业生就业任务仍然繁重，去产能职工安置难度加大。三是劳动力市场冷热不均，供需错位现象严重，降薪欠薪、欠保断薪、规模裁员等引起的矛盾可能多发，社会保障在公平性和可持续性方面仍面临不少问题，特别是社保基金收支平衡面临严峻挑战。

四是公共服务体系还不够完善，尽管公共就业和人才公共服务机构数量较多，规模较大，但信息化、便捷化、高效化的程度仍不高。因此，继续深化人事制度改革，着力解决发展中存在的问题，仍将是人力资源和社会保障工作的重要任务。

（一）继续深化人才发展体制机制改革，努力构建既具鲜明中国特色又具国际竞争比较优势的人才制度体系，仍然是保障人才发展的首要任务

2016 年，自中央发布《深化人才发展体制机制改革的意见》以来，全国 30 个省份均遵循该意见，结合自身实际情况，研究制定了深化人才发展体制机制改革的实施意见，提出了未来的发展方向和改革措施。今后一段时间，中央和地方将继续深化人才发展体制机制改革，出台深化改革的配套政策和实施细则，提升各项改革措施的操作性和配套性；聚焦人才发展体制机制中的重点难点问题，破解各类人才流动难题，最大限度地降低人才横向流入门槛，清除纵向流动障碍；健全完善以市场需求为导向的人才培养选拔机制，建立更加积极、开放、有效的海内外人才吸引集聚制度，全方位支持人才创新创业；着力解决人才资源供需的结构性矛盾，持续推进人才制度的精准创新、系统创新、协同创新，全面提升人才政策的开放度、包容度，努力构建既具有中国特色又凸显国际竞争优势的人才制度体系，推动人才发展体制机制改革各项任务全面落实。

公共部门人事制度改革将继续向纵深推进。一是将继续推进公务员分类制度改革。当前，我国针对经济社会发展的需要，与时俱进，相继推出了专业技术类公务员、行政执法类公务员管理规定。如何招录、管理、激励、保障、培养专业技术类公务员，在当前的政策层面仍属空白，继续探索符合我国国情的公务员分类制度是今后公务员分类改革任务的重中之重。二是将继续推动事业单位各项人事制度改革。从未来发展趋势看，事业单位人事制度改革将会继续服务于事业单位分类改革的大局，并有益于构建具有中国特色的事业单位人事管理模式。按照国家“十三五”规划的改革要求，事业单位在明确其公益属性的基础上要参与政府购买服务的竞争。为此，事业单位作为提供公共服务的竞争主体，必须确保其独立的法人地位，并真正实现自我管理、自主运营、自

主负责。目前，有关政策文件已明确提出，要将事业单位的岗位设置权、薪酬决定权、职称评审权、绩效评价权等逐步下放。因此，按照国家“十三五”规划提出的各项改革要求，从事业单位的特点出发，以释放事业单位自主权为目标，加快构建包括招聘、设岗、定薪、考核、奖惩等多方面新的人事法规体系，将是事业单位人事制度改革的主要着力点。

人力资源法治建设将继续得到加强。目前，人力资源和社会保障法律规范体系尚未健全，还不能完全适应未来事业发展的需要，包括社会保险、人才队伍建设、人事制度改革、工资收入分配在内的重点领域的法律均不够完善。《国务院2017年立法工作计划》对国务院各职能部门做好2017年立法工作提出了要求，进行了部署。工作计划中列举的全面深化改革急需的立法项目中，人力资源市场条例、失业保险条例（修订）是2017年人力资源和社会保障法治工作的重点任务，将会继续得到大力推进。

（二）继续稳定就业形势，大力解决就业结构性矛盾，抓好重点群体就业工作仍然是我国人力资源健康发展的关键所在

今后一个时期，就业的结构性矛盾将更加凸显。一方面，产业转型升级、技术进步所需的高层次和技能人才缺乏问题将长期存在；另一方面，大龄低技能劳动者和部分高校毕业生就业更加困难，有效岗位需求不足，部分地区经济下行压力加大，部分行业去产能任务重，失业风险有所上升，稳定就业形势不容懈怠。

稳定就业形势从根本上施策，必须着力解决就业结构性矛盾。必须进一步完善劳动用工制度，增强用人制度对就业的支撑作用；进一步简政放权、放管结合，加强人力资源市场建设，充分发挥市场在人力资源配置中的决定性作用。必须加强培训，充分调动企业、培训机构等各方面的积极性，不断扩大培训的受益面，大力推广工学一体化技能人才培养模式，大力开展岗位练兵、技术比武和国家职业技能大赛等活动，积极参与世界技能大赛，提高培训的针对性和质量。必须强化就业服务体系建设，更好地发挥政府在就业领域引领、服务和兜底保障的作用。必须加强就业形势分析研判，根据形势的变化，及时采取确保就业局势稳定的有效措施。

稳定就业形势的当务之急，就是要抓好重点群体就业工作。一是要坚持把

高校毕业生就业摆在就业工作的首位。以实施高校毕业生就业创业促进计划为抓手，以就业促进、创业引领、基层成长为着力点，加强分类施策、精准服务，多渠道促进高校毕业生就业创业。进一步落实和完善积极的就业政策，落实《“十三五”促进就业规划》的部署，开拓新兴科技领域的就业，推动高校毕业生到基层工作积累就业经验，使之更加适应形势的发展变化。同时，突出抓好创业带动就业工作，发挥创业带动就业的倍增效应，确保高校毕业生就业水平不降低。二是要积极稳妥推进职工分流安置工作，把推动职工安置与去产能任务确定、奖补资金安排等工作同考虑、同部署。积极创新鼓励措施，落实稳岗补贴和内退职工免缴失业保险费政策，引导企业更多地通过内部挖潜安置职工。继续坚持企业主体、地方组织、依法依规的原则，继续完善和拓展内部转岗、内部退养、转岗就业创业、公益性岗位兜底等多元化分流安置管道。强化重点监测，盯住关键环节和主要风险点，聚焦困难地区、困难企业和困难职工，加强重点帮扶。三是要进一步稳定和扩大农民工就业创业。加大农民工职业培训和职业教育力度，引导农民工有序外出就业，鼓励农民工就地就近转移就业，大力支持农民工返乡创业，切实维护农民工的劳动保障权利，着力推动已在城镇就业的农民工享受均等化公共服务。

（三）保障劳动关系和谐稳定，推动社会保险制度改革，仍将是确保我国人力资源健康发展的稳定器

近年来，在经济下行压力加大、化解过剩产能任务艰巨、城镇新成长劳动力增多、技术进步替代效应强化的背景下，企事业单位职工自我权益保护意识稳步提升，经济领域风险向社会领域传导趋势日益明显。新形势下，劳动关系领域最重要的任务就是保障劳动关系的和谐稳定。在机制建设方面，将会进一步强化标本兼治，工作关口前移，加强研判，健全完善劳动关系风险预警和评估机制，对可能出现的问题早发现、早处理；进一步完善调处机制，依法妥善做好在化解过剩产能过程中的分流职工安置，维护其合法权益，不断健全集体协商和集体合同制度并稳步完善协调劳动关系三方机制；继续做好争议预防调解工作，健全争议仲裁制度和工作机制，建立健全调解仲裁与相关司法工作的衔接机制。在组织建设和劳动监察方面，将会扩大工会组织在各种所有制企事业单位的覆盖面，强化其维护职工权益的基本职能，为建立均衡对等的劳动关

系夯实组织基础，为职工依法维权提供组织保障。各级劳动保障监察机构将会在创新监管方式、强化监督职能上下功夫，依法公布重大劳动保障违法行为，推行劳动保障守法诚信等级评价，加大违法失信行为惩戒力度。

随着人口老龄化的推进，社保基金收入平衡面临着严峻挑战，部分地区养老保险保发放压力依然很大，因此中央和地方政府会加快推动养老保险综合改革，不断健全社会保障和收入分配制度，进一步降低基本养老保险费率，夯实中央统筹的基础养老金，界定政府出资责任，避免政府兜底的金融风险；稳慎推进基本养老保险基金投资运营，通过出台税优政策和市场化投资运营管理办法，鼓励个人账户养老金的积累，实现个人养老金的保值增值。通过发展个人养老储蓄、商业养老保险、理财规划、理财产品、互助式养老等替代型养老手段，发展多支柱养老保险体系；着力提高养老保险统筹层次，在现有双制并行、统账结合基本模式下，提升养老保险统筹层次，打造一体化、高层次的居民信息管理服务体系，实现全国统筹的基础养老保险制度。

（四）加快人才公共服务体系建设，积极推进“互联网＋人社”，促进人才资源服务业发展，仍将是实施人才强国、“一带一路”、就业优先等国家重大发展战略的必然要求

随着人才强国、“一带一路”、就业优先等国家重大发展战略的推进，人才公共服务的需求越来越高，构建“互联网＋”模式下的人社服务是未来人才公共服务发展的大势所趋。因此，应该从人才公共服务的平台建设、硬件、软件、从业人员、财政资金保障、组织领导等各方面，推动人才公共服务的信息化、便利化、快捷化、规范化、国际化发展，提质增效。结合信息化建设提升公共服务能力，推行“互联网＋公共服务”，转变政府职能，将可以由市场和第三方完成的经营性服务项目转移给市场，将必须由政府及其所属机构完成的公益性人才公共服务项目交由政府完成，凸显人才公共服务的公益属性，补齐公共服务短板。

人力资源状况篇

Current Situation of Human Resources

B.2
2016年中国人力资源基本状况

李学明*

摘　要：2016年，我国积极适应经济发展新常态，深入推进供给侧结构性改革，扎实推动“大众创业、万众创新”，经济转型升级步伐加快，人力资源继续保持良好发展势头。人力资源总量保持基本平稳，就业整体形势稳中向好，人力资源的产业分布结构不断优化，受教育水平稳步提升，社会保险参保水平持续提高。人才资源发展成效明显，科技、制造业人才队伍建设不断加强，留学回国与出国留学人数“逆差”逐渐缩小，留学人员归国已极具规模化。

关键词：经济新常态　供给侧改革　人力资源

* 李学明，中国人事科学研究院公共管理与人事制度研究室助理研究员，博士。

一　人力资源基本状况

随着改革开放不断深化，经济社会持续发展和民生事业不断改善，我国人力资源总量保持基本平稳，就业总体规模继续扩大，城镇登记失业率稳中有降，农村劳动力转移就业稳定增长，就业整体形势保持稳中向好。同时，我国人力资源的产业分布结构不断优化，受教育水平稳步提升，社保参保水平持续提高。

（一）人力资源总量保持基本平稳

截至2016年底，我国大陆总人口约138271万人，同比增加809万人。其中，城镇常住人口达79298万人，同比增加了2182万人，约占总人口比重的57.4%，常住人口城镇化率同比提高1.25个百分点。全年出生人口达1786万人，出生率为12.95‰；死亡人口达977万人，死亡率为7.09‰，人口自然增长率达5.86‰。[①] 全国人户分离的人口为2.92亿人，其中流动人口[②]为2.45亿人，同比下降0.81%。16～59岁（含不满60周岁）的人力资源总量达到90747万人，同比减少349万人，占全国总人口的65.6%，同比下降0.7个百分点。

表1　2016年末人口数及其构成

单位：万人，%

指标	年末数	比重
全国总人口	138271	100.0
其中:城镇	79298	57.4
乡村	58973	42.6
其中:男性	70815	51.2
女性	67456	48.8
其中:0～15岁(含不满16周岁)	24438	17.7
16～59岁(含不满60周岁)	90747	65.6
60周岁及以上	23086	16.7
其中:65周岁及以上	15003	10.8

资料来源：国家统计局《中华人民共和国2016年国民经济和社会发展统计公报》，2017年2月28日。

① 国家统计局：《中华人民共和国2016年国民经济和社会发展统计公报》，2017年2月28日。

② 流动人口是指人户分离人口中扣除市辖区内人户分离的人口。

（二）就业整体形势保持稳中向好

2016年，国家在经济新常态背景下继续实施更加积极的就业政策，着力做好高校毕业生、困难群体及家庭等重点群体的就业工作，并突出抓好创业工作和职业技能培训，加强公共就业服务。就业规模持续扩大，就业整体上保持了稳中向好的发展态势。

1. 就业总体规模继续扩大

截至2016年底，全国就业人员共77603万人，同比增加152万人。其中，城镇就业人员达41428万人，同比增加1018万人，同比增长约2.5%。[①] 2016年末，高校毕业生就业率总体保持平稳，城镇新增就业人数稳中有增。截至2016年底，全国城镇新增就业人数1314万人，相比2015年略有增长，超额完成了1000万人的就业目标（见图1）。2016年全年城镇失业人员再就业人数达到554万人，其中就业困难人员就业人数达169万人[②]，与2015年大致持平（见图2）。

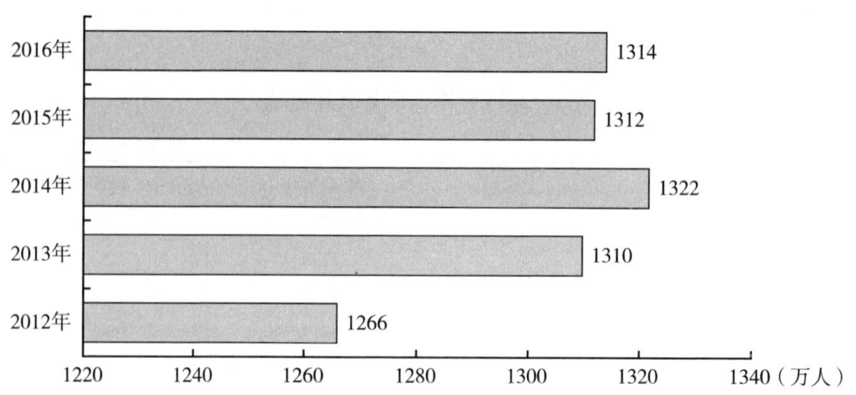

图1　2012～2016年城镇新增就业人数

资料来源：人力资源和社会保障部《2016年度人力资源和社会保障事业发展统计公报》，2017。

① 人力资源和社会保障部：《2016年度人力资源和社会保障事业发展统计公报》，2017。

② 人力资源和社会保障部：《2016年度人力资源和社会保障事业发展统计公报》，2017。

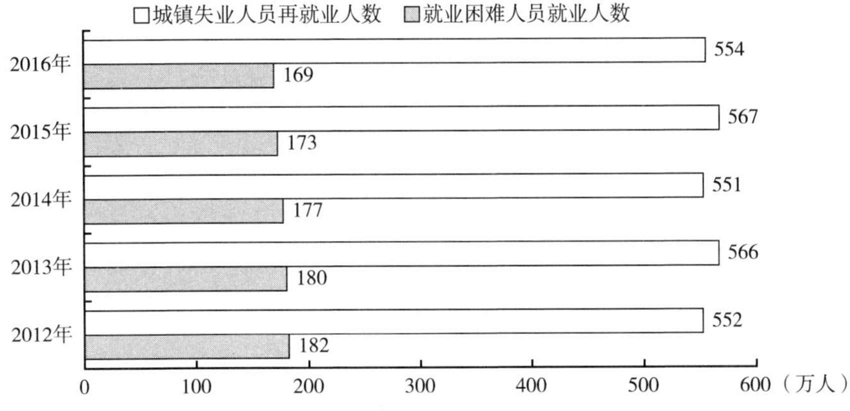

图 2　2012～2016 年城镇失业人员再就业人数

资料来源：人力资源和社会保障部《2016 年度人力资源和社会保障事业发展统计公报》，2016。

2. 城镇登记失业率稳中有降

2016 年末，全国城镇登记失业人数为 982 万人，同比增加 16 万人（见图 3）①，城镇登记失业率为 4.02%，同比下降 0.03 个百分点。② 近 5 年来，我国

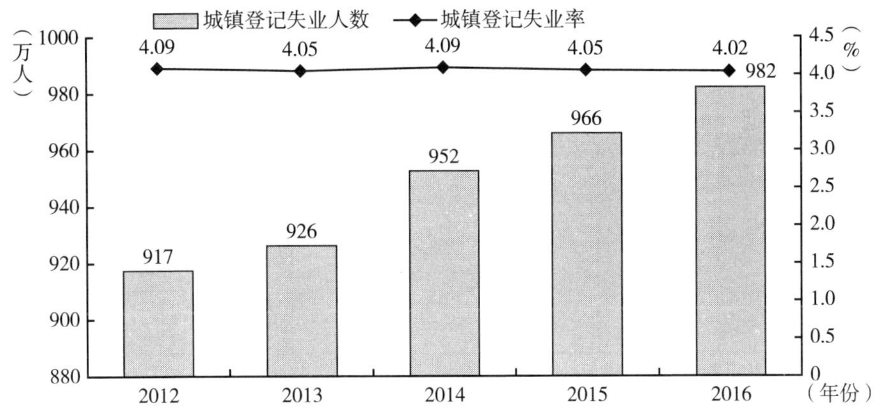

图 3　近五年城镇登记失业人数及登记失业率

资料来源：人力资源和社会保障部《2016 年度人力资源和社会保障事业发展统计公报》，2017。

① 人力资源和社会保障部：《2016 年度人力资源和社会保障事业发展统计公报》，2017。

② 人力资源和社会保障部：《2016 年度人力资源和社会保障事业发展统计公报》，2017。

城镇登记失业率基本保持平稳下降的态势。2016 年全年，全国共帮助 5 万户零就业家庭实现了每户至少一人就业，零就业家庭失业率水平进一步降低。

3. 农村劳动力转移就业稳定增长

2016 年，我国农村劳动力转移就业继续呈现稳定增长势头。截至 2016 年底，全国农民工总量再创新高，达到 28171 万人，同比增加 424 万人，同比增长约 1.5%。[①] 其中，本地农民工 11237 万人，同比增加 374 万人，同比增长约 3.4%；外出农民工 16934 万人，占农民工总量的比重接近 60%，同比增加 50 万人，同比增长约 0.3%。[②]

（三）人力资源产业分布结构不断优化

第三产业就业人员占比逐年递增。截至 2016 年底，全国就业人员中，第一产业就业人员占 27.7%，同比下降 0.6 个百分点；第二产业就业人员占 28.8%，同比下降 0.5 个百分点；第三产业就业人员占 43.5%，同比增长约 1.1 个百分点。[③] 通过统计 2011～2016 年我国就业人员的产业分布状况（见图 4），可以发现，第一产业、第二产业就业人员的比重呈逐年稳步降低态势，

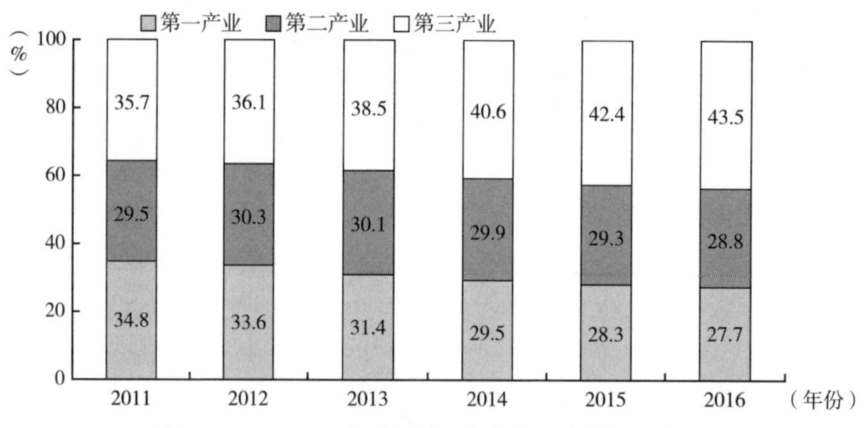

图 4　2011～2016 年我国就业人员产业分布构成情况

资料来源：人力资源和社会保障部《2016 年度人力资源和社会保障事业发展统计公报》，2017。

① 人力资源和社会保障部：《2016 年度人力资源和社会保障事业发展统计公报》，2017。
② 人力资源和社会保障部：《2016 年度人力资源和社会保障事业发展统计公报》，2017。
③ 人力资源和社会保障部：《2016 年度人力资源和社会保障事业发展统计公报》，2017。

而第三产业就业人员占比逐年稳步增长，近6年来的年平均增长率达1.3%，我国人力资源产业分布结构呈现不断优化的趋势。

（四）人力资源受教育水平稳步提升

2016年，我国教育事业继续保持快速发展势头，普通本专科的招生规模持续扩大（见图5），人力资源受教育水平逐年稳步提升。

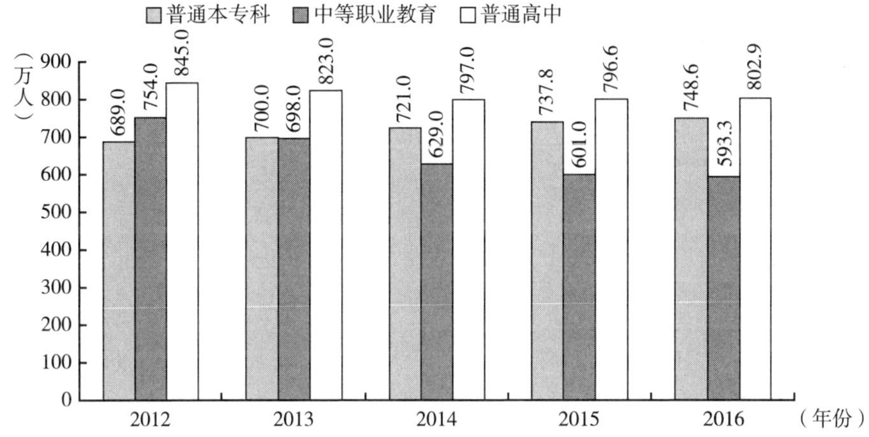

图5 2012～2016年我国本专科、中职、普高招生人数

资料来源：国家统计局《中华人民共和国2016年国民经济和社会发展统计公报》，2017。

1. 研究生招生规模持续扩大

研究生招生方面，全年共招生66.7万人，同比增加2.2万人，同比增长约3.4%。在学研究生达到198.1万人，同比增加7万人，同比增长约3.7%。毕业生56.4万人，同比增加1.2万人，同比增长约2.2%。①

2. 普通本专科招生人数平稳增长

普通本专科招生方面，招生规模稳中有增。2016年全年招生人数为748.6万人，同比增加约10.8万人，同比增长约1.5%；在校生人数达到2695.8万人，同比增加70.5万人，同比增长约2.7%；毕业生人数为704.2万人，同比

① 国家统计局：《中华人民共和国2016年国民经济和社会发展统计公报》，2017年2月28日。

增加23.3万人，同比增长约3.4%。[①]

3. 中职与普高招生人数基本稳定

2016年，在中等职业教育[②]招生方面，全年招生规模达593.3万人，在校生1599.1万人，毕业生533.7万人，同比均略微下降。普通高中教育招生规模相比上年略有扩大，招生人数为802.9万人，同比增加约6.3万人，同比增长约0.8%；在校生人数为2366.6万人，毕业生人数为792.4万人，同比大致持平。[③]

4. 义务教育招生人数增长较快

义务教育招生方面，初中、普通小学招生规模分别达1487.2万人、1752.5万人，同比分别增加76.2万人、23.5万人，同比分别增长约5.4%和1.4%。初中、普通小学在校生人数分别为4329.4万人、9913.0万人，同比分别增加17.4万人、220.8万人，同比分别增长约0.4%和2.3%。初中、普通小学毕业生数量分别为1423.9万人、1507.4万人，同比分别增加6.3万人、70.2万人，同比分别增长约0.4%和4.9%。九年制义务教育水平进一步提高，义务教育巩固率达90%以上。特殊教育招生人数为9.2万人，同比增加0.9万人，同比增长约10.8%；在校生49.2万人，同比增加5万人，同比增长约11.3%；毕业生5.9万人，同比增加0.6万人，同比增长约11.3%。[④]

（五）人力资源参保水平持续提高

2016年，我国不断完善社会保障制度，深入实施机关事业单位养老保险制度改革，积极推进城乡居民基本医疗保险制度整合，深化医疗、医保、医药联动改革，人力资源参保人数继续稳定增长，参保水平持续提高（见图6）。

1. 基本养老保险参保人数增长较快

基本养老保险参保人数保持较快增长。截至2016年底，全国88777万人参加基本养老保险，同比增加2943万人，同比增长约3.4%。其中，有37930万人参加城镇职工基本养老保险，同比增加2569万人，同比增长约7.3%，其中，参保职工达27826万人，参保离退休人员达到10103万人，分别同比增加

① 国家统计局：《中华人民共和国2016年国民经济和社会发展统计公报》，2017年2月28日。

② 中等职业教育包括普通中专、成人中专、职业高中和技工学校。

③ 国家统计局：《中华人民共和国2016年国民经济和社会发展统计公报》，2017年2月28日。

④ 国家统计局：《中华人民共和国2016年国民经济和社会发展统计公报》，2017年2月28日。

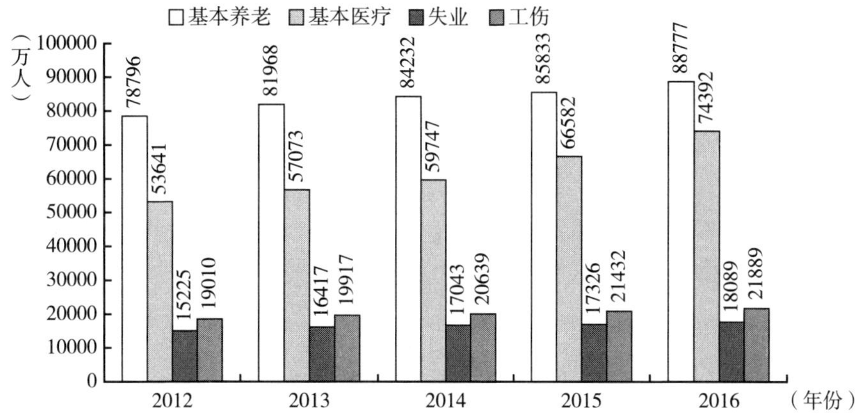

图6　2012～2016年我国社会保险参保人数状况

资料来源：人力资源和社会保障部《2016年度人力资源和社会保障事业发展统计公报》，2017。

了1607万人和962万人。2016年末，参加城镇职工基本养老保险的农民工达5940万人，同比增加355万人，同比增长约6.4%。50847万人参加城乡居民基本养老保险，同比增加375万人，同比增长约0.7%。2016年末，全国享受城市居民最低生活保障的人数共1479.9万人，享受农村居民最低生活保障的人数达4576.5万人，享受农村特困人员救助供养的人数达496.9万人。①

2. 基本医疗保险参保人数增幅较大

基本医疗保险参保人数大幅增长。全国有74392万人参加城镇基本医疗保险，同比增加7810万人，同比增长约11.7%。其中，29532万人参加职工基本医疗保险，同比增加638万人，同比增长约2.2%；44860万人参加城镇居民基本医疗保险，同比增长7171万人，同比增长约19.0%。全年国家共资助参加基本医疗保险的人数达5620.6万人，医疗救助达3099.8万人次。②

3. 失业、工伤和生育保险参保人数稳定增长

失业、工伤和生育保险参保人数继续保持平稳增长。2016年末，全国共18089万人参加失业保险，同比增加763万人，同比增长约4.4%。其中，

① 人力资源和社会保障部：《2016年度人力资源和社会保障事业发展统计公报》，2017。

② 人力资源和社会保障部：《2016年度人力资源和社会保障事业发展统计公报》，2017。

4659 万农民工参加失业保险，同比增加 440 万人。年末全国共 230 万人领取失业保险金，同比增加 4 万人。21889 万人参加工伤保险，同比增加 457 万人，同比增长约 2.1%，其中，7510 万农民工参加工伤保险，同比增加 21 万人，同比增长约 0.3%。18451 万人参加生育保险，同比增加 680 万人，同比增长约 3.8%。全年享受生育保险待遇共 914 万人次，同比增加 272 万人次。①

二 人才资源发展状况

2016 年，我国进一步加强人才队伍建设，科技人才队伍建设力度不断增大，制造业人才队伍建设成效显著，青年人才发展事业取得巨大进步。党的十八大以来，我国出国留学人数持续增加，留学人员回国发展的比重逐年提高，出国与回国人数“逆差”正逐渐缩小。

（一）科技人才队伍建设力度不断增大

“十三五”以来，我国不断加强科技人才队伍建设，加快高层次创新创业人才集聚，科技人力资源和研究与试验发展（R&D）人才队伍总量继续稳定增长，大学本科及以上学历的科技人力资源总量已超过 3100 万人，R&D 人员总量居世界首位。②

1. 科研项目经费支出显著增长

2016 年全年 R&D 经费支出达 15500 亿元，同比增长 9.4%（见图 7），占国内生产总值比重达 2.08%。其中，基础研究投入达 798 亿元，同比增加 127 亿元，同比增长约 18.9%。2016 年，国家重点研发计划安排 42 个重点专项，国家科技重大专项安排课题 224 项，国家自然科学基金资助项目达 41184 项。③

2. 科研平台建设进一步加强

2016 年，我国进一步加强科研平台和人才载体建设。截至 2016 年底，全

① 人力资源和社会保障部：《2016 年度人力资源和社会保障事业发展统计公报》，2017。

② 科技部：《2014 年我国科技人力资源发展状况分析》，http://www.most.gov.cn/kjtj/201603/P020160318359930786703.doc。

③ 国家统计局：《中华人民共和国 2016 年国民经济和社会发展统计公报》，2017 年 2 月 28 日。

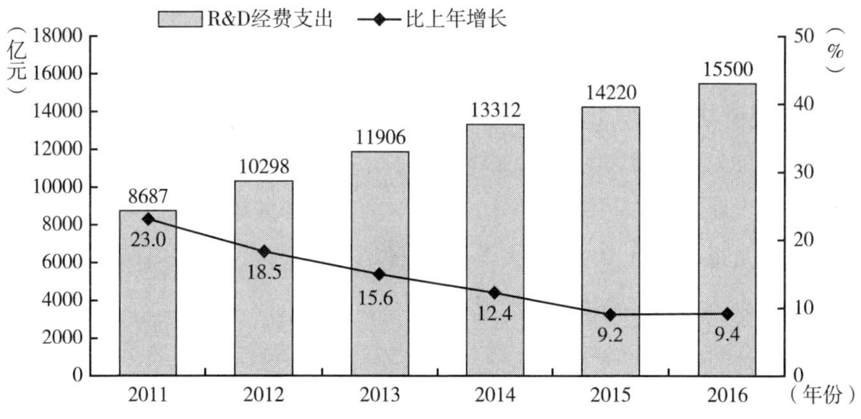

图7 2011～2016年R&D经费支出情况

国已累计建设131个国家工程研究中心、194个国家工程实验室、488个国家重点实验室和1276家国家认定企业技术中心。国家通过科技成果转化引导基金已累计设立资金总规模达173.5亿元的9只子基金。

3. 境内外专利申请和授予量较快增长

2016年，全年专利权申请受理346.5万件，比上年增加66.6万件，比上年增长约23.8%；专利权授予175.4万件，比上年增加3.6万件，比上年增长约2.1%，我国境内外专利申请和授予量呈现较快增长。截至2016年底，有效专利达628.5万件，其中境内有效发明专利110.3万件，每万人发明专利拥有量8件。全年共签订32万项技术合同，同比增加1.3万件。①

（二）制造业人才队伍建设取得显著成绩

自“十五”计划开始，我国大力实施人才强国战略，逐步推动我国从人力资源大国迈入人才强国行列，制造业人才队伍建设取得了显著成效。

1. 制造业人才培养规模位居世界前列

我国是人力资源大国，制造业规模较大，人才培养规模一直居于世界前列。截至2016年初，全国高等学校工科类专业本科生、研究生在校生规模分别达525万人、69万人；高等职业学校、中等职业学校制造类专业点数分别

① 国家统计局：《中华人民共和国2016年国民经济和社会发展统计公报》，2017年2月28日。

约有6000个、1.1万个，在校生规模分别达136万人和186万人。

2. 制造业人力资源结构逐步优化

截至2016年底，据不完全统计，全国制造业规模以上企业、装备制造业规模以上企业的人力资源总量分别达8589万人和1794万人。在全国制造业规模以上企业中，专业技术人员约占10%，达809万人。在装备制造业规模以上企业中，人才总量近736万人，具有大学本科及以上学历的人员约占31%。①

3. 制造业人才聚集高地初步形成

随着我国制造业持续快速发展，以院士、科技创新领军人才为代表的制造业高端人才队伍逐步壮大，在前沿科技创新、重大项目攻关等方面发挥着日益重要的作用。我国初步建立了以行业和社会认可为导向的人才评价机制，一批制造业重大人才发展项目安排立项，制造业人才发展环境日益改善，正在逐步形成有利于促进制造业人才培养成长和发挥作用的政策制度与社会环境。

（三）青年人才发展事业取得巨大进步

我国历来高度重视青年人才发展事业，遵循社会主义市场经济规律和人才发展规律，始终坚持把青年人才作为党和人民事业发展的生力军，特别注重激发青年人才的创新创业创造活力，青年人才发展事业取得巨大进步和重大成就。青年人才的基本生活条件得以不断改善，物质生活水平明显提高，精神文化生活日益丰富，青年人才群体文明程度逐步提升；青年人才教育事业获得长足发展，青壮年人口文盲已经基本消除，新增青年劳动人口平均受教育年限达13.3年，与发达国家之间的差距明显缩小，处于我国历史上的最高水平。青年人才的社会保障水平不断提升，人才发展权益得到了较好维护，青年人才的创新创业活力不断增强，青年人才队伍规模不断壮大。②

（四）留学回国与出国留学人数“逆差”逐渐缩小

我国一直鼓励支持留学人员回国创新创业，为国服务。2016年，我国留

---

① 教育部、人力资源和社会保障部、工业和信息化部：《制造业人才发展规划指南》（教职成〔2016〕9号）。

② 中共中央、国务院：《中长期青年发展规划（2016～2025年）》，2017。

学规模持续扩大，出国留学与来华留学人数保持同步增长，现已成为世界上最大的留学输出国与亚洲重要留学目的国。数据显示，我国留学回国与出国留学人数“逆差”正在逐渐缩小。

1. 留学回国人数持续增长

党的十八大以来，我国出国留学规模稳步扩大，留学回国人数持续增长。2016 年，我国出国留学人数、留学回国人数分别达到 54. 45 万人、43. 25 万人，比 2012 年分别增长 14. 49 万人、15. 96 万人，增幅分别达 36. 26% 和 58. 48%。2012 年，出国留学与留学回国人数的比例为 1. 46∶1，到 2016 年，这一比例骤降至 1. 26∶1。选择学成后回国发展的留学人员比例超过八成，留学回国与出国留学人数“逆差”正逐步缩小。①

2. 留学地域和学历相对集中

2016 年，从地域分布来看，我国已超九成的留学人员选择赴英美等发达国家留学，选择英语语系国家留学的人员占 77. 91%，留学目的国相对集中。从学历层次来看，我国留学人员出国攻读本科生、研究生学历的分别占 30. 56%、35. 51%，攻读本科以上学历的出国留学人员仍为留学主体，占 66. 07%。②

3. 自费留学仍为主体

党的十八大以来，我国逐步形成以公派留学为主导、以自费留学为主体的留学格局，自费留学的比重平稳保持在 92% 左右。2016 年，我国出国留学人员总数为 54. 45 万人，其中，自费留学、国家公派留学和单位公派留学分别达 49. 82 万人、3 万人和 1. 63 万人，自费留学人员占出国留学总人数的比重为 91. 49%（见图 8）。各类留学回国人员总数为 43. 25 万人，其中，自费留学回国人数为 39 万人，占留学回国总人数的比重为 90. 17%，国家公派留学回国人数为 2. 25 万人，单位公派留学回国人数为 2 万人（见图 9）。③

2012 年以来，国家公派各类留学生共计 107005 人。从学历来看，博士

---

① 《去年出国留学人数近 55 万　八成已回国发展》，《新民晚报》2017 年 3 月 3 日，http：//newsxmwb. xinmin. cn/kejiao/2017/03/02/30876471. html。

② 《2016 最新出国留学和来华留学大数据》，搜狐教育，2017 年 3 月 2 日，http：//sh. qq. com/a/20170302/008029_ 1. htm。

③ 《2016 最新出国留学和来华留学大数据》，搜狐教育，2017 年 3 月 2 日。http：//sh. qq. com/a/20170302/008029_ 1. htm。

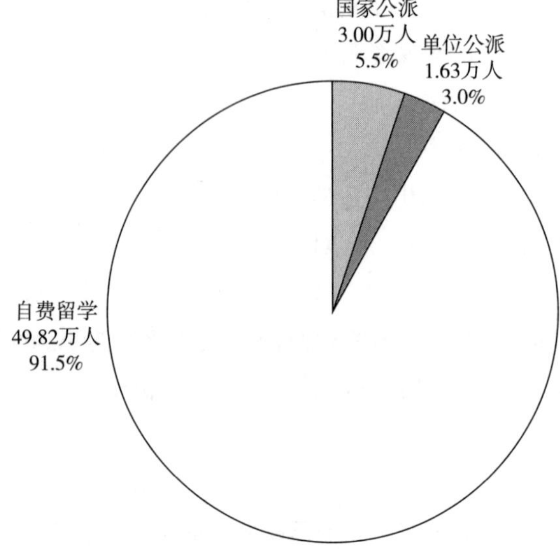

图 8　2016 年度我国出国留学人员结构分布

资料来源：《2016 最新出国留学和来华留学大数据》，搜狐教育，2017 年 3 月 2 日。

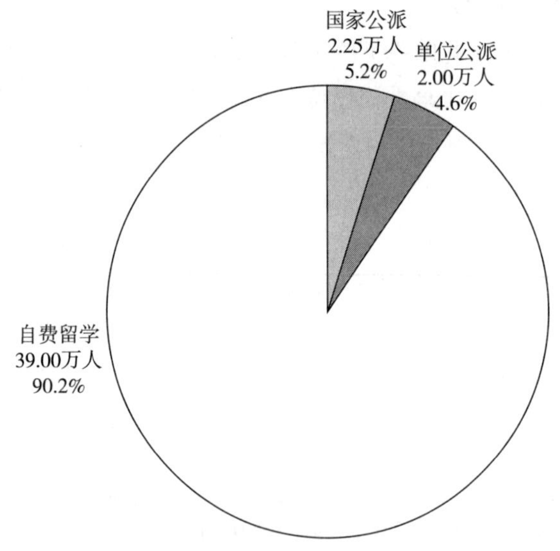

图 9　2016 年度各类留学回国人员分布

资料来源：《2016 最新出国留学和来华留学大数据》，搜狐教育，2017 年 3 月 2 日。

生、硕士生和本科生共62191人，占公派留学总数的58.12%；从国别分布来看，面向最多的国别依次是美国、英国、加拿大，共选派93865人，占公派留学总数的87.72%；从学科分布来看，公派出国留学人员以工、理、医、农等学科为主，其中工科、理科分别占36.54%、15.47%，医科、农科分别占6.68%、3.17%。

（五）留学人员最大规模归国潮形成

我国着力构建更积极、更开放、更有效的海外引才制度体系，逐步加大留学人才引进力度，大力吸引高层次留学人才回国服务，积极推动留学人员回国服务工作更好更快发展。截至2016年末，我国留学回国人员总量已达265.11万人，其中，2016年回国43.25万人①。党的十八大以来，最近5年回国人数占到回国人数总量的70%。2016年末，我国各地共引进高层次留学人才5.39万人，“千人计划”累计引进海外高层次人才达6000多人。2012年，出国留学选择回国发展的留学人员比例为72.38%，到2016年，这一比例快速增长到82.23%。全国共有347家留学人员创业园，其中，省部共建留学人员创业园达49家。入园企业总数超过2.7万家，留学人员在园创业人数达7.9万名，显示出我国对海外人才强大的吸引力，新中国成立以来最大规模的留学人才“归国潮”已经形成。②

三　人力资源开发趋势展望

（一）打造高素质专业技术人才队伍

随着全球经济一体化进程的加快，企业之间激烈的竞争逐渐转变为人才白热化的竞争。专业技术人才是我国人才资源的重要组成部分，站在世界科技前沿和产业高端，采取有效政策积极造就高层次专业技术人才，加快培育高素质专业技术领军人才，对于增强我国人才国际竞争力和提高自主创新能力，适应

---

① 人力资源和社会保障部：《2016年度人力资源和社会保障事业发展统计公报》，2017。

② 《新中国成立以来最大规模海归潮形成》，《人民日报》2017年4月12日，http://news.ifeng.com/a/20170412/50923411_0.shtml。

国际竞争需要，加强技术创新，发展高科技产业，在较短时间内突破科技瓶颈，推动经济社会快速发展具有重大意义。为此，利用“政产学研用”产业创新联盟，加强高校与科研院所联合培养高学历人才，大力推动各类科技项目与创新人才培养有机结合，充分发挥国家重点实验室、技术创新中心等在培养创新人才中的引领作用，是造就高素质创新人才的有效途径。通过改革工程教育教学，着力提升培养工程技术人才的能力，是培养优秀工程技术人才的必要举措。围绕“互联网＋”等领域，依托高校、科研机构、行业企业，重点建设一批高层次专业技术人才教育实践基地，支持促进科技成果产业化，是助力科技人才创新的重要抓手。加强复合型专业技术人才培养，注重培养生产性服务业人才，围绕管理、营销、法律、技术、金融等专业类别，加快培养紧缺急需的复合型专业技术人才，大力引进高端国际化专业技术人才，是因应经济社会发展需求的紧迫任务。

（二）造就技艺精湛的技能人才队伍

打造一支技艺精湛的技能人才队伍，必须站在我国新一轮人才管理改革前沿，发挥人才开发的制度优势，以全球化视野、按照国际一流标准和与国际接轨的要求，大力推进技能人才发展体制机制改革和政策创新。我国的人力资源市场在一定程度上存在技能人才结构性的失衡，大力培养造就技艺精湛的技能人才，将以市场需求为导向，积极适应经济和社会环境的发展要求，充分实现技能人才的价值。通过校企协同育人机制，促进有关高校、职业学校创新人才培养模式，加快建设专业教学标准体系，强化培养学生实际操作能力；积极支持现代学徒制试点，鼓励企业与高校、职校开展合作，加紧建设一批紧缺人才培养载体，大力开展“订单式”技能人才培养；灵活支持技术技能人才培养，加大对技术技能人才队伍建设投入力度，不断改善实训条件，全面提升技能人才的技术技能水平。依托高校、职校以及培训机构开展技术技能教育，打造线上线下一体化的混合式技能人才培养培训模式，引导职工钻研新技术，造就技术过硬、技艺精湛的技能人才队伍。

（三）推进制造业人才供给结构改革

为适应国家进入经济新常态的发展要求，中共中央提出并推动供给侧结构性改革。围绕建立开放型经济新体制，我国正积极培育参与国际经济技术合作与竞争的新优势，加快建设国际先进的现代化高科技产业集聚示范平台。人才作为第一资源，以国际化创新驱动集聚平台为载体，积极推进制造业人才供给结构性改革，是重要的创新供给要素。为此，加快建设现代职业教育体系，着力培养学历层次较高的应用型人才是现实取向。精准对接重点产业的人才需求，推动学科专业设置和产业发展同步，增强学科专业设置的科学性与灵活性是客观需要。全面推进制造业领域的学习型企业建设，大力倡导培育工匠精神，注重制造业人才的创新能力培养，重点促进关键核心技术研发能力提升是关键所在。加快实现产业和教育深度融合，充分发挥企业在职业教育中的重要办学主体性，推进教学模式、办学模式、培养模式改革，以制造业重大工程项目为依托，深入推进校企无缝合作，充分发挥重点实验室等平台载体作用，加快造就制造业工程技术专业人才是必由之路。

（四）建设高水平的经营管理人才队伍

着力建设高水平的经营管理人才队伍，是顺应国际发展趋势、适应国内经济社会发展需要的战略举措。站在世界科技前沿和产业高端的海外高层次企业经营管理人才越来越成为我国参与国际竞争、实现经济社会全面协调可持续发展的特需资源。在促进人才合理流动的前提下，必须以市场需求为导向，加大培养引进企业经营管理人才的力度，大力培育具有国际视野的企业家。积极营造符合企业家型人才发展规律的市场环境与社会环境，着力培育一批国际知名企业家。依托知名跨国公司、高水平科研机构，以提高现代经营管理水平为核心，加强企业经营管理人才培养。大力提升企业经营管理人才的专业化和国际化水平，不断健全企业经营管理人才的职业能力开发体系，围绕我国经济社会发展的实际需要，着力引进战略规划、金融分析、品牌管理以及知识产权管理等方面的高层次管理人才。

（五）不断优化人才发展环境

探索营造与国际接轨的人才发展环境是贯彻落实中央关于改革人才发展体制机制精神的重要措施。中央《关于深化人才发展体制机制改革的意见》对完善当前和今后一个时期的人才发展环境提出了明确要求。为此，必须紧密

契合经济社会发展需求，重点聚焦国家重大人才战略，切实遵循社会主义市场经济规律和人才发展规律，逐步破除束缚人才发展的体制机制障碍，不断优化人才发展环境，进一步解放人才生产力，增强人才创新创业创造活力。在全面推进经济转型升级过程中，不断深化人才发展体制机制改革，牢固树立"人才第一资源、创新第一动力、新兴产业第一方略"理念。大幅度增加人才投入，大规模促进人才集聚，大力度助推人才发展，坚持以人才引领创新型经济和服务型经济发展，建设高层次人才创新创业基地。着眼于"留才""用才"，搭建并夯实人才发展平台，不断创新人才工作机制，大力强化人才支撑。营造优越的人才发展环境，积极推进人才交流合作，不断提升人才开放度水平。

参考文献

国家统计局：《中华人民共和国2016年国民经济和社会发展统计公报》，2017。

人力资源和社会保障部：《2016年度人力资源和社会保障事业发展统计公报》，2017。

中共中央：《关于深化人才发展体制机制改革的意见》，2016。

《中共中央关于全面深化改革若干重大问题的决定》，2013。

《中共中央关于制定国民经济和社会发展第十三个五年规划的建议》，2015。

国务院：《中华人民共和国国民经济和社会发展第十三个五年（2016～2020年）规划纲要》，2016。

中央人才工作协调小组：《国家中长期人才发展规划纲要（2010～2020年）》，2010。

中共中央国务院：《关于构建开放型经济新体制的若干意见》，2016。

中共中央办公厅、国务院办公厅：《深化科技体制改革实施方案》，2015。

中共中央办公厅、国务院办公厅：《关于加强外国人永久居留服务管理的意见》，2016。

中共中央、国务院：《中长期青年发展规划（2016～2025年）》，2017。

教育部、人力资源和社会保障部、工业和信息化部：《制造业人才发展规划指南》。

国家统计局、科学技术部、财政部：《2015年全国科技经费投入统计公报》，2016。

国家统计局：《2016年中国国民经济主要数据统计公报》，2017年1月20日。

《2016最新出国留学和来华留学大数据》，搜狐教育，2017年3月2日，http://sh.qq.com/a/20170302/008029_1.htm。

《去年出国留学人数近55万　八成已回国发展》，《新民晚报》2017年3月3日，

http：//newsxmwb. xinmin. cn/kejiao/2017/03/02/30876471. html。

《人社部称农民工已超2.8亿　将推进农民工市民化》，《新京报》2017年3月14日，http：//news. xinhuanet. com/city/2017－03/15/c_ 129509678. htm。

《新中国成立以来最大规模海归潮形成》，《人民日报》2017年4月12日，http：//news. ifeng. com/a/20170412/50923411_ 0. shtml。

B.3 我国科技人才发展体制机制改革的重要进展（2016 ~2017）

李 普　郭丽峰　严 利*

摘　要：　中共中央关于深化人才发展体制机制改革的意见对人才发展体制机制改革进行了整体部署。2016 年我国科技人才发展体制机制改革全面启动。针对解决中国“高精尖缺”科技人才匮乏的问题，科技人才计划改革稳步推进。围绕加快推进人才培养、评价、流动、激励、引进等机制创新，部门和地方出台了一系列改革力度大、含金量高的政策措施，向用人主体放权，为人才松绑，不断健全完善有利于人才脱颖而出、各尽其能、各展其才的制度体系。“十三五”国家科技人才发展规划坚持问题导向，着眼增强整体性、系统性、协同性，聚焦制度建设，着力优化科技人才队伍结构，提升科技人才创新能力，激发科技人才创新活力，推动科技人才队伍从量的增长向质的提升转变。

关键词：　科技人才　人才体制机制　改革与发展

中央高度重视科技创新和科技人才工作，相继提出了科教兴国、人才强国和创新驱动发展战略。党的十八大以来，以习近平同志为核心的党中央，着眼于“四个全面”战略布局，对人才工作做出了一系列重大决策，强调人才是

* 李普，科技部人才中心主任；郭丽峰，科技部人才中心研究员；严利，科技部人才中心助理研究员。

经济社会发展的第一资源，创新驱动实质上是人才驱动。《国家中长期人才发展规划纲要（2010～2020年）》《关于深化人才发展体制机制改革的意见》对人才发展、人才体制机制改革做出了总体安排，这是中国改革发展进入关键阶段人才工作的行动纲领，为开创人才辈出、人尽其才新局面指明了方向。

2016年，我国全社会研究与试验发展（R&D）人员为381万人年（全时当量），连续多年居世界第一位。在科技创新活动中涌现出了一批潜心研究、勇攀世界科技高峰的杰出科学家；造就了一批攻坚克难、着力突破核心关键技术的领军人才和创新团队；培养了一批富有创新锐气和闯劲的优秀青年科技人才；锻造了一批敢于创业、努力实现科技社会价值的创新型企业家；还有一大批科技人员默默奉献、服务基层，把汗水洒在一线岗位和农村大地上。广大科技人才为提升我国自主创新能力、促进产业技术进步、改善民生等做出了重要贡献。

一　全面深化改革科技人才发展体制机制

（一）科技人才发展体制机制改革整体部署

2012年，《关于深化科技体制改革加快国家创新体系建设的意见》（中发〔2012〕6号）提出：以科研能力和创新成果为导向，采用科学的人才评价标准，深化科技评价和奖励等方面的制度改革，加快建设人才公共服务体系，将科技人才体制机制改革作为国家创新体系建设的重要抓手。

2015年，中发〔2015〕8号文①提出：围绕建设创新型人才队伍，应该按照规律来培养和吸引人才，按照市场规律让人才自由流动，将人才体制机制改革作为创新驱动的根本要务。

2016年，《关于深化人才发展体制机制改革的意见》出台，围绕一大体制六大机制进行深化改革，包括人才管理体制、人才培养支持机制、人才评价机制、人才顺畅流动机制、人才创新创业激励机制、具有国际竞争力的引才用才机制、人才优先发展保障机制等方面，提出了27项改革举措，对人才发展体制机制改革进行了系统安排与全面部署。

① 《关于深化体制机制改革　加快实施创新驱动发展战略的若干意见》，2015。

（二）科技人才发展体制机制改革全面启动

在中央人才工作协调小组领导下，各地方各有关部门认真贯彻落实中央精神，加快推进人才培养、评价、流动、激励、引进等机制创新，出台了一系列改革力度大、含金量高的政策措施，向用人主体放权，为人才松绑，不断健全完善有利于人才脱颖而出、各尽其能、各展其才的制度体系，充分激发人才发展内生动力，增强人才创新创造活力，为人才发展注入强大动能。深化中央财政科技计划管理改革，加强监督服务体系建设，推进科研项目资金管理改革，完善创新创业服务体系。

1. 改进完善科技人才评价与奖励制度

一是改革完善院士制度。科技部会同中科院、工程院改进完善院士制度，在院士遴选、管理和退出等相关环节形成新的制度规范，使院士称号回归学术性和荣誉性。

二是研究制定完善科技人才评价的指导意见，深入推进项目评审、人才评价、机构评估“三评”改革等。教育部发布了关于深化高校教师考核评价制度改革方面的指导意见，明确了对高校教师师德、教学业绩、科研、社会服务、专业发展等方面的考评政策；人力资源和社会保障部等逐步下放职称评审权限，推动高校、科研院所和国有企业自主评审。

三是深化科技奖励制度改革，强化奖励的荣誉性和对人的激励，探索实行专家学者和组织机构提名制，提高奖励质量，减少奖励数量，调整奖励对象，强化对重大贡献、杰出人才、青年人才的奖励，鼓励社会力量设立科学技术奖。同时，进一步强化科研诚信体系建设等。

2. 加大科技人才收入分配激励

实行以增加知识价值为导向的分配政策，构建以基本工资、岗位津贴、绩效奖励为基本框架的“三元”收入分配制度，出台《关于实行以增加知识价值为导向分配政策的若干意见》（中办、国办印发）。通过扩大科研机构、高校收入分配自主权，使科研人员收入与岗位职责、工作业绩、实际贡献紧密联系，加大绩效工资分配力度，提高基本工资保障水平，让有真才实学、做出重要贡献的人才有成就感和获得感。

落实《促进科技成果转化法》，制定并出台了配套实施细则，实施科技成果转移转化行动，开展科技成果使用、处置和收益管理改革试点等，将科技成果处置、收益、分配权下放给科技成果完成单位，成果主要完成人取得不低于净收入 50% 的收益，让科技人员在成果转化中得到合理回报。

围绕科技成果转化中的突出问题，科技部、财政部、税务总局等部门共同制定出台了股权激励和技术入股所得税、国有科技型企业股权和分红激励等政策，对科研人员获得的股权奖励实行延迟纳税，对技术转让实行所得税优惠，明确国有科技型企业股权和分红激励的适用范围和激励的对象等。

3. 促进科技人才创新创业

出台“大众创业、万众创新”等发展的指导意见和实施办法等，构建支撑科技创新创业全链条的服务网络，依托国家自主创新示范区、高新区、大学科技园、科技企业孵化器等，建立了一批以科研人员为核心、以成果转移转化为主要功能的各具特色的专业化众创空间，打造“星创天地”农村创新创业平台，激发广大科技人才创新创造创业活力。

允许科研人员离岗创业和兼职兼薪，推动产学研合作培养人才，促进科技人才向企业流动。有序推进事业单位各类管理制度改革，鼓励科研院所、高等学校和企业创新人才双向流动和兼职。改革事业单位社会保障制度，切实解决人才流动的后顾之忧。

4. 大力推进科技人才国际化

实行更加开放的人才引进政策，为引进人才提供与国外基本相当的工作条件，给予相应的薪酬待遇，在居留和出入境、落户、医疗、保险、住房、税收、配偶安置、子女就学 9 个方面予以优待。制定外籍人才在华居留工作相关政策，出台《关于加强外国人永久居留服务管理的意见》，为外籍专家发放外国人永久居留证，外籍专家持有中国永久居留证在中国居留期限不受限制。《外国人在中国永久居留享有相关待遇的办法》规定，持有永久居留证的外籍专家，除政治权利和法律规定不可享有的特定权利外，原则上与中国公民享有同等权利。

继续深化人才特区管理改革，中关村人才管理改革的若干措施提出简化外籍高层次人才永久居留证办理、签证及居留办理程序，为外籍人才创业就业提供便利，扩大人力资源服务业对外开放等 8 项改革措施，进一步发挥人才特区管理改革先行先试作用，示范带动全国科技人才队伍建设。

中共中央、国务院印发的《国家创新驱动发展战略纲要》提出我国“三步走”战略目标：到2020年，我国将进入创新型国家行列；到2030年，我国将跻身创新型国家前列；到2050年，我国将成为世界科技创新强国。2016年，习近平总书记在全国科技创新大会上发表重要讲话，提出了建设世界科技强国的目标。科技创新强国目标的实现迫切需要建设高水平人才队伍，筑牢创新根基。

二　科技人才计划改革稳步推进

面向国内国际两种人才资源，以高层次人才、高技能人才为重点，统筹推进各类人才工程，形成了中央、部门和地方上下联动的人才工程体系。

一是中央示范引导，形成了以国家“千人计划”“万人计划”为主体、以“创新人才推进计划”等为主要内容的高层次创新和创业人才队伍建设体系。截至2016年底，“千人计划”共引进12批6089名海外高层次人才回国（来华）工作，引才质量、数量超出预期，使中国量子通信、铁基超导、生命科学等重大基础研究一跃迈入世界先进行列，提升了中国自主创新实力，撬动了国内人才和科研体制机制创新。国家“万人计划”覆盖广、成果多、示范效应好。截至2016年底，已分两批遴选出2521名国内高层次人才，入选专家在中微子物理、量子反常霍尔效应、铁基超导等方面取得了一系列重要创新成果。

二是部门行业全力跟进，大力推进了国家创新人才推进计划、国家百千万人才工程、国家杰出青年科学基金项目、长江学者奖励计划、百人计划、中国青年科技奖、中国青年女科学家奖，以及海洋、环境、交通等领域人才计划。截至2015年底，创新人才推进计划共选拔各类创新创业人才2069人，百千万人才工程共选拔国家级人选1206人，长江学者奖励计划支持高校聘任长江学者1241人，国家杰出青年科学基金项目共资助3400人，百人计划引进海内外优秀青年人才907人，中国青年科技奖共评选表彰优秀青年人才1297人，中国青年女科学家奖共评选表彰女性优秀青年人才105人。截至2015年底，创新人才推进计划已遴选批复4批，共选出科学家工作室首席科学家3名、中青年科技创新领军人才1081名、科技创新创业人才733名、重点领域创新团队255个、创新人才培养示范基地123个。

三是地方着力实施。按照地方经济社会发展需求，各地实施了人才引进、使用、培养、激励、服务等各具特色的区域性人才计划，截至 2015 年底，各省级层面组织实施了 300 余项重大科技人才工程和计划。

（一）明确科技人才计划改革方向

当前，中国“高精尖缺”科技人才匮乏，迫切需要发挥科技人才计划在人才支撑和智力支持中的作用，培养和支持一批急需紧缺人才，增强原始创新能力，促进产业转型升级提质增效。

一是要加大对急需紧缺人才的支持力度。重点支持从事基础性、前沿性、前瞻性研究的人才，创造自由探索、大胆创新的环境，提高原始创新能力和国家核心竞争力。加大对装备制造、生物技术、能源资源、医药卫生等经济社会发展重点领域急需和紧缺人才的支持，加强关键共性技术攻关和产品开发，促进产业转型升级提质增效。

二是要强化科技人才计划的培养功能。创新人才培养模式，在实践中培养人才，为各类人才成长营造环境，快出人才，出好人才，用好人才。重点培养处于职业初期的青年人才，为 35 周岁以下的优秀科技人才提供快速成长的通道。进一步加强对科技人才的跟踪服务，开展人才的知识更新培训和合作交流，为人才成长搭建平台。

三是要发挥人才计划的先行先试作用。探索适应各类科技人才成长的政策和措施。在稳定支持科学家自由探索和潜心研究、鼓励青年人才“奇思妙想”、产学研合作培养创新团队、促进科技成果转化、完善人才流动机制等方面先行先试，探索经验。

四是要突出国家在人才使用中的动员能力。通过人才计划集聚创新型科技人才，形成科技人才库和智力库。支持科技人才承担国家重大任务和重大科技项目，攻克科学难题，解决产业发展面临的重大技术问题，提升人才的创新能力和服务经济社会发展的能力。

（二）优化整合科技人才计划

各类人才计划（工程、项目）在培养和凝聚一批高层次人才队伍、发现人才、用好人才、激励人才等方面积极探索，取得了显著成效。但还存在以下

问题。一是各类科技人才计划交叉重复，统筹衔接不够，缺乏统一的信息管理平台，造成多头申报、分散人才精力和资源配置碎片化。二是人才分类评价和动态调整机制尚不健全，重遴选、轻管理，考核评价不够。三是对入选人才的培养使用不够，人才、项目、基地之间尚未建立有效的联动机制，缺乏持续稳定支持。四是促进青年科技人才成长的支持措施不够，青年人才脱颖而出的通道不顺畅。五是对基层和西部地区科技人才特别是高层次人才的支持不够。

2014 年，国发〔2014〕64 号文①明确提出，“调整优化基地和人才专项，相关人才计划要加强顶层设计和相互之间的衔接，在此基础上调整相关财政专项资金”。科技人才专项作为国家科技计划新五类的一项任务，重点是支持创新人才和优秀团队的科研工作。因此，按照深化科技体制改革的要求，落实《国家创新驱动发展战略纲要》和《“十三五”国家科技创新规划》有关精神，围绕建设高层次科技人才队伍，根据国发〔2014〕64 号文的有关工作部署，遵循高端引领、整体开发的思路，对中央财政支持的国家级科技人才计划（工程、项目）进行整合归类，加强顶层设计和有效衔接，建立统筹管理、分头实施的科技人才专项管理运行机制和培养机制，形成布局合理的国家科技人才支撑体系，促进优秀科技人才更好更快成长，科技部 2017 年会同财政部、国家发展改革委制定了《国家科技创新基地优化整合方案》（国科发基〔2017〕250 号）。

（三）启动实施科技人才专项

紧紧围绕创新驱动发展战略需求，以国家“千人计划”“万人计划”为统领，分别定位于支持国外科技人才引进和国内科技人才培养，重点造就一批勇攀高峰、具有世界影响力的杰出科学家；培育一批攻坚克难的创新团队，形成一支引领科技发展方向、推动学科建设的科技领军人才队伍；培养大批青年科技人才，夯实科技后备力量；壮大科技成果转移转化领军人才队伍建设，造就富有创新和冒险精神的科技型企业家群体；支持一批面向基层、服务“三农”的科技人员，为实施创新驱动发展战略提供有力的科技人才支撑。

在国外科技人才引进方面，一是引进在自然科学研究或工程技术领域做出

① 《关于深化中央财政科技计划（专项、基金等）管理改革的方案》，2014。

突出成就的国际顶尖专家；二是引进国外著名高校、科研院所的知名专家学者，以及国家科技、产业发展和学科建设急需紧缺领域的领军人才或学术技术带头人；三是引进在自然或工程技术领域具有博士学位，在海外知名高校、科研机构或知名企业研发机构任职，有成为该领域学术或技术带头人发展潜力的青年拔尖人才全职回国（来华）工作。

在国内科技人才培养方面，一是围绕国家重大战略需求，重点面向基础研究领域，支持年富力强、活跃在创新一线、具有成长为世界级科学家潜力的战略科学家。二是瞄准世界科技前沿和战略性新兴产业领域，遴选一批已取得高水平创新性成果，能够领衔创新团队，着力突破核心关键技术，引领相关行业、学科发展和领域科技创新方向的高层次科技创新领军人才，进行培养支持。三是遴选一批热爱科学事业，具有较强拼搏奉献精神，在科研领域崭露头角，创新发展潜力大的优秀青年科技人才特别是35岁以下职业早期人才，进行重点扶持和跟踪培养，促进青年人才脱颖而出。四是遴选一批创新创业精神强，拥有核心技术和自主知识产权的创新型企业家和优秀创业人才，以及在科技成果转移转化方面做出突出成就的领军人才，进行培养扶持。五是重点支持面向“三农”、服务基层的科技人员开展科技服务和创新创业活动，支持边远贫困地区、边疆民族地区和革命老区（“三区”）开展柔性引才工作。

进一步完善分类支持方式和稳定支持机制。对杰出科学家，按照“一事一议、按需支持”的原则。对科技创新领军人才，主要采取人才、项目、基地结合的方式进行培养支持。对青年拔尖科技人才，主要通过现有资金渠道进行扶持培养，同时鼓励其承担国家重大科技任务。对科技创业领军人才，主要发挥市场机制作用，开展创业辅导、技术咨询、专业培训等服务，促进创新型企业快速成长。对于国外科技人才引进，根据国家“千人计划”相关任务，按原渠道组织实施。

三 地方科技人才改革政策呈现新特色

各地方党委、政府积极贯彻中央人才工作部署，牢固树立人才优先发展理念，推动人才管理体制改革，加强和改进党对人才工作的领导，健全党管人才领导体制和工作格局，不断创新人才发展机制。截至2017年7月，全国已有

30个省份制定印发了深化人才发展体制机制改革的意见，在人才管理的各个环节出台了一系列人才政策措施，启动实施科技人才工程和计划，加强海外人才引进和领军人才与团队、青年人才、创业人才、高技能人才培育，努力造就高水平创新型科技人才队伍。

1. 解决急需紧缺人才需求问题，着力高端人才跨区域引进

加强区域协同创新，构建科技人才一体化发展机制，通过院士工作站、特聘专家、候鸟人才等创新人才引进方式，柔性引才引智。京津冀积极建设科技人才一体化发展机制，根据三地产业准入目录，动态调控和优化人才结构，推动京津冀在人才职称互认、医师多点执业、博士后联合培养等方面开展人才引进、培养、使用协作试点，鼓励人才异地创新创业。安徽省以实施“皖江学者计划”“宣传文化双百人才”“111”新兴产业聚集工程等重大引才工程为牵引，建立刚性引才与柔性引才并进的引才工作体系，引进院士在皖工作。海南省实施引进“候鸟人才”计划，坚持以用为本，明确“候鸟人才”引进范围，完善顾问指导、短期兼职等柔性引才用才机制，通过多种形式鼓励旅居海南休养度假的“候鸟人才”为海南发展服务，建立和完善海南“候鸟人才”政务服务网和海南“候鸟”教育人才信息网，为“候鸟人才”信息库的建设提供了便利。贵州省实施“特聘专家”制度，设立“引进高层次人才和改善科研条件特助经费”，专项用于改善引进高层次人才的学习、工作和生活条件，“特聘专家”可被聘任担任高校、科研院所、企业的领导职务。

2. 鼓励创业创新，大力扶持“双创”人才

各地方大力实施“大众创业、万众创新”，出台创新创业人才计划实施办法，加快集聚具有较强创业创新能力的高层次人才。天津市实施了“千企万人”支持计划，发挥企业在引育人才中的重要作用，推动科技创新和产业化，加快推进万企转型升级。截至2016年，天津市科技型中小企业和科技小巨人企业分别达到88012家和3900家，高新技术企业达到3265家。湖北省启动了“123”企业家培育计划，在财税、金融、知识产权保护、科研项目开发上予以倾斜，开展优秀企业家、功勋企业家、经济建设杰出人物评选表彰并设立专项基金，采用“学习引导的方式”，形成企业家定期培训制度，并建立院士专家工作站，每年遴选5名优秀中青年企业家与在鄂“两院”院士及高端专家进行结对。广东省出台《关于加快科技创新的若干政策意见》及系列配套实施细则，完善孵化育成体系和新型研发机构扶持举措的“引导性”政策，以及激励科技人员创新积极性的“松绑性”政策。重庆市推行了“科技创新创业人才支持计划”，每年遴选20名科技创新领军人才和10名科技创业领军人才进行重点培养，三年来已遴选60名科技创新创业领军人才。甘肃省开展了“高层次人才科技创新创业扶持行动”，重点扶持国内外高层次科技人才团队与本省企业共同研发和转化具有自主知识产权、能够形成产业规模、市场前景和预期效益好的重大科技创新创业项目，孵化和培育一批高成长性的高新技术企业。

3. 创建地方特色，大力支持青年拔尖人才

各地实施各具特色的青年拔尖人才支持计划，选拔和培养了一批优秀青年科技人员。上海市实施了“青年科技英才扬帆计划”，选拔、培养一批32周岁以下崭露头角的优秀青年科技人员，为其开展创新性的科研活动提供起步资金；同时还实施了“青年科技启明星计划”，面向35周岁以下的杰出青年科技人才，促进其加快向学术、技术带头人成长的步伐。浙江省实施了“青年科学家培养计划”，从高校、科研院所遴选青年科技人才到重点企业研究院工作，保留原单位待遇，企业向青年人才发放每年不少于5万元的工作津贴。陕西省实施了“青年科技新星培育专项计划”，面向不超过35周岁、获博士学位或具有副高级以上专业技术职称的青年科技人才，在培育周期内，资助一次由科技新星主持的科技项目，给予“三秦人才津贴”，优先推荐申报国家科技计划项目和科技奖励等，优先安排并资助其参加各类国际学术交流活动。

4. 着眼均衡发展，推动人才服务农村和边远地区

全面建成小康社会，农村经济社会发展任务艰巨繁重，各地积极推动各类科技创新创业人才和单位整合人才、科技、信息、资金和管理等要素，深入农村基层一线开展科技创业和服务。陕西省实施了“千人进千社、千技惠千村”专项行动，根据全省农业产业规划布局和合作社主导产业，聘任专家团团长，分行业指导在合作社内进行服务的首席农艺师，形成技术服务体系。内蒙古自治区推行了“边远贫困地区、边疆民族地区和革命老区人才支持计划科技人员专项计划”，每年选派科技人员900名左右，为以自治区“三区”为主的57个国家和自治区扶贫开发工作重点旗县提供科技服务，开展科技创新创业，实施科技成果转化工程，截至2016年，获得该计划支持的科技人员、培训人员数量分别达到2418人次和334人次，累计获得中央财政经费支持4910万元。新疆维吾尔自治区实施了“边远贫困县市科技人员专项支持计划”，从现代农业、工业、服务业以及农村环保、信息化等行业领域选派科技人才1700余人次，以科技特派员的形式，到35个国家和自治区扶贫开发工作重点县，开展科技创新创业和科技服务，培训了280余名科技服务人员和科技创新创业人员，为边远310个贫困地区转化和推广一批科技成果，培育和发展一批特色品牌，打造一批科技扶贫示范户，推动了县域经济社会发展。

当前，我国经济发展进入新常态，实施创新驱动发展战略对科技人才提出了新的更高要求，我国科技人才发展仍存在以下问题。一是科技人才结构性矛盾依然突出，原创性基础前沿领域人才、高端领军人才、产业急需紧缺人才和高技能人才存在较大缺口。二是科研机构选人用人自主权不够，科技人才评价还存在唯职称、唯论文、唯奖项等现象，“重物轻人”的思维惯性仍然存在。三是科技人才流动渠道不够畅通，产学研之间的人才流动存在制度性障碍，行业、领域、区域间的人才资源配置不均衡。四是在科技人才队伍中，官本位、论资排辈等现象依然严重，青年人才难以脱颖而出。五是科学道德和学风建设仍须加强，科学不端行为和学术失范时有发生，浮躁学风现象依然严重。

四　发展展望

“十三五”是我国全面建成小康社会的决胜阶段，也是进入创新型国家行列的冲刺阶段。适应和引领经济发展新常态，顺应发展速度变化、结构优化、动力转换的新特点，推动经济向形态更高级、分工更优化、结构更合理的阶段演进，根本的还是要把创新摆在国家发展全局的核心位置，加快从要素驱动、投资驱动向创新驱动转变。

（一）确保科技人才队伍发展壮大，必须进一步深化科技人才发展体制机制改革

“十三五”国家科技人才发展规划提出，到2020年，我国R&D人员全时当量达到480万人年以上，R&D研究人员全时当量达到200万人年以上，初步形成规模宏大、结构优化、布局合理、素质优良的科技创新人才队伍，为进

入创新型国家行列、建设世界科技强国奠定人才基础。确保科技人才队伍发展壮大，必须进一步完善科技人才体制机制，健全科技人才分类评价激励机制，建立科学的人才分类评价标准体系，完善科技人才评价流程与制度体系，改革薪酬和人事制度，为各类人才创造规则公平和机会公平的发展空间。清除人才流动障碍，优化人力资本配置，按照市场规律让人才自由流动，提高社会横向和纵向流动性。建立和完善科技人才服务体系，为科技人才的开发、培养、评价和流动等提供高效的服务保障。

（二）增强原始创新源头供给能力，需要强化杰出科学家队伍建设

具有原始创新能力的杰出科学家是提升中国科学发现、技术发明和产业创新整体水平的核心力量，是支撑产业变革和保障国家安全的重要支撑。围绕涉及长远发展和国家安全的“卡脖子”问题，应进一步加大对杰出科学家的支持，支持他们自由探索，加强原始创新，围绕支撑重大技术突破，推进变革性研究，在新思想、新发现、新知识、新原理、新方法上积极进取，强化源头储备，力争在更多领域引领世界科学研究方向。在空间、海洋、网络、核、材料、能源、信息、生命等重大基础研究领域和战略高技术领域，加强基础前瞻研究，加大为产业技术进步积累原创资源。

（三）创造产业发展新优势，需要夯实产业技术创新人才队伍

产业技术创新人才是培育引领新兴产业集群发展、推进产业质量升级的重要力量。构建结构合理、先进管用、开放兼容、自主可控、具有国际竞争力的现代产业技术体系，迫切需要在新兴产业及重点领域，加快培育急需紧缺产业技术创新人才，加强创新团队建设，加大对优秀青年科技人才的发现、培养和支持力度，形成人才梯队合理配备，在新一代信息网络技术、智能绿色制造技术、生态绿色高效安全的现代农业技术、安全清洁高效的现代能源技术、资源高效利用和生态环保技术、海洋和空间技术等领域，推动制造业向价值链高端攀升，为中国经济转型升级提供保障。

（四）实现重点跨越发展，需要加强科技领军人才和创新团队建设

关系国家安全和长远发展的重大科技项目和工程的实施，如高端通用芯

片、高档数控机床、集成电路装备、宽带移动通信、水污染治理、新药创制等，需要具有前瞻性和国际眼光的战略科学家群体，以及一批有基础、有潜力、研究方向明确的高水平创新团队，集中力量，协同攻关，攻克关键核心技术，形成若干战略性技术和战略性产品，培育新兴产业，同时，在量子通信、智能制造和机器人、深空深海探测、脑科学等领域，还需要一批科技创新领军人才，瞄准方向，提出重点，开发重大战略性产品，在国家战略优先领域率先实现跨越。

（五）引领企业创新发展，需要壮大创新型企业

激发企业创新主体活力，系统提升创新能力，需要一大批具有全球战略眼光、创新能力和社会责任感的企业家人才队伍，集聚高端创新人才，带领企业构建高水平研发机构，形成完善的研发组织体系，培育世界一流创新型企业。"十三五"时期，要围绕核心技术能力突出、集成创新能力强、引领重要产业发展的创新型企业，培育一批创新型企业家，带领企业进入全球百强创新型企业。

（六）促进科技成果转移转化，需要加强科技管理和服务人才队伍建设

促进科技与经济紧密结合，构建专业化技术转移服务体系，需要建立专业化技术转移机构和职业化技术转移人才队伍，培养一大批专业化科技管理和服务人才，通过技术和知识产权交易平台，畅通科研院所和高校技术转移通道，发展研发设计、中试熟化、创业孵化、检验检测认证、知识产权等各类科技服务，为科技成果转化提供规范化、专业化、市场化、网络化服务。

参考文献

科技部：《中国科技人才发展报告（2016）》，科技文献出版社，2017。

科技部人才中心：《科技人才政策法规文件选编（2016）》。

B.4 京津冀人力资源发展状况*

刘敏华　穆桂斌　李　慧　王选华**

摘　要：京津冀协同发展已上升为国家战略，河北雄安新区的设立标志着国家对推进京津冀协同发展的巨大决心，也是国家的重大举措。人力资源特别是人才资源是支撑京津冀协同发展的第一资源。当前，京津冀人力资源总体状况如何，还存在哪些问题，如何破解。这些问题需要得到回答。本报告系统梳理了京津冀区域人力资源总量状况和开发状况，分析了京津冀六支人才队伍的发展情况、产业与人才的匹配状况，并对区域内“中关村、滨海新区、雄安新区”三大国家级示范区发展现状进行了梳理对比，指出了京津冀区域当前人力资源发展过程中存在的三大方面问题，并相应提出了六项对策建议。

关键词：人力资源　人才资源　京津冀　雄安新区

京津冀地区是我国经济最具活力和创新力，全国创新资源最为密集、最具发展潜力的地区之一。三地面积共计21.8万平方公里，占国土面积的2.27%。截至2015年底，常住人口共计11142.4万人，占全国总人口的9.0%，比2010

---

* 本报告列举的相关数据，如无特殊说明，均来源于历年《中国统计年鉴》《北京统计年鉴》《天津统计年鉴》《河北统计年鉴》。

** 刘敏华，北京市委组织部人才工作处处长，北京市人力资源研究中心主任；穆桂斌，北京市人力资源研究中心副主任（挂职），河北大学教授；李慧，北京市人力资源研究中心干部；王选华，北京市人力资源研究中心副调研员。

年增长6.58%，高于全国平均增幅4.07个百分点。三地平均人口密度达到每平方公里511.12人，比全国平均人口密度多382.2人。2015年，三地GDP突破6.9万亿元，占全国的10.1%，比2010年增长58.6%；三地人均GDP达到6.25万元，高于全国平均水平1.22万元。

一　京津冀人力资源总体状况

（一）京津冀人力资源总量情况

1. 人力资源总量大，城镇化率高

三地从业人口总量从2010年的5625万人，增加到2015年的6296万人，比2010年增加了11.93%，比2014年增加了0.96%，均高于全国平均增幅。其中，天津市从业人员5年增幅最大，达到23.23%。

表1　京津冀从业人员情况

单位：万人，%

区域	2010年	2014年	2015年	2015年比2010年增长	2015年比2014年增长
北京	1031	1156	1186	14.98	2.54
天津	728	877	898	23.23	2.37
河北	3865	4202	4212	8.99	0.23
合计	5625	6236	6296	11.93	0.96
全国	76420	77253	77451	1.35	0.26

从城镇化率情况看，2015年，三地城镇人口共计6967.3万人，占全国总人口的8.1%，比2010年增长17.7%；城镇人口比重为62.5%，比全国平均城镇人口比重高6.4个百分点。但从区域内部分析上看，城镇化率差距较大，2015年京津城镇化率均超过80%，明显高于全国平均水平，但河北城镇化率仅为51.3%，低于全国平均水平。

表2　京津冀城镇人口比重变化情况

单位：%

地区	2010年	2011年	2012年	2013年	2014年	2015年
北京	86.0	86.2	86.2	86.3	86.4	86.5
天津	79.6	80.5	81.6	82.0	82.3	82.6
河北	44.5	45.6	46.8	48.1	49.3	51.3
合计	56.6	57.8	58.9	60.1	61.1	62.5
全国	49.9	51.3	52.6	53.7	54.8	56.1

2. 劳动适龄人口多与老龄化趋势明显并存

从年龄结构上看，2015年，京津冀年龄在0～14岁的人口为1656.7万人，占三地人口总数的14.9%；年龄在15～64岁的人口为8359.3万人，占三地人口总数的75%，比2010年增加了3.6%，比全国平均增幅高3.2个百分点，其中天津市适龄劳动人口增加幅度最大，达到20.3%。

表3　京津冀15～64岁适龄劳动人口变化情况

单位：万人，%

地区	2010年	2014年	2015年	2015年比2010年增长
北京	1621.6	1726.3	1728.6	6.6
天津	1056.8	1252.3	1271.4	20.3
河北	5390.5	5392.4	5359.3	-0.6
合计	8068.9	8371.0	8359.3	3.6
全国	99938	100469	100361	0.4

2015年，京津冀地区年龄在65岁以上的人口为1126.3万人，占三地人口总数的10.1%，与全国平均水平基本持平；比2010年增加了28.9%，比全国平均增幅高7.9个百分点，相比国际上公认的65岁以上老人占总人口的比例超过7个百分点，即进入老龄化社会的标准。

表4　京津冀65岁以上人口变化情况

单位：万人，%

地区	2010年	2014年	2015年	2015年比2010年增长
北京	170.9	212.3	222.8	30.4
天津	110.2	138.0	146.9	33.3
河北	592.8	677.1	756.6	27.6
合计	873.9	1027.3	1126.3	28.9
全国	11894	13755	14386	21.0

（二）人才队伍发展情况

1. 人才总量大，高层次人才比重大

从人才总量上看，三地拥有人才（大专以上）总量为1940万人，占全国的12.3%，京津冀人才占各自就业人口的比例分别为54.4%、35.7%、16.8%。从具体数据上看，2015年，京津冀大专以上毕业生人数为140.6万人，占全国的14.46%，高于常住人口占比5.46个百分点。根据2010年第六次全国人口普查数据，京津冀平均每十万人口中受大专及以上教育人口数为1.81万人，比全国8930人的平均水平高103%。

从国家比较有代表性的几类高层次人才数量上来看，京津冀占比较大，拥有全国接近1/2的“两院”院士、1/4多的国家“千人计划”入选者、超过1/4的国家“万人计划”入选者，北京、天津和河北分别实施了地方重大人才工程，培养集聚了一大批海内外高层次人才。

表5　京津冀部分高层人才占比情况统计

单位：人，%

区域	“两院”院士	“千人计划”入选者	“万人计划”入选者
北京	756	1486	682
天津	38	187	70
河北	14	43	23
合计	806	1716	775
全国	1629	6089	2521
京津冀占比	49.5	28.2	30.7

2. 人才对经济社会发展贡献较大

从科研产出上看，2015 年三地专利申请量为 28 万件，占全国总数 10.6%，比 2010 年增加近 2 倍；专利授权量为 16.1 万件，占全国总数的 10.1%，比 2010 年增加近 2 倍。

表 6 京津冀专利申请、授权数量变化情况

单位：万件，%

地区	专利申请量			专利授权量		
	2010 年	2015 年	2015 年较 2010 年增幅	2010 年	2015 年	2015 年较 2010 年增幅
全国(境内)	108.4	263.9	143.5	71.9	159.7	122.0
京津冀合计	9.5	28.0	194.7	5.5	16.1	192.7
京津冀占比	8.7	10.6		7.6	10.1	

但从科研产出效率上看，2015 年，京津冀每一申请专利、授权专利所用的 R&D 经费和每一申请专利、授权专利所用的 R&D 人员全时当量虽然降幅明显，但一直高于全国平均水平，表明京津冀地区科技研发的投入产出比低于全国平均水平。

表 7 京津冀专利申请量、授权量所用的 R&D 经费变化情况

单位：万元，%

项目	每一申请专利所用的 R&D 经费			每一授权专利所用的 R&D 经费		
	2010 年	2015 年	2015 年较 2010 年增幅	2010 年	2015 年	2015 年较 2010 年增幅
北京	143.4	88.5	-38.27	245.2	147.2	-39.98
天津	91.3	63.8	-30.17	208.8	136.8	-34.48
河北	126.4	80.0	-36.67	154.5	117.4	-24.03
合计	127.4	80.1	-37.09	221.2	139.2	-37.04
全国	65.2	53.7	-17.60	98.2	88.7	-9.62

从社会平均劳动生产率来看，京津冀三地一直高于全国平均水平。2015 年京津冀三地平均从业人员人均 GDP 为 110173 元，比全国平均的 88966 元高 23.8%，2010 ~ 2015 年平均从业人员 GDP 为 96927.5 元，比全国平均的 73066.7 元高 32.7%。但三地内部不均衡性表现突出，京津二地从业人员人均 GDP 均一直高于全国平均水平的 1 倍以上，但河北一直低于全国平均水平，而且差距还呈现扩大趋势。

表 8　京津冀专利申请量、授权量所用的 R&D 人员全时当量变化情况

单位：人年，%

项目	每一申请专利所用的 R&D 人员全时当量			每一授权专利所用的 R&D 人员全时当量		
	2010 年	2015 年	2015 年较 2010 年增幅	2010 年	2015 年	2015 年较 2010 年增幅
北京	3. 38	1. 57	-53. 50	5. 78	2. 61	-121. 21
天津	2. 34	1. 55	-33. 52	5. 34	3. 33	-60. 33
河北	5. 07	2. 43	-52. 00	6. 19	3. 57	-73. 66
合计	3. 32	1. 70	-48. 78	5. 77	2. 96	-95. 09
全国	2. 36	1. 42	-39. 56	3. 55	2. 35	-50. 83

表 9　2010 ~ 2015 年京津冀从业人员人均 GDP 情况

单位：元

区域	2010 年	2011 年	2012 年	2013 年	2014 年	2015 年
北京	136812	151929	161468	173539	184410	194035
天津	126588	148164	160543	170415	179283	184413
河北	52765	61871	65043	67981	70006	70756
合计	77740	89858	95641	101558	106595	110173
全国	54271	64028	70448	77328	83359	88966

二　京津冀人力资源开发情况

（一）产业人才匹配度情况

京津冀区域作为北方最重要的经济区，经过多年努力，经济总量持续增长，占全国 GDP 的比重保持在 11% 左右，与长江三角洲、珠江三角洲地区一起被公认为我国三大人口和社会经济活动密集区，是我国经济社会发展的重要增长极。

1. 区域产业布局情况

“十二五”时期，京津冀区域 GDP 由 2010 年的 4. 4 万亿元增长到 2015 年的 6. 9 万亿元，年均增速为 9. 8%，低于 10. 9% 的全国平均水平。同期，京津冀区域人均 GDP 也从 4. 2 万元增长到 6. 2 万元，始终高于全国平均水平，表明京津冀地区经济运行总体保持平稳，调结构、转方式取得积极进展，增长质量和效益稳步提高。

表 10 “十二五”时期 GDP 和人均 GDP 变化情况

年份	全国			京津冀地区		
	当年价 GDP（亿元）	增速(%)	人均 GDP（万元）	当年价 GDP（亿元）	增速(%)	人均 GDP（万元）
2010	413030. 3	18. 4	3. 1	43732. 3	10. 3	4. 2
2011	489300. 6	18. 5	3. 6	52074. 9	19. 1	4. 9
2012	540367. 4	10. 4	4. 0	57348. 3	10. 1	5. 3
2013	595244. 4	10. 2	4. 4	62685. 8	9. 3	5. 7
2014	643974	8. 2	4. 7	66478. 9	6. 1	6. 0
2015	689052. 1	7. 0	5. 0	69358. 9	4. 3	6. 2
年均增速(%)		10. 9			9. 8	

从产业布局上看，“十二五”时期京津冀产业结构向“三二一”方向变化的趋势日益明显，2015 年，第三产业比重已达 56. 14%，比全国平均占比高 5. 9 个百分点；第二产业比重由 2010 年的 43. 16% 下降至 38. 40%，第一产业比重由 2010 年的 6. 47% 下降至 5. 46%，2015 年分别比全国平均占比低 2. 53 个百分点和 3. 37 个百分点。

表 11 2010 ~ 2015 年京津冀三大产业占比变化情况

单位：%

年份	第一产业		第二产业		第三产业	
	全国	京津冀	全国	京津冀	全国	京津冀
2010	9. 53	6. 47	46. 40	43. 16	44. 07	50. 37
2011	9. 43	6. 14	46. 40	43. 65	44. 16	50. 20
2012	9. 42	6. 11	45. 27	42. 95	45. 31	50. 94
2013	9. 30	5. 95	44. 01	42. 09	46. 70	51. 96
2014	9. 06	5. 73	43. 10	41. 05	47. 84	53. 22
2015	8. 83	5. 46	40. 93	38. 40	50. 24	56. 14

但从京津冀内部产业结构分析上看，北京的产业结构已经明显实现“三二一”的结构调整，天津第三产业发展较快，2015 年第三产业增加值首次超过第二产业增加值，产业结构成功从“二三一”向“三二一”转变，但河北产业结构还呈现“二三一”布局形态。但从三大产业增加值与产业贡献率综合分析来看，京津冀地区与长三角地区相比，失衡性比较明显，除北京第三产

业贡献率超过90%外，津冀两地第三产业贡献率仍较小，天津市虽然第三产业增加值首次超过第二产业，但在产业贡献率上仍不如第二产业。

表 12　2015 年京津冀、长三角三大产业发展情况对比

单位：%

省市	GDP 增速	第一产业		第二产业		第三产业	
		产业增加值	产业贡献率	产业增加值	产业贡献率	产业增加值	产业贡献率
北京	6.9	0.2	-1.1	19.7	10.9	79.7	90.2
天津	9.3	1.3	0.3	46.6	53.0	52.2	46.7
河北	6.8	11.5	3.8	48.3	37.2	40.2	59.0
上海	6.9	0.4	-1.0	31.8	6.7	67.8	94.3
江苏	8.5	3.0	1.7	68.5	51.8	28.5	46.5
浙江	8.0	4.3	1.6	46.0	7.5	49.8	90.9

2. 京津冀产业人才结构情况

产业结构与人才结构紧密相关，产业结构变动必然引起人才结构变动，产业与人才匹配度测度，需要抓住两个关键点：一是度量产业的量，主要使用每个产业的增加值来表示。产业结构，使用产业增加值与全部增加值比重来表示。度量人才使用人才数量来表示，产业中的人才结构，使用该产业人才总量占全部人才比重来表示。这两种结构是否匹配，并不是说两类结构完全一样，两类结构应当是保持一个适当比例。从趋势上看，当产业结构变动时，人才结构也要发生相应变动，可以把这种变化趋势比称为产业结构与人才结构匹配情况偏离度指数，偏离度绝对值指数越小，可以说明产业人才匹配度越好；偏离度绝对值指数越大，则说明产业人才匹配度越差。

表 13　2015 年京津冀、长三角三大产业人才匹配度情况

地区	分析维度	第一产业	第二产业	第三产业	总和
京津冀	产业增加值(亿元)	3788.48	26633.73	38936.68	69358.8
	各产业占比*(%)	5.5	38.4	56.1	
	从业人员(万人)	1504.3	1958.39	2832.71	6295.4
	各产业从业人员占比**(%)	23.9	31.1	45.0	100
	偏离度指数***	-0.8	0.2	0.2	—
	偏离度指数绝对值	0.8	0.2	0.2	1.2

续表

地区	分析维度	第一产业	第二产业	第三产业	总和
长三角	产业增加值(亿元)	5928.78	59747.12	72450.42	138126.32
	各产业占比(%)	4.3	43.3	52.5	100
	从业人员(万人)	1414.26	4310.19	4129.21	9853.66
	各产业从业人员占比(%)	14.4	43.7	41.9	100
	偏离度指数	-0.7	0.0	0.3	—
	偏离度指数绝对值	0.7	0.0	0.3	1

* 各产业占比计算公式为某一产业增加值与三大产业增加值之比；** 各产业从业人员占比计算公式为某一产业从业人员与三大产业从业人员之比；*** 偏离度指数计算公式为某一产业增加值占比与某一产业从业人员占比之比。

从三大产业数据分析上看，京津冀产业人才偏离度指数绝对值为1.2，长三角地区为1，表明长三角地区总体上产业人才匹配度更佳，从三大产业内部分析上看，第一、第二产业京津冀产业人才匹配度劣于长三角地区，但第三产业人才匹配度，京津冀优于长三角地区。

从京津冀内部数据比较来看，北京产业人才匹配度最佳，偏离度指数绝对值为1；天津其次，偏离度指数绝对值为1.2；河北偏离度指数最高，为1.3。从三大产业内部分析上看，三地第一产业偏离度最高，产业人才匹配度最差，其中北京匹配度最差；第二产业人才匹配度其次，北京匹配度最高，河北匹配度最差；第三产业人才匹配度最好，北京匹配度最高，河北匹配度最差。

表14　2015年京津冀三地三大产业人才匹配度情况

地区	分析维度	第一产业	第二产业	第三产业	总和
北京	总收入(亿元)	140.21	4542.64	18331.74	23014.59
	各行业占比(%)	0.6	19.7	79.7	100.0
	从业人员(万人)	50.3	200.8	935	1186.1
	各行业从业人员占比(%)	4.2	16.9	78.8	100.0
	偏离度指数	-0.9	0.2	0.0	
	偏离度指数绝对值	0.9	0.2	0.0	1.0
天津	总收入(亿元)	208.82	7704.22	8625.15	16538.19
	各行业占比(%)	1.3	46.6	52.2	100.0
	从业人员(万人)	66.17	320.16	510.47	896.8
	各行业从业人员占比(%)	7.4	35.7	56.9	100.0
	偏离度指数	-0.8	0.3	-0.1	
	偏离度指数绝对值	0.8	0.3	0.1	1.2

续表

地区	分析维度	第一产业	第二产业	第三产业	总和
河北	总收入(亿元)	3439.45	14386.87	11979.79	29806.02
	各行业占比(%)	11.5	48.3	40.2	100.0
	从业人员(万人)	1387.83	1437.43	1387.24	4212.5
	各行业从业人员占比(%)	32.9	34.1	32.9	100.0
	偏离度指数	-0.6	0.4	0.2	
	偏离度指数绝对值	0.6	0.4	0.2	1.3

从部分行业人才匹配度数据分析来看，三地有部分行业从业人员整体性过剩，需要向其他行业转移，如建筑业；有部分行业存在结构性失衡，可在三地间流动达到新的平衡，如北京、天津的交通运输、仓储和邮政业，住宿餐饮业的产业从业人员可向河北省转移；有部分行业从业人员整体性不足，如工业、批发零售业、金融业、房地产业等，其中京津两地金融业从业人员紧缺程度最为突出。

表 15　2015 年京津冀三地分行业人才匹配度情况

分析维度	工业	建筑业	批发零售业	交通运输、仓储和邮政业	住宿餐饮业	金融业	房地产业	其他
一、北京								
总收入(亿元)	3711	962	2352	984	398	3926	1438	9101
各行业占比(%)	16.1	4.2	10.2	4.3	1.7	17.1	6.3	39.5
从业人员(万人)	92.2	45.3	77.1	60	29.8	47.2	42.2	379.6
各行业从业人员占比(%)	11.9	5.8	9.9	7.7	3.8	6.1	5.4	48.8
偏离度指数	0.4	-0.3	0	-0.4	-0.5	1.8	0.2	-0.2
二、天津								
总收入(亿元)	6983	740	2070	729	248	1603	618	3336
各行业占比(%)	42.2	4.5	12.5	4.4	1.5	9.7	3.7	20.2
从业人员(万人)	110.8	29.5	17.8	15	5.2	12.1	7.3	96.6
各行业从业人员占比(%)	37.6	10.0	6.0	5.1	1.8	4.1	2.5	32.8
偏离度指数	0.1	-0.6	1.1	-0.1	-0.1	1.4	0.5	-0.4
三、河北								
总收入(亿元)	12626	1780	2381	2359	404	1481	1314	3882
各行业占比(%)	42	6	8	8	1	5	4	13
从业人员(万人)	140.9	84.4	27.1	29.2	5.8	29.9	11	311.1
各行业从业人员占比(%)	22	13	4	5	1	5	2	48
偏离度指数	0.9	-0.5	0.9	0.7	0.5	0.1	1.6	-0.7

注：从业人员统计口径为按行业分城镇单位就业人员数。

（二）人力资源投入情况

“十二五”期间，京津冀地区一般公共预算支出不断增加，从2010年的8579亿元增长至2015年的14602亿元，增幅高达70.2%。其中涉及人力资源投入的教育、科学技术、医疗卫生支出总额从2010年的2910亿元增长至2015年的3932亿元。2015年教育、科学技术、医疗卫生三项投入占一般公共预算支出的比重为26.9%，全国地方财政教育、科学技术、医疗卫生支出占地方财政支出的比重为23.6%，京津冀地区高于全国平均水平3.3个百分点，高于长三角地区0.4个百分点。

1. 教育投入情况

“十二五”期间，京津冀地区教育投入总额从2011年的1474亿元增加至2015年的2377亿元，增幅达61.3%，全国地方财政教育支出增幅为69.5%，京津冀地区低于全国平均水平8.2个百分点。从京津冀内部来看，2015年教育投入绝对值河北最多，为1014亿元，天津最少，为507亿元；教育投入占一般公共预算支出比河北最高，为18%，北京最少，为14.9%；“十二五”期间，教育投入增幅天津最高，为68%，河北最低，为55.5%。

表16　京津冀三地教育投入变化情况

单位：亿元，%

地区	2011年		2015年		增幅
	投入额	占比*	投入额	占比	
北京	520	16.0	856	14.9	64.5
天津	302	16.8	507	15.7	68.0
河北	652	18.4	1014	18.0	55.5
合计	1474	51.3	2377	16.3	61.3

*占比指教育投入额占一般公共预算支出比重。

2. 科技研发投入情况

“十二五”期间，京津冀地区科技研发投入总额从2011年的276亿元增至2015年的454亿元，增幅达64.5%，全国地方财政科技研发投入支出增幅为77.6%，京津冀地区低于全国平均水平13.1个百分点。从京津冀内部来看，

2015 年科技研发投入北京最多，为 288 亿元，河北最少，为 46 亿元；科技研发投入占一般公共预算支出比北京最高，为 5%，河北最少，为 0.8%；“十二五”期间科技研发投入增幅天津最高，为 101%，河北最低，为 37%。

表 17　京津冀三地科技研发投入变化情况

单位：亿元，%

地区	2011 年		2015 年		增幅
	投入额	占比*	投入额	占比	
北京	183	5.6	288	5.0	57.2
天津	60	3.3	121	3.7	101.0
河北	33	0.9	46	0.8	37.0
合计	276	3.2	454	3.1	64.3

* 占比指科技研发投入额占一般公共预算支出比重。

3. 医疗卫生投入情况

“十二五”期间，京津冀地区医疗卫生投入总额从 2011 年的 619 亿元增至 2015 年的 1101 亿元，增幅达 77.9%，全国地方财政医疗卫生投入支出增幅为 88%，京津冀地区低于全国平均水平 10.1 个百分点。从京津冀内部来看，2015 年医疗卫生投入河北最多，为 535 亿元，天津最少，为 195 亿元；医疗卫生投入占一般公共预算支出比河北最高，为 9.5%，天津最少，为 6.0%；“十二五”期间医疗卫生投入增幅天津最高，为 115.5%，北京最低，为 64.3%。

表 18　京津冀三地医疗卫生投入变化情况

单位：亿元，%

地区	2011 年		2015 年		增幅
	投入额	占比*	投入额	占比	
北京	225	6.9	371	6.5	64.3
天津	91	5.0	195	6.0	115.5
河北	303	8.6	535	9.5	76.7
合计	619	7.2	1101	7.5	77.9

* 占比指医疗卫生投入额占一般公共预算支出比重。

（三）京津冀域内三大示范区发展情况

1. 中关村国家自主创新示范区

中关村国家自主创新示范区是中国高科技产业中心，是中国第一个国家级高新技术产业开发区、第一个国家自主创新示范区、第一个国家级人才特区，是我国体制机制创新的试验田，园区规划用地总面积为232.52平方公里。

（1）特点一：科研院所和创新型企业密集，原始创新能力突出

从科研机构数量上看，中关村是我国科教智力最为密集的区域，拥有以北京大学、清华大学为代表的高等院校40余所，以中国科学院、中国工程院所属院所为代表的国家级、市级科研院所206家；拥有国家级重点实验室67个，国家工程研究中心27个，国家工程技术研究中心28个；大学科技园26家，留学人员创业园34家。从创新型企业数量来看，2015年新成立科技类企业2.4万家，同比增长84.6%；创新模式也由“互联网+”商务模式的创新，向原始科技创新转变。

在2015年天使投资披露的案例数中，中关村企业占到了全国的40%，创业投资案例数占到全国的32%，投资数占到全国的25%。在专利发明方面，2015年中关村专利申请数达到6.89万件，占北京市总数的44.2%；专利授权数达到3.2万件，占北京市总数的34.4%；技术合同成交额达到3452亿元，其中70%以上辐射到全国各地，双创的成果不断显现。

（2）特点二：企业从业人员国际化、年轻化特点明显

从人力资源构成上看，中关村内企业从业人员国际化、年轻化特点明显。2015年，企业从业人员年末人数为231.6万人，同比增长15.2%。其中，留学归国人员超过2.7万人，拥有硕士以上学历人员26.2万人，占企业年末从业人数的11.3%；年龄在30岁以下的人员达到102.5万人，占企业年末从业人数的44.2%。

（3）特点三：重点发展的高新技术产业人才集聚明显

2015年，中关村国家自主创新区重点发展的电子与信息、生物工程和新医药等十大行业从业人员占中关村从业人员总数的84.6%，其中十大行业科技人员占中关村科技人员总数的90.9%，重点发展的高新技术产业人才集聚明显。

表 19　中关村国家自主创新示范区重点发展行业 2015 年产业人才匹配度情况*

产业	总收入（亿元）	占比*（%）	从业人员（万人）	占比**（%）	科技人员（万人）	占比***（%）
电子与信息	16245.6	39.8	109.1	47.0	35.5	58.6
生物工程和新医药	1628.3	4.0	13.1	5.7	3.0	5.0
新材料及应用技术	2624.3	6.4	12.7	5.5	2.9	4.7
先进制造技术	4776.7	11.7	26.5	11.4	6.2	10.3
航空航天技术	667.6	1.6	4.2	1.8	1.3	2.2
现代农业技术动植物优良新品种	287.9	0.7	2.6	1.1	0.4	0.6
新能源与高效节能技术	4587.4	11.2	20.8	9.0	3.8	6.3
环境保护技术	1037.8	2.5	6.4	2.8	1.7	2.9
海洋工程技术	26.3	0.1	0.3	0.1	0.0	0.0
核应用技术	43.3	0.1	0.4	0.2	0.1	0.2
其他	8884.2	21.8	35.7	15.4	5.5	9.1
总和	40809.4	100	231.8	100	60.5	100

* 占比指该产业总收入占中关村国家自主创新示范区全部产业总收入的比重；** 占比指该产业从业人数占中关村国家自主创新示范区全部从业人数的比重；*** 占比指该产业科技人员数占中关村国家自主创新示范区全部科技人员数的比重。

资料来源：中关村管委会网站，http：//www.zgc.gov.cn/tjxx/nbsj/2015nsj1/99887.htm。

2. 天津滨海新区

天津滨海新区是国务院批准的第一个国家综合改革创新区，位于天津东部沿海地区，环渤海经济圈的中心地带，总面积 2270 平方公里，占天津市总面积的 19%，常住人口 297 万人，占天津市总常住人口的 19%，是中国北方对外开放的门户、高水平的现代制造业和研发转化基地、北方国际航运中心和国际物流中心、宜居生态型新城区，被誉为“中国经济的第三增长极”。

（1）特点一：是天津市的重要经济发展体

从滨海新区产业结构来看，2015 年第一产业生产总值 11.39 亿元，第二产业 5795.34 亿元，第三产业 3463.58 亿元，三大产业生产总值占天津市地区生产总值的 56.05%。

（2）特点二：是天津市的重要科技研发和技术创新中心

从科研投入上看，2015 年，天津滨海新区拥有的科技活动机构数为 854 个，占天津市总数的 35.1%；科技活动人员有 9.59 万人，占天津市总数的 39.8%；科技研发经费支出 238.24 亿元，占天津市总数的 46.7%。从科研成果上看，2015 年，天津滨海新区专利申请受理量为 2.4 万件，占天津市总数的 30%；专利授权量为 1.1 万件，占天津市总数的 29.7%。

（3）特点三：高端制造业和高技术产业人才集聚明显，但人才总量资源不足与部分行业人才过剩问题同时并存

2015 年，在滨海新区内从业的 9.5 万名科技活动人员中，在制造业产业中从事科技研发工作的科技人员有 6.1 万名，在科学研究和技术服务业行业中有 1.4 万名，在信息传输、软件和信息技术服务业行业中有 7196 名。通过分析 2015 年滨海新区规模以上工业企业产业人才匹配度发现，总体偏离度指数为 48.7，人才紧缺情况明显，但从行业内部看，部分行业人才紧缺与部分行业人才过剩情况并存，以滨海新区未来重点发展的部分行业为例，石油化工、汽车装备、运输设备等行业科技人员相对紧缺，信息技术行业科技人员总数相对合理，生物医药行业科技人员相对过剩。

表 20　天津滨海新区重点发展行业 2015 年产业人才匹配度情况

行业	总产值（亿元）	占比（%）*	科技人员数（人）	占比（%）**	偏离度指数
石油加工、炼焦和核燃料加工业	12636231	8.2	1030	1.6	4.3
汽车制造业	17646818	11.5	4547	6.9	0.7
铁路、船舶、航空航天和其他运输设备制造业	5411541	3.5	1378	2.1	0.7
计算机、通信和其他电子设备制造业	19824527	12.9	9291	14.1	-0.1
医药制造业	3295857	2.1	5595	8.5	-0.7

* 占比指该行业总产值占滨海新区规模以上工业企业总产值的比重；** 占比指该行业科技人员数占滨海新区科技人员总数的比重。

资料来源：《天津科技统计年鉴 2016》。

3. 河北雄安新区

2017 年 4 月 1 日，中共中央、国务院决定在河北省雄县、容城、安新三县及周边部分区域设立国家级新区——河北雄安新区，这是继深圳经济特区和上

海浦东新区之后又一具有全国意义的新区，起步区面积约100平方公里，中期发展区面积约200平方公里，远期控制区面积约2000平方公里。设立雄安新区对于集中疏解北京非首都功能、探索人口经济密集地区优化开发新模式、调整优化京津冀城市布局和空间结构、培育创新驱动发展新引擎具有重大现实意义和深远历史意义。2015年容城、安新、雄县地区生产总值为212.2亿元，三大产业占比分别为14%、61%、25%，三县经济主要以第二产业为主导。

（1）特点一：人口总量少，老龄化趋势明显

容城、安新、雄县辖区面积为1552.2平方公里，截至2015年底，三县共有人口113万人，人口密度为每平方公里730人，与雄安新区规划设计方案中提出的远期规划人口200万人至250万人还有100万人至150万人口的缺口。从年龄构成来看，17岁及以下人口27万人，占总人口的23.8%；18~34岁人口28.2万人，占总人口的25%；35~59岁人口38.9万人，占总人口的34.4%；60岁及以上人口18.9万人，占总人口的16.8%。60岁以上人口占比较高，老龄化情况比较明显。

（2）特点二：还处在以第一产业为主的传统经济阶段，主要劳动力群体受教育程度偏低

从三县从业人员分布情况来看，第一产业从业人口占总从业人口近一半，第三产业从业人口仅占总从业人口的16.2%，随着雄安新区建设步伐的迈进，需要有序减少第一产业人口，迅速增加第三产业人口。

表21　容城、安新、雄县2015年从业人员分布情况

单位：人，%

产业类别	从业人员总数	占比	产业类别	从业人员总数	占比
第一产业	264724	44.87	第三产业	95343	16.16
第二产业	229912	38.97	合计	589979	100

资料来源：《保定经济统计年鉴2016》。

通过分析三县从业人员学历情况看，2.25%的从业人口未接受过正规教育，受过高中以上教育的从业人口仅占总从业人口的18.7%，近80%的从业人员受教育程度仅为小学或初中，劳动力整体受教育程度偏低，与雄安新区创新驱动发展引领区的定位要求相比，人才需求空间巨大。

表 22　容城、安新、雄县 2015 年从业人员受教育情况

单位：人，%

受教育程度	人数	占比	受教育程度	人数	占比
未上过学	13267	2. 25	高中(含中专)	97679	16. 56
小学	186609	31. 63	大专及以上	12676	2. 15
初中	279748	47. 42	总数	589979	100

资料来源：《保定经济统计年鉴 2016》。

（3）特点三：科技创新还基本处在零起步阶段

通过分析三县科技投入、科技研发、科技产出数据发现，截至 2015 年底，三县无一家高新技术产业企业，在保定全市及各县规模以上工业企业统计中，仅有 9 家企业有研发活动，从事科技研发活动的人员仅有 222 人，科技研发经费支出仅有 1752 万元，仅申请 2 项专利，其中有 1 项专利为有效专利。三县企业以传统企业为主，缺乏科技创新能力。

三　京津冀人力资源发展存在的问题

（一）人力资源及发展环境落差大

1. 人力资源分布不均，实力差距大

京津冀区域人力资源总量大，常住人口 1. 1 亿人，占全国总人口 9. 0%，但人力资源分布不均。北京市人力资源集聚效应显著，截至 2016 年末，北京常住人口 2712 万人，人口密度达到每平方公里 1311 人。河北省人力资源基数虽大，但人力资源的质量整体不高，综合实力较差。首先，反映在高学历人口（大专以上）占就业人口比例上，北京达到 54. 4%，天津是 35. 7%，河北仅有 16. 8%。

其次，反映在高端人才资源上，北京拥有全国近 1/2 的两院院士（765 人），全国近 1/4 的“千人计划”入选者（1486 人），全国近 1/3 的“万人计划”入选者（682 人）。相比之下，天津有两院院士 38 人，“千人计划”入选者 187 人；河北院士数量为 14 人，“千人计划”入选者 43 人。从人才对经济的贡献率来看，三地也存在较大差距，北京 2015 年的人才贡献率是 51. 8%，

天津是27.1%，河北仅为9.0%。

另外，京津特别是天津对适龄劳动人口的吸引力近年大幅提高，比2010年，天津市2015年从业人员增幅达到23.2%，北京为14.9%，河北省仅为8.9%；京津冀15～64岁适龄劳动人口的增幅，天津也领跑京冀，达到20.3%，而河北则出现了－0.6%的负增长。从以上数据可以看出，京津冀区域内不论是人力资源还是中高端的人才资源，分布都欠均衡，河北省短板较为突出。

2. 经济发展水平落差大

京津冀虽然是我国经济最具活力和创新力的区域之一，其GDP在2016年就已突破7万亿元大关，但区域内三省市的经济发展水平落差较大，人均GDP水平悬殊。天津2015年人均GDP为10.8万元、北京人均GDP为10.65万元，京津两地均远高于中国人均GDP 5万元的水准，而河北省2015年人均GDP仅为4.04万元，不仅远低于区域内的京津两地，甚至还低于全国平均水平近20%。另外，从产业结构看，京津两地产业结构趋于合理，河北省的产业结构主要为传统的资源型重工业，受经济下行影响，加之近两年大气环境压力突出，调整产业结构、淘汰落后产能任重道远。

从城镇化率水平看，京津城镇化率均已超过80%，河北省城镇化率截至2015年只有51.3%，尚低于全国平均水平。

3. 教育医疗等公共服务水平存在较大差距

要实现京津冀人才一体化发展，迫切要求加快公共服务资源均衡配置，逐步提高公共服务均等化水平，但目前三省市人才公共服务水平落差较大。三地教育资源实力悬殊，北京、天津知名高校众多，河北高等教育资源相对滞后，人口平均受教育年限比京津落后2～3年；医疗资源差距明显，北京每千户籍人口执业医师、注册护士、医院床位数等方面具有较大优势，天津、河北相对不足；社会保障水平落差显著，河北企业退休人员养老金水平与京津存在较大差距。上述方面凸显了人才公共服务水平与区域人才一体化发展要求尚不相适应。

（二）产业与人才融合度有待加深

1. 产业与人才的匹配度须提升

实现京津冀三省市功能定位，迫切需要产业与人才深度融合，但目前京津冀区域内人才结构与各自功能定位仍不匹配。总体看，北京市人才资源丰富，但缺乏世界级顶尖战略科学家和科技领军人才，与建设全国科技创新中心要求不相适应。天津市产业人才结构不合理，企业经营管理人才、高技能人才短缺，与建设全国先进制造研发基地要求不相适应。河北省人才资源不足，特别是配套产业转型升级创新及技术技能人才短缺，与建设全国产业升级试验区要求不相适应。

从地区看，北京产业人才匹配度最佳，天津其次，河北偏离度指数最高，产业与人才的匹配度最差；从产业看，京津冀三地第一产业中人才匹配度最差，其中北京最差。三地的第三产业人才匹配度最好，其中北京最优，河北匹配度最低；从跨区域看，京津冀区域的产业人才匹配度与长三角区域相比，仍有一定差距。

2. 区域内人力资源竞争明显

自京津冀协同发展战略提出后，三地协作发展的态势明显提升。尽管如此，由于行政区划、税收制度、市场分割、经济基础等多方面因素，三地间竞争关系仍十分明显。由于地缘关系以及地区间巨大的经济发展差异，三地形成了普通劳动力和中高端人才资源朝向京津的单向流动，从人力资源生产角度来看，河北是净输出，而北京、天津是净输入。河北为北京、天津人力资本积累做出了积极的贡献，但并没有获得应有的辐射效应，反而长期以来在巨大的人才虹吸磁场下，流失了大量人力资源，特别是中高端人才资源。京津与河北人才发展落差呈持续增大趋势，部分产业同构现象突出，未能促进区域内人力资源差异化配置，人才优势互补难以形成。

（三）体制机制制约产业人才自由流动

人力资源，特别是人才资源要想充分发挥自身的价值，自由流动是关键。人才的流动不仅会加快信息、智力要素的流转，还会增进技术、制度乃至思想的交融与创新，提升区域的经济活力。但目前京津冀区域中大量体制内人才的自由流动受到了体制机制障碍的束缚，三省市人才一体化工作机制亟须进一步完善，人才一体化发展分散决策现象明显，人才政策落差较大，“碎片化”现象突出，难以形成政策合力。区域人才一体化市场配置程度较低，尚未建立一体化的人才市场、人才评价标准和人才信息平台，市场在区域人才配置中的决定性作用发挥不够充分。

四　对策建议

（一）依托顶层设计，创新人力资源发展体制机制

京津冀人力资源一体化发展是支撑区域协同发展的智力支持和保障。尽管习近平总书记已将京津冀协同发展上升为国家战略，但作为支撑的区域内人力资源一体化发展成效并不显著。整体来看，由于三地合作动力不等以及缺乏高层次的统筹协调，区域人才合作进展不快。要想真正打破自家“一亩三分地”的思维定式，改变当下经济发展落差大、人力资源分布不均衡、流动性差的状况，建议进一步加强顶层设计，对当前京津冀三地各自为政的行政区划谋求实质性突破，消除行政壁垒和管理系统的阻隔，这将从根本上推动京津冀经济社会的一体化进程。另外，需要在现有区划系统下加强三地的协调与制度建设（比如进一步完善三地部际协调机制，三地在对等的基础上成立特别委员会等），推动三地人力资源政策与制度的互通互容，引导人力资源在区域内的合理配置和流动。具体在人力资源发展的体制机制创新方面，建议从三方面入手。

1. 建立科学有效的政府引导机制

协同建立京津冀人力资源管理服务权力清单和责任清单，建立统一的人力资源管理规范；建立一体化的人才评价机制，实现三地人才职称、技能人才资格互认；推动社会保险互通、教育医疗资源共享，促进区域人才顺畅流动；建立人才公共服务（教育、医疗）跟随机制；探索建立三地联合使用央属人才资源机制，畅通中央企事业单位人才资源服务京津冀发展的渠道；在三地高层次协调机构的推动下，逐步形成统一的集预测规划、教育培训、考核评价、选用配置、使用调控于一体的人事人才制度框架和人事人才服务体系。

2. 建立规范有序的市场主导机制

推进技术交易和要素流动市场一体化改革，完善京津冀人才市场准入协同机制，建立规范、统一、灵活的人力资源市场体系，大力发展专业性、行业性人力资源市场，促进人力资源合理流动。

3. 建立灵活多样的社会参与机制

引导各人民团体、各民主党派及无党派人士等社会力量，积极参与京津冀人才一体化发展。鼓励发展高端人才猎头等专业服务机构，在全球范围内为京津冀猎取人才。积极培育各类人才中介服务机构，为区域内人才提供个性化和多样化服务。搭建跨区域的人才合作交流平台。

（二）立足功能定位，打造人力资源协同发展格局

立足《京津冀协同发展规划》中对三地的明确功能定位，依托各自优势，实现错位发展，而不是同质竞争，引导人力资源在区域内合理布局。京津根据功能定位，要充分发挥两地人才资源密集优势，加快产业转型升级，实现差异化布局，以各自特色产业集聚人才资源。北京立足全国科创中心建设，以发展第三产业为主，重点发展高端服务业，并加快非首都功能疏解，结合首都产业的区域转移，按照“人才+产业”的发展模式输出人才资源，实现人才紧跟产业流动、人才流动带动产业群发展，发挥好首都人才资源对津冀乃至全国的辐射和带动作用；天津靶向建设全国先进制造研发基地来集聚人才；河北要在京津高技术产业转化承接、现代制造业的加工配套、建设全国产业升级试验区方向上集聚相关人力资源。三地要在各自人力资源开发和经济发展中有所为有所不为，通过错位发展而不是均衡发展，来实现人力资源的优化配置和优势互补，承认并谋求各自利益，最终实现协同发展，创建京津冀城市群的共同繁荣。

在京津冀协同发展中，河北的短板明显，河北更需要准确定位，尽快提高经济发展水平，以提升对人力资源的吸引力。河北省要牢牢抓住中央设立雄安新区的千载机遇，主动对接京津，依托最新发布的《京津冀人才一体化发展规划（2017～2030）》，通过共建协同创新人才交流合作平台、打通人才信息链条、创新人才公共服务平台等措施，主动作为，与京津共同构筑区域协同创新人才共同体。通过多措并举、柔性流动与使用等方式方法，破解京津冀人力资源（特别是人才资源）在区域内分布不均衡的问题，构建区域人才协同发展新格局。

（三）尊重价值实现，构筑领先的事业发展平台

“人往高处走、水往低处流”，这是人才流动的内在规律。人们都愿意流向能尊重自己价值、实现自我价值的地方。所以，北京要建设国际一流的和谐宜居之都，天津要建设北方经济中心，河北要借力京津冀协同发展和雄安新区

设立来实现自身崛起，都离不开人才的强力支撑，要想吸引集聚人才，就要尊重人才的价值实现，构筑领先的事业发展平台。没有足够好的事业平台，不仅人才吸引不来，一般的人力资源也难以留住。因此，京津冀三地为了集聚各自需要的人力资源，要在加强各自既有优势产业平台的基础上，在构建新的事业平台上寻找突破，比如，北京需要打造世界级的创新创业组织及支持平台，天津需要打造现代制造、高端研发生产组织及支持平台，河北更是需要发力打造传统产业升级支持、先进成果转化、京津疏解产业承接等系列事业平台，筑巢引凤，吸引优秀的人才和人力资源到当地发展。

（四）关注人才需求，建设一流的人才发展环境

除了构筑事业平台，良好的发展环境对于吸引和留住人才也是至关重要的。京津冀区域，特别是实力相对弱小的河北省，为了吸引、留住、用好人才资源，就一定要关注人才多样化和个性化的需求，建设一流的人才发展环境。具体建议从以下两方面入手。

1. 营造优质的人才发展制度环境

条件相对成熟的地方（比如北京市和天津市），可以加快推进人才立法，将人才工作的成功实践和制度成果上升到法律层面，为人才发展提供法制保障。条件相对薄弱的河北，一定要下大决心，对标先进，通过制定有影响力的人才政策来吸引和激励人才，比如借鉴《深圳人才工作条例》《上海人才新政三十条》《南京人才工作条例》等，加快人才发展政策创新，打造有竞争力的人才集聚制度。一个地区，只有制度环境好了，人们能从那里看到发展前景和信心，人才资源才会朝此流动。

2. 营造优质的宜居宜业环境

“生活的理想是为了理想的生活”，民生是社会发展的起点，也是终极所在。京津冀区域要改变过去那种“先生产、后生活”的开发模式，要秉承“创新、协调、绿色、开放、共享”的发展理念，加大在教育、医疗、生活配套等方面的保障力度，建设宜居宜业的生活工作环境。京津冀区域内还要大力发展人力资源服务业，为各类人力资源提供市场化、多元化的配套服务，同时在区域内大力营造尊重知识、尊重人才的社会氛围。“凤择木而栖”，生活工作环境好了，人才自然会在此集聚。

（五）引进培养并重，发展高素质的人力资源

京津冀在人力资源开发，特别是高端人才资源开发方面，存在一个共同的误区，即人才在外部，人才需要引进。诚然，北京为了建成全国科创中心乃至世界创新创业高地，需要从海外引进顶尖的战略科学家和科技领军人才。天津与河北为了自身的发展则希望从北京，从全国范围内引进高端人才，必要时也走向海外延揽人才，这些举措是必要的。然而，仅凭引进一些数量的海外顶尖人才和团队是支撑不起北京科创中心建设的，也无法支撑整个京津冀区域的协同发展。人才引进后还可能会存在水土不服问题、忠诚问题、空降兵存活率问题、引进人才和本土人才的竞合问题。这其中也不乏引进了一些名气很大但创作高峰期已过的昔日明星科学家。因此，我们需要在重视人才引进，提高引才工作前瞻性、科学性的同时，更要重视既有人才的合理使用、活力释放与系统培养。科创中心的建成、北方经济中心的实现、河北省的崛起，需要大批兢兢业业中坚力量的智慧和巨量人力资源的长期奋斗。因此，我们需要引进与培养并重，自力更生，造就一支高素质的人才队伍。具体建议如下。

1. 优化人才培养战略，加大对教育的财政投入

要造就高素质的人才队伍，仅靠输血引进是不可行的，也是不长久的，我们需要增强自身的造血功能。京津冀区域，特别是人力资源相对落后的河北，要加大对教育特别是高等教育的财政投入，除了地方政府的投入，建议中央财政也予以适当支持。在过去长期的发展中，河北为保障京津，做出了巨大牺牲，河北不能只定位于“米袋子”“菜篮子”“水盆子”，要在京津冀协同发展中不拖后腿，雄起一极，没有教育的投入和人才的培养是支撑不住的。

2. 加强高校建设，推进多元化校际合作

可借鉴美国的常春藤联盟、大学联合会、德国的工业大学联盟等成功先例，实现多所特色院校优势整合，共享共建优质教育资源。京津两地名校众多，教育科研力量雄厚，三地需要在打通和共享“央属”高校资源的基础上，加大地方高校间的合作共享。针对河北省高等教育资源匮乏的局面，“以扶优而不是扶贫”的战略理念，重点扶持河北综合实力领先的河北大学、燕山大学、河北工业大学等高校，并依托雄安新区建设，在结合北京外迁高校基础上，适时成立雄安大学。

在河北省打造出几所特色突出、在全国有影响力的知名高校，增强人才培养能力。综合运用“柔性引进”战略，“不求人才为我所有，但求人才为我所用”，以“好的环境、高的平台、优厚的待遇”来吸引人才，引进与培养并重，这样才可能打造出河北在京津冀人才一体化发展中的后发优势，从而为整个京津冀协同发展提振、贡献，而不只是被动地补齐短板。

（六）承认利益驱动，打造有吸引力的激励优势

当前，京津冀协同发展进展不快的一个深层次原因，仍然是习近平总书记所指出的“一亩三分地”思维在占主导，其深层的思考必然来自三地对各自利益的诉求。三地在发展过程中谋求各自的地方利益，这本身并没有错。在社会主义市场经济体制下，各地域单元的联系，往往是以利益为纽带的，利益一体化是区域一体化的内在驱动力和核心。所以，为了推动一体化进程，我们首先要承认利益驱动，在追求共同利益的过程中，实现人力资源的合理梯度配置和协同发展。因此，建议在区域层面，河北省要让京津在成果转化、技术转移、人才合作中获得自身的利益，突破零和博弈的思维，使合作三方能够共利共赢，河北省要有眼光和格局，敢于让渡局部利益，从而获得长远的人才资源和持续发展。

在微观组织层面，三地的体制内组织，有大量的精英人才，但人才的活力和才华并没有得到充分激活和释放。所以京津冀区域，特别是河北省，要敢于选择适宜的单位，敢于突破工资总额的限制，敢于让市场来评定人才价值，敢于实施市场化的激励制度与手段，明晰和规划好人才职业发展通道，不拘一格使用人才、激励人才，释放人才的活力和能量；三地的非体制内组织，更要充分发挥好自身灵活、自主、扁平高效的优势，要敢于激发人才的“创新创业”精神、“冒险”精神、“创富”精神，放手运用高职高薪、干股分红、股票期权、实股转让、合伙众筹等多种激励方式，让人力资源、人才资源能够在京津冀实现自己的创富梦想，愿意在这片土地上繁衍生息。

（七）抓住历史机遇，建设雄安新区人才新高地

解决好京津冀协同发展的关键在于解决河北自生动力不足的问题，而雄安新区的建设，不仅在京津与河北连接地区为京津冀增加一新的增长极，也为河

北发展造就一枚新核，因此要借势好北京和天津两地对雄安新区建设的倾力支持的机遇，进一步加强雄安新区顶层设计，发扬改革创新精神，建立人力资源发展体制机制新高地；立足特区功能定位，制定科学合理的人才缺口填补相关政策，引导人力资源在雄安新区合理布局；主动对接并构筑“中关村—雄安新区”“滨海新区－雄安新区”人才联动计划，与京津两地展开人才资源密切合作，紧紧围绕“人才”这个核心谋篇布局，在雄安新区构筑领先的事业发展平台，建设一流的人才发展环境，充分提高基本公共服务水平，发展社会事业，配套优质教育医疗等资源，提高对高端人才的吸引力。真正实现以雄安新区建设来有效疏解北京非首都核心功能，有力推动京津冀协同发展。

参考文献

吴江：《京津冀人才发展一体化的战略选择》，《中国人力资源社会保障》2017 年第 2 期。

段志强、王雅林：《区域一体化的瓶颈在于行政管理体制》，《中国行政管理》2006 年第 7 期。

桂昭明：《京津冀人才发展一体化的路径选择》，《理论探讨》2011 年第 8 期。

邸晓星、徐中：《京津冀区域人才协同机制发展研究》《天津师大学报》2016 年第 1 期。

京津冀三地组织部：《京津冀人才一体化发展规划纲要（2017～2030）》。

人才工作篇

Work Related to Talents

B.5
我国人才规划纲要实施以来的主要进展评述
——聚焦人才体制机制创新和人才政策实施

孙 锐*

摘 要：人才规划实施以来，在中央人才工作协调小组统一部署下，组织部门牵头抓总，有关职能部门各司其职，密切配合，社会力量广泛参与，人才规划实施工作有效推进，进展良好，成绩显著。目前，人才体制机制创新工作整体进程超过预期，国家、系统和地方层面的全国人才政策体系基本形成，总体工作任务进展良好，符合预期。其中，完善党管人才领导体制取得显著成效，人才工作科学化水平明显提升；改进人才管理方式取得了重要进展；海外人才引进政策、人才评价与职称制度改革、公务员分类管理改革、机关事业单位养老保

* 孙锐，中国人事科学研究院国外人力资源研究室主任，研究员，博士。

险制度改革、事业单位人事制度改革和人才创新创业激励工作实现重要突破，人才管理改革试验区建设取得显著成绩。当前人才体制机制深水区改革已经破题，重大人才政策实施效果明显，人才优先发展正步入常态化、应需化、精细化新轨道。

关键词： 人才规划 体制机制 重大政策

自2010年《国家中长期人才发展规划纲要（2010～2020年）》（以下简称“人才规划”）颁布以来，贯彻落实人才规划成为推动我国人才强国战略实施的主要抓手。当前，人才规划实施进程过半，用于指导和推动国家及各地人才规划有效落地的相关评估工作日益显示出必要性和紧迫性。通过总结、分析人才规划实施以来，特别是党的十八大以来，人才体制机制创新与重大政策实施取得的新成效、新进展，了解、判断当前人才规划实施的阶段性成果和特征，将为推动2020年人才规划总体目标任务的全面实现提供重要支持。

一 我国人才体制机制和重大政策实施以来的重要进展

人才规划实施以来，特别是党的十八大以来，在中央人才工作协调小组统一部署和推动下，组织部门牵头抓总，有关职能部门各司其职，密切配合，社会力量广泛参与，人才规划的各项体制机制创新与重大人才政策实施工作有力推进，取得显著成效。

（一）事业单位人事制度改革分类推进

2011年，中央出台了《关于分类推进事业单位改革的指导意见》，在此基础上，中办印发了《关于进一步深化事业单位人事制度改革的意见》，国务院配套9个落实文件，分别在事业单位分类改革、事业单位编制改革、事业单位法人治理体系建设、事业单位收入分配相关制度改革等方面做出具体安排。2014 年，国家颁布了《事业单位人事管理条例》，确立了事业单位人事管理的基本制度体系。在此基础上，人力资源和社会保障部等部门在事业单位全面推行聘用制度、岗位管理制度和公开招聘制度，研究制定了事业单位工作人员奖励、处分、竞聘上岗、考核、特设岗位设置等配套政策文件，促进事业单位人事管理由固定用人向合同用人转变，由身份管理向岗位管理转变。目前，聘用制度在事业单位已经基本实现全覆盖，岗位管理制度和公开招聘制度实现全面推行。

2015 年中央办公厅下发了《事业单位领导人员管理暂行规定》，对全国事业单位领导人员的任期、任期目标和考核评价做出总体规定。2017 年，中组部会同中宣部、教育部、科技部、国家卫生计生委下发了《宣传思想文化系统事业单位领导人员管理暂行办法》等 5 个办法，对以上不同事业单位领导人员选、育、用、留等重要管理问题做出具体规定。2017 年，教育部、中央编办等 5 部委联合印发了《关于深化高等教育领域简政放权放管结合优化服务改革的若干意见》，在高校学科专业、编制、岗位、进人用人、职称评审、薪酬分配等方面扩大高校办学自主权，提出试点高校人员总量实行动态调整，鼓励高校推进内设机构取消行政级别，全面下放高校职称评审权，在改革方面迈出重大步伐。当前，中央编办根据部分公益二类事业单位实际工作需要和工作特点，正在探索实行人员总量管理，人力资源和社会保障部正在研究高校不纳入编制管理后的人事管理衔接办法。

针对科研人员、国际交流和科研事业单位领导人员兼职、“裸官”等问题，科技部、中组部等部门共同研究出台了体现科技创新和科研人员成长规律的相关政策：对教学科研人员出国开展学术交流合作区别对待，分类管理；明确对面向全球公开选聘、引进的国（境）外科研事业单位领导人员，不受“裸官”限制；允许科研事业单位领导人员在国内科技类学会协会等社会团体兼职，除党政一把手主要负责人外，允许取酬；允许科研事业单位领导人员（党政一把手除外）在成果作价入股企业兼职。

在系统地方层面，中科院结合科研事业单位特点，探索实施了“领导班子任期制”“所长任期目标管理”“法定代表人年薪制”“全球选拔学术所长（副所长）”“领导人员兼职与科技成果转化激励”等创新举措。湖北省在全国率先出台了《关于进一步深化全省事业单位人事制度改革的实施意见》和

《关于进一步保障和落实用人主体自主权的指导意见》，着力向用人主体放权。江苏省率先发布《关于创新公立医院人员编制管理的实施意见（试行）》，探索公立医院人员编制备案制管理。此外，广东向五所高校推动岗位设置、公开招聘、薪酬分配等用人自主权改革试点；安徽探索开展本科高校和公立医院“编制周转池”制度改革；河北省推行“四自一特”事业单位人才管理改革；河南按照“特需特办、人编对号、人在编留、人去编销”原则，灵活引进急需紧缺人才；济南高新区推行干部档案封存、全员聘任制改革试点，对事业单位人员全面推行全员 KPI 绩效考核，将考核结果作为薪酬确定、职务调整、岗位变动和实质性续聘、解聘的重要依据。地方上一系列改革措施亮点频现。

（二）人才评价机制改革重点突破

为贯彻落实中央《关于深化人才发展体制机制改革的意见》精神，专业技术人才评价和职称制度改革深入推进。2016 年人力资源和社会保障部出台的《关于加强基层专业技术人才队伍建设的意见》规定，基层专业技术人才参加职称评审，对论文、科研等不做硬性要求，可用能够体现专业技术工作业绩和水平的工作总结、教案、病历等替代，对外语和计算机应用能力可不做要求。2017 年初，中办、国办下发的《关于深化职称制度改革的意见》提出，不将学历、资历和论文等作为刚性限制性条件，同时根据不同学科、领域特征，在相关职称评审中灵活设置论文等科研成果评价要求，也对职称外语和计算机等不做刚性要求，并持续推进已有职称序列的健全和新兴职业职称系列的扩展工作，推动高校、医院等人才智力密集的企事业单位自主开展职称评审。

同时，国家在健全职业大典和取消、规范职业资格的基础上，提出了第一批国家职业资格目录清单，并积极推动职业资格国际互认。十八大以来，根据国务院转变政府职能和“放、管、服”改革要求，国务院分 7 批审议通过取消国务院部门职业资格许可和认定事项共 400 余项，其中专业技术人员职业资格 100 余项、技能人员职业资格近 300 项，削减比例达到 70% 以上，人才创新创业的制度性成本明显降低。2017 年 1 月，人力资源和社会保障部出台了《进一步减少和规范职业资格许可和认定事项改革方案的通知》，进一步清理了各种准入证、上岗证等，提出实施国家职业资格目录清单管理制度。此外，我国于 2016 年正式加入《华盛顿协议》，目前正积极推动在中韩自贸协定、

中美投资协定、中澳自贸协定、中欧投资协定协商中的职业资格双边、多边互认，以及一定专业领域内的工程师国际职业资质互认工作。

在中央精神指引下，各地各部门也在人才评价，特别是在职称制度改革上展开了积极探索。在建立符合行业特点的人才评价方式方面，2015 年，人力资源和社会保障部、卫计委联合下发了《关于进一步改革完善基层卫生专业技术人员职称评审工作的指导意见》，在对卫生计生人才的评价中引入病历或相关材料；农业部将业务水平、推广业绩和农民满意度作为基层农技推广人员职称评聘的重要内容；山东分类推进教师职称制度改革，在全国率先启动中职、技工学校教师职称制度改革试点；广东出台科技人员职称评价若干意见，将标准建立、专利创造及科技成果转移转化作为职称评审的重要依据；湖北对东风汽车公司、武钢集团公司等国有企业扩大自主评审范围，授予 5 个专业学会（协会）高级职称评审权，将职称申报的免试、破格等审批权限下放给主管部门或用人单位；深圳率先探索将电子技术、建筑设计、医疗器械等专业职称评审职能全部转移到行业协会组织；江苏已将教师、思政、教管、实验系列高级职称评审权下放到所有本科高校和独立院校；上海积极推动建立职称评审评价责任和信誉制度，加强评审专家数据库建设。

（三）人才激励保障体系健全强化

首先，事业单位工资制度改革分类推进，2011 年，国办出台了《关于深化事业单位工作人员收入分配制度改革的意见》，强调根据不同事业单位特点、具体工作绩效，同时考虑分级分类管理方式深入推动收入分配制度改革。2014 年，《事业单位人事管理条例》提出“事业单位工资分配应当结合不同行业事业单位特点，体现岗位职责、工作业绩、实际贡献等因素”。此后，针对公立医院行业和高等院校特点，国务院办公厅出台了《关于城市公立医院综合改革试点的指导意见》，《人力资源和社会保障部、财政部、国家卫生计生委、国家中医药管理局关于开展公立医院薪酬制度改革试点工作的指导意见》《关于深化高等教育领域简政放权放管结合优化服务改革的若干意见》等也先后发布，分别针对推动城市公立医院和高校薪酬分配制度改革，提出探索对公立医院主要负责人实行年薪制，在核定薪酬总量范围内允许医院进行自主分配；高校绩效工资分配向重要岗位、高端人才、工作骨干和做出突出成绩的员工倾斜等具体举措。

同时，全面推行事业单位绩效工资制。当前，事业单位绩效工资制度已经得到普遍推行，它强调，对不同类型事业单位探索实行不同的绩效工资总量管理办法；给予各单位一定分配自主权，向关键岗位、高层次人才、业务骨干和做出突出成绩的人员倾斜；同时，与绩效考核挂钩。2017 年 3 月，人力资源和社会保障部出台了《关于支持和鼓励事业单位专业技术人员创新创业的指导意见》，提出绩效工资分配应当向在创新岗位做出突出成绩的工作人员倾斜；创新人才合法成果转化收入不纳入绩效工资；事业单位设置流动岗位可调整工资总额，发放流动岗位人员工作报酬等。从调研情况看，高等院校大部分已实施了绩效工资制度。

其次，国有企业负责人薪酬制度改革创新。2014 年 8 月，中央出台《中央管理企业负责人薪酬制度改革方案》，2015 年 1 月，《中央管理企业负责人薪酬制度改革方案》和《中央企业负责人任期激励收入管理实施细则》正式实施，明确了下一步央企高管薪酬将采用差异化薪酬管控的办法。

此外，机关和事业单位养老保险制度改革全面实施。2015 年，国务院发布了《关于机关事业单位工作人员养老保险制度改革的决定》，根据《中华人民共和国社会保险法》等相关规定，推动机关事业单位工作人员养老保险制度改革，以建立更加公正、公平、透明的事业单位养老保险制度。机关事业单位养老保险制度改革开始实施后，不管是公务员还是事业单位工作人员，养老待遇都不再和职称、级别挂钩，而是同企业职工一样，在职时单位和个人都要缴费，退休后领取养老金。2015 年《国务院关于机关事业单位工作人员养老保险制度改革的决定》明确，对相关人员实行社会统筹与个人账户相结合的基本养老保险制度，建立养老金正常调整机制。机关和事业单位与企业在缴纳养老保险制度上的并轨，破解了机关事业单位与企业之间人员流动的瓶颈，是促进政府人才交流从封闭走向开放的重要里程碑事件。

地方上也在积极探索事业单位薪酬分配改革。江苏从 2010 年起就全面实施事业单位绩效工资制度，并向高校、科研院所倾斜。济南市高新区打破了“铁工资”，实现了“活薪酬”，调高绩效工资在总薪酬中的比重，根据员工 KPI 考核结果按绩分配，实现薪酬能高能低。北京市明确要求绩效奖励不得平均发放，重点向承担重要任务、基层一线和骨干教师倾斜。湖北省出台了《海外高层次人才社会保险工作暂行办法》，率先提出“海外高层次人才原在

国家机关、事业、企业单位工作且符合国家政策规定的连续工龄可以计算为视同缴费年限，并与归国后参保的实际缴费年限连续计算”等优惠措施。

另外，地方上也在探索破解绩效工资总额控制对高层次人才引进、使用带来的限制问题。例如，江苏、北京、天津、浙江等均明确提出，引进急需紧缺的高层次人才实行协议年薪制，科研人员承担企业科研项目所获收入、科技成果转化奖励、科研经费绩效奖励，均不纳入单位绩效工资总额。上海按照不同行业确定具体单位绩效工资总额，建立绩效工资水平动态调整机制，将成果转化收益、“公开竞标”科研项目的人员收入、引进人才团队等的人员经费，不纳入绩效工资总额。浙江探索对国家级 8 类、省级 4 类高层次人才，建立灵活绩效工资管理模式，对其单独制定分配政策，不纳入绩效工资总额。同时，近期，各地也在积极推行高层次、高技能人才协议工资制和项目工资制，不纳入绩效工资总额管理。

（四）人才创新创业得到有力支持

2014 年，财政部等部门联合出台了《关于开展深化中央级事业单位科技成果使用、处置和收益管理改革试点的通知》，强调健全科技成果转移转化相关收入分配和激励制度。科技部 2015 年修订了《中华人民共和国促进科技成果转化法》，2016 年国办印发《实施〈中华人民共和国促进科技成果转化法〉若干规定》，并明确“职务科技成果转让、许可给他人实施的，从该项科技成果转让净收入或者许可净收入中提取不低于百分之五十的比例”。2016 年，中办和国办共同印发了《关于实行以增加知识价值为导向分配政策的若干意见》，提出加强科技成果产权对科研人员的长期激励，包括股权、期权、分红激励以及专利权等相关科技成果转化政策激励。2016 年，教育部、科技部发布了《关于加强高等学校科技成果转移转化工作的若干意见》，提出“健全以增加知识价值为导向的收益分配政策。高校要根据国家规定和学校实际，制定科技成果转移转化奖励和收益分配办法”。

此外，国有企业人才分红、股权激励也探索推进。2016 年，国资委和财政部、科技部联合印发了《国有科技型企业股权和分红激励暂行办法》，并于同年出台了《关于做好中央科技型企业股权分红激励工作的通知》，明确了国有科技型企业股权和分红激励的适用范围和激励对象等。2016 年，国资委出台《关于国有控股混合所有制企业开展员工持股试点的意见》，明确允许少部分主业处于充分竞争行业和领域的商业类企业，经审批后开展员工持股试点探索。此外，国资委向企业提供政策支持，明确对引进的海外高层次人才可以实行协议薪酬，并将“千人计划”专家工资不计入企业工资总额。国家电网全球能源互联网研究院，积极探索对科研人员实施分红权激励；神华低碳研究所采用混合所有制模式，探索通过员工持股实现对核心人员的股权激励等政策。

在此基础上，各地也积极出台政策进一步加大科研人员的成果收益和奖励力度。科技成果转化收益给予重要贡献科研人员和团队的比例不断提高，其中安徽从“不低于50%”调整为“不低于70%”，四川确定为“不低于90%”，上海提出“70%以上”，江西明确为“60%至95%”，湖北确定为“70%至99%”。北京先后出台了《加快推进高等学校科技成果转化和科技协同创新若干意见（试行）》（称“京校十条”）、《加快推进科研机构科技成果转化和产业化的若干意见（试行）》（称“京科九条”），提高科研人员科研成果转化收益比例。江西省出台的《江西省出资监管企业任期奖励暂行办法》，也积极探索生产要素按贡献参与分配的有效途径和方式。针对科技成果转移转化净收入界定不清晰的问题，上海明确高校、科研院所科技成果转移转化扣除处置过程中的直接费用后为相应的转移转化净收入。西北有色金属研究院开展特色股份激励制度，将近年取得的8000多万元无形资产中的40%，按照一定的比例分配给参与科研、中试、产业化的三类技术人员，调动了科技成果转化各阶段人员的积极性。

（五）海外人才引进制度不断创新

首先，外籍人才出入境和居留制度不断完善。2012年《中华人民共和国出境入境管理法》在签证中增设了“人才签证”，为进一步推动海外人才引进扩展了通道。2012年10月，中组部、人力资源和社会保障部等25部门下发了《外国人在中国永久居留享有相关待遇的办法》，提出对持有中国永久居留证的外籍人员扩展权利、义务。2016年，中办和国办下发了《关于加强外国人永久居留服务管理的意见》，提出探索建立以市场为导向的外国人永居申请标准；结合收入、纳税和信用等相关要素，探索形成计点积分制评价体系。同年，外交部等部门联合下发了《关于进一步完善外国专家短期来华相关办理程序的通知》，提出来华90天以内的外国专家一律免办就业许可和就业证，为短期来华的外国专家提供出入境便利。2016年，“外国人入境就业许可”和“外国专家来华工作许可”“两证整合”试点开始，同时运用互联网思维优化审批流程，建立“一窗接件、网上预审、内部流转、限时办结、一窗出证”机制①。2016年10月至2017年3月，北京、天津、河北、上海、安徽、山东、广东、四川、云南、宁夏等地开展外国人来华工作许可制度试点工作；自2017年4月1日起，在全国全面推广实施。外国人来华工作许可制度遵循“鼓励高端、控制一般、限制低端”的思路，对来华工作外国人开展分类管理②。2017年1月，人力资源和社会保障部、外交部、教育部三部委颁发《关于允许优秀外籍高校毕业生在华就业有关事项的通知》，对符合条件的外国留学生发放外国人就业许可证书和外国人就业证，进一步扩宽了人才引进渠道。2017年2月，公安部联合20个部门对外国人永久居留证的应用领域进行完善，并启用新版证件，强化永久居留证与居民身份证的部分功能接轨，新版证件使中国“绿卡”含金量进一步提升。

同时，北京、上海和广东推出了一系列突破性改革措施。2016年3月，公安部出台支持北京创新发展的20项出入境政策措施，为外籍人才开通了永居“直通车”，其中有10项为全国首创，其中，中关村推出的外籍人才在华永久居留积分评估政策，开启了国内首次探索市场化的外籍人才评价引进机制的先河。同时，中关村设立了中关村外国人服务大厅，永久居留证的办理时间由180天缩短为50天。2017年5月，公安部批复北京市（朝阳区、顺义区）10项出入境政策措施正式实施，为外籍人才办理永久居留、长期签证和口岸签证提供更多便利。2015年7月和2016年12月，公安部先后两次出台支持上海科创中心建设的22项出入境措施，探索从居留向永久居留转化衔接机制，实施外国留学生毕业后直接在上海创新创业政策，推动将外籍高层次人才团队成员纳入直接申办永久居留证件服务范围。2016年7月，公安部推出支持广东自贸区建设及创新驱动发展的16项出入境政策措施，为海外高层次人才申请永久居留、延长居留期限、办理签证、过境免签、聘雇外籍家政服务人员等方面提供更多便利。

---

① 孙锐：《以更加开放的视野集聚海外人才》，《学习时报》2017年8月14日。

② 孙锐：《以更加开放的视野集聚海外人才》，《学习时报》2017年8月14日。

其次，海外高层次人才引进配套政策渐成体系。近年来，围绕海外高层次人才担任领导职务、承担重大项目、享受特聘专家待遇，并在其税收、保险、住房、子女入学、配偶安置等优惠保障方面，国家出台了一系列配套政策①。配合国家“千人计划”项目有效实施，允许国家“千人计划”专家担任国家级项目负责人，申请政府相关资金，同时在居留和出入境、落户、医疗、保险、住房、税收、配偶安置、子女就学等多个方面的支持政策陆续出台。2012年，中组部、人力资源和社会保障部下发了《国家特聘专家服务与管理办法》，形成了“千人计划”人才“国家特聘专家”制度。2012年10月，《关于为外籍高层次人才来华提供签证及居留便利有关问题的通知》提出国家、主要部门和地方的重点人才引进计划可比照国家“千人计划”享受签证及居留特惠政策。2015年，中组部、人力资源和社会保障部、国家外专局下发《关于为外籍高层次人才来华提供签证及居留便利备案工作有关问题的通知》，将“回国（来华）定居工作专家项目”“北京市海外人才聚集工程”等50余项省部级海外人才引进计划，纳入第一批全国重点海外高层次人才引进计划备案，从而解决了全国各地主要海外人才引进计划政策不一、待遇不同、办理人才签证居留困难的突出现实难题②。2017年，中央出台了《国家海外高层次人才引进计划管理办法》，对“千人计划”的项目体系、资格条件、遴选程序、服务管理、组织实施等内容做出进一步规范。

2011年4月，人力资源和社会保障部下发《关于加强留学人员回国服务体系建设的意见》，提出要着力在入出境、居留、户籍管理、社会保险、计划生育、配偶就业、子女上学等生活待遇，以及职业资格、项目申请、经费资助、收入分配、税收、表彰奖励、知识产权保护、创办企业、投融资等工作条件方面完善相关政策，建立“回国工作、回国创业、为国服务”三位一体的留学人员回国服务工作政策体系。2011年，人力资源和社会保障部下发《关于支持留学人员回国创业意见》，提出实施留学人员回国创业启动支持计划，对创新能力强、发展潜力大、市场前景好的留学人员企业，在创办初始启动阶段予以重点支持。2015年，人力资源和社会保障部下发《关于做好留学回国人员自

① 孙锐：《以更加开放的视野集聚海外人才》，《学习时报》2017年8月14日。

② 孙锐：《以更加开放的视野集聚海外人才》，《学习时报》2017年8月14日。

主创业工作有关问题的通知》，明确“在国外接受高等教育并获得本科以上学历的留学回国人员比照国内高校毕业生”，享受高校毕业生自主创业优惠政策。此外，国家进一步加大留学人员创业园建设①，目前全国已建成各级各类留学人员创业园321家，北京、上海、天津、杭州等国家级留学人员创业园孵化出一批具有全球竞争力的科技企业。海外留学人员回国创业政策体系正在持续优化。

（六）人才管理改革试验区发展亮点频现

近年来，人才管理改革试验区建设热情高涨，呈现特别活跃、特别开放、特别务实的发展态势。中关村依托国家级人才管理改革试验区在改革人才评价、使用、激励机制方面取得新突破。自2011年《关于中关村国家自主创新示范区建设人才特区的若干意见》印发以来，中关村在资金奖励及财政扶持、股权激励、人才培养、居留与出入境、落户等方面有力地推行了13项特殊人才政策。近期，中关村瞄准具有世界影响力的科创中心建设，继落地“1+6”“新四条”等先行先试政策基础上，又实施了北京市《加快推进高等学校科技成果转化和科技协同创新若干意见（试行）》（简称“京校十条”）和《加快推进科研机构科技成果转化和产业化的若干意见（试行）》（简称“京科九条”），全面盘活人、财、物，加快科研机构创新成果的转化和产业化。中关村大力建设了北京生命科学研究所等新型科研机构，探索建立以科学家为核心的科技机构管理体制和人才管理机制改革，在打造“类海外”人才发展环境方面独树一帜。2015年，中组部等10部委与北京市印发了《关于深化中关村人才管理改革的若干措施》，支持中关村在简化“绿卡”办理程序、为外籍高层次人才创业就业提供便利、扩大人力资源服务业对外开放等方面展开积极探索。2016年公安部支持北京创新发展的20项出入境政策也在中关村率先落地，其中10项全国首创，针对外籍高层次人才等4类人才提供永久居留、口岸签证、长期居留许可等出入境便利。目前，中关村的探索取得了显著成效，为全国人才政策创新积累了宝贵经验，2014年底，国务院部署在更大范围推广中关村试点政策，进一步激发各类人才创新创业活力。

广州南沙－深圳前海－珠海横琴推动粤港澳人才融合合作。2012年，中

① 孙锐：《以更加开放的视野集聚海外人才》，《学习时报》2017年8月14日。

央人才工作协调小组批准将粤港澳人才合作示范区列为全国人才管理改革试验区。近年来，粤港澳人才合作示范区深入开展跨国跨境人才交流合作，在港澳及海外人才来往便利、个税补贴、执业资格认可、创新创业等方面先行先试，取得明显成效。其中，广州南沙重奖高端领军人才和重点发展领域急需人才，实施高端人才卡服务制度，建立海外联合博士后工作站；深圳前海对认定的重点产业境外高层次及紧缺人才个人所得税超过15%部分给予补贴，先后引进香港十多类专业人士执业从业；珠海横琴实施港澳居民个税差额补贴办法，推动珠海－澳门旅游职业资质互认，出台特殊人才奖励办法。粤港澳人才合作示范区建设有力地促进了粤港澳人才深度合作，进一步增强了粤港澳世界级城市群国际竞争力。

在国家级人才改革试验区的示范带动下，上海张江、天津滨海、重庆两江、江苏苏南、安徽合芜蚌、福建平潭、山东济莱、吉林长春、武汉东湖、苏州新加坡园区、包头稀土高新区等一大批地方人才改革试验区建设如火如荼。从建设类型上看，当前人才改革试验区可以划分为园区型、基地型、区域型和行业产业型四种类型；从区域分布上覆盖几乎所有东部地区和大部分中西部地区。调研表明，国家和地方人才改革试验区聚焦于引进、使用和激励海内外高层次人才创新创业，在出入境便利化、长期居留、资质互认、创业金融、股权激励、税收优惠、生活保障等方面采取了一系列突破性措施，为人才优先发展提供了特别支撑。目前，一个以点带面，推动人才体制机制点上突破、面上推广的崭新局面正在形成。作为人才体制机制改革的窗口和试验田，人才改革试验区发挥了重要的先行先试和引领示范作用。

二　我国人才体制机制创新和政策实施的总体成效和经验

总结十八大以来我国人才优先发展战略的贯彻实施情况，可以看到我国人才体制机制相关改革强力启动，各项配套政策和措施相关有序落实。总的来看，目前，十大人才政策72个政策点基本上均已经出台具体文件或举措，大部分中长期任务超前谋划，稳步推进。其中，促进人才投资优先保证的财税金融政策、人才创业扶持政策、更加开放的人才政策实施，实现整体工作突破或取得重大工作进展；引导人才向农村基层和艰苦边远地区流动政策，有利于科技人员潜心研究和创新政策，推进党政人才、企业经营管理人才、专业技术人才合理流动，知识产权保护政策，产学研合作培养创新人才政策以及促进人才发展的公共服务政策实施，主要任务完成情况良好或取得重要点上突破；鼓励非公有制经济组织、新社会组织人才发展政策正在推动实施。当前，国家层面、系统层面和地方层面的全国人才政策体系基本形成，除个别工作外，总体任务进展良好，符合预期，基本实现了“时间过半、完成任务过半”。

同时，人才体制机制创新超出预期。目前，人才体制机制创新推动工作整体进程超过预期，特别是中央出台《关于深化人才发展体制机制改革的意见》，提出了一系列历史性创新举措，产生了新一波政策释放和活力激发效应。其中，完善党管人才领导体制取得显著成效，人才工作科学化水平明显提升；改进人才管理方式取得了重要进展；人才评价、选拔、任用、流动和激励机制中的职称制度改革、机关事业单位工作人员养老保险制度改革和人才创新创业激励工作实现重大突破，人才体制机制深水区改革已经破题，人才优先发展正步入常态化、应需化、精细化新轨道。总体来看，人才体制机制创新工作呈现四个方面的显著成效。

首先，人才优先发展的社会共识基本形成，人才优先发展的战略布局基本确立，人才优先发展的引领作用日益显现，人才优先发展的基本规律得到遵循。总结十八大以来我国人才工作推动的基本经验，坚持党管人才原则。党管人才既是党执政兴国的政治安排，也是推动人才工作发展的重要政治保障和组织保证。党管人才有利于充分发挥中国共产党作为执政党在推动人才工作中的集聚力、协调力和感召力。当前，我国人才强国战略的推动迈上历史发展的新平台，与坚持党管人才原则密不可分。历史经验证明，坚持党管人才是我国推动人才发展的一项核心制度优势，它有助于保障我国人才工作沿着正确的政治方向、路线和方针持续推进，形成“聚天下英才而用之”的有力组织体系。

其次，把住制度创新的抓手。制度具有管基础、管根本、管长远的作用。要将制度建设摆在推进人才工作的基础性位置，充分发挥制度建设的牵引作用，聚焦人才发展体制机制中的重点难点问题，切实转变政府职能、简政放权，破除束缚人才发展的刚性、柔性约束，持续推进人才制度的精准创新、系统创新、协同创新，构建科学规范、开放包容、运行高效的人才发展治理体系，进一步释放、挖掘人才创新创造活力，形成新一轮人才发展红利。

再次，尊重市场和人才规律。推动人才体制机制改革和政策创新必须遵循社会主义市场经济规律和人才成长规律。人才成长发展，离不开外部条件，要有市场驱动、市场激励和市场标准。同时，市场作用发挥也要遵循人才成长法则，不能拔苗助长、指鹿为马、“一切向钱看”。不按照市场经济规律引人、惠人、重人，推动人才发展，集聚的就不是“天下英才”；不按照人才成长规律育人、选人和用人，也出不来符合创新驱动需要的时代英才。“人才强国”只有在遵循竞争法则中创造性地开展工作才能实现。

最后，秉持开放包容的理念。一个国家对外开放，首要的是推进人的对外开放，特别是人才的对外开放。“聚天下英才而用之”就是要我们以宽阔的胸怀、容人的雅量、自信的精神，敞开大门，广揽四方之才，广揽国际英才。这需要进一步健全人才领导体制和人才管理机制，把各方面的优秀人才集聚到党和国家事业中来，各展所长，建功立业。只有做到“尚贤不论国别”“唯才不避亲疏”，才是在实现中华民族伟大复兴“中国梦”征程中应持有的大国心态。

三　进一步贯彻落实人才规划的努力方向

人才发展规划实施六年来，全国上下落实有力，成效明显，人才工作和人才发展对经济社会发展的贡献作用明显增强。但同时，我们也要积极重视其中存在一些问题和不足，例如，政策落实缺乏统筹协调，使骨干人才普遍获益的普惠性政策不足；人才工作中市场的决定性作用发挥不足；“聚天下英才”的政策支撑体系不够健全；事业单位人员管理僵化问题没有彻底突破，人才工作法治建设滞后于工作需求，人才体制机制改革还需更大力度持续推进，人才规划实施工作需要进一步加强。

党的十八大以来，总书记对人才工作做出的重要指示和批示达到 120 余次。总书记系列重要讲话以实现中华民族伟大复兴中国梦为牵引，提出了“构建具有全球竞争力的人才制度体系”的总体目标，指明了“聚天下英才而用之”的路径选择，强调了坚持“党管人才”基本原则，遵循社会主义市场经济规律和人才成长规律“两个基本规律”的方法论，明确了推动人才体制机制改革的工作基点，以及激励科技人才创新创业，以更大力度吸引海外人才，突出“高精尖缺”导向等一系列战略实施风向标，形成了一个思想深刻、布局清晰、体系完整、叙述明确、互为支撑的国家人才战略有机体系，为未来一段时间人才工作推动提供了核心构架，为进一步做好人才工作提供了根本遵循。

改革开放近40年来，我国人才工作和人才队伍建设取得了巨大成就。但总体上，我们在形成一套完善、成熟支撑“聚天下英才而用之”的人才配套体系方面还要付出更多努力。总书记的讲话直指人才与人才工作的核心问题，把改革的事业和人才的渴求结合起来，是理解人才、研究人才、为人才服务的关键和起点。贯彻落实总书记对人才工作的指示精神，就要切实解决人才工作在一些地方和部门挂不上号、摆不上位的问题，人才工作方向不明、路径不清的问题，思想保守、裹足不前的问题，以及政府大包大揽、跨界越位的问题，大力扭转在经济发展和相关投入中“重物轻人”“人物倒置”的倾向，真正将人才摆在第一资源的位置，确立人才在国家创新驱动发展中占据的核心地位，通过大力健全人才领导体制和工作运行机制，把各方面优秀人才集聚到党和国家事业中来，为实现中华民族伟大复兴中国梦贡献才智。

2017年是十九大召开之年，是承上启下的重要历史节点。下一步，推动重点人才政策与体制机制改革的有效实施和落实，首先，要坚持“高端引领”，下大力气引育一批真正能够引领科技创新和产业竞争的世界级一流人才，充分发挥现有人才工作基础和“党管人才”体制优势，畅通从人才强、科技强、产业强到经济强、社会强、国家强的发展通道和创新链条，助力早日实现国家发展动力提升和转换。

其次，要坚持制度创新，突出在改革中释放制度创新红利，在开放中激发改革新动力，在创新中打造发展新引擎。围绕“放权”和“搞活”，矢志不渝推进人才制度持续创新，进一步破除深层次人才发展体制机制障碍，加快形成具有国际竞争力的人才制度优势。

再次，要坚持市场导向，突出市场发现、市场评价和市场认可的机制作用，以市场化方法推动体制内外人才工作，以市场化手段实现“党管人才”工作创新。围绕人才集聚、培养、流动、评价、激励等重点环节，加快转变政府人才管理职能，不断推进人才工作的优化升级和人才管理的法治化进程。

最后，要坚持国际发展，以有世界影响力的科创中心和国家级人才管理改革试验区建设为引领，围绕服务“一带一路”、长江经济带等国家重点发展战略，对标国际，放眼全球，高质发展，深化国际人才开放和竞争合作，全面提升我国人才发展的国际化水平，增强我国人才队伍的国际竞争力、辐射力、影响力。

未来一段时间，推动人才工作创新发展要围绕构建现代人才发展治理体系，大力推动人才体制机制各项改革任务有力落实，提升各项改革措施操作性和配套性，以打通政策落地“最后一公里”；着力创新“党管人才”工作方式，将行业、领域人才队伍建设列入相关职能部门“三定”方案，完善人才投入机制，将人才相关投入列入领导干部相关考核指标体系；加快推进高校院所和卫生文化事业单位管理改革，进一步扩大事业单位在用人管理方面的自主权；着力破解各类人才流动难题，最大限度地降低人才横向和纵向流入门槛；最大限度地支持人才创新创业，建立更积极、开放、有效的海外人才吸引制度，全面提升人才政策的开放度、包容度，努力构建既具有中国特色又凸显国际竞争优势的人才制度体系。

B.6
区域人才发展政策基本状况及展望

刘霞　刘洋*

摘　要：　2010～2016年，我国东部、中部、西部、东北四大区域出台了大量人才政策和“人才计划”或“工程”，在人才体制机制改革方面展现出不同的特点。目前，四大区域在人才体制机制改革上仍普遍面临一些亟须解决的问题。为进一步落实意见精神，在关键环节、关键领域取得突破，需要四大区域进一步简政放权、落实单位自主用人权，将各项改革政策真抓实做，落实到位。

关键词：　人才政策　区域人才　政策比较

2016年3月21日，中共中央印发了《关于深化人才发展体制机制改革的意见》（以下简称《意见》），强调各地区各部门要结合实际，采取有力措施，把《意见》的各项任务落到实处。为此，我们以东部、中部、西部、东北四大区域①为分析比较单元，将2010～2016年出台的人才政策、人才计划或人才工程，作为区域人才发展政策分析比较的主要研究基础②，并比照《意见》的

---

* 刘霞，中国人事科学研究院人才战略与政策研究室主任，研究员；刘洋，博士，中国人事科学研究院助理研究员。

① 国家统计局根据《中共中央、国务院关于促进中部地区崛起的若干意见》《国务院发布关于西部大开发若干政策措施的实施意见》以及党的十六大报告的精神，将我国的经济区域划分为东部、中部、西部和东北四大地区，本报告中采用该种区域划分方法。

② 这样确定的理由有二，一是时间节点的考虑。2010年为《国家中长期人才发展规划纲要（2010～2020年）》（简称《中长期人才规划》）颁布实施的时间起点。二是政策综合性的考虑。“发展政策”丰富，任何单项类的政策不足以反映其全貌，因此，各地方人才政策、各地“十三五”规划中的“人才工程”或“人才计划”等，都纳入分析对象，这样可以较为全面地反映各区域人才发展政策的基本概貌。

七大体制机制具体要求，分析当前各区域人才发展政策，从中考察和发现新情况新问题，提出进一步落实《意见》精神，深化改革的意见和建议。

一　不同区域人才发展政策的基本情况

（一）东部地区人才发展政策

东部地区包含7省3市，分别为北京市、天津市、河北省、上海市、江苏省、浙江省、福建省、山东省、广东省和海南省。

1. 东部地区人才政策文件出台情况

自《国家中长期人才发展规划纲要（2010～2020年）》（以下简称《中长期人才规划》）颁布实施以来，东部地区出台了大量人才政策。在人才管理体制改革方面，上海市于2015年出台了《关于深化人才工作体制机制改革促进人才创新创业的实施意见》（上海“20条”），提出应从推动“双自联动”建设人才改革试验区、改革科技成果转化制度、加大科研人员股权激励力度、加大科研工作绩效激励力度、完善科研人才双向流动制度、构建创新型人才培养模式、改革人才评价制度等方面入手，建立更加灵活的人才管理机制。在人才培养支持机制方面，福建省于2016年3月出台了五份与人才相关的文件，如《福建省工科类青年专业人才支持暂行办法》《福建省人才兴企促进计划》等，培养支持青年人才脱颖而出。此外，福建省还于2015年出台了《关于加强中国（福建）自由贸易试验区人才工作的十四条措施》（闽委人才〔2015〕4号），试行企业首席科技官岗位配额制，推进企业设立首席科技官岗位，培养支持企业科技人才。在人才评价机制方面，广东省于2015年出台了《关于进一步改革科技人员职称评价的若干意见》（粤人社规〔2015〕4号），提出科技人员职称评价的十四条建议，如健全职称评审分类评价机制、贯通专技人才与技能人才职业发展通道等。在人才创新创业激励机制方面，江苏省南京市于2012年出台了《深化南京国家科技体制综合改革试点城市建设打造中国人才与创业创新名城若干政策措施实施细则（试行）》（宁委办发〔2012〕54号，简称“科技九条”），激励各高校、科研院所和国有企事业单位鼓励科技人员创业，3年内保留其原有身份和职称，对职务转化成果以技术方式和自主创业

方式转化的，均给予相应的奖励。在引才用才机制方面，北京市创新发展 20 项出入境政策，主要服务在北京创新创业的外籍高层次人才、外籍华人、创业团队外籍成员和外籍青年学生四大类外籍人才，着重破解制约吸引和聚集外籍人才的政策瓶颈，构建具有国际竞争力的引才用才机制。河北省于 2012 年发布了了《关于建立实施紧缺专门人才需求动态目录管理制度的通知》，根据实际需求引才用才。

自《意见》实施以来，东部地区 7 省 3 市为贯彻并落实文件精神，均制定了人才体制机制改革意见。如北京市委出台了《关于深化首都人才发展体制机制改革的实施意见》；天津市出台了《关于深化人才发展体制机制改革的实施意见》；河北省委省政府出台了《关于深化人才发展体制机制改革的实施意见》；上海市委市政府出台了《关于进一步深化人才发展体制机制改革加快推进具有全球影响力的科技创新中心建设的实施意见》（上海新政“30 条”）；江苏省出台了《关于聚力创新深化改革打造具有国际竞争力人力发展环境的意见》和“十三五”人才发展规划，浙江省出台了《中共浙江省委省人民政府关于深化人才发展体制机制改革支持人才创业创新的意见》；福建省委印发《关于深化人才发展体制机制改革的实施意见》；山东省出台了《关于深化人才发展体制机制改革的实施意见》；海南省出台了《关于深化人才发展体制机制改革的实施意见》（琼发〔2017〕11 号）；深圳市出台了《关于促进人才优先发展的若干举措》。广东省虽然相对较晚（2017 年 1 月），出台了《关于我省深化人才发展体制机制改革的实施意见》（粤发〔2017〕1 号），但其在人才体制机制改革方面已走在改革前列，如 2015 年广东省出台了《关于深化高校科研体制机制改革的实施意见》和《关于进一步改革科技人员职称评价的若干意见》等。“十三五”期间，东部地区人才发展的举措将主要集中在创新人才培养和人才使用机制、科技人才评价和激励机制、推行紧缺专门人才动态目录制度①、加强区域专业技术人才制度衔接、健全跨区域人才流动机制、完善人才绿卡及人才居住证制度、构建人才管理服务机制、争取国家支持开展技术移民制度试点等方面（见表 1）。

---

① 2012 年河北省委组织部出台《关于建立实施紧缺专门人才需求动态目录管理制度的通知》，河北省“十三五”规划提出，建立与经济社会发展相适应的人才需求预测和调整机制，推行紧缺专门人才动态目录制度，大力引进急需紧缺人才。

表 1　东部地区主要人才政策一览

省(市)	2010 年以来出台的主要人才政策
北京市	2011 年:《关于中关村国家自主创新示范区建设人才加快建设中关村人才特区行动计划(2011~2015)》(京发〔2011〕8 号) 2015 年:《中关村高端领军人才聚集工程实施细则》(中科园发〔2015〕3 号) 2016 年 2 月:北京创新发展 20 条出入境政策 2016 年 3 月:《中关村外籍高层次人才认定标准》《中关村创业团队外籍成员和中关村企业选聘的外籍技术人才认定标准》《中关村创新创业外籍华人服务工作规范》《北京市外籍高层次人才认定标准和北京科技创新主管部门认可企业标准》 《意见》颁布后: 2016 年 6 月:《关于深化首都人才发展体制机制改革的实施意见》
天津市	2015 年 12 月:《关于深入推进滨海新区人才体制机制改革创新的若干意见》 《意见》颁布后: 2017 年 1 月:《关于深化人才发展体制机制改革的实施意见》
河北省	2011 年:《关于实施高层次创新创业人才开发“巨人计划”的意见》(冀办发〔2011〕41 号) 《意见》颁布后: 2016 年 7 月:河北省政府出台《关于深化人才发展体制机制改革的实施意见》
上海市	2015 年 5 月:《关于加快建设具有全球影响力的科技创新中心的意见》 《关于深化人才工作体制机制改革促进人才创新创业的实施意见》(上海“20 条”) 《关于服务具有全球影响力的科技创新中心建设实施更加开放的国内人才引进政策的实施办法》 2015 年 6 月:公安部支持上海科创中心建设的系列出入境政策措施 2015 年 7 月 31 日:《上海市海外人才居住证管理办法实施细则》 2016 年:《上海浦江人才计划管理办法(2016)》 2016 年 1 月:《关于完善本市科技创新领域专业技术职称评聘工作的实施细则》 《意见》颁布后: 2016 年 9 月:《关于进一步深化人才发展体制机制改革加快推进具有全球影响力的科技创新中心建设的实施意见》(上海新政“30 条”)
江苏省	2012 年:《深化南京国家科技体制综合改革试点城市建设 打造中国人才与创业创新名城的若干政策措施》(宁委发〔2012〕9 号) 2015 年:《关于“创业南京”人才计划的实施意见》(宁委发〔2015〕45 号) 《意见》颁布后: 2016 年 7 月:《江苏“十三五”人才发展规划》;9 月:《扬州“十三五”人才发展规划》《徐州“十三五”人才发展规划》 苏州市 8 月:《深化人才政策创新和体制机制改革　进一步促进人才优先发展的若干措施》草案 常州市 8 月:《关于支持企业加强人才队伍建设的若干政策意见》 2017 年 1 月:《关于聚力创新深化改革打造具有国际竞争力人才发展环境的意见》
浙江省	2012 年:《宁波市入选 3315 计划高端创业创新团队管理暂行办法》(甬科计〔2012〕108 号) 《意见》颁布后: 2016 年 7 月:《中共浙江省委浙江省人民政府关于深化人才发展体制机制改革支持人才创业创新的意见》

续表

省(市)	2010年以来出台的主要人才政策
福建省	2013年:《福建省"海纳百川"高端人才聚集计划(2013~2017年)》(闽委办发〔2013〕3号) 2015年7月:《关于加强中国(福建)自贸试验区人才工作的十四条措施》 2016年3月10日:《福建省引进高层次人才推介奖励实施细则(试行)》《福建省特殊支持高层次人才管理暂行办法》《福建省工科类青年专业人才支持暂行办法》《福建省人才兴企促进计划》《2016年度各设区市、平潭综合实验区人才工作目标责任制考核实施办法》 《意见》颁布后: 2016年4月:《福建省"十三五"人力资源和社会保障事业发展专项规划》 2016年9月:《福建省人民政府关于促进高校科技创新能力提升的若干意见》 2016年9月:《福建省人民政府办公厅关于鼓励社会资本建设和发展新型研发机构若干措施的通知》 2016年9月:《关于深化人才发展体制机制改革的实施意见》
山东省	2014年:《泰山学者攀登计划实施细则》、《泰山学者特聘专家计划实施细则》、《泰山学者青年专家计划实施细则》(2014) 2015年:《山东省引进高层次高技能人才服务绿色通道规定(试行)》(2015) 《意见》颁布后: 2016年7月:《中共山东省委印发关于深化人才发展体制机制改革的实施意见》 2016年9月:《潍坊市出台支持高新技术企业发展财税政策》
广东省	2014年:《广东省培养高层次人才特殊支持计划》(2014) 2015年11月:《广东省人民政府办公厅关于深化高校科研体制机制改革的实施意见》 2015年8月:《关于进一步改革科技人员职称评价的若干意见》 《意见》颁布后: 广州:2016年3月《中共广州市委广州市人民政府关于加快集聚产业领军人才的意见》《羊城创新创业领军人才支持计划实施办法》 2016年6月:《关于全面深化事业单位人事制度改革的指导意见》 深圳:2016年3月:《关于促进人才优先发展的若干措施》(深圳"20条81项") 2017年1月:中共广东省委印发《关于我省深化人才发展体制机制改革的实施意见》(粤发〔2017〕1号)
海南省	《海南省柔性引进人才暂行办法》(琼办发〔2014〕34号) 《意见》颁布后: 《关于深化人才发展体制机制改革的实施意见》(琼发〔2017〕11号)

2. 东部地区"十三五"期间的"人才计划"或"人才工程"

"十三五"期间,东部地区在继续实施国家"千人计划""万人计划""新世纪百千万工程"的基础上,将根据各地特点实施各项人才计划或工程。东部各地"人才计划"或"人才工程"多侧重于培养、吸引、集聚高端人才、顶尖人才方面,增强人才政策的国际竞争力。如北京市的"高创计划”“海聚工程”，浙江省的“院士智力集聚工程”、“151”及各领域高层次人才培育工程，福建省的“高端人才聚集工程”“闽台人才交流合作工程”，山东省的“泰山学者工程”“特聘专家计划”“攀登计划”，广东省的“珠江人才计划”等（见表2）。

表2　东部地区“人才计划”或“人才工程”一览

省(市)	“十三五”时期将实施的“人才计划”或“人才工程”
北京市	“高创计划”“海聚工程”
天津市	“千人计划”“长江学者”“千企万人”“131 创新型人才培养工程”“博士后创新人才培养计划”“百万技能人才培训福利计划”
河北省	“巨人计划”“科技英才‘双百双千’推进工程”“燕赵学者计划”“三三三人才工程”“百人计划”“青年人才拔尖计划”“杰出青年科学基金计划”
上海市	加强全市重大人才计划设计*
江苏省	“苏北科技与人才支撑工程”“十项海内外引才行动计划”，实施重点人才工程计划
浙江省	“千人计划”“高层次人才特殊支持计划”“院士智力集聚工程”“领军型创新创业团队引进培育计划”，推进“151”及各领域高层次人才培育工程，名企、名家、名品“三名”工程和企业经营管理人才素质提升计划，“百校千企”和“千企千师”培养工程，“325”卫生高层次人才工程，“百千万”医学人才服务基层计划和住院医师规范化培训示范提升计划，“五个一批”人才工程和文化名家造就计划
福建省	“高端人才聚集工程”“人才兴企工程”“闽台人才交流合作工程”“自贸试验区人才建设工程”
山东省	“泰山学者工程”，构建“攀登计划”“特聘专家计划”“青年专家计划”“泰山学者优势特色学科人才团队支持计划”“泰山产业领军人才工程”
广东省	“珠江人才计划”“杨帆计划”，广东“特支计划”
海南省	“特贴专家”“省优专家”“百千万人才工程”“515 人才工程”“文化体育领军人才工程”

*上海“十三五”规划中未提到“人才工程”与“人才计划”的具体名称，但目前上海仍在推进的“人才计划”有中央和本市“千人计划”、“海外高层次人才集聚工程”、“雏鹰归巢”计划、“外专千人计划”、“浦江人才计划”等。

资料来源：各地方“人才计划”或“人才工程”名称均来源于各地方“十三五”规划。

（二）中部地区人才发展政策

中部地区包含6个省份，分别为山西省、安徽省、江西省、河南省、湖北省和湖南省。

1. 中部地区人才政策文件出台情况

自《中长期人才规划》颁布实施以来，中部地区出台的人才相关政策主要集中在以下两个方面。在人才培养支持机制方面，安徽省出台了《安徽省创新创业领军人才特殊支持计划》（组通字〔2014〕35 号）；河南省郑州市出台了《郑州市引进培育创新创业领军人才（团队）“智汇郑州·1125 聚才计划”实施办法（暂行）》（郑办〔2015〕18 号）；湖北省出台了《湖北省高端人才引领培养计划实施方案》（2011）。在引才用才机制方面，江西省出台了《江西省引进高端外国专家和急需紧缺海外工程师暂行办法》（赣才办字〔2015〕14 号）、《江西省高层次人才引进实施办法》（赣才办字〔2015〕16 号）；河南省出台了《河南省高层次科技人才引进工程实施方案》（2015）；湖南省长沙市出台了《长沙市引进紧缺急需和战略型人才计划》（2014）。

自《意见》实施以来，中部地区为贯彻文件精神，6 省份均出台了深化人才发展体制机制改革的实施意见。湖北省出台了《关于深化人才发展体制机制改革促进人才创新创业的实施意见》；河南省人才工作领导小组召开会议，强调深入推进人才发展体制机制改革，审议《河南省人才工作领导小组 2016 年工作要点》；等等。“十三五”期间，中部地区人才发展的举措将主要集中在加大人才团队引进、探索人才管理改革试验区人才体制机制创新、健全人才创新创业激励政策、加大技能型人才培养、加强人才公共服务体系建设等方面（见表 3）。

表 3　中部地区主要人才政策一览

省份名称	2010 年以来出台的主要人才政策
山西省	2014 年:《关于做好山西省青年拔尖人才申报工作的通知》(晋组通字〔2014〕56 号) 《意见》颁布后: 2017 年 3 月:山西省委印发《关于深化人才发展体制机制改革的实施意见》
安徽省	2014 年:《安徽省创新创业领军人才特殊支持计划》(组通字〔2014〕35 号) 《意见》颁布后: 2017 年 3 月:安徽省委印发《关于深化人才发展体制机制改革的实施意见》
江西省	2015 年:《江西省引进高端外国专家和急需紧缺海外工程师暂行办法》(赣才办字〔2015〕14 号) 2015 年:《江西省高层次人才引进实施办法》(赣才办字〔2015〕16 号) 《意见》颁布后: 2017 年 2 月:《中共江西省委关于深化人才发展体制机制改革的实施意见》

续表

省份名称	2010 年以来出台的主要人才政策
河南省	2015 年:《河南省高层次科技人才引进工程实施方案》(2015) 2015 年:《郑州市引进培育创新创业领军人才(团队)“智汇郑州 · 1125 聚才计划”实施办法(暂行)》(郑办〔2015〕18 号) 《意见》颁布后: 2016 年 5 月:《郑洛新国家自主创新示范区建设实施方案》 2016 年 6 月:《关于大力推进大众创业万众创新的实施意见》 2017 年 4 月:《关于深化人才发展体制机制改革加快人才强省建设的实施意见》
湖北省	2011 年:《湖北省高端人才引领培养计划实施方案》(2011) 《意见》颁布后: 2016 年 7 月:湖北省委办公厅　湖北省政府办公厅《关于深化人才发展体制机制改革促进人才创新创业的实施意见》
湖南省	《长沙市引进紧缺急需和战略型人才计划》(2014) 《意见》颁布后: 2017 年 4 月:中共湖南省委印发《关于深化人才发展体制机制改革的实施意见》的通知

2. 中部地区“十三五”期间的“人才计划”或“人才工程”

“十三五”期间，中部地区在继续实施国家“千人计划”“万人计划”“新世纪百千万工程”的基础上，着重将“人才计划”或“人才工程”与各省的产业、科技发展密切融合。如安徽省的“115”产业创新团队建设工程；山西省的“科技创新团队建设工程”；河南省的“全民技能振兴工程”；湖北省的“金蓝领”开发工程等（见表 4）。

表 4　中部地区“人才计划”或“人才工程”一览

省份名称	“十三五”时期将实施的“人才计划”或“人才工程”
山西省	“千人计划”“万人计划”“百人计划”“三晋学者计划”“科技创新团队建设工程”
安徽省	“百人计划”“外专百人计划”“创新创业领军人才特殊支持计划”“江淮英才工程”和“卓越人才培养工程”,“115”产业创新团队建设工程,高层次科技人才团队,省属企业 538 英才选拔培养项目,优秀企业家培育项目(分类制定“领军型企业家”“成长型知名企业家”“创业型企业家”等专项培养计划)
江西省	“赣鄱英才 555 工程”“院士后备人才培养计划”“百千万人才工程”“科学家工作室计划”“院士后备人才培养计划”,主要学科学术和技术带头人培养计划,青年科学家培养计划和优势科技创新团队等各类创新人才计划,卫生人才“125”工程,科技创新领军人才队伍建设工程,优秀企业家队伍建设工程,优秀高层次人才培养引进工程,高技能人才队伍建设工程。

续表

省份名称	“十三五”时期将实施的“人才计划”或“人才工程”
河南省	“全民技能振兴工程”“高层次领军人才队伍建设工程”“海外高层次人才引智工程”
湖北省	“千名创新人才计划”“万名创业人才计划”,引进“海外高层次人才百人计划”,“123”企业家培育计划,“金蓝领”开发工程,服务业“五个一百”工程,文化人才培养工程“七个一百”项目
湖南省	科学家和科技领军人才培养工程,“海外高层次人才百人计划”,海外高层次创新创业人才及其团队,“企业家培养工程”“专业技术人才培养工程”“党政人才培养工程”“基层人才培养工程”“青年人才培养计划”,实施“湖湘青年英才支持计划”

资料来源：各地方“人才计划”或“人才工程”名称均来源于各地方“十三五”规划。

（三）西部地区人才发展政策

西部地区包含5个自治区6省1市，分别为内蒙古自治区、广西壮族自治区、宁夏回族自治区、新疆维吾尔自治区、西藏自治区、四川省、贵州省、云南省、陕西省、甘肃省、青海省、重庆市。

1. 西部地区人才政策文件出台情况

自《中长期人才规划》颁布实施以来，西部地区出台的人才相关政策主要集中在以下几个方面。在人才管理体制改革方面，云南省于2014年出台《中共云南省委云南省人民政府关于创新体制机制加强人才工作的意见》（云发〔2014〕1号），指出，从强化重点人才培养、引进急需紧缺人才、创新人才激励政策、引导人才合理流动、改革人才评价机制、改善高层次人才待遇、提升人才服务水平7个方面创新人才体制机制。在人才创新创业激励机制方面，广西壮族自治区出台了《关于进一步激励科技人员创新创业的若干规定》（桂政办发〔2012〕283号）；重庆市于2015年出台了《重庆科研项目管理办法（试行）》《重庆市科技计划项目资金管理办法（试行）》。在引才用才机制方面，贵州省出台了《贵州省高层次人才引进绿色通道实施办法》（黔人领发〔2013〕5号）；西藏自治区出台了《西藏自治区高层次人才引进办法（试行）》（2015）；甘肃省出台了《甘肃省人民政府关于支持兰州新区引进高层次人才政策的意见》（甘政发〔2014〕28号）。在人才优先发展保障机制方面，宁夏回族自治区于2014年出台了《关于创新体制机制促进人才与经济社会协调发展的若干意见》（宁党发〔2014〕53号），提出通过五大体制机制创新激发人才创造活力：健全创新创业的人才使用机制、构建科学公正的人才评价机制、建立注重品德能力和业绩贡献的职称评审机制、建立合理顺畅的人才流动机制、健全活力迸发的人才激励机制。

自《意见》实施以来，西部地区为贯彻文件精神，除西藏自治区外，其他4个自治区、6个省、1个市均出台了深化人才发展体制机制改革方面的实施意见。例如，四川省出台了《关于深化人才发展体制机制改革 促进全面创新改革驱动转型发展的实施意见》；云南省出台了《云南省关于深化人才发展体制机制改革实施意见》；青海省出台了《青海省关于深化人才发展体制机制改革的实施意见》等。"十三五"期间，西部地区人才发展的举措将主要集中在重视少数民族人才的培养和使用；完善人才选拔、引进、培养、评价和流动等机制；健全人才向基层、贫困地区流动和在一线创业的政策体系；探索特色地域人才支持政策；以人才特区、人才管理改革试验区为政策突破口创新人才体制机制等方面（见表5）。

表5 西部地区人才政策一览

省(区、市)名称	2010年以来出台的主要人才政策
内蒙古自治区	2012年:《关于建设呼包鄂"草原硅谷"的意见(试行)》(内人才字〔2012〕4号) 2016年2月:《2016年全区职称工作安排意见》 《意见》颁布后: 2016年5月:《关于全面做好居住证制度实施工作的意见》 2016年7月:《"创业内蒙古"行动计划(2016~2020年)》 2017年6月:内蒙古自治区党委印发《关于深化人才发展体制机制改革的实施意见》的通知
广西壮族自治区	2012年:《关于进一步激励科技人员创新创业的若干规定》(桂政办发〔2012〕283号) 《意见》颁布后. 2016年11月:《广西关于深化人才发展体制机制改革的实施意见》
重庆市	2015年:《重庆科研项目管理办法(试行)》《重庆市科技计划项目资金管理办法(试行)》 《意见》颁布后: 2017年3月:《关于深化人才发展体制机制改革促进人才创新创业的实施意见》
四川省	2016年:《"天府高端引智计划"实施办法》(2016) 《意见》颁布后: 2016年3月:《关于深化人才发展体制机制改革 促进全面创新改革驱动转型发展的实施意见》

续表

省(区、市)名称	2010年以来出台的主要人才政策
贵州省	2013年:《贵州省高层次人才引进绿色通道实施办法》(黔人领发〔2013〕5号) 《意见》颁布后: 2017年3月:《关于深化人才发展体制机制改革推进守底线走新路奔小康的实施意见》
云南省	2014年:《中共云南省委云南省人民政府关于创新体制机制加强人才工作的意见》(云发〔2014〕1号) 《意见》颁布后: 2016年8月:《云南省关于深化人才发展体制机制改革实施意见》
西藏自治区	2015年:《西藏自治区高层次人才引进办法(试行)》(2015)
陕西省	2011年:《关于加强高层次创新创业人才队伍建设的意见》(陕发〔2011〕15号) 《意见》颁布后: 2017年4月:《中共陕西省委关于深化人才发展体制机制改革的实施意见》
甘肃省	2014年:《甘肃省人民政府关于支持兰州新区引进高层次人才政策的意见》(甘政发〔2014〕28号) 《意见》颁布后: 2016年12月:《中共甘肃省委关于深化人才发展体制机制改革的实施意见》
青海省	《意见》颁布后: 2016年9月:《青海省关于深化人才发展体制机制改革的实施意见》
宁夏回族自治区	2014年:《关于创新体制机制促进人才与经济社会协调发展的若干意见》(宁党发〔2014〕53号) 《意见》颁布后: 2017年1月:《关于深化人才发展体制机制改革若干问题的实施意见》
新疆维吾尔自治区	2013年:《自治区天山英才工程实施方案》(2013) 《意见》颁布后: 2016年10月:《关于激发科研机构和科研人员创新活力促进科技成果转化的若干政策》《百名青年博士引进计划实施办法》《关于加快自治区人才管理改革试验区建设的指导意见》

2. 西部地区“十三五”期间的“人才计划”或“人才工程”

“十三五”期间，西部地区开展的“人才计划”和“人才工程”充分体现西部地域和民族特色，如内蒙古自治区的“草原英才计划”；广西壮族自治区的“八桂学者计划”；重庆市的“五大功能区域人才发展”等人才计划；四川省的“天府高端引智计划”和“巴蜀文化名家培养工程”；云南省的“云岭学者”“云岭产业技术领军人才”“云岭教学名师”等工程；西藏自治区的“雪域英才工程”“西部之光”“西藏特培计划”等；新疆维吾尔自治区的对口支援兵团人才培养等重大人才工程（见表6）。

表6 西部地区“人才计划”或“人才工程”一览

省(区、市)名称	“十三五”时期将实施的“人才计划”或“人才工程”
内蒙古自治区	“千百人计划”“草原英才计划”“高技能人才振兴计划”
广西壮族自治区	院士后备人选培养、人才小高地提升、博士后培养、八桂学者、特聘专家、北部湾重大人才、高端外国专家，住院医师规范化培训和紧缺卫生专业人才培养工程
重庆市	“百人计划”“特支计划”“两江学者”“五大功能区域人才发展”等人才计划，“互联网+人才聚集”人才专项，“人才强卫”工程
四川省	“千人计划”“天府高端引智计划”“巴蜀文化名家培养工程”
贵州省	“高层次创新人才培养工程”“企业家培养工程”“党政人才素质提升工程”
云南省	“十百千万”“高层次人才培养工程”“云岭学者”“云岭产业技术领军人才”“云岭教学名师”“云岭名医和云岭文化名家”“高层次创新人才培养工程”“产业建设人才培养工程”“社会事业人才培养工程”“青年人才培养工程”“人力资源服务产业工程”“海外高层次人才引进工程”
西藏自治区	“雪域英才工程”“西部之光”“西藏特培计划”“高校毕业生基层培养计划”“专业技术人才知识更新工程”“现代农业人才支撑计划”“高素质教育人才培养工程”“全民健康卫生人才保障工程”“干部科学发展主题培训行动计划”文化名家暨“五个一批”人才培养工程，“企业经营管理人才素质提升工程”“三区人才计划”“国家高技能人才振兴计划”“博士服务团计划”“高层次人才引进计划”
陕西省	创新人才培养示范基地*
甘肃省	实施领军人才、高层次人才、创新创业青年人才、精准扶贫人才等重大支撑工程，领军人才遴选计划；高层次人才引领工程；创新创业青年人才培养行动；精准扶贫人才支持计划
青海省	“青海高端创新人才千人计划”，人才“小高地”建设工程，“党政人才能力提升工程”“专业技术人才知识更新工程”“技能人才培养创新工程”“社会工作人才培养计划”
宁夏回族自治区	“领军人才培养工程”“急需紧缺人才引进工程”“青年拔尖人才培养工程”
新疆维吾尔自治区	“321”科技创新人才工程，“双五千”人才储备、对口支援兵团人才培养等重大人才工程，以及技能人才振兴、现代农业人才支撑等人才计划

*陕西省“十三五”规划中未提到具体的“人才工程”和“人才计划”，但提到推行“带项目引人才”方式，建设一批创新人才培养示范基地，目前，陕西省仍在推进的“人才计划”有中央“千人计划”和省“百人计划”等。

资料来源：各地方“人才计划”或“人才工程”名称均来源于各地方“十三五”规划。

（四）东北地区人才发展政策

东北地区包含3个省份，分别是辽宁省、吉林省和黑龙江省。

1. 东北地区人才政策文件出台情况

自《中长期人才规划》颁布实施以来，东北地区出台的人才相关政策主要集中在以下两个方面。在人才创新创业激励机制方面，黑龙江省出台了《关于建立集聚人才体制机制激励人才创新创业若干政策的意见》（2015），从六个方面提出建立集聚人才的体制机制：激发人才活力、奖励人才贡献、支持人才创业、培育人才体系、促进人才流动、营造人才环境。在引才用才机制方面，吉林省出台了《吉林省百名高层次创新创业人才引进计划实施方案》（吉人才组字〔2011〕2号）；辽宁省大连市出台《大连市支持高层次人才创新创业若干规定》（大委发〔2015〕8号）。

东北地区也对《意见》做出了积极回应，黑龙江省和吉林省在《意见》出台后，下发了贯彻落实的专门文件，辽宁省于2017年2月出台了深化人才体制机制改革的实施意见。吉林省在2016年出台了五项政策文件，《贯彻落实〈中共中央关于深化人才发展体制机制改革的意见〉任务分工方案》《关于建立吉林省“人才管理改革试验区”“人才服务县域经济发展试验区”“人才创新创业示范区”实施方案》《关于加强全省基层专业技术人才队伍建设的实施意见（试行）》《关于加强全省民营企业专业技术人才队伍建设的若干意见（试行）》《关于进一步放活事业单位人才交流的意见（试行）》。“十三五”期间，东北地区人才发展的举措将主要集中在创新人才留住使用机制、提升集聚人才能力、完善人才发展机制等方面（见表7）。

表7　东北地区人才政策一览

省份	2010年以来出台的主要人才政策
黑龙江省	2014年：《黑龙江省人民政府关于印发黑龙江省重点企业引进优秀人才扶持办法的通知》（2014） 2015年：《关于建立集聚人才体制机制激励人才创新创业若干政策的意见》（2015） 《意见》颁布后： 2016年7月：《贯彻落实〈关于深化人才发展体制机制改革的意见〉的实施意见》

续表

省份	2010 年以来出台的主要人才政策
吉林省	2011 年:《吉林省百名高层次创新创业人才引进计划实施方案》(吉人才组字〔2011〕2 号) 《意见》颁布后: 2016 年 5 月:《贯彻落实〈中共中央关于深化人才发展体制机制改革的意见〉任务分工方案》和《关于建立吉林省"人才管理改革试验区""人才服务县域经济发展试验区""人才创新创业示范区"实施方案》 2016 年 6 月:《关于加强全省基层专业技术人才队伍建设的实施意见(试行)》和《关于加强全省民营企业专业技术人才队伍建设的若干意见(试行)》 2016 年 8 月:《关于进一步放活事业单位人才交流的意见(试行)》
辽宁省	《大连市支持高层次人才创新创业若干规定》(大委发〔2015〕8 号) 《意见》颁布后: 2017 年 2 月:《关于深化人才发展体制机制改革的实施意见》

2. 东北地区"十三五"期间的"人才计划"或"人才工程"

"十三五"期间，东北地区继续开展的"人才计划"和"人才工程"主要有：黑龙江省的"龙江英才"；吉林省的各类长白山系列"人才计划"或"人才工程"，如"长白山学者""长白山技能名师"等；辽宁省的各类人才计划和人才工程主要围绕各类人才队伍建设展开，如企业经营管理人才计划、专业技术人才知识更新工程等，较为有特色的是"大中专学生和复原转业军人创业创新百千万工程"（见表 8）。

表 8　东北地区人才计划或人才工程一览

省份	"十三五"时期将实施的"人才计划"或"人才工程"
黑龙江省	"龙江英才"
吉林省	"千人计划""长白山学者""长白山技能名师""长白山中小学教学名师""高层次人才创业基地支持计划"
辽宁省	"百千万人才工程""博士后集聚工程""专业技术人才知识更新工程""高端人才引进工程""辽宁省产业振兴人才集聚工程""企业经营管理人才创新素质提升工程""留学人员回辽支持计划""万名专家服务基层行动计划""大中专学生和复员转业军人创业创新百千万工程""技能人才培养模式创新工程""引进海外研发团队工程""国家外专千人计划""省外专百人计划";推进重点项目专家引进计划;启动专业技术人才知识更新工程

资料来源：各地方"人才计划"或"人才工程"名称均来源于各地方"十三五"规划。

二　不同区域人才发展政策的特点

《意见》明确提出，到2020年，在人才发展体制机制的重要领域和关键环节上取得突破性进展，在七大体制机制上有所突破，形成与社会主义市场经济体制相适应的政策法律体系和社会环境。比照《意见》要求，目前不同区域人才发展政策呈现如下特点。

（一）不同区域人才发展政策的共同点

自2010年以来，尤其是自2015年中央出台《关于深化体制机制改革加快实施创新驱动发展战略的若干意见》（中发〔2015〕8号，以下简称8号文），和2016中央出台《意见》以来，各地在人才发展政策上呈现以下共同点。

1. 改革态度

各地均对8号文和《意见》的出台做出了积极回应，并在其文件精神和原则指导下，对人才发展体制机制创新改革做出了跟进部署，纷纷出台相关政策文件、工程计划，努力打造人才制度优势。

2. 政策制定

各地均针对七大体制机制创新改革要求提出了相关改革举措和工作部署，有的地方不仅出台了综合性改革政策文件，还出台了相关机制改革的专项性政策文件。

3. 政策创新

各地均不同程度地进行了创新探索，根据各地不同经济社会发展情况，提出了一些政策创新举措，试图在重要领域和关键环节取得突破。

4. 政策落实

各地均以“人才计划”或“人才工程”为重要抓手，积极落实各项改革政策，同时大力保障人才优先投入。

当然，各区域在经济社会发展水平上存在差异，因此，在人才发展政策的总体层面上又呈现不同的区域特点。

（二）不同区域人才发展政策的不同点

从各区域人才发展政策的内容上看，各有特色，各有侧重。

1. 东部地区先行先试，有突破

东部地区由于经济社会相对发达，反映在人才发展政策上，一是政策创新探索较多，一些政策措施已经突破了现有中央层面的政策规定；二是政策的市场性导向比较明显。在东部7省3市中，许多省市还依托自贸区、人才管理示范区等平台，推进人才体制机制改革创新，力图在重要领域关键环节实现突破。这其中比较突出是深圳、上海、广州等城市，目前已经在某些重要领域关键环节实现了政策突破。在人才管理体制改革方面，上海市在“人才新政30条”中提出：以中国（上海）自由贸易试验区、张江国家自主创新示范区为改革平台，构建灵活的用人机制，高层次人才招聘、薪酬、考核、科研管理、社会保障等制度有所突破，建立与国际规则接轨的高层次人才制度。在人才评价机制方面，深圳市提出“探索政府授权行业协（学）会、行业领军企业和新型科研机构自主认定高层次人才，并享受相应的政策待遇”。明确提出由行业协会承接技术技能人才评价改革试点，将社会化职称评定职能全面下放给具备条件的行业组织①。首次在政策层面明确将人才评价权下放给社会行业组织。上海市提出职称不作为申报科研项目和人才计划的限制性条件，并逐步与相关福利待遇脱钩。广州市提出，贯通工程技术人才与技能人才相互发展评价机制，高技能人才可申报专业技术资格，专业技术人才可申报技能类职业技能资格②。在人才创新创业激励机制方面，广州市提出，科技成果转化所得收益可按最高95%的比例划归参与研发的科技人员③。上海市提出高校科研院所科技成果转化后的净收入的70%或以上可以奖励个人和团队。在引才用才机制方面，上海市提出，优化海外人才永久居留证申办条件，取消对申请人就业单位类别和职务级别限制，放宽居住时限要求，探索从居留向永久居留的转化衔接机制。实施外国留学生毕业后直接在上海创新创业政策。广州市也提出了相同的外国留学生创新创业政策④。在人才培养支持机制方面，东部地区一个较为突出的特点是，通过大量的人才工程或计划，以及政府较高的经费资助和奖励，强化国际化、高端化人才的培养和引进。因此，从整体上看，东部地区的

① 深圳市《关于促进人才优先发展的若干措施》（深圳“20条81项”），2016。

② 广州市《关于加快集聚产业领军人才的意见》，2016。

③ 广州市《关于加快集聚产业领军人才的意见》，2016。

④ 广州市《关于加快集聚产业领军人才的意见》，2016。

人才发展政策走在全国前列，人才发展政策更加突出市场导向，体制机制创新程度更高。

2. 中部地区稳中推进，有重点

中部地区六省在人才发展政策上，一是紧随中央改革步伐，全面贯彻中央文件精神，在七大体制机制改革方面做出了全面部署和安排；二是根据本地区的经济发展特点，突出了本地区人才发展的政策重点。在人才培养支持机制方面，着力强调对产业人才的培养和支持。例如，湖北省提出要进一步树立"产业第一、企业家老大"的理念，研究制定在国有企业建立职业经理人制度的实施办法①；大力培育工匠精神，研究制定技术技能人才激励办法。在人才计划或工程的安排上，中部地区也体现了注重产业人才的这一特色。6 省中有 5 省提出了培养企业家或技能人才的专项工程或计划，例如，河南省提出将实施"全民技能振兴工程"。湖北省提出实施"123"企业家培育计划，"金蓝领"技能人才开发工程。安徽省提出优秀企业培育项目，其中还分类制订了"领军型企业家""成长型企业家""创业型企业家"等专项培养计划。加强对企业家人才和技能型人才的培养和使用，促进人才与产业的相互融合，是中部地区人才发展政策的一个亮点，也反映出我国制造业重点地区人才与产业相互需求和融合发展的态势。

3. 西部地区积极作为，有特色

西部地区虽属欠发达地区，但在人才发展政策上并不甘于落后，其表现为，一是积极进取，5 区（自治区）6 省 1 市在中央相关人才改革政策指导下，纷纷出台了涵盖七大体制机制改革的政策文件，做出了改革部署，有的还具有很大的超前性；二是区位地域特色突出，充分体现了西部的地方特色和民族特色。在人才管理体制改革方面，四川省提出分层分类建设一批人才优先发展试验区，推进人才"引育管用"综合配套改革，建设创新驱动发展人才示范区②。在人才培养支持机制方面，宁夏回族自治区提出重点依托葡萄、枸杞、清真牛羊肉、奶业等农业特色优势产业，培养和建立一支农科教、产加销

① 湖北省《关于深化人才发展体制机制改革促进人才创新创业的实施意见》，2016。

② 四川《关于深化人才发展体制机制改革　促进全面创新改革驱动转型发展的实施意见》，2016。

一体化专业人才队伍，建设清真食品穆斯林用品产业人才高地[①]。云南省提出加大通晓越南、老挝、柬埔寨、缅甸、泰国、印度、尼泊尔、孟加拉国等国家语言、国情、法律及贸易规则的人才培养支持力度[②]。在人才评价机制方面，宁夏回族自治区提出在产业和民生等重点领域实行“凡晋必下”制度，晋升副高以上专业技术职称必须有在县级以下对口专业岗位服务1年以上的工作经历[③]。在创新创业激励机制方面，云南省提出加大对科研人员的激励力度，取消绩效支出比例限制，参与项目的研究人员劳务费预算不设比例限制[④]。这一规定在全国是唯一的。在引才用才机制方面，云南省提出围绕面向南亚东南亚辐射中心建设、孟中印缅经济走廊及大湄公河次区域合作，探索建立面向南亚东南亚的国际人才合作机制[⑤]。此外，西部地区大量的人才工程，也充分体现了西部各地的地方特色。例如，广西壮族自治区提出了北部湾重大人才工程，四川省出台了巴蜀文化名家培养工程，西藏自治区提出了西藏特培计划，甘肃省提出了精准扶贫人才计划，新疆维吾尔自治区提出要健全有利于人才向南疆垦区、边境垦区流动的政策体系，对口支援兵团人才培养计划，现代农业人才支撑计划，等等。

4. 东北地区努力维持，试破局

东北地区近些年面临经济发展困境，人才向东部地区流失现象较为严重，因此，如何留住人才和集聚人才既是当前东北地区人才工作面临的瓶颈，也是东北地区人才发展政策的着力点，这方面黑龙江省推出的人才政策很具有代表性。在人才管理体制改革上，黑龙江省提出进一步精简行政审批事项，赋予高等学校、科研院所、高职高专等事业单位高级职称评审权，按照事业发展需要和规定的岗位结构比例，实行职称直聘制度，这些规定颇具改革力度。在人才创新创业激励机制方面，黑龙江省提出高等学校、科研院所和国有企业转化职务科技成果的，所获股权或净收益的30%～90%用于奖励有关科技人员。[⑥] 允

① 宁夏《关于创新体制机制促进人才与经济社会协调发展的若干意见》，2014。

② 云南省《关于深化人才发展体制机制改革的实施意见》，2016。

③ 宁夏《关于创新体制机制促进人才与经济社会协调发展的若干意见》，2014。

④ 云南省《关于深化人才发展体制机制改革的实施意见》，2016。

⑤ 云南省《关于深化人才发展体制机制改革的实施意见》，2016。

⑥ 黑龙江省《关于建立集聚人才体制机制　激励人才创新创业若干政策的意见》，2015。

许国有控股境内、境外上市公司高级管理人员，获得不高于薪酬总水平30%和40%的股权预期收益①。此外，吉林省在2016年出台了三项政策文件，强调基层专业技术人才队伍建设和民营企业专业技术人才队伍建设，进一步放活事业单位人才交流等。辽宁省也积极作为，在“十三五”期间提出的人才计划和工程达到15项，为全国之最。

三 区域人才发展政策的三点展望

四大区域人才发展政策各有特点，但是从适应区域经济社会的改革发展需求，以及实现《意见》提出的改革目标上看，还存在一些带有普遍性的问题，而要解决这些问题，可以预计不同区域的发展政策将呈现以下三个调整趋势。

（一）进一步发挥市场配置人才资源的决定性作用，落实单位用人自主权

当前，中央在人才管理上明确提出，政府要简政放权，建立政府人才管理服务权力清单和责任清单，充分发挥用人主体在人才培养、吸引和使用中的主导作用，落实用人自主权。从目前情况看，大多数省市就此做出了政策部署，但是，从总体情况看，这方面的政策回应还是比较笼统，缺乏具体的落实细则。一方面，政府人事管理的权力清单和责任清单还不甚清晰。另一方面，虽然有的地方就进一步理顺政府与事业单位的关系出台了一些文件，但各地一个普遍的现象是，比较热衷于优惠政策和人才计划或工程的提出，而这些的实施主体以政府为主，用人单位在其中发挥的作用是比较有限的，我国人才工作长期存在的政府热、用人单位冷的现象依然存在。因此，为扭转这种局面，落实中央要求，未来区域人才发展政策必将着力于发挥市场配置人才资源的决定性作用，进一步简政放权，落实单位自主用人权。首先，政府将从人才工作的主要推手逐步转变为人才工作的保驾护航者，着力从制度层面打造人才竞争优势，而将具体的引人用人权让位于用人单位，进一步调整政府与各类事业单位

---

① 黑龙江《关于建立集聚人才体制机制激励人才创新创业若干政策的意见》，2015。

的人事管理关系，让用人单位真正成为用人主体。其次，将大力建设面向社会各类人才平等发展的各类平台，包括基金平台、项目平台、选拔平台、专业平台等，让用人单位、人才直接与各类人才发展平台实现对接，减少政府中间行政干预环节，更多地通过市场的方式使人才脱颖而出。最后，将逐步减少政府各种碎片化的特殊政策或措施，逐步减少针对特定人群的各种优惠政策，减少制度碎片，降低制度成本，实现人才普遍制度和环境的提升和改善，提高我国人才整体制度的竞争力。

（二）从改革全局出发，加强政策创新的系统配套

从现有的区域政策看，各地在政策创新方面提出了不少好的单项政策，有的甚至具有较大的超前性，但同时又普遍面临的共同问题是，一些需要由国家层面出台的配套政策尚未完全到位，使不同区域的一些创新政策难以落地，这其中比较突出的是，在人才创新创业激励政策方面，如各地在中央出台的科技经费管理办法基础上提出了相关跟进对策，但落地起来牵涉现有国家财务审计管理政策的衔接和配套；再如在科技成果转化方面，各地提出的政策有许多超前之处，但实施起来又涉及如何与国家知识产权保护制度的衔接与完善；等等。因此，要体现改革效益，落实创新，未来的一个政策调整趋势是，从改革的全局出发，一方面，一些涉及全局性的政策配套将由中央层面统一做出部署；另一方面，一些区域内的创新政策也将做出相应配套，这样才能使政策创新真正落实到位。

（三）把握区域经济社会发展需求，使人才发展与之深度契合

从目前情况看，各区域均对中央的人才管理改革政策做出了积极跟进与部署，但从整体上看，这些区域政策大多还属于较为宏观层面上的部署，明确了任务，指明了方向，但如何通过政策的不断完善与调整，实现人才发展与本区域经济社会发展深度契合，还是一个需要切实努力解决的问题。因此，未来区域人才政策发展一个着力点就是不断深化完善与调整人才创新政策，促使人才发展切实支撑区域经济社会的发展。首先，人才政策的制定将更加精准地瞄准本区域经济社会发展的需求，有针对性地提供人才公共政策供给；其次，针对各项改革创新政策将会陆续制定出台相关实施细则，使改革创新政策具有可操

作性，实现政策落地；最后，政府各部门将建立多种形式的多部门联动机制，使各项人才新政真正出生产力，出经济社会效益，切实助力本区域经济社会的全面发展。

参考文献

上海市《关于进一步深化人才发展体制机制改革加快推进具有全球影响力的科技创新中心建设的实施意见》（上海人才新政“30条”），2016。

深圳市《关于促进人才优先发展的若干措施》（深圳“20条81项”），2016。

广州市《关于加快集聚产业领军人才的意见》，2016。

四川《关于深化人才发展体制机制改革　促进全面创新改革驱动转型发展的实施意见》，2016。

宁夏《关于创新体制机制促进人才与经济社会协调发展的若干意见》，2014。

云南省《关于深化人才发展体制机制改革的实施意见》，2016。

B.7
我国海外人才引进工作发展状况（2016 ~2017）*

冯 凌**

摘 要：本文首先回顾了近年来的主要引才工作；其次，从引才计划入选者、外籍人才和留学人员数量三个方面展示了人才引进的成效；再次，重点介绍了2016~2017年的重点引才工作进展，包括启动外国人来华工作许可制度，推出服务重点区域发展的出入境政策措施，加强外国人永久居留服务管理；最后，分析了引才工作发展的五个特点和趋势：制度建设有所加强、引才范围有所拓宽、精准引才有所突破、服务管理更加科学、先行先试活力空前。

关键词：海外人才 人才引进 引才工作

不拒众流，方为江海。习近平总书记多次强调海外人才引进工作的战略意义，提出要聚天下英才而用之。近年来，我国引才工作在吸引和聚集海外人才方面发挥了重要作用，取得了显著成效。

一 引才工作回顾

近年来，我国引才工作稳步推进，已经形成了较为完整的引才政策和项目

* 本文中的海外人才包括外籍外裔人才和在国外留学或者工作的已经改变国籍或者没有改变国籍的人才。

** 冯凌，博士，中国人事科学研究院副研究员，主要研究方向为人才开发、绿色就业和可持续发展教育。

体系，逐步建立了海外人才服务保障机制，并在一些发达地区为人才创新创业营造了“类海外”环境。

（一）形成较为完整的引才政策和项目体系

1. 人才引进政策体系完备

在人才战略被高度重视的大背景下，我国的引才政策层出不穷，涵括引才各个环节，包括海外人才的出入境、居留、就业、参保、医疗、旅行、探亲、税收、待遇、奖励、培训、购买外汇，还包括政府引才部门职责、引才引智项目和经费管理、引才中介机构管理、外国专家工作许可和外国专家证管理、外国专家聘用合同管理、外国专家的用人单位的资格和管理、专家退出制度、外国专家宣传工作、突发事件应急、引进国外智力工作国家秘密范围等。2015年3月，《中共中央　国务院关于深化体制机制改革加快实施创新驱动发展战略的若干意见》在“实行更具竞争力的人才吸引制度”方面又有突破性政策，包括以法制化手段规范和放宽技术人才取得外国人永久居留证（“绿卡”）的条件，同时探索技术移民制度；为创办科技型企业的外籍高层次“绿卡”持有者提供中国公民待遇；为符合条件者的外国人提供工作许可便利，对随行家属给予签证和居留等便利；取消符合条件的高层次科技创新人才的来华工作许可年龄限制等。

2. 国家引才计划成效显著

在中央和部委层面，中共中央组织部、人力资源和社会保障部、教育部、文化部、国家外国专家局、中国科学技术协会、中国气象局纷纷制订引才计划，当前尚在实施的主要引才计划共计26项，如表1所示。

表1　国家级引才计划一览

主要实施部门	引才计划名称
中组部	海外高层次人才引进计划（“千人计划”）
人力资源和社会保障部	高层次留学人才回国资助计划 中国留学人员回国创业启动支持计划 海外赤子为国服务行动计划 回国（来华）定居工作专家项目 博士后国际交流计划引进项目

续表

主要实施部门	引才计划名称
教育部	长江学者奖励计划 春晖计划 高等学校学科创新引智计划 中美富布赖特项目
文化部	海外高层次文化人才引进计划
外专局	高端外国专家项目 引进海外高层次文教专家重点支持项目 海外名师引进计划 高校国际化示范学院推进计划 高等学校学科创新引智计划 “一带一路”教科文卫引智计划 国家科研平台外国专家支持计划 与大师对话——诺贝尔奖获得者校园行项目 文教类外国青年人才引进项目 部属高校学校特色项目 首席外国专家项目 经技类青年外国专家项目 经技类重点外国专家项目
中国科协	海外智力为国服务行动计划
中国气象局	中国气象局“双百计划”

这些引才计划形成了长期引进与短期引智相结合，长期支持与短期资助相结合，资深专家与青年英才相结合，创新与创业人才相结合，华裔与外裔人才相结合的项目体系，为我国根据不同需要引进各类人才提供了关键支撑。

3. 地方引才计划层出不穷

在地方层面，各地政府对海外人才引进工作高度重视，纷纷推出引才计划，目前，经中组部、人力资源和社会保障部、国家外专局批准或备案同意的副省级以上人才主管部门认定的引才计划共计 160 项，覆盖了除西藏以外的所有副省级以上的省份，呈现百花齐放态势。

（二）逐步建立海外人才服务保障机制

1. 提升出入境及居留便利化程度

为吸引海外优秀人才来华服务和工作，2012 年表决通过的《出境入境管理法》在普通签证中增设了“人才引进”类别，即人才签证。同年，中组部、人力资源和社会保障部、外交部、公安部、外专局联合下发的《关于为外籍高层次人才来华提供签证及居留便利有关问题的通知》“出炉”。与当时的出入境政策相比，该政策具有几大特点。一是降门槛，规定各类重点引才计划的入选者可享受签证及居留特惠政策，并降低了申办“绿卡”的门槛。二是扩范围，该政策首次规定中国籍高层次留学回国人才的外籍配偶和子女也可办理长期签证、居留许可或“绿卡”。三是延期限，该政策将长期签证和居留时限从以往的两年以下延长到 2 ~ 5 年。四是简程序，对于国家备案的引才计划入选者，由外交或公安部门快速审发签证、长期居留和“绿卡”。

2015 年，外交部、公安部、人力资源和社会保障部与外专局联合印发《关于进一步完善外国专家短期来华相关办理程序的通知》，明确来华 90 天以内的外国专家一律免办就业许可和就业证，为短期来华的外国专家提供出入境便利。同年，中组部、人力资源和社会保障部、外专局印发《关于为外籍高层次人才来华提供签证及居留便利备案工作有关问题的通知》，将 55 项省部级以上开展的海外高层次人才引进计划纳入第一批全国重点海外高层次人才引进计划备案。备案计划引进的人才可比照国家“千人计划”办理人才签证、居留和来华定居手续，享受出入境便利和相关工作生活待遇。

2. 提高居住生活保障水平

在国家“千人计划”实施过程中，相关部门制定出台了一系列配套政策文件，加强了对海外人才回国（来华）工作生活的服务保障。一方面，在居留和出入境、落户、医疗、保险、住房、税收、配偶安置、子女就学等 9 个方面对“千人计划”入选者予以优待。另一方面，设立国家“千人计划”专家服务窗口，实行一站式服务，保证政策落实；在欧美同学会设立国家“千人计划”专家联谊会，为入选专家联谊交流、协同合作、建言献策、服务社会搭建平台。

为解决国家“千人计划”专家以外的更多海外人才子女入学的后顾之忧，2014 年，教育部启动义务教育免试就近入学改革，此次改革的内容之一是，规定留学人员和外国专家子女在我国义务教育学校入学同样适用免试就近入学原则。

（三）为人才创新创业营造区域“类海外”环境

近年来，面向海外高层次人才开发的人才管理改革试验区取得突破性进展，一定程度上为人才营造了“类海外”创新创业环境。以首个国家级人才管理改革试验区——中关村为例，2015 年 3 月，北京市人才工作领导小组办公室印发了《中关村国际人才创新创业生态系统建设工程》的通知，要求用 3～5年时间，逐步建成国际人才创新创业生态系统，以集聚高端人才为核心，积极开发以外国专家、外籍高级专业技术人才、外籍高级经营管理人才、外籍创业人才为代表的外籍人才资源；提出 10 项主要任务，包括深入实施重大人才工程、拓宽国际人才创新平台、打造国际人才创业平台、支持企业开发国际人才、打造跨境协同创新平台、建设跨境合作创业平台、完善跨境科技金融服务、建设国际人才市场体系、抢占知识产权与技术标准制高点、营造国际人才发展“软环境”。

2015 年 10 月，中组部、外交部、国家发改委、教育部、科技部、公安部、财政部、人力资源和社会保障部、商务部、国资委、外专局和北京市出台《关于深化中关村人才管理改革的若干措施》（“人才八条”）。从简化外籍高层次人才永久居留证办理程序、简化外籍高层次人才签证及居留办理程序、为外籍人才创业就业提供便利、扩大人力资源服务业对外开放、完善人才评价机制、开发国外高端智力要素、完善新型科研机制、强化人才培养与使用衔接八个方面加大人才管理改革的力度。

二　人才引进成效

（一）引才计划入选者贡献突出

截至 2016 年底，“千人计划”已经完成了 12 批人才引进工作，引进人才共计 5993 名。2017 年，基本完成第 13 批遴选工作，预计引进专家 960 余名。其中，“青年千人计划”和创业人才项目人选已确定，分别为 590 人和 47 人。截至 2016 年底，“千人计划”专家中的诺贝尔奖获得者和发达国家科学院院士有 75 人；20 余名专家入选中国科学院、中国工程院院士；40%

左右的专家为外国国籍；他们主要来自美、英、日、加、德等发达国家的知名高校、科研机构和跨国企业，研究水平居于国际前沿，掌握核心关键技术或拥有专利。①

截至2016年底，人力资源和社会保障部统筹实施的海外高层次留学人才回国资助计划、中国留学人员回国创业启动支持计划、海外赤子为国服务行动计划，重点支持639个项目、团队和个人。②

2016年度，教育部长江学者奖励计划共有40位海外人才入选，其中特聘教授两人，分别来自美国和丹麦；讲座教授38名，主要来自美国（23人），其次是澳大利亚（3人），英国、法国、俄罗斯和新加坡均为两人，加拿大、瑞典、比利时、西班牙均为1人。③

外专局实施的外国专家项目的引才规模不断扩大，由2011年52.9万人次增加到2015年62.3万人次，年均增长5.2%，五年来华专家总量近300万人次，其中经济技术类专家174.7万人次，科教文卫类专家121.9万人次。其中长期在大陆工作的专家比重超过50%；高学历专家比重持续提升，取得硕士以上学位专家由2011年的4.9万人次增加到2015年的8.1万人次。④

通过引才计划回国（来华）的高层次海外人才在我国现代化建设事业各领域发挥了重要作用。一些人才潜心基础研究，在物质科学、生命科学、信息科学等领域前沿取得一批原创性的理论成果和实验发现。一些人才在能源技术、信息技术等核心技术上，打破国外封锁和垄断，使我国实现“弯道超车”，跃入世界前列。一些人才在食品药品安全、生态环境保护等领域创新创业，取得一批关乎民生的重大成果。一些人才积极参与国际交流合作和国际标准创制，增强我国在相关领域的国际影响力和话语权。⑤

（二）“绿卡”持有者井喷式增长

2004年至2013年十年间，获批“绿卡”的总人数为7356人。2016年新

---

① 数据由中组部提供。

② 数据由人力资源和社会保障部提供。

③ 数据由教育部网站资料整理而得。

④ 数据由国家外专局提供。

⑤ 资料由中组部提供。

增“绿卡”持有者1576名，较上一年度增长163%，呈井喷式增长。[①] 据央视2014年报道，韩国是中国“绿卡”持有者最多来源国，其次是菲律宾、巴西、印度尼西亚、美国。申请人员主要集中在上海、北京、江苏、广东。

（三）留学人员“归国潮”已经形成

新中国成立以来最大规模留学人员“归国潮”已经形成。截至2016年底，我国留学回国人员总数高达265.11万人，十八大以来这5年的回国人数占到总数的约70%，其中2016年回国43.25万人。留学完成学业后选择回国发展的留学人员比例由2012年的72.38%增长到2016年的82.23%，其中，通过各级各类引才计划引进的高层次留学人才5.39万人。[②]

三　重点工作进展

2016 ~2017年是引才工作非常活跃的一年，多项工作取得重要进展。

（一）启动外国人来华工作许可制度

1. 整合外国人来华工作的两证

根据国务院审改办《关于整合外国人来华工作许可事项意见的函》和外专局《关于印发外国人来华工作许可制度试点实施方案的通知》精神，2016年10月，外国人来华工作“两证整合”开始在上海、北京、天津、河北、深圳、成都等多地试点，“两证整合”就是将《外国专家来华工作许可证》和《外国人就业许可证》整合为《外国人工作许可证》。以往的“两证分离”存在职能交叉、多头管理、政出多门、效率低下等问题，在申报审批中给部分外国人及其单位带来困扰和不便。[③] “两证整合”统一了管理职能，有效地减少了重复审批，避免了监管漏洞，提高了办事效率。

① 蔡长春：《出入境新政有力服务国家发展大局：去年1576名外国人获准在中国永久居留》，http：//www.legaldaily.com.cn/index_article/content/2017-02/05/content_7000878.htm?node=5955。

② 数据由人力资源和社会保障部提供。

③ 张素：《解读外国人来华工作许可制度：“两证合一”大于二》，http：//www.chinanews.com/gn/2016/09-10/8000464.shtml。

“两证整合”试点反响良好，在此基础上，外专局、人力资源和社会保障部、外交部、公安部于2017年3月联合下发《关于全面实施外国人来华工作许可制度的通知》，明确于2017年4月起在全国统一实施外国人来华工作许可制度。其目标是“整合外国人才引进管理服务资源，优化机构与职能配置，建立统一、权威、高效的外国人才管理体制”①。

2. 试行分类评价管理

《关于全面实施外国人来华工作许可制度的通知》提出，依据“鼓励高端、控制一般、限制低端”的原则，试行分类评价管理机制。将来华工作外国人分为A、B、C三类：“外国高端人才”（A类）是我国经济社会发展急需的科技领军人才、企业家、专门特殊人才，对其实行“绿色通道”和“容缺受理”服务。“外国专业人才”（B类）是符合外国人来华工作指导目录和岗位需求的专业人才。“其他外国人员”（C类）是满足我国劳动力市场需求的一般劳动力。

在充分汲取国外相关经验教训的基础上，分类评价管理机制结合我国实际，综合运用了国外先进的引才制度和工具，包括计点积分制、外国人工作目录、劳动力市场测试和配额管理。此外，经过充分研究论证，编制了科学详尽的积分要素计分赋值表和外国高端人才公认职业成就认定标准说明，保证了分类评价管理的可操作性。

3. 建立外国人来华工作管理服务系统

来华工作许可制度的另一个重要部分是，建立全国统一的“外国人来华工作管理服务系统”，即充分发挥互联网政务的优势，建立“一窗接件、网上受理、内部流转、实时查询、过程留痕、限时办结、一窗出证”机制。号码自动生成，“一人一号”，并逐步实现与外交、公安、海关、税务、教育等部门信息共享和互通互认。这使外国人来华工作或就业相关手续更为清晰便捷，过程可追踪，结果可预期。

（二）推出服务重点区域发展的出入境政策措施

1. 助力北京创新发展

针对北京创新发展对外籍高端人才、归国创业外籍华人、创业团队外籍成

---

① 外专局、人力资源和社会保障部、外交部、公安部：《关于全面实施外国人来华工作许可制度的通知》，2017。

员和外籍青年的需求，公安部于2016年1月下发《关于支持北京创新发展有关出入境政策措施的通知》，即“北京人才20条”。该政策为外籍高层次人才开通了“直通车”，使其在北京办理签证、出入境、停居留、永久居留更加简便。

20项政策中，有10项为全国首创，在中关村先行先试。主要内容包括：公安部在中关村设立外国人永久居留服务窗口，并将对中关村高端人才的“绿卡”审批期限缩短了近4倍；对中关村创业团队外籍成员和中关村企业选聘的外籍技术人才申请“绿卡”实施积分评估制；在中关村创业的外籍华人可不受年龄限制，申请5年有效的工作类或私人事务类居留许可；对有博士学历或在中关村长期创业的外籍华人提供申办“绿卡”便捷通道；允许外籍青年人才到中关村进行实习或兼职活动；等等。另10项政策系将公安部2015年7月起实施的支持上海科创中心建设的出入境政策措施扩大至北京。这些政策措施主要包括允许收入和纳税达标的外籍人员申请“绿卡”，建立外籍高端人才从就业居留向永久居留的转换机制等。①

2. 支持福建自贸区

2016年3月，公安部决定实施支持福建自贸区10项新的出入境政策措施，其中在引才方面的主要政策措施有：允许在福建自贸区内工作的、收入和纳税达标的外籍人员申请“绿卡”；放宽区内外籍高端人才年龄限制，建立从就业居留向永久居留的转换机制；为长期在区内工作的外籍人员签发5年期的工作类居留许可；允许区内高端人才聘雇外籍家政服务人员。

3. 支持广东自贸区建设及创新驱动发展

2016年7月，公安部推出支持广东自贸区建设及创新驱动发展的16项出入境政策措施。主要内容包括：对在区内创新创业团队的外籍成员和企业选聘的外籍技术人才试行永久居留积分评估制；支持外籍学生创新创业；为外籍华人提供申请签证和居留证件的特殊通道；降低在区内投资人员申请“绿卡”投资标准；简化“绿卡”申请手续，加快审批进程；等等。此外，还推广了公安部支持北京创新发展出入境政策措施的相关内容。

---

① 贾平凡：《外籍人才永久居留有了“直通车”四类人才享福利》，《人民日报》（海外版）2016年3月1日。

4. 支持上海科创中心

2016 年 12 月，公安部对 2015 年出台的 12 项上海科创中心人才政策进行了优化升级，推出“新十条”。其亮点主要有以下几个。一是赋权和优惠“双自”地区（上海自贸区与上海张江国家自主创新示范区）和“双创”基地，发挥其在评估和认定人才方面的作用，使其所需的人才在签证、居留、永久居留方面享受最大便利。二是给予外籍华人停居留和永久居留突破性的便利。三是注重外籍人才在华的家庭和生活需求，体现在放宽外籍人才随行家属申请“绿卡”的范围、方便外籍中小学生入境就读、放宽海外人才聘雇家政服务人员范围等方面。①

5. 全面支持国家有关自贸区等区域创新发展

上述这些便利政策有力地服务了地方经济发展，聚集了创新创业人才，产生了良好的社会效果。为充分发挥这些政策措施的作用，公安部于 2017 年 3 月宣布在国家有关自贸区和全面创新改革示范区推出 7 项出入境政策措施。这些政策措施的受益对象有外籍高端人才、外籍华人、外籍留学生和长期在华工作人员等，主要内容包括授权自贸区管委会等单位推荐外籍人才及家属申请“绿卡”，建立“绿卡”申请的市场化渠道，为外籍华人和长期在华工作人员停居留提供更大便利，允许外国留学生来华创新创业等。②

（三）加强外国人永久居留服务管理

2016 年 2 月，中央印发《关于加强外国人永久居留服务管理的意见》（简称《意见》），把外国人才永久居留政策提升到战略高度，主要从以下四个方面提出改革意见。

1. 增设申请“绿卡”新渠道

《意见》提出推动建立服务国家发展战略、反映市场需求、条件简明量化的“绿卡”指标评价体系。③ 在这方面，中关村已率先建立了与国际人才评价

---

① 《公安部支持上海科创中心建设出入境政策新十条》，http：//www.sohu.com/a/121127887_467373。

② 《公安部推出 7 项出入境政策措施全面支持国家有关自贸区等区域创新发展》，http：//www.mps.gov.cn/n2253534/n2253535/n2253537/c5657109/content.html。

③ 王茜：《中国实行更加开放自信的外国人永久居留政策》，http：//news.xinhuanet.com/politics/2016－02/18/c_1118089456.htm。

接轨、具有中关村特色的外籍人才永久居留积分评估体系。该评估适用于中关村创业团队外籍成员和企业选聘的外籍技术人才两类群体。评估标准分设八项一级指标和若干项二级指标，其中学历、年龄、在华工作年限、工作方式等为客观评价指标，申请人依据自身情况自行打分即可。其余为主观评价指标，随机从由中关村领军企业家、相关领域国内外知名专家学者、知名投资人、创业服务专家以及涉外人力资源机构负责人等组成的专家评价委员库中抽取专家，由市场化主体评价人才。2016 年 10 月，中关村组织开展了首次中关村外籍人才申请在华永久居留积分评估试点工作，共有 51 人提出申请。经评估，45 人符合推荐条件，被推荐到公安部中关村外国人永久居留服务大厅办理“绿卡”申请手续。

2. 逐步扩大签发范围

《意见》提出完善在重点行业和领域的人才从工作居留向永久居留的转换机制；对长期在华工作的外国人申请“绿卡”放宽任职单位，取消职务级别等限制；放宽优秀留学生在华工作限制并为其提供“绿卡”申请渠道。《意见》还对长期在华居住、曾有中国国籍者提供“绿卡”申请渠道，同时扩大家庭团聚人员申请“绿卡”的类型。①

3. 全面落实永久居留资格待遇

《意见》明确了外国人在出入境、就业、购房、驾照申领、交通出行、金融业务办理、住宿登记、社保、子女入学等方面的资格待遇。《意见》还要求建立政府主导、社会力量共同参与的外国人融入服务模式，提供语言培训、就业服务、法律服务等。②

4. 完善工作流程措施

《意见》提出由外国人永久居留审批管理部门统一发布外国人永久居留政策信息，方便社会公众查询，同时要求进一步减少审批制证流转环节，加快部门间核查信息反馈速度，提升受理审批效率。③

---

① 王茜：《中国实行更加开放自信的外国人永久居留政策》，http：//news. xinhuanet. com/politics/2016 -02/18/c_ 1118089456. htm。

② 刘子阳：《外国人永久居留制度新思想新政策解读》，《法制日报》2016 年 2 月 19 日。

③ 张璁：《实行更加开放自信的外国人永久居留政策》，《人民日报》2016 年 2 月 19 日。

四 发展特点与趋势

近期的引才工作进展反映了以下几个发展特点和趋势。

（一）顶层设计有所突破

2016 年是引才工作在顶层设计上有所突破的一年。3 月，中共中央印发的《关于深化人才发展体制机制改革的意见》战略性地提出要构建具有国际竞争力的引才用才机制，要求更大力度地实施国家“千人计划”，同时支持地方、部门和单位设立引才项目；对国家急需紧缺人才，开辟专门渠道，实行特殊政策；支持海外人才深度参与国家计划项目；完善引才配套政策；等等。

同年 12 月，中共中央、国务院出台了《关于加强新形势下引进外国人才工作的意见》。这是指导当前和今后一个时期引进外国人才工作的纲领性文件，确立了“聚天下英才而用之”的战略思想，明确了要实行更积极、更开放、更有效的人才引进政策，并建立统一、权威、高效的外国人才管理体制的工作方向。

（二）制度建设有所加强

我国引才的投入产出效率和供求双方对接效率不高。这一方面是由引才工作的政府主导性过强导致的；另一方面又是由政府在制度建设上的缺位造成的。当前政府正在通过加强制度建设来缓解这些问题。外国人来华工作许可制度的建立将对整合外国人来华工作管理服务资源、理顺管理体制、优化机构和职能发挥关键作用。

（三）引才范围有所拓宽

拓宽引才范围政策的主要客体是外籍留学生、外籍学生和高龄外籍人才。这体现了引才工作更开放、更灵活、更人性化的趋向。2017 年 1 月，人力资源和社会保障部、外交部、教育部联合出台《关于允许优秀外籍高校毕业生在华就业有关事项的通知》，明确在我国高校新近取得硕士及以上学位的外国留学生，以及在境外知名高校新近取得硕士及以上学位的外籍毕业生，可申请外国人就业许可证。随后在国家有关自贸区及全面创新改革示范区推出的 7 项出入境政策措施中，又不限学历层次对外籍留学生和外籍学生开放了来华开展毕业实习及创新创业活动的通道。

一些地区放宽了外籍人才就业年龄，苏南国家自主创新示范区更是在 2017 年出台新政，取消了对急需紧缺外籍人才的年龄限制。

（四）精准引才有所突破

以往引才工作的主要问题之一是不够精准，引进的人才与国家、地区和用人单位发展需求不够契合。《关于全面实施外国人来华工作许可制度的通知》中提出的分类评价管理机制将大幅提升引才的精准性，实现“鼓励高端、控制一般、限制低端”的目标。首次实施的中关村积分评估政策，探索了市场化的外籍人才评价引进机制，赋予了用人单位举才荐才的权力，最终遴选出了中关村急需紧缺且能够带来经济社会效益的人才。

此外，从 2016 年起，外专局增设了首席外国专家项目、青年外国专家项目，建立顶尖外国专家资助平台，对“高精尖”人才和处于研发高峰期的青年外国专家进行重点资助，体现了精准引才用才的思路。

（五）服务管理更加科学

以往海外人才服务管理水平的不足给不少人才和用人单位带来了困惑和不便。随着全国统一的“外国人来华工作管理服务系统”的逐步建立，外国人来华工作管理服务的水平将大大提升，变“人才跑腿”为“信息跑路”。

针对外籍人才反映强烈的居留证件应用问题，2017 年 2 月，公安部会同 20 个部门对该问题进行专题研究，并牵头开展证件便利化改版。自 2017 年 6 月 16 日起，公安部对中国“绿卡”持有者签发 2017 版外国人永久居留身份证。该证参照第二代居民身份证标准设计制作，可用第二代居民身份证阅读机读取，能在办理金融、医疗、交通、住宿、通信、教育、工作、税收、社保、财产登记、诉讼等事务时作为身份证件使用。

一些地区出台了更加人性化的配套政策，放宽了外籍人才随行家属申请永久居留和海外人才聘雇家政服务人员的范围，满足了海外人才在华的家庭生活需求。

（六）先行先试活力空前

近年来，通过中央授权地方，地方自主制定政策的形式，一些地区相继先行先试了一些引才政策措施，积极做好改革加法。尤其是先行先试的排头兵——北京、上海和深圳，在海外人才引进工作方面形成了你追我赶、相互促进的态势。一些成功经验已经在更广泛的区域甚至全国范围推广。

参考文献

公安部：《关于支持北京创新发展有关出入境政策措施的通知》，2016。

人力资源和社会保障部、外交部、教育部：《关于允许优秀外籍高校毕业生在华就业有关事项的通知》，2017。

上海市委、市政府：《关于进一步深化人才发展体制机制改革加快推进具有全球影响力的科技创新中心建设的实施意见》，2016。

外交部、公安部、人力资源和社会保障部、外专局：《关于进一步完善外国专家短期来华相关办理程序的通知》，2015。

外专局、人力资源和社会保障部、外交部、公安部：《关于全面实施外国人来华工作许可制度的通知》，2017。

中共中央：《关于深化人才发展体制机制改革的意见》，2016。

中共中央办公厅、国务院办公厅：《关于加强外国人永久居留服务管理的意见》，2016。

中组部、人力资源和社会保障部、外交部、公安部等：《外国人在中国永久居留享有相关待遇的办法》，2012。

中组部、人力资源和社会保障部、外交部、公安部、外专局：《关于为外籍高层次人才来华提供签证及居留便利有关问题的通知》，2012。

中组部、人力资源和社会保障部、外专局：《关于为外籍高层次人才来华提供签证及居留便利备案工作有关问题的通知》，2015。

B.8

职称制度改革的现状和趋势

范巍　孙一平　谢晶*

摘　要：　2017 年 1 月，中办、国办联合下发《关于深化职称制度改革的意见》，这标志着新一轮职称制度改革大幕已经拉开，我国职称制度必将迎来新的春天。本文简要回顾了我国职称制度的发展历程，系统分析了本次改革所面临的问题和挑战，最终通过对本次改革的可行性分析，对改革趋势和未来发展提出展望。

关键词：　职称　职称制度　职称制度改革

职称是专业技术人员学术技术水平和专业能力的主要标志。职称制度是评价和管理专业技术人员的基本制度，对于党和政府团结凝聚专技人员、激励专技人员职业发展、加强专技人员队伍建设具有重要意义。

一直以来，职称制度备受我国广大专业技术人员和全社会民众所关注，且自诞生之日起，就在不断改革变化以适应经济社会发展和专业技术人员职业发展需求。2016 年 3 月，中共中央印发的《关于深化人才发展体制机制改革的意见》明确提出要“深化职称制度改革，提高评审科学化水平”。2016 年 12 月，中办国办联合印发了《关于深化职称制度改革的意见》（以下简称《意见》），从健全职称制度体系、完善职称评价标准、创新职称评价机制、促进

* 范巍，心理学博士，管理学博士后，中国人事科学研究院研究员，主要研究专业和方向为人力资源管理、人才测评和政策评估、职称制度和职业资格制度改革、职业标准构建等；孙一平，管理学博士，中国人事科学研究院助理研究员；谢晶，心理学博士，中国人事科学研究院助理研究员。

职称评价与人才培养使用相结合、改进职称管理服务方式等方面对如何深化职称制度改革提出具体要求，力争通过 3 年时间，基本完成工程、卫生、农业、会计、高教、科研等系列职称改革任务；通过 5 年努力，基本形成设置合理、评价科学、管理规范、运转协调、服务全面的职称制度。至此，职称制度再次走进大众视线，职称制度改革再次引发热议，2017 年也将成为新的职称制度改革元年。

一　职称制度改革背景和现状

职称，最初源于“职务名称”，国际通行的定义是：区别专业技术或学术水平的等级称号，是反映专业技术人员学术、技术水平、工作能力及工作成就的标志。职称制度在中国发展已有 60 多年，已经成为专业技术人才评价和管理的基本制度。职称的内涵也经历了由职务到学衔、学衔到职务再到职务和资格的演变过程。我国现行的职称内涵是反映专业技术人员专业技术水平和能力等级的称号，是专业技术人员的一种任职资格，也是对专业技术人员自身专业素质被社会广泛接受、认可的评价。

新中国成立以来，我国的职称制度主要经历了技术职务任命制、专业技术职称评定制、专业技术职务聘任制、专业技术职务任职资格评定和职业资格制度统筹①四个发展阶段。

目前，理论研究和实践中对职称的理解有广义和狭义之分。狭义的职称专指自 1986 年以来实行的专业技术职务聘任制中任职资格评价。主要包括高等教育、中学、小学、卫生、工程、自然科学、社会科学等 29 个系列。随着职称制度深化改革特别是职业资格制度的建立和推行，我国现行职称制度的功能定位、内部结构关系以及适用对象和范围已发生较大变化。2007 年《国务院办公厅关于清理规范各类职业资格相关活动的通知》（国办发〔2007〕73 号）决定，将职业资格制度纳入职称框架体系，因此职称制度也可以说包括职业资

① 对于第四阶段，学术界通常有两个观点，一个观点是将其作为第三阶段专业技术职务聘任制的一部分；另一个观点认为由于职业资格制度的建立以及与专业技术职务任职资格的统筹管理，这一阶段职称制度已经与第三阶段有了本质区别，应区分开来。

格和任职资格（狭义的职称），具体有职业准入类资格、职业水平评价类资格和专业技术职务任职资格（狭义的职称）三项制度，这是广义的职称。

纵观职称制度的历史演进，我国职称制度主要经历了从有“职”无“称”（职务任命制）到有“称”无“职”（职称评定制）再到有“职”有“称”（职务聘任制）的发展路径，以及“职”“称”“资格”三位一体，“专业技术职务聘任制度”和“专业技术职业资格制度”双轨运行的发展过程。从职称制度的发展趋势看，历次改革的基本任务是破除实际存在的职务终身制，建立能上能下、能进能出的用人机制。改革的难点是“评”和“用”的关系问题。但是，在目前的经济体制和高度集中统一的干部人事制度下，这些问题很难得到彻底解决。

二　职称制度改革面临的问题挑战和可行性分析

（一）职称制度改革面临的问题和挑战

从《意见》内容来看，本次改革的力度可以说前所未有，对一直以来存在于职称制度当中的诸多问题做出了明确回应，包括各系列增设正高级，促进职称制度和职业资格制度有效衔接，对职称外语和计算机应用能力考试不做统一要求，评聘合一和评聘分开问题等。但我们依旧认为，职称制度改革，任重而道远。这是因为目前存在于我国职称制度当中的问题是多层次多方面的，既有制度性因素，又有非制度性因素，很难用一个《意见》在短时间内全部解决。就目前来看，我国职称制度改革面临的突出问题和挑战包括以下几点。

1. 制度性因素

（1）职务分类制度没有建立，职称评审和职务聘任游离于职务（岗位）之外

有专家指出，应该说，对这个问题各方面在聘任制初期是重视的[①]，之后就不了了之了，甚至在政府职称管理部门连这项职能和专设机构都取消了。

---

① 1989 年 10 月，人事部印发《关于对专业技术职务评审聘任工作进行复查的通知》（人职发〔1989〕4 号），认为首次专业技术职务评审、聘任工作中的突出问题就是“设岗工作没做好”。其次是历史欠账太多，改革措施不配套，执行中存在不正之风。

（2）“能上能下”的机制没有根本确立

一项由中国科协和中国人事科学研究院联合组织开展的问卷调查[①]表明，48.3%的科技工作者认为“现实中存在的论资排辈，能上不能下，能进不能出，干好干坏一个样等问题没有切实解决”。

（3）“评聘结合”模式和“评聘分开”模式并行

造成了“评”与“用”关系的混乱。调查表明，有42.4%的单位实行“评聘结合”，57.6%单位实行“评聘分开”；有45.8%的科技工作者倾向“评聘结合”，54.2%倾向“评聘分开”。

（4）将职称与职业资格“同质化”

2007年，国务院办公厅《关于清理规范资格认证活动的意见》（国办发〔2007〕73号），首次提出将职业资格纳入职称框架。2009年全国人社厅局长会提出，建立包括许可类职业资格、职业水平评价和任职资格评价的新职称框架体系。其影响是强化了职称的资格属性，也进一步造成了职称概念体系和结构关系混乱。

（5）将职称适用范围扩大到非公领域，探索开展农村实用人才职称评定工作

问卷调查显示，54.9%的非公单位对科技工作者参与职称评定有规章制度，77.7%的非公单位赞成并支持科技工作者参加职称评定，不支持也不反对的占20.4%。但是从“评”和“用”结合的角度看，非公单位科技工作者反映，他们评职称总体上是“自娱自乐”，与单位内部用人关系不大。

此外，职称评定工作还存在缺乏顶层设计，配套法规不健全；专业技术水平评价主体功能不强，评的用不上、用的评不上现象突出；社会化进程缓慢，评价标准与方式不能与时俱进；国际化对接阻碍较大等问题。

2. 非制度性因素

（1）历史的局限

有专家认为，专业技术职务聘任制是一个好制度，也是超前设计的制度。

---

① 本次问卷调查由中国科协组织，中国人事科学研究院课题组承担，共涉及全国16个省（区、市），共发放问卷11774份，回收11656份，回收率为99%，有效问卷11656份。以下数据均来自此次问卷调查。

现行职称框架体系演进经历了从实行社会主义有计划的商品经济、建立社会主义市场经济以及全面深化改革等若干重大的历史时期，在这个过程中，职称制度始终处于深化改革状态。由于历史的局限，聘任制许多功能作用没有也不可能充分发挥。

（2）人们的观念问题

新中国成立以来，我国职称制度从有“职”无“称”（学衔）到有“称”（学衔）无“职”，从有“职”无“称”（学衔）到有“职”有“称”（资格）反复变化，使人们对职称认识产生思维的逻辑惯性，将职称与称号、资格、职务、岗位等概念混淆使用。有专家指出，对一些人来说，职称是称号（资格）是职务不重要，都要与待遇挂钩。没有职务（岗位）奔称号（资格）；有了称号（资格）就奔待遇，“聘任制”以及职务、岗位的意识没有树立。问卷调查显示，有65%的科技工作者认为参与职称评审主要是为了“提高工资待遇”。其次是体现个人学术技术水平（57.7%）和获得同行及社会认可（56.2%）。

（3）关联制度同步推进问题

一方面，在职称内部结构关系调整上，不断强化职称的评价功能，推动职称从“评价、使用和激励”等职务管理体系中独立出来并向社会化人才评价转变；而另一方面，与职称相关联的其他制度却又不断强化职称在“使用”和“激励”等方面的功能作用。在深圳市，科技项目申报、专业服务机构设立以及人才引进、子女入学等与职称挂钩的政策多达26项。职称所承载的福利待遇依然“不堪重负”。

（二）职称制度改革的可行性分析

虽然本轮职称制度改革面临的困难很多，但我们依然认为，本次《意见》的出台，对重构我国职称制度框架体系、优化和完善专业技术人员评价制度具有重要且深远的影响。这是因为如下几点。

1. 基层的探索实践，为重构职称框架体系提供了不竭的动力源泉

随着干部人事制度改革稳步推进，事业单位自主权逐步落实，一些单位结合各自实际，开始探索实施“真正意义”的专业技术职务聘任制。2001年4月，中国科学院决定，停止专业技术职务任职资格评审，全面实行岗位聘任制，同时，撤销院及下属单位专业技术任职资格委员会，并根据不同岗位需

求，组建聘任委员会，完善聘任程序、绩效标准和考核管理办法。2003 年 9 月，上海市教育委员会决定，56 所市属高校全部停止职称评审，全面实行专业技术职务聘任制，使高校教师职务能上能下，薪酬能高能低，人员能进能出。此外，北京大学、浙江大学等高校也陆续展开了全面实施聘任制的探索并取得良好效果。基层的探索实践，一方面，反映了基层对打破职称改革“两难选择”困境的迫切希望；另一方面，它们的实践探索也为重构职称框架体系提供了很好的经验。

2. 中小学教师职称制度改革，为重构职称框架体系提供了新的范式

2009 年，国务院决定在山东、吉林和陕西开展中小学教师职称制度改革试点工作。到 2015 年 8 月，决定全面推开中小学教师职称制度改革，建立统一的中小学教师职称（职务）制度。各方面认为，新的中小学教师职称（职务）制度充分体现了科学化职务管理的理念、原则和方法，形成从职务分类和评价、岗位聘用和管理等完整、系统的新职称框架体系，是对专业技术职务聘任制的一次重大创新发展

3. 事业单位岗位设置（职等）与专业技术职务（职级）有效衔接，为重构职称框架体系奠定了坚实的制度基础

在事业单位岗位设置管理中，一般将专业技术岗位等级（职等）分别对应专业技术职务的高、中、初三个层次。其中，高级职务包括 7 个岗位等级，分正副高职务的岗位系列，正高级对应岗位 1 ~ 4 级，副高级对应岗位 5 ~ 7 级；中级职务对应的岗位等级是 8 ~ 10 级；初级职务对应的岗位等级是 11 ~ 13 级。高级专业技术职务不分正副高的，暂按现行职务管理有关规定执行。有专家认为，上述制度设计，虽有一定不足（部分职称系列没有正高级），但还是较好地解决了职务、职级、职等的纵向结构关系，这是我国专业技术职务分类体系的雏形。

4. 人才社会化多元主体评价体系逐步建立，为重构职称框架体系明确了制度设计边界

随着经济社会快速发展，新兴职业大量兴起，职业的演变外加社会化和市场化多元主体人才评价需求日益旺盛，国家职业资格制度也在不断发展完善，这就迫使职称制度在全社会人才评价体系中的功能定位、适用范围、构成要素也需要做出相应调整。平衡好职称评价与其他多元主体评价的关系，进一步提

高职称评价的针对性、有效性和适用性，需要进一步明确职称制度的边界和定位，把该管、能管的真正管好。

5. 国外职位分类制度，为重构我国职称框架体系提供了可资借鉴的经验

职位分类制度是一种以事为中心的科学的人事管理方法和制度。纵观西方国家公共部门职务管理的演变，经历了从文官制度下职位管理向公务员制度下职位管理的发展过程，其中，职位分类管理是公务员制度下职位管理的一项基础工作。在美国、日本、中国香港、中国台湾等国家和地区，公务员职位分类是建立在细致的专业分工基础上的。依据工作性质、责任、难易程度和任职资格条件的异同，把众多的职位在横向上分为不同职门（职类）、职组、职系，纵向上分为不同层次职等和职级，由此形成结构清晰、横纵有序的职位类别系统。各方面认为，专业技术职务分类问题是我国实行专业技术职务聘任制中的一块相对“短板”，也是一项十分重要的基础性工作，应当给予足够的重视。

三　职称制度改革的趋势和未来展望

（一）职称制度改革的未来方向和重点任务

本次职称制度改革提出了不少改革力度大、含金量高的举措，归纳起来，主要有五个方面。

1. 健全职称制度框架体系

《意见》明确，改革的趋势是要保证在横向上，进一步完善职称框架体系，保持现有职称框架和系列总体稳定。同时对个别系列进行相应调整，取消不适合经济社会发展需求的职称系列，整合部分职业属性相近的职称系列，增设新兴职业领域的职称系列，系列之下可根据专业领域设置调整专业类别，保持职称框架体系的动态稳定性和开放性。在纵向上，补齐层级设置，对现有11个未设置正高等级的职称系列均增置正高等级，在制度的外部衔接上，促进职称制度和职业资格制度有效衔接，努力减少交叉重复评价。

2. 完善评价标准

根据中央《关于深化人才发展体制机制改革的意见》有关精神，对人才评价标准要分层分类，基础研究人才以同行学术评价为主，应用研究和技术开发人才要突出市场评价并根据职业特点突出能力和业绩导向，哲学社会科学人才强调社会评价。未来职称评价标准将会是品德、能力和业绩三方面的系统整合，坚持把品德放到首位，注重职业操守。同时突出对创新能力评价，对工作实绩评价，特别是在论文、外语、计算机上不搞“一刀切”。在职称评价中要向基层一线倾斜，向高层次人才引进和急需紧缺人才开发上倾斜。

3. 创新评价机制

发挥政府、市场、专业组织、用人单位等多元评价主体作用，加快建立科学化、社会化、市场化的人才评价制度。在评价方式上，建立以同行专家评审为基础的专业评价机制，注重社会和业内认可，提高评价的针对性和科学性。在评价范围上，建立社会化评审机制，打通非公领域人才评审通道，让非公领域人才在职称评审方面享有同等待遇。

4. 促进职称评价与培养、使用相衔接

职称制度一方面要做好与专业学位制度、继续教育制度等人才培养制度的有效衔接，督促专业技术人才知识更新，提高能力素质；另一方面加强与用人制度衔接，坚持以用为本，根据评价结果合理使用人才，实现职称评价结果与人才聘用、考核、晋升等用人制度有效衔接。

5. 改进管理服务方式

改进职称制度管理服务方式的核心是转变政府职能，重点是处理好“放管服”关系。要建立包括评价平台、评审机构、信息系统在内的职称评价公共服务体系，切实增强服务能力和水平，科学合理设置评价条件和程序，更好地服务人才。

（二）厘清职称和职业资格的关系，促进职称制度与职业资格制度有效衔接

《意见》提出要“促进职称制度与职业资格制度有效衔接”，从健全职称制度体系角度对长久以来存在的职称制度和职业资格制度关系不清问题做了较为清晰的判定。我们一直认为，要妥善处理职业资格证书评价与职称评价的关系，适时改变将职称制度纳入职业资格制度或将职业资格制度纳入职称制度的倾向，通过职称制度框架体系和职业资格证书制度框架体系构建，使两个制度各行其道，并行发展。我们认为，将职称制度纳入职业资格制度或是将职业资

格制度纳入职称制度都是长期争论的问题，让两种功能作用各不相同的制度纠缠在一起，其结果必然是职称越来越资格化，资格越来越职称化。就人才评价而言，职称评价与职务密切联系。其评价的结果有数量限制，有明确的任期，组织内部有效，不能通用；职业资格评价与人的身份密切联系，其评价成果没有数量限制，一旦获得终身享有，在社会上可以通用。我们认为，这是职称制度与职业资格证书制度在评价标准、评价方式和评价结果应用等方面的重要区别（见表1）。

表1　职称和职业资格的区别

	职称	职业资格
制度设计基础	职务(工作)和特定人力资本*	职业和通用人力资本**
功能定位	公共部门用人评价制度	社会化人才评价制度
框架体系	由职位(职务)、职组、职系、职级和职等构成	由准入类职业资格和水平评价类职业资格构成
适用范围	面向事业单位、国有企业和专业技术类公务员	面向全社会
评价主体	评审委员会	第三方人才评价机构
评价方法	同行专家评议	一般采取全国统一考试的办法
评价标准	任职标准	通用标准
评价与使用	评聘结合	评聘分开
有效性时限	任期制	终身有效
有效性范围	单位内部有效	全国通用
运行机制	职务分类、职务评价、职务聘任和任职管理	职业分类、职业教育和培训、职业能力认定、资格证明
治理模式	政府宏观指导和单位自主用人	政府、行业共同治理

*2007年国际标准职业分类修订大会：工作（job）是“某人为雇主（或自雇）而被动（或主动）承担的任务和职责的总和”。特定性人力资本是企业内部的劳动分工和员工知识、技能或个人关系（贝克尔）。

**2007年国际标准职业分类修订大会：职业（occupation）是“主要任务和职责高度相似的工作的总和”。通用性人力资本是指能够在很多行业或企业应用的知识和技能（贝克尔）。

让我们高兴的是，新的《意见》没有再提将职业资格制度纳入职称制度框架或者将职称制度纳入职业资格制度框架这一说法，而是提出要“以职业

分类为基础，统筹研究规划职称制度和职业资格制度框架。在职称与职业资格密切相关的职业领域建立职称与职业资格对应关系”。

对此，我们认为，不仅要“促进职称制度与职业资格制度有效衔接”，更要将职称制度和职业资格制度一同纳入国家资历框架体系统筹考虑。国家“十三五”规划纲要提出要“制定国家资历框架，推进非学历教育学习成果、职业技能等级学分转换互认”。在国际上，国家资历框架常常被称为国家资格框架，是继续教育学习成果的共同参照系①。目前，我国教育学历证书与职业资格证书是分离的，两者之间不存在对应关系，在教育学历证书与职业资格证书之间缺乏一个评价的参照系。同样，职称制度和职业资格制度之间也缺乏一个评价的参考系和能够相互贯通的通道。即便这次《意见》中提到的“促进职称制度与职业资格制度有效衔接”，就当下情况看来，也只能在很小的范围内部分实现，距离真正打通职称制度和职业资格制度之间的壁垒还有很长的路要走。

据此，我们建议如下，一是借助国家资历框架体系建设良机，大力推进学历证书、职业资格证书和职称制度全面贯通的框架体系建设。二是以职业分类为基础，贯通学历、职业资格和职称制度，构建国家资历框架。三是以国家职业标准为基础，建立健全以国家标准为基准，以行业标准或单位标准为“尺度”的职称评价标准体系。

（三）围绕重点问题，把握改革方向

1. 评价标准“一刀切”问题

围绕评价标准问题，《意见》强调要“坚持德才兼备、以德为先；科学分类评价专业技术人才能力素质；突出评价专业技术人才的业绩水平和实际贡献”。针对广为诟病的“唯论文”和“外语与职称挂钩”问题，坚决反对“一刀切”的在所有系列、所有职业、所有人员不加区别地提出论文和外语要求，但也不是不要以论文和外语为评价标准，而是采取分层分类处理办法，强化以

---

① 国家资历框架通常根据知识、技能和能力的要求，构建成一个连续的、可被认可的资格阶梯，以国家资历框架为基础，通过建立个人账号，学分累计制度以及相关的认证积累与转换制度，可以将个人账号中的学分根据一定规则转换成不同的学分或证书、文凭等学习成果，畅通继续教育、终身教育渠道，搭建终身学习“立交桥”。

职业分类为基础，基础研究人才、应用研究和技术开发人才、哲学社会科学人才的评价各有侧重。重点抓好以下四个方面：一是坚持德才兼备，以德为先，重点考察职业道德，采取“零容忍”和“一片否决”态度；二是分类评价，区别对待，对不同领域行业、不同类型层次人才制定不同评价标准，避免“一把尺子量到底”，真正实现“干什么、评什么”；三是质量重于数量，推行代表作制度，改变急功近利的短视行为，让专业技术人员立志做大学问，做真学问；四是实绩论英雄，鼓励教师上课堂，医生上临床，到基层一线建功立业。

2. “评聘合一”和“评聘分开”问题

评价的目的是使用，当下主要问题就是“评聘合一”和“评聘分开”关系问题。两者各有利弊，“评聘合一”更适合事业单位岗位管理制度和人岗匹配原则，但受岗位比例结构限制，“评聘分开”不受岗位比例结构限制但易造成评价和使用“两张皮”，降低评价标准，降低职称含金量等问题。根据《意见》要求，针对不同职业、组织和岗位特点，未来职称评价中对专业技术人员学术技术水平和岗位职务密切相关的事业单位，建议采取“评聘合一”办法；对不实行岗位管理，通用型社会性较强职称系列和新兴职业，建议采取“评聘分开”方式，但也要进行适当比例控制，保证质量。未来，要坚持以用为本，以职业分类为基础，客观分析各职称系列属性，结合不同用人单位性质和岗位特点，进一步明确各职称系列评价和使用的衔接关系，实现科学评价、合理使用的新局面。

3. 职称评审权下放问题

《意见》明确提出要发挥用人单位在职称评审中主导作用，科学界定、合理下放职称评审权限。职称改革呈现两个趋向：对于体制内单位而言，将促进职称评价从组织外部人才评价向组织内部人才评价转变；对于体制外非公有制经济组织和社会组织而言，职称制度体系和职称标准的改革完善，将促进职称评价与组织内部人才评价的衔接，以发挥职称作为社会化人才评价的作用。对此，需要把握以下几个方面。第一，“放”是方向，这是推进“放管服”改革、激发人才主体活力的必然要求。要结合实际，把该放的放好、放活、放到位。第二，要合理下放，有序承接。承接单位必须符合组建评委会各项条件，优先选择条件成熟地区和组织，试点先行，成熟一个下放一个，逐步承接，避免为下放而下放。第三，要放管结合，要加强监督管理，避免一放了之，一放就乱。对不能正确行使评审权、保证评审质量的，要暂停自主评审直至收回评审权。第四，要畅通非公领域专业技术人才职称申报渠道，缺乏民办机构和公立机构在职称评审方面享有平等待遇，加快建立符合非公领域专业技术人员特点的、科学化的评价标准体系，鼓励社会组织和龙头企业参与评价标准制定。

参考文献

中共中央：《关于深化人才发展体制机制改革的意见》（中发〔2016〕9号），2016。

中办、国办：《关于深化职称制度改革的意见》，2017。

尹蔚民：《全面深化职称制度改革，充分发挥人才评价“指挥棒”作用——在深化职称制度改革工作部署电视电话会议上的讲话》，2017。

蔡学军等：《职称框架体系和职称评聘分开与评聘结合问题研究》，中国人事科学研究院内部研究报告，2016。

范巍：《专业技术人才职业资格制度和职业标准》，党建出版社，2016。

吴江、蔡学军：《中国职称制度改革》，中国劳动社会保障出版社，2011。

范巍：《推动国家资历框架建设，促进职称和职业资格制度有效衔接》，《思想理论动态参阅》（党建参阅）2017年第43期。

范巍：《关于职称和职业资格制度的几个观点》，《今日科苑》2016年第1期。

孙锐、孙彦玲：《职称评价制度怎么改》，《学习时报》2017年5月19日。

范巍：《职称评审怎样改革？专家学者职能部门高校与企业代表四方谈》，《求贤》2014年第2期。

董志超：《“职称”与“职业资格”的关系如何厘清》，《光明日报》2017年1月19日。

范巍、赵宁：《国外如何评职称》，《光明日报》2017年1月5日。

范巍、蔡学军：《职称制度改革与社会化人才评价体系构建》，《中国人事科学》2015年第5期。

范巍、蔡学军：《职称制度改革任重道远》，《中国人力资源社会保障》2017年第5期。

B.9
职业资格制度改革的现状和趋势

范　巍*

摘　要：　我国自1994年推行职业资格证书制度以来，取得了良好的成效，也出现了不少的问题。当下，正是我国职业资格制度改革关键时期，职业分类大典、目录清单制度、框架体系优化、行业承接转移等工作正待有序开展。本文通过简要梳理我国职业资格制度改革的背景和现状，对存在的问题和面临的新形势进行了系统分析，并对职业资格制度未来改革趋势和方向做初步判断，最后对构建新的国家职业资格制度框架体系提出相应建议。

关键词：　职业资格　职业资格框架体系　职业资格制度改革

职业资格制度作为国际通行的科学培养和评价人员制度，一直以来为我国广大专业技术人员和全社会民众所关注。2016年3月，中共中央印发了《关于深化人才发展体制机制改革的意见》，提出要进一步创新人才评价机制，改革职业资格制度，推进水平类职业资格评价市场化、社会化。2014年7月至2016年12月，国务院分七批先后取消了434项各部门设置的职业资格许可和认定事项，2016年12月，国家职业资格目录清单正式发布，共有151项职业资格进行公示，削减比例达到原总量的70%以上。职业资格制度改革再次引发热议，2017年将成为职业资格制度改革的关键时期。

* 范巍，浙江大学心理学博士、管理学博士后，中国人事科学研究院研究员，主要研究专业和方向为人力资源管理、人才选拔和评价、职称制度和职业资格制度、职业标准构建等。

一 职业资格制度的改革背景和现状

我国自1994年开始推行职业资格证书制度，并将其定位为与学历证书制度并行的“双证书”制度之一，是重要的人才培养和评价制度。职业资格制度最初可以看作是职称制度改革的扩展和探索，一开始将最初29个职称系列中社会性、市场性和通用性较强的系列或专业调整为职业资格制度。实践中大体有三种情况：第一种是律师系列，不再实行任职资格评价；第二种是教育系列和医师系列，既实行职业资格制度，又实行任职资格评定；第三种是科学研究系列，不适合实行职业资格制度的，继续实行基于岗位职务的任职资格评定。

从实践结果看，经过近30年的发展，职业资格制度主要经历了探索起步阶段（1986～1995年）、快速推广阶段（1996～2002年）、完善发展阶段（2003～2007年）和改革创新阶段（2008年至今）①。目前，我国的职业资格制度包括职业许可和职业能力认证两个体系。职业资格许可又称为准入类职业资格，职业能力认证又称为水平评价类职业资格，两者对推动人才资源市场配置、加强专业技术人才队伍能力建设、维护社会公共利益发挥了重要作用。有关数据表明，中国各类职业资格已经超过1000种，近亿人通过资格评价，促进了专业技术水平进一步提升。

与此同时，如考试太乱、证书太滥，随意举办考试、培训、认证活动，乱收费、滥发证，随意设置职业资格等问题在实施过程中仍存在，社会对此反应强烈。有关数据表明，职业资格证书制度已催生出一个千亿元级的交叉市场，而一些政府部门和行业协会之间交叉重复管理，导致了某些证书的泛滥，权威性和含金量难以得到保证。

为更好地解决这个问题，2007年底，国务院办公厅发布了《关于清理规

① 关于职业资格制度的阶段划分，学术界有三阶段和四阶段两种，三阶段即将完善发展阶段和改革创新阶段合并。本文作者认为自2007年12月国务院办公厅下发了《关于清理规范各类职业资格相关活动的通知》以来，我国职业资格制度改革已经进入新的历史阶段，特别是国务院先后7次发文清理规范职业资格制度，使这个阶段特征与完善发展阶段差异较大，故本文采取四阶段划分说。

范各类职业资格相关活动的通知》，计划分批对市面上现行的职业资格进行清理。经过两年的时间，通过上报、检索等方式共清理出各类职业资格 1390 项，其中境内资格 1053 项，境外资格 337 项。人力资源和社会保障部于 2012 年 5 月发布了《职业资格清理规范第一批公告目录》，共有 265 个职业资格得到认可，其中专业技术人才准入类职业资格 33 项，水平评价类 26 项。2014 年 7 月到 2016 年 12 月，国务院以"决定取消的职业资格许可和认定事项目录"方式先后七次共取消职业资格许可和认定 434 项，达到国家职业资格许可认定总数的 70%，并通过专项督查，促进各省区市把自行设置的职业资格取消。

不难看出，我国的职业资格制度发展到现在，正处于一个重要的改革和创新阶段。一方面，国家在积极推进简政放权、放管结合，转变政府职能，尽可能将不必要的职业资格取消。另一方面，政府也在探索职业资格改革的方向，充分发挥《国家职业分类大典》的基础性作用，研究建立国家职业资格目录清单管理制度，编制职业资格框架体系和国家职业资格规划。

根据《国务院关于印发 2015 年推进简政放权放管结合转变政府职能工作方案的通知》和《国务院关于印发 2016 年推进简政放权放管结合转变政府职能工作方案的通知》精神，国家正在进一步深化职业资格制度改革，有关部门正在研究建立新的国家职业资格框架体系，编制国家职业资格发展规划，建立国家职业资格目录清单管理制度并动态更新，这些都将为我国职业资格制度的改革创新奠定基础，指明方向。

二　新时期职业资格制度改革面临的问题和形势任务

虽然在政府强有力的推动下，我国职业资格制度在短时间内取得了较大的进展，但展望未来，改革面临的挑战不容忽视。

（一）职业资格制度改革面临的问题

通过调研，我们发现，当前制约我国职业资格证书制度发展的制度性因素是多方面、多层次的，有人们认识观念、社会用人制度、部门利益以及培训市场驱动等非制度因素，更有职业资格制度本身综合管理职能不强，制度安排系统性、整体性和协调性不高，监督管理机制不健全，治理体系开放程度不够以及法制建设薄弱等制度性因素。其中最根本的是在顶层设计方面“缺少一个大的框架”[①]，具体表现在以下几个方面。

1. 综合管理职能问题

有专家认为，早在1994年我国就确立了对职业资格证书实行政府集中统一的管理体制，即“职业资格证书实行政府指导下的管理体制，由国务院劳动、人事行政部门综合管理”（劳部发〔1994〕98号），也明确了政府主管部门的综合管理职能。但是之后的实施中，这种集中统一的管理体制没有真正形成。造成这种状况有部门规章约束力不强的问题，也有对综合职能作用重视不够、发挥不够的问题。各方面认为，统筹规划、管理监督、综合协调等综合管理职能不断弱化，这是造成“政出多门”、资格设置过多过滥以及个别准入类资格长期游离于国家职业资格体系之外的重要原因。

2. 制度安排问题

有专家认为，我国现行的职业资格框架是“断崖式”的，资格考试考务管理体系凸显，而其他制度安排如职业分类体系、职业标准体系、能力水平等级设置体系、专业发展体系、证书质量保障体系等严重缺失、缺位。现在大家谈到职业资格证书制度一个刻板式印象就是“考试”和“发证”。这与资格考试考务管理体系相对独立和配套制度没及时跟进有关。制度安排的系统性、整体性和协调性不够，相互关联不够，不仅严重地制约和影响了职业资格证书制度功能作用的充分发挥，而且也严重地制约和影响资格认证质量和政府的公信力。

3. 管理监督问题

有专家指出，在事前管理方面，哪些职业应当设置职业资格，是设定准入还是水平评价，缺乏评估判定标准，“拍脑袋”决策的现象没有根本解决。在事中管理方面，随着政府职能转变和行政审批制度改革，一些资格将逐步委托协会、学会等社会组织承接，但不能一交了之。从国际经验看，对政府授权具体承担职业资格认证的认证机构都有一套严格的认可标准，即“认证的认

---

① 人力资源和社会保障部汤涛副部长2016年6月接受新华访谈时指出：“从制度执行本身来看，因为它缺少一个大的框架设计，这使很多地方和很多行业、很多协会设置了不少职业资格。”

社长致辞

2017年正值皮书品牌专业化二十周年之际，世界每天都在发生着让人眼花缭乱的变化，而唯一不变的，是面向未来无数的可能性。作为个体，如何获取专业信息以备不时之需？作为行政主体或企事业主体，如何提高决策的科学性让这个世界变得更好而不是更糟？原创、实证、专业、前沿、及时、持续，这是1997年“皮书系列”品牌创立的初衷。

1997～2017，从最初一个出版社的学术产品名称到媒体和公众使用频率极高的热点词语，从专业术语到大众话语，从官方文件到独特的出版型态，作为重要的智库成果，“皮书”始终致力于成为海量信息时代的信息过滤器，成为经济社会发展的记录仪，成为政策制定、评估、调整的智力源，社会科学研究的资料集成库。“皮书”的概念不断延展，“皮书”的种类更加丰富，“皮书”的功能日渐完善。

1997～2017，皮书及皮书数据库已成为中国新型智库建设不可或缺的抓手与平台，成为政府、企业和各类社会组织决策的利器，成为人文社科研究最基本的资料库，成为世界系统完整及时认知当代中国的窗口和通道！“皮书”所具有的凝聚力正在形成一种无形的力量，吸引着社会各界关注中国的发展，参与中国的发展。

二十年的“皮书”正值青春，愿每一位皮书人付出的年华与智慧不辜负这个时代！

社会科学文献出版社社长
中国社会学会秘书长

2016年11月

社会科学文献出版社简介

社会科学文献出版社成立于1985年，是直属于中国社会科学院的人文社会科学学术出版机构。成立以来，社科文献出版社依托于中国社会科学院和国内外人文社会科学界丰厚的学术出版和专家学者资源，始终坚持“创社科经典，出传世文献”的出版理念、“权威、前沿、原创”的产品定位以及学术成果和智库成果出版的专业化、数字化、国际化、市场化的经营道路。

社科文献出版社是中国新闻出版业转型与文化体制改革的先行者。积极探索文化体制改革的先进方向和现代企业经营决策机制，社科文献出版社先后荣获“全国文化体制改革工作先进单位”、中国出版政府奖·先进出版单位奖，中国社会科学院先进集体、全国科普工作先进集体等荣誉称号。多人次荣获“第十届韬奋出版奖”“全国新闻出版行业领军人才”“数字出版先进人物”“北京市新闻出版广电行业领军人才”等称号。

社科文献出版社是中国人文社会科学学术出版的大社名社，也是以皮书为代表的智库成果出版的专业强社。年出版图书2000余种，其中皮书350余种，出版新书字数5.5亿字，承印与发行中国社科院院属期刊72种，先后创立了皮书系列、列国志、中国史话、社科文献学术译库、社科文献学术文库、甲骨文书系等一大批既有学术影响又有市场价值的品牌，确立了在社会学、近代史、苏东问题研究等专业学科及领域出版的领先地位。图书多次荣获中国出版政府奖、“三个一百”原创图书出版工程、“五个‘一’工程奖”、“大众喜爱的50种图书”等奖项，在中央国家机关“强素质·做表率”读书活动中，入选图书品种数位居各大出版社之首。

社科文献出版社是中国学术出版规范与标准的倡议者与制定者，代表全国50多家出版社发起实施学术著作出版规范的倡议，承担学术著作规范国家标准的起草工作，率先编撰完成《皮书手册》对皮书品牌进行规范化管理，并在此基础上推出中国版芝加哥手册——《SSAP学术出版手册》。

社科文献出版社是中国数字出版的引领者，拥有皮书数据库、列国志数据库、“一带一路”数据库、减贫数据库、集刊数据库等4大产品线11个数据库产品，机构用户达1300余家，海外用户百余家，荣获“数字出版转型示范单位”“新闻出版标准化先进单位”“专业数字内容资源知识服务模式试点企业标准化示范单位”等称号。

社科文献出版社是中国学术出版走出去的践行者。社科文献出版社海外图书出版与学术合作业务遍及全球40余个国家和地区并于2016年成立俄罗斯分社，累计输出图书500余种，涉及近20个语种，累计获得国家社科基金中华学术外译项目资助76种、“丝路书香工程”项目资助60种、中国图书对外推广计划项目资助71种以及经典中国国际出版工程资助28种，被商务部认定为“2015-2016年度国家文化出口重点企业”。

如今，社科文献出版社拥有固定资产3.6亿元，年收入近3亿元，设置了七大出版分社、六大专业部门，成立了皮书研究院和博士后科研工作站，培养了一支近400人的高素质与高效率的编辑、出版、营销和国际推广队伍，为未来成为学术出版的大社、名社、强社，成为文化体制改革与文化企业转型发展的排头兵奠定了坚实的基础。

经 济 类

经济类皮书涵盖宏观经济、城市经济、大区域经济，
提供权威、前沿的分析与预测

经济蓝皮书

2017年中国经济形势分析与预测

李扬 / 主编　2017年1月出版　定价：89.00元

◆　本书为总理基金项目，由著名经济学家李扬领衔，联合中国社会科学院等数十家科研机构、国家部委和高等院校的专家共同撰写，系统分析了2016年的中国经济形势并预测2017年中国经济运行情况。

中国省域竞争力蓝皮书

中国省域经济综合竞争力发展报告（2015～2016）

李建平　李闽榕　高燕京 / 主编　2017年5月出版　定价：198.00元

◆　本书融多学科的理论为一体，深入追踪研究了省域经济发展与中国国家竞争力的内在关系，为提升中国省域经济综合竞争力提供有价值的决策依据。

城市蓝皮书

中国城市发展报告 No.10

潘家华　单菁菁 / 主编　2017年9月出版　估价：89.00元

◆　本书是由中国社会科学院城市发展与环境研究中心编著的，多角度、全方位地立体展示了中国城市的发展状况，并对中国城市的未来发展提出了许多建议。该书有强烈的时代感，对中国城市发展实践有重要的参考价值。

人口与劳动绿皮书

中国人口与劳动问题报告 No.18

蔡昉　张车伟 / 主编　2017 年 10 月出版　估价：89.00 元

◆　本书为中国社会科学院人口与劳动经济研究所主编的年度报告，对当前中国人口与劳动形势做了比较全面和系统的深入讨论，为研究中国人口与劳动问题提供了一个专业性的视角。

世界经济黄皮书

2017 年世界经济形势分析与预测

张宇燕 / 主编　2017 年 1 月出版　定价：89.00 元

◆　本书由中国社会科学院世界经济与政治研究所的研究团队撰写，2016 年世界经济增速进一步放缓，就业增长放慢。世界经济面临许多重大挑战同时，地缘政治风险、难民危机、大国政治周期、恐怖主义等问题也仍然在影响世界经济的稳定与发展。预计 2017 年按 PPP 计算的世界 GDP 增长率约为 3.0%。

国际城市蓝皮书

国际城市发展报告（2017）

屠启宇 / 主编　2017 年 2 月出版　定价：79.00 元

◆　本书作者以上海社会科学院从事国际城市研究的学者团队为核心，汇集同济大学、华东师范大学、复旦大学、上海交通大学、南京大学、浙江大学相关城市研究专业学者。立足动态跟踪介绍国际城市发展时间中，最新出现的重大战略、重大理念、重大项目、重大报告和最佳案例。

金融蓝皮书

中国金融发展报告（2017）

王国刚 / 主编　2017 年 2 月出版　定价：79.00 元

◆　本书由中国社会科学院金融研究所组织编写，概括和分析了 2016 年中国金融发展和运行中的各方面情况，研讨和评论了 2016 年发生的主要金融事件，有利于读者了解掌握 2016 年中国的金融状况，把握 2017 年中国金融的走势。

农村绿皮书

中国农村经济形势分析与预测（2016 ~ 2017）

魏后凯　黄秉信 / 主编　2017 年 4 月出版　定价：79.00 元

◆　本书描述了 2016 年中国农业农村经济发展的一些主要指标和变化，并对 2017 年中国农业农村经济形势的一些展望和预测，提出相应的政策建议。

西部蓝皮书

中国西部发展报告（2017）

徐璋勇 / 主编　2017 年 8 月出版　定价：89.00 元

◆　本书由西北大学中国西部经济发展研究中心主编，汇集了源自西部本土以及国内研究西部问题的权威专家的第一手资料，对国家实施西部大开发战略进行年度动态跟踪，并对 2017 年西部经济、社会发展态势进行预测和展望。

经济蓝皮书・夏季号

中国经济增长报告（2016 ~ 2017）

李扬 / 主编　2017 年 5 月出版　定价：98.00 元

◆　中国经济增长报告主要探讨 2016~2017 年中国经济增长问题，以专业视角解读中国经济增长，力求将其打造成一个研究中国经济增长、服务宏微观各级决策的周期性、权威性读物。

就业蓝皮书

2017 年中国本科生就业报告

麦可思研究院 / 编著　2017 年 6 月出版　定价：98.00 元

◆　本书基于大量的数据和调研，内容翔实，调查独到，分析到位，用数据说话，对中国大学生就业及学校专业设置起到了很好的建言献策作用。

社会政法类

社会政法类皮书聚焦社会发展领域的热点、难点问题，提供权威、原创的资讯与视点

社会蓝皮书

2017年中国社会形势分析与预测

李培林　陈光金　张翼 / 主编　2016年12月出版　定价：89.00元

◆ 本书由中国社会科学院社会学研究所组织研究机构专家、高校学者和政府研究人员撰写，聚焦当下社会热点，对2016年中国社会发展的各个方面内容进行了权威解读，同时对2017年社会形势发展趋势进行了预测。

法治蓝皮书

中国法治发展报告 No.15（2017）

李林　田禾 / 主编　2017年3月出版　定价：118.00元

◆ 本年度法治蓝皮书回顾总结了2016年度中国法治发展取得的成就和存在的不足，对中国政府、司法、检务透明度进行了跟踪调研，并对2017年中国法治发展形势进行了预测和展望。

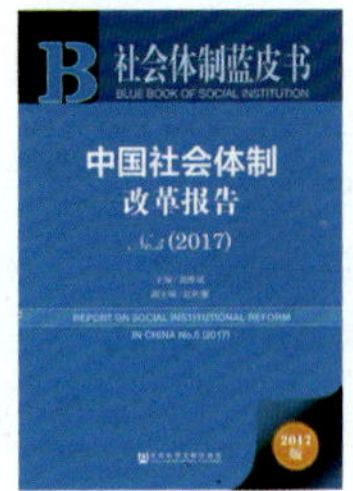

社会体制蓝皮书

中国社会体制改革报告 No.5（2017）

龚维斌 / 主编　2017年3月出版　定价：89.00元

◆ 本书由国家行政学院社会治理研究中心和北京师范大学中国社会管理研究院共同组织编写，主要对2016年社会体制改革情况进行回顾和总结，对2017年的改革走向进行分析，提出相关政策建议。

社会心态蓝皮书

中国社会心态研究报告（2017）

王俊秀 杨宜音 / 主编 2017 年 12 月出版 估价：89.00 元

◆ 本书是中国社会科学院社会学研究所社会心理研究中心“社会心态蓝皮书课题组”的年度研究成果，运用社会心理学、社会学、经济学、传播学等多种学科的方法进行了调查和研究，对于目前中国社会心态状况有较广泛和深入的揭示。

生态城市绿皮书

中国生态城市建设发展报告（2017）

刘举科 孙伟平 胡文臻 / 主编 2017 年 10 月出版 估价：118.00 元

◆ 报告以绿色发展、循环经济、低碳生活、民生宜居为理念，以更新民众观念、提供决策咨询、指导工程实践、引领绿色发展为宗旨，试图探索一条具有中国特色的城市生态文明建设新路。

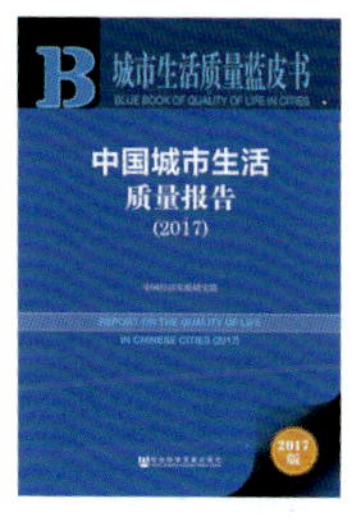

城市生活质量蓝皮书

中国城市生活质量报告（2017）

中国经济实验研究院 / 主编 2018 年 2 月出版 估价：89.00 元

◆ 本书对全国 35 个城市居民的生活质量主观满意度进行了电话调查，同时对 35 个城市居民的客观生活质量指数进行了计算，为中国城市居民生活质量的提升，提出了针对性的政策建议。

公共服务蓝皮书

中国城市基本公共服务力评价（2017）

钟君 刘志昌 吴正杲 / 主编 2017 年 12 月出版 估价：89.00 元

◆ 中国社会科学院经济与社会建设研究室与华图政信调查组成联合课题组，从 2010 年开始对基本公共服务力进行研究，研创了基本公共服务力评价指标体系，为政府考核公共服务与社会管理工作提供了理论工具。

行业报告类

行业报告类皮书立足重点行业、新兴行业领域，
提供及时、前瞻的数据与信息

企业社会责任蓝皮书

中国企业社会责任研究报告（2017）

黄群慧　钟宏武　张蒽　翟利峰 / 著　2017 年 10 月出版　估价：89.00 元

◆　本书剖析了中国企业社会责任在 2016 ~ 2017 年度的最新发展特征，详细解读了省域国有企业在社会责任方面的阶段性特征，生动呈现了国内外优秀企业的社会责任实践。 对了解中国企业社会责任履行现状、未来发展，以及推动社会责任建设有重要的参考价值。

新能源汽车蓝皮书

中国新能源汽车产业发展报告（2017）

中国汽车技术研究中心　日产（中国）投资有限公司

东风汽车有限公司 / 编著　2017 年 8 月出版　定价：98.00 元

◆　本书对中国 2016 年新能源汽车产业发展进行了全面系统的分析，并介绍了国外的发展经验。有助于相关机构、行业和社会公众等了解中国新能源汽车产业发展的最新动态，为政府部门出台新能源汽车产业相关政策法规、企业制定相关战略规划，提供必要的借鉴和参考。

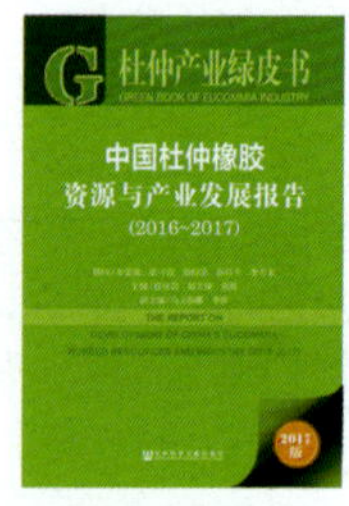

杜仲产业绿皮书

中国杜仲橡胶资源与产业发展报告（2016 ~ 2017）

杜红岩　胡文臻　俞锐 / 主编　2017 年 11 月出版　估价：85.00 元

◆　本书对 2016 年杜仲产业的发展情况、研究团队在杜仲研究方面取得的重要成果、部分地区杜仲产业发展的具体情况、杜仲新标准的制定情况等进行了较为详细的分析与介绍，使广大关心杜仲产业发展的读者能够及时跟踪产业最新进展。

企业蓝皮书

中国企业绿色发展报告 No.2（2017）

李红玉　朱光辉 / 主编　　2017 年 11 月出版　　估价：89.00 元

◆ 本书深入分析中国企业能源消费、资源利用、绿色金融、绿色产品、绿色管理、信息化、绿色发展政策及绿色文化方面的现状，并对目前存在的问题进行研究，剖析因果，谋划对策，为企业绿色发展提供借鉴，为中国生态文明建设提供支撑。

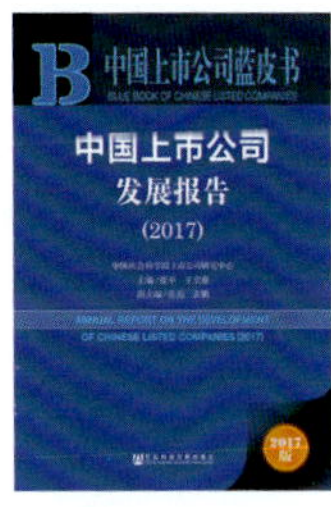

中国上市公司蓝皮书

中国上市公司发展报告（2017）

张平　王宏淼 / 主编　　2017 年 9 月出版　　定价：98.00 元

◆ 本书由中国社会科学院上市公司研究中心组织编写的，着力于全面、真实、客观反映当前中国上市公司财务状况和价值评估的综合性年度报告。本书详尽分析了 2016 年中国上市公司情况，特别是现实中暴露出的制度性、基础性问题，并对资本市场改革进行了探讨。

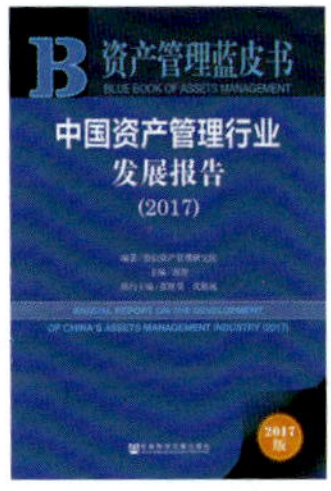

资产管理蓝皮书

中国资产管理行业发展报告（2017）

智信资产管理研究院 / 编著　　2017 年 7 月出版　　定价：98.00 元

◆ 中国资产管理行业刚刚兴起，未来将成为中国金融市场最有看点的行业。本书主要分析了 2016 年度资产管理行业的发展情况，同时对资产管理行业的未来发展做出科学的预测。

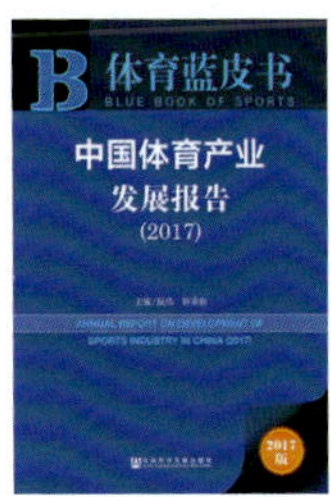

体育蓝皮书

中国体育产业发展报告（2017）

阮伟　钟秉枢 / 主编　　2017 年 12 月出版　　估价：89.00 元

◆ 本书运用多种研究方法，在体育竞赛业、体育用品业、体育场馆业、体育传媒业等传统产业研究的基础上，并对 2016 年体育领域内的各种热点事件进行研究和梳理，进一步拓宽了研究的广度、提升了研究的高度、挖掘了研究的深度。

国际问题类

国际问题类皮书关注全球重点国家与地区，
提供全面、独特的解读与研究

美国蓝皮书

美国研究报告（2017）

郑秉文　黄平 / 主编　2017 年 5 月出版　定价：89.00 元

◆　本书是由中国社会科学院美国研究所主持完成的研究成果，它回顾了美国 2016 年的经济、政治形势与外交战略，对 2017 年以来美国内政外交发生的重大事件及重要政策进行了较为全面的回顾和梳理。

日本蓝皮书

日本研究报告（2017）

杨伯江 / 主编　2017 年 6 月出版　定价：89.00 元

◆　本书对 2016 年日本的政治、经济、社会、外交等方面的发展情况做了系统介绍，对日本的热点及焦点问题进行了总结和分析，并在此基础上对该国 2017 年的发展前景做出预测。

亚太蓝皮书

亚太地区发展报告（2017）

李向阳 / 主编　2017 年 5 月出版　定价：79.00 元

◆　本书是中国社会科学院亚太与全球战略研究院的集体研究成果。2017 年的“亚太蓝皮书”继续关注中国周边环境的变化。该书盘点了 2016 年亚太地区的焦点和热点问题，为深入了解 2016 年及未来中国与周边环境的复杂形势提供了重要参考。

德国蓝皮书

德国发展报告（2017）

郑春荣 / 主编　2017 年 6 月出版　定价：79.00 元

◆　本报告由同济大学德国研究所组织编撰，由该领域的专家学者对德国的政治、经济、社会文化、外交等方面的形势发展情况，进行全面的阐述与分析。

日本经济蓝皮书

日本经济与中日经贸关系研究报告（2017）

张季风 / 编著　2017 年 6 月出版　定价：89.00 元

◆　本书系统、详细地介绍了 2016 年日本经济以及中日经贸关系发展情况，在进行了大量数据分析的基础上，对 2017 年日本经济以及中日经贸关系的大致发展趋势进行了分析与预测。

俄罗斯黄皮书

俄罗斯发展报告（2017）

李永全 / 编著　2017 年 6 月出版　定价：89.00 元

◆　本书系统介绍了 2016 年俄罗斯经济政治情况，并对 2016 年该地区发生的焦点、热点问题进行了分析与回顾；在此基础上，对该地区 2017 年的发展前景进行了预测。

非洲黄皮书

非洲发展报告 No.19（2016 ~ 2017）

张宏明 / 主编　2017 年 7 月出版　定价：89.00 元

◆　本书是由中国社会科学院西亚非洲研究所组织编撰的非洲形势年度报告，比较全面、系统地分析了 2016 年非洲政治形势和热点问题，探讨了非洲经济形势和市场走向，剖析了大国对非洲关系的新动向；此外，还介绍了国内非洲研究的新成果。

地方发展类

地方发展类皮书关注中国各省份、经济区域，
提供科学、多元的预判与资政信息

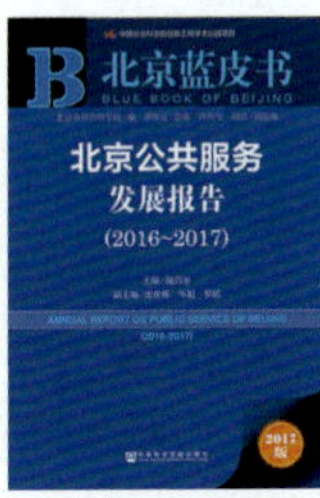

北京蓝皮书

北京公共服务发展报告（2016~2017）

施昌奎 / 主编　2017 年 3 月出版　定价：79.00 元

◆　本书是由北京市政府职能部门的领导、首都著名高校的教授、知名研究机构的专家共同完成的关于北京市公共服务发展与创新的研究成果。

河南蓝皮书

河南经济发展报告（2017）

张占仓　完世伟 / 主编　2017 年 4 月出版　定价：79.00 元

◆　本书以国内外经济发展环境和走向为背景，主要分析当前河南经济形势，预测未来发展趋势，全面反映河南经济发展的最新动态、热点和问题，为地方经济发展和领导决策提供参考。

广州蓝皮书

2017 年中国广州经济形势分析与预测

魏明海　谢博能　李华 / 主编　2017 年 6 月出版　定价：85.00 元

◆　本书由广州大学与广州市委政策研究室、广州市统计局联合主编，汇集了广州科研团体、高等院校和政府部门诸多经济问题研究专家、学者和实际部门工作者的最新研究成果，是关于广州经济运行情况和相关专题分析、预测的重要参考资料。

文化传媒类

文化传媒类皮书透视文化领域、文化产业，
探索文化大繁荣、大发展的路径

新媒体蓝皮书

中国新媒体发展报告 No.8（2017）

唐绪军 / 主编　2017 年 6 月出版　定价：79.00 元

◆　本书是由中国社会科学院新闻与传播研究所组织编写的关于新媒体发展的最新年度报告，旨在全面分析中国新媒体的发展现状，解读新媒体的发展趋势，探析新媒体的深刻影响。

移动互联网蓝皮书

中国移动互联网发展报告（2017）

余清楚 / 主编　2017 年 6 月出版　定价：98.00 元

◆　本书着眼于对 2016 年度中国移动互联网的发展情况做深入解析，对未来发展趋势进行预测，力求从不同视角、不同层面全面剖析中国移动互联网发展的现状、年度突破及热点趋势等。

传媒蓝皮书

中国传媒产业发展报告（2017）

崔保国 / 主编　2017 年 5 月出版　定价：98.00 元

◆　“传媒蓝皮书”连续十多年跟踪观察和系统研究中国传媒产业发展。本报告在对传媒产业总体以及各细分行业发展状况与趋势进行深入分析基础上，对年度发展热点进行跟踪，剖析新技术引领下的商业模式，对传媒各领域发展趋势、内体经营、传媒投资进行解析，为中国传媒产业正在发生的变革提供前瞻行参考。

经济类

“三农”互联网金融蓝皮书
中国“三农”互联网金融发展报告（2017）
著(编)者：李勇坚 王弢　2017年8月出版 / 估价：98.00元
PSN B-2016-561-1/1

“一带一路”投资安全蓝皮书
中国“一带一路”投资与安全研究报告（2017）
著(编)者：邹统钎 梁昊光　2017年4月出版 / 定价：89.00元
PSN B-2017-612-1/1

G20国家创新竞争力黄皮书
二十国集团（G20）国家创新竞争力发展报告（2016~2017）
著(编)者：李建平 李闽榕 赵新力 周天勇
2017年8月出版 / 估价：158.00元
PSN Y-2011-229-1/1

产业蓝皮书
中国产业竞争力报告（2017）No.7
著(编)者：张其仔　2017年12月出版 / 估价：98.00元
PSN B-2010-175-1/1

城市创新蓝皮书
中国城市创新报告（2017）
著(编)者：周天勇 旷建伟　2017年11月出版 / 估价：89.00元
PSN B-2013-340-1/1

城市蓝皮书
中国城市发展报告 No.10
著(编)者：潘家华 单菁菁　2017年9月出版 / 估价：89.00元
PSN B-2007-091-1/1

城乡一体化蓝皮书
中国城乡一体化发展报告（2016~2017）
著(编)者：汝信 付崇兰　2017年7月出版 / 估价：85.00元
PSN B-2011-226-1/2

城镇化蓝皮书
中国新型城镇化健康发展报告（2017）
著(编)者：张占斌　2017年11月出版 / 估价：89.00元
PSN B-2014-396-1/1

创新蓝皮书
创新型国家建设报告（2016~2017）
著(编)者：詹正茂　2017年12月出版 / 估价：89.00元
PSN B-2009-140-1/1

创业蓝皮书
中国创业发展报告（2016~2017）
著(编)者：黄群慧 赵卫星 钟宏武等
2017年11月出版 / 估价：89.00元
PSN B-2016-578-1/1

低碳发展蓝皮书
中国低碳发展报告（2017）
著(编)者：张希良 齐晔　2017年6月出版 / 定价：79.00元
PSN B-2011-223-1/1

低碳经济蓝皮书
中国低碳经济发展报告（2017）
著(编)者：薛进军 赵忠秀　2017年7月出版 / 估价：85.00元
PSN B-2011-194-1/1

东北蓝皮书
中国东北地区发展报告（2017）
著(编)者：姜晓秋　2017年2月出版 / 定价：79.00元
PSN B-2006-067-1/1

发展与改革蓝皮书
中国经济发展和体制改革报告No.8
著(编)者：邹东涛 王再文　2017年7月出版 / 估价：98.00元
PSN B-2008-122-1/1

工业化蓝皮书
中国工业化进程报告（1999~2015）
著(编)者：黄群慧 李芳芳 等
2017年5月出版 / 定价：158.00元
PSN B-2007-095-1/1

管理蓝皮书
中国管理发展报告（2017）
著(编)者：张晓东　2017年10月出版 / 估价：98.00元
PSN B-2014-416-1/1

国际城市蓝皮书
国际城市发展报告（2017）
著(编)者：屠启宇　2017年2月出版 / 定价：79.00元
PSN B-2012-260-1/1

国家创新蓝皮书
中国创新发展报告（2017）
著(编)者：陈劲　2018年3月出版 / 估价：89.00元
PSN B-2014-370-1/1

金融蓝皮书
中国金融发展报告（2017）
著(编)者：王国刚　2017年2月出版 / 定价：79.00元
PSN B-2004-031-1/6

京津冀金融蓝皮书
京津冀金融发展报告（2017）
著(编)者：王爱俭 李向前
2017年7月出版 / 估价：89.00元
PSN B-2016-528-1/1

京津冀蓝皮书
京津冀发展报告（2017）
著(编)者：祝合良 叶堂林 张贵祥 等
2017年4月出版 / 估价：89.00元
PSN B-2012-262-1/1

经济蓝皮书
2017年中国经济形势分析与预测
著(编)者：李扬　2017年1月出版 / 定价：89.00元
PSN B-1996-001-1/1

经济蓝皮书·春季号
2017年中国经济前景分析
著(编)者：李扬　2017年5月出版 / 定价：79.00元
PSN B-1999-008-1/1

经济蓝皮书·夏季号
中国经济增长报告（2016~2017）
著(编)者：李扬　2017年9月出版 / 估价：98.00元
PSN B-2010-176-1/1

经济信息绿皮书
中国与世界经济发展报告（2017）
著(编)者：杜平　2017年12月出版 / 定价：89.00元
PSN G-2003-023-1/1

就业蓝皮书
2017年中国本科生就业报告
著(编)者：麦可思研究院　2017年6月出版 / 定价：98.00元
PSN B-2009-146-1/2

就业蓝皮书
2017年中国高职高专生就业报告
著(编)者：麦可思研究院　2017年6月出版 / 定价：98.00元
PSN B-2015-472-2/2

科普能力蓝皮书
中国科普能力评价报告（2017）
著(编)者：李富 强李群　2017年8月出版 / 估价：89.00元
PSN B-2016-556-1/1

临空经济蓝皮书
中国临空经济发展报告（2017）
著(编)者：连玉明　2017年9月出版 / 估价：89.00元
PSN B-2014-421-1/1

农村绿皮书
中国农村经济形势分析与预测（2016～2017）
著(编)者：魏后凯 黄秉信
2017年4月出版 / 定价：79.00元
PSN G-1998-003-1/1

农业应对气候变化蓝皮书
气候变化对中国农业影响评估报告 No.3
著(编)者：矫梅燕　2017年8月出版 / 估价：98.00元
PSN B-2014-413-1/1

气候变化绿皮书
应对气候变化报告（2017）
著(编)者：王伟光 郑国光　2017年11月出版 / 估价：89.00元
PSN G-2009-144-1/1

区域蓝皮书
中国区域经济发展报告（2016～2017）
著(编)者：赵弘　2017年5月出版 / 定价：79.00元
PSN B-2004-034-1/1

全球环境竞争力绿皮书
全球环境竞争力报告（2017）
著(编)者：李建平 李闽榕 王金南
2017年12月出版 / 估价：198.00元
PSN G-2013-363-1/1

人口与劳动绿皮书
中国人口与劳动问题报告 No.18
著(编)者：蔡昉 张车伟　2017年11月出版 / 估价：89.00元
PSN G-2000-012-1/1

商务中心区蓝皮书
中国商务中心区发展报告 No.3（2016）
著(编)者：李国红 单菁菁　2017年9月出版 / 估价：98.00元
PSN B-2015-444-1/1

世界经济黄皮书
2017年世界经济形势分析与预测
著(编)者：张宇燕　2017年1月出版 / 定价：89.00元
PSN Y-1999-006-1/1

世界旅游城市绿皮书
世界旅游城市发展报告（2017）
著(编)者：宋宇　2017年7月出版 / 估价：128.00元
PSN G-2014-400-1/1

土地市场蓝皮书
中国农村土地市场发展报告（2016～2017）
著(编)者：李光荣　2017年7月出版 / 估价：89.00元
PSN B-2016-527-1/1

西北蓝皮书
中国西北发展报告（2017）
著(编)者：任宗哲 白宽犁 王建康
2017年4月出版 / 定价：88.00元
PSN B-2012-261-1/1

西部蓝皮书
中国西部发展报告（2017）
著(编)者：徐璋勇　2017年8月出版 / 定价：89.00元
PSN B-2005-039-1/1

新型城镇化蓝皮书
新型城镇化发展报告（2017）
著(编)者：李伟 宋敏 沈体雁　2018年7月出版 / 估价：98.00元
PSN B-2014-431-1/1

新兴经济体蓝皮书
金砖国家发展报告（2017）
著(编)者：林跃勤 周文　2017年12月出版 / 估价：89.00元
PSN B-2011-195-1/1

长三角蓝皮书
2017年创新融合发展的长三角
著(编)者：王庆五　2018年3月出版 / 估价：88.00元
PSN B-2005-038-1/1

中部竞争力蓝皮书
中国中部经济社会竞争力报告（2017）
著(编)者：教育部人文社会科学重点研究基地
南昌大学中国中部经济社会发展研究中心
2017年12月出版 / 估价：89.00元
PSN B-2012-276-1/1

中部蓝皮书
中国中部地区发展报告（2017）
著(编)者：宋亚平　2017年12月出版 / 估价：88.00元
PSN B-2007-089-1/1

中国省域竞争力蓝皮书
中国省域经济综合竞争力发展报告（2017）
著(编)者：李建平 李闽榕 高燕京
2017年2月出版 / 定价：198.00元
PSN B-2007-088-1/1

中三角蓝皮书
长江中游城市群发展报告（2017）
著(编)者：秦尊文　2017年9月出版 / 估价：89.00元
PSN B-2014-417-1/1

中小城市绿皮书
中国中小城市发展报告（2017）
著(编)者：中国城市经济学会中小城市经济发展委员会
中国城镇化促进会中小城市发展委员会
《中国中小城市发展报告》编纂委员会
中小城市发展战略研究院
2017年11月出版 / 估价：128.00元
PSN G-2010-161-1/1

中原蓝皮书
中原经济区发展报告（2017）
著(编)者：李英杰　2017年7月出版 / 估价：88.00元
PSN B-2011-192-1/1

自贸区蓝皮书
中国自贸区发展报告（2017）
著(编)者：王力 黄育华　2017年6月出版 / 定价：89.00元
PSN B-2016-559-1/1

社会政法类

北京蓝皮书
中国社区发展报告（2017）
著(编)者：于燕燕　　2018年4月出版 / 估价：89.00元
PSN B-2007-083-5/8

殡葬绿皮书
中国殡葬事业发展报告（2017）
著(编)者：李伯森　　2017年11月出版 / 估价：158.00元
PSN G-2010-180-1/1

城市管理蓝皮书
中国城市管理报告（2016~2017）
著(编)者：刘林　刘承水　2017年7月出版 / 估价：158.00元
PSN B-2013-336-1/1

城市生活质量蓝皮书
中国城市生活质量报告（2017）
著(编)者：中国经济实验研究院
2018年2月出版 / 估价：89.00元
PSN B-2013-326-1/1

城市政府能力蓝皮书
中国城市政府公共服务能力评估报告（2017）
著(编)者：何艳玲　　2017年7月出版 / 估价：89.00元
PSN B-2013-338-1/1

慈善蓝皮书
中国慈善发展报告（2017）
著(编)者：杨团　　2017年6月出版 / 定价：98.00元
PSN B-2009-142-1/1

党建蓝皮书
党的建设研究报告 No.2（2017）
著(编)者：崔建民　陈东平　　2017年7月出版 / 估价：89.00元
PSN B-2016-524-1/1

地方法治蓝皮书
中国地方法治发展报告 No.3（2017）
著(编)者：李林　田禾　　2017年7出版 / 估价：108.00元
PSN B-2015-442-1/1

法治蓝皮书
中国法治发展报告 No.15（2017）
著(编)者：李林 田禾　　2017年3月出版 / 定价：118.00元
PSN B-2004-027-1/1

法治政府蓝皮书
中国法治政府发展报告（2017）
著(编)者：中国政法大学法治政府研究院
2018年4月出版 / 估价：98.00元
PSN B-2015-502-1/2

法治政府蓝皮书
中国法治政府评估报告（2017）
著(编)者：中国政法大学法治政府研究院
2017年11月出版 / 估价：98.00元
PSN B-2016-577-2/2

法治蓝皮书
中国法院信息化发展报告 No.1（2017）
著(编)者：李林 田禾　　2017年2月出版 / 定价：108.00元
PSN B-2017-604-3/3

反腐倡廉蓝皮书
中国反腐倡廉建设报告 No.7
著(编)者：张英伟　　2017年12月出版 / 估价：89.00元
PSN B-2012-259-1/1

非传统安全蓝皮书
中国非传统安全研究报告（2016~2017）
著(编)者：余潇枫 魏志江　　2017年7月出版 / 估价：89.00元
PSN B-2012-273-1/1

妇女发展蓝皮书
中国妇女发展报告 No.7
著(编)者：王金玲　　2017年9月出版 / 估价：148.00元
PSN B-2006-069-1/1

妇女教育蓝皮书
中国妇女教育发展报告 No.4
著(编)者：张李玺　　2017年10月出版 / 估价：78.00元
PSN B-2008-121-1/1

妇女绿皮书
中国性别平等与妇女发展报告（2017）
著(编)者：谭琳　　2017年12月出版 / 估价：99.00元
PSN G-2006-073-1/1

公共服务蓝皮书
中国城市基本公共服务力评价（2017）
著(编)者：钟君 刘志昌 吴正杲　　2017年12月出版 / 估价：89.00
PSN B-2011-214-1/1

公民科学素质蓝皮书
中国公民科学素质报告（2016~2017）
著(编)者：李群　陈雄　马宗文
2017年7月出版 / 估价：89.00元
PSN B-2014-379-1/1

公共关系蓝皮书
中国公共关系发展报告（2017）
著(编)者：柳斌杰　　2017年11月出版 / 估价：89.00元
PSN B-2016-580-1/1

公益蓝皮书
中国公益慈善发展报告（2017）
著(编)者：朱健刚　　2018年4月出版 / 估价：118.00元
PSN B-2012-283-1/1

国际人才蓝皮书
中国国际移民报告（2017）
著(编)者：王辉耀　　2017年7月出版 / 估价：89.00元
PSN B-2012-304-3/4

国际人才蓝皮书
中国留学发展报告（2017）No.5
著(编)者：王辉耀 苗绿　　2017年10月出版 / 估价：89.00元
PSN B-2012-244-2/4

海关发展蓝皮书
中国海关发展前沿报告
著(编)者：干春晖　　2017年6月出版 / 定价：89.00元
PSN B-2017-616-1/1

海洋社会蓝皮书
中国海洋社会发展报告（2017）
著(编)者：崔凤 宋宁而　2018年3月出版 / 估价：89.00元
PSN B-2015-478-1/1

行政改革蓝皮书
中国行政体制改革报告（2017）No.6
著(编)者：魏礼群　2017年7月出版 / 估价：98.00元
PSN B-2011-231-1/1

华侨华人蓝皮书
华侨华人研究报告（2017）
著(编)者：贾益民　2017年12月出版 / 估价：128.00元
PSN B-2011-204-1/1

环境竞争力绿皮书
中国省域环境竞争力发展报告（2017）
著(编)者：李建平 李闽榕 王金南
2017年11月出版 / 估价：198.00元
PSN G-2010-165-1/1

环境绿皮书
中国环境发展报告（2016~2017）
著(编)者：李波　2017年4月出版 / 定价：89.00元
PSN G-2006-048-1/1

基金会蓝皮书
中国基金会发展报告（2016~2017）
著(编)者：中国基金会发展报告课题组
2017年7月出版 / 估价：85.00元
PSN B-2013-368-1/1

基金会绿皮书
中国基金会发展独立研究报告（2017）
著(编)者：基金会中心网 中央民族大学基金会研究中心
2017年7月出版 / 估价：88.00元
PSN G-2011-213-1/1

基金会透明度蓝皮书
中国基金会透明度发展研究报告（2017）
著(编)者：基金会中心网 清华大学廉政与治理研究中心
2017年12月出版 / 估价：89.00元
PSN B-2015-509-1/1

家庭蓝皮书
中国“创建幸福家庭活动”评估报告（2017）
国务院发展研究中心“创建幸福家庭活动评估”课题组著
2017年8月出版 / 估价：89.00元
PSN B-2015-508-1/1

健康城市蓝皮书
中国健康城市建设研究报告（2017）
著(编)者：王鸿春 解树江 盛继洪
2017年9月出版 / 估价：89.00元
PSN B-2016-565-2/2

健康中国蓝皮书
社区首诊与健康中国分析报告（2017）
著(编)者：高和荣 杨叔禹 姜杰
2017年4月出版 / 定价：99.00元
PSN B-2017-611-1/1

教师蓝皮书
中国中小学教师发展报告（2017）
著(编)者：曾晓东 鱼霞　2017年7月出版 / 估价：89.00元
PSN B-2012-289-1/1

教育蓝皮书
中国教育发展报告（2017）
著(编)者：杨东平　2017年4月出版 / 定价：89.00元
PSN B-2006-047-1/1

京津冀教育蓝皮书
京津冀教育发展研究报告（2016~2017）
著(编)者：方中雄　2017年4月出版 / 定价：98.00元
PSN B-2017-608-1/1

科普蓝皮书
国家科普能力发展报告（2016~2017）
著(编)者：王康友　2017年5月出版 / 定价：128.00元
PSN B-2017-631-1/1

科普蓝皮书
中国基层科普发展报告（2016~2017）
著(编)者：赵立 新陈玲　2017年9月出版 / 估价：89.00元
PSN B-2016-569-3/3

科普蓝皮书
中国科普基础设施发展报告（2017）
著(编)者：任福君　2017年7月出版 / 估价：89.00元
PSN B-2010-174-1/3

科普蓝皮书
中国科普人才发展报告（2017）
著(编)者：郑念 任嵘嵘　2017年7月出版 / 估价：98.00元
PSN B-2015-512-2/3

科学教育蓝皮书
中国科学教育发展报告（2017）
著(编)者：罗晖 王康友　2017年10月出版 / 估价：89.00元
PSN B-2015-487-1/1

劳动保障蓝皮书
中国劳动保障发展报告（2017）
著(编)者：刘燕斌　2017年9月出版 / 估价：188.00元
PSN B-2014-415-1/1

老龄蓝皮书
中国老年宜居环境发展报告（2017）
著(编)者：党俊武 周燕珉　2017年11月出版 / 估价：89.00元
PSN B-2013-320-1/1

连片特困区蓝皮书
中国连片特困区发展报告（2016~2017）
著(编)者：游俊 冷志明 丁建军
2017年4月出版 / 定价：98.00元
PSN B-2013-321-1/1

流动儿童蓝皮书
中国流动儿童教育发展报告（2016）
著(编)者：杨东平　2017年1月出版 / 定价：79.00元
PSN B-2017-600-1/1

民调蓝皮书
中国民生调查报告（2017）
著(编)者：谢耘耕　2017年12月出版 / 估价：98.00元
PSN B-2014-398-1/1

民族发展蓝皮书
中国民族发展报告（2017）
著(编)者：郝时远 王延中 王希恩
2017年4月出版 / 估价：98.00元
PSN B-2006-070-1/1

女性生活蓝皮书
中国女性生活状况报告 No.11（2017）
著(编)者：韩湘景　2017年10月出版 / 估价：98.00元
PSN B-2006-071-1/1

汽车社会蓝皮书
中国汽车社会发展报告（2017）
著(编)者：王俊秀　2017年12月出版 / 估价：89.00元
PSN B-2011-224-1/1

青年蓝皮书
中国青年发展报告（2017）No.3
著(编)者：廉思 等　2017年12月出版 / 估价：89.00元
PSN B-2013-333-1/1

青少年蓝皮书
中国未成年人互联网运用报告（2017）
著(编)者：李文革 沈洁 季为民
2017年11月出版 / 估价：89.00元
PSN B-2010-165-1/1

青少年体育蓝皮书
中国青少年体育发展报告（2017）
著(编)者：郭建军 戴健　2017年9月出版 / 估价：89.00元
PSN B-2015-482-1/1

群众体育蓝皮书
中国群众体育发展报告（2017）
著(编)者：刘国永 杨桦　2017年12月出版 / 估价：89.00元
PSN B-2016-519-2/3

人权蓝皮书
中国人权事业发展报告 No.7（2017）
著(编)者：李君如　2017年9月出版 / 估价：98.00元
PSN B-2011-215-1/1

社会保障绿皮书
中国社会保障发展报告（2017）No.8
著(编)者：王延中　2017年7月出版 / 估价：98.00元
PSN G-2001-014-1/1

社会风险评估蓝皮书
风险评估与危机预警评估报告（2017）
著(编)者：唐钧　2017年11月出版 / 估价：85.00元
PSN B-2016-521-1/1

社会管理蓝皮书
中国社会管理创新报告 No.5
著(编)者：连玉明　2017年11月出版 / 估价：89.00元
PSN B-2012-300-1/1

社会蓝皮书
2017年中国社会形势分析与预测
著(编)者：李培林 陈光金 张翼
2016年12月出版 / 定价：89.00元
PSN B-1998-002-1/1

社会体制蓝皮书
中国社会体制改革报告No.5（2017）
著(编)者：龚维斌　2017年3月出版 / 定价：89.00元
PSN B-2013-330-1/1

社会心态蓝皮书
中国社会心态研究报告（2017）
著(编)者：王俊秀 杨宜音　2017年12月出版 / 估价：89.00元
PSN B-2011-199-1/1

社会组织蓝皮书
中国社会组织发展报告（2016~2017）
著(编)者：黄晓勇　2017年1月出版 / 定价：89.00元
PSN B-2008-118-1/2

社会组织蓝皮书
中国社会组织评估发展报告（2017）
著(编)者：徐家良 廖鸿　2017年12月出版 / 估价：89.00元
PSN B-2013-366-1/1

生态城市绿皮书
中国生态城市建设发展报告（2017）
著(编)者：刘举科 孙伟平 胡文臻
2017年9月出版 / 估价：118.00元
PSN G-2012-269-1/1

生态文明绿皮书
中国省域生态文明建设评价报告（ECI 2017）
著(编)者：严耕　2017年12月出版 / 估价：98.00元
PSN G-2010-170-1/1

土地整治蓝皮书
中国土地整治发展研究报告 No.4
著(编)者：国土资源部土地整治中心
2017年7月出版 / 定价：89.00元
PSN B-2014-401-1/1

土地政策蓝皮书
中国土地政策研究报告（2017）
著(编)者：高延利 李宪文
2017年12月出版 / 定价：89.00元
PSN B-2015-506-1/1

退休生活蓝皮书
中国城市居民退休生活质量指数报告（2016）
著(编)者：杨一凡　2017年5月出版 / 定价：79.00元
PSN B-2017-618-1/1

遥感监测绿皮书
中国可持续发展遥感监测报告（2016）
著(编)者：顾行发 李闽榕 徐东华
2017年6月出版 / 定价：298.00元
PSN B-2017-629-1/1

医改蓝皮书
中国医药卫生体制改革报告（2017）
著(编)者：文学国 房志武 2017年11月出版 / 估价：98.00元
PSN B-2014-432-1/1

医疗卫生绿皮书
中国医疗卫生发展报告 No.7（2017）
著(编)者：申宝忠 韩玉珍 2017年11月出版 / 估价：85.00元
PSN G-2004-033-1/1

应急管理蓝皮书
中国应急管理报告（2017）
著(编)者：宋英华 2017年9月出版 / 估价：98.00元
PSN B-2016-563-1/1

政治参与蓝皮书
中国政治参与报告（2017）
著(编)者：房宁 2017年8月出版 / 定价：118.00元
PSN B-2011-200-1/1

宗教蓝皮书
中国宗教报告（2016）
著(编)者：邱永辉 2017年8月出版 / 定价：79.00元
PSN B-2008-117-1/1

行业报告类

SUV蓝皮书
中国SUV市场发展报告（2016~2017）
著(编)者：靳军 2017年9月出版 / 估价：89.00元
PSN B-2016-572-1/1

保健蓝皮书
中国保健服务产业发展报告 No.2
著(编)者：中国保健协会 中共中央党校
2017年7月出版 / 估价：198.00元
PSN B-2012-272-3/3

保健蓝皮书
中国保健食品产业发展报告 No.2
著(编)者：中国保健协会
中国社会科学院食品药品产业发展与监管研究中心
2017年7月出版 / 估价：198.00元
PSN B-2012-271-2/3

保健蓝皮书
中国保健用品产业发展报告 No.2
著(编)者：中国保健协会
国务院国有资产监督管理委员会研究中心
2017年7月出版 / 估价：198.00元
PSN B-2012-270-1/3

保险蓝皮书
中国保险业竞争力报告（2017）
著(编)者：保监会 2017年12月出版 / 估价：99.00元
PSN B-2013-311-1/1

冰雪蓝皮书
中国滑雪产业发展报告（2017）
著(编)者：孙承华 伍斌 魏庆华 张鸿俊
2017年9月出版 / 定价：79.00元
PSN B-2016-560-1/1

彩票蓝皮书
中国彩票发展报告（2017）
著(编)者：益彩基金 2017年7月出版 / 估价：98.00元
PSN B-2015-462-1/1

餐饮产业蓝皮书
中国餐饮产业发展报告（2017）
著(编)者：邢颖 2017年6月出版 / 定价：98.00元
PSN B-2009-151-1/1

测绘地理信息蓝皮书
新常态下的测绘地理信息研究报告（2017）
著(编)者：库热西・买合苏提
2017年12月出版 / 估价：118.00元
PSN B-2009-145-1/1

茶业蓝皮书
中国茶产业发展报告（2017）
著(编)者：杨江帆 李闽榕 2017年10月出版 / 估价：88.00元
PSN B-2010-164-1/1

产权市场蓝皮书
中国产权市场发展报告（2016~2017）
著(编)者：曹和平 2017年5月出版 / 估价：89.00元
PSN B-2009-147-1/1

产业安全蓝皮书
中国出版传媒产业安全报告（2016~2017）
著(编)者：北京印刷学院文化产业安全研究院
2017年7月出版 / 估价：89.00元
PSN B-2014-384-13/14

产业安全蓝皮书
中国文化产业安全报告（2017）
著(编)者：北京印刷学院文化产业安全研究院
2017年12月出版 / 估价：89.00元
PSN B-2014-378-12/14

产业安全蓝皮书
中国新媒体产业安全报告（2017）
著(编)者：肖丽
2018年6月出版 / 估价：89.00元
PSN B-2015-500-14/14

城投蓝皮书
中国城投行业发展报告（2017）
著(编)者：王晨艳 丁伯康 2017年9月出版 / 定价：300.00元
PSN B-2016-514-1/1

电子政务蓝皮书
中国电子政务发展报告（2016~2017）
著(编)者：李季 杜平 2017年7月出版 / 估价：89.00元
PSN B-2003-022-1/1

大数据蓝皮书
中国大数据发展报告No.1
著(编)者：连玉明 2017年5月出版 / 定价：79.00元
PSN B-2017-620-1/1

杜仲产业绿皮书
中国杜仲橡胶资源与产业发展报告（2016～2017）
著(编)者：杜红岩 胡文臻 俞锐
2017年11月出版 / 估价：85.00元
PSN G-2013-350-1/1

对外投资与风险蓝皮书
中国对外直接投资与国家风险报告（2017）
著(编)者：中债资信评估有限公司
中国社科院世界经济与政治研究所
2017年4月出版 / 定价：189.00元
PSN B-2017-606-1/1

房地产蓝皮书
中国房地产发展报告 No.14（2017）
著(编)者：李春华 王业强 2017年5月出版 / 定价：89.00元
PSN B-2004-028-1/1

服务外包蓝皮书
中国服务外包产业发展报告（2017）
著(编)者：王晓红 刘德军
2017年7月出版 / 估价：89.00元
PSN B-2013-331-2/2

服务外包蓝皮书
中国服务外包竞争力报告（2017）
著(编)者：王力 刘春生 黄育华
2017年11月出版 / 估价：85.00元
PSN B-2011-216-1/2

工业和信息化蓝皮书
世界网络安全发展报告（2016~2017）
著(编)者：尹丽波 2017年6月出版 / 定价：89.00元
PSN B-2015-452-5/6

工业和信息化蓝皮书
世界信息化发展报告（2016~2017）
著(编)者：尹丽波 2017年6月出版 / 定价：89.00元
PSN B-2015-451-4/6

工业和信息化蓝皮书
世界信息技术产业发展报告（2016~2017）
著(编)者：尹丽波 2017年6月出版 / 定价：89.00元
PSN B-2015-449-2/6

工业和信息化蓝皮书
移动互联网产业发展报告（2016~2017）
著(编)者：尹丽波 2017年6月出版 / 定价：89.00元
PSN B-2015-448-1/6

工业和信息化蓝皮书
战略性新兴产业发展报告（2016~2017）
著(编)者：尹丽波 2017年6月出版 / 定价：89.00元
PSN B-2015-450-3/6

工业和信息化蓝皮书
世界智慧城市发展报告（2016~2017）
著(编)者：尹丽波 2017年6月出版 / 定价：89.00元
PSN B-2017-624-6/6

工业和信息化蓝皮书
人工智能发展报告（2016~2017）
著(编)者：尹丽波 2017年6月出版 / 定价：89.00元
PSN B-2015-448-1/6

工业设计蓝皮书
中国工业设计发展报告（2017）
著(编)者：王晓红 于炜 张立群
2017年9月出版 / 估价：138.00元
PSN B-2014-420-1/1

黄金市场蓝皮书
中国商业银行黄金业务发展报告（2016~2017）
著(编)者：平安银行 2017年7月出版 / 估价：98.00元
PSN B-2016-525-1/1

互联网金融蓝皮书
中国互联网金融发展报告（2017）
著(编)者：李东荣 2017年9月出版 / 定价：128.00元
PSN B-2014-374-1/1

互联网医疗蓝皮书
中国互联网健康医疗发展报告（2017）
著(编)者：芮晓武 2017年6月出版 / 定价：89.00元
PSN B-2016-568-1/1

会展蓝皮书
中外会展业动态评估年度报告（2017）
著(编)者：张敏 2017年7月出版 / 估价：88.00元
PSN B-2013-327-1/1

金融监管蓝皮书
中国金融监管报告（2017）
著(编)者：胡滨 2017年5月出版 / 定价：89.00元
PSN B-2012-281-1/1

金融信息服务蓝皮书
中国金融信息服务发展报告（2017）
著(编)者：李平 2017年5月出版 / 定价：79.00元
PSN B-2017-621-1/1

金融蓝皮书
中国金融中心发展报告（2017）
著(编)者：王力 黄育华 2017年11月出版 / 估价：85.00元
PSN B-2011-186-6/6

建筑装饰蓝皮书
中国建筑装饰行业发展报告（2017）
著(编)者：刘晓一 葛道顺 2017年11月出版 / 估价：198.00元
PSN B-2016-554-1/1

客车蓝皮书
中国客车产业发展报告（2016~2017）
著(编)者：姚蔚　2017年10月出版 / 估价：85.00元
PSN B-2013-361-1/1

旅游安全蓝皮书
中国旅游安全报告（2017）
著(编)者：郑向敏 谢朝武　2017年5月出版 / 定价：128.00元
PSN B-2012-280-1/1

旅游绿皮书
2016~2017年中国旅游发展分析与预测
著(编)者：宋瑞　2017年2月出版 / 定价：89.00元
PSN G-2002-018-1/1

煤炭蓝皮书
中国煤炭工业发展报告（2017）
著(编)者：岳福斌　2017年12月出版 / 估价：85.00元
PSN B-2008-123-1/1

民营企业社会责任蓝皮书
中国民营企业社会责任报告（2017）
著(编)者：中华全国工商业联合会
2017年12月出版 / 估价：89.00元
PSN B-2015-510-1/1

民营医院蓝皮书
中国民营医院发展报告（2017）
著(编)者：庄一强　2017年10月出版 / 估价：85.00元
PSN B-2012-299-1/1

闽商蓝皮书
闽商发展报告（2017）
著(编)者：李闽榕 王日根 林琛
2017年12月出版 / 估价：89.00元
PSN B-2012-298-1/1

能源蓝皮书
中国能源发展报告（2017）
著(编)者：崔民选 王军生 陈义和
2017年10月出版 / 估价：98.00元
PSN B-2006-049-1/1

农产品流通蓝皮书
中国农产品流通产业发展报告（2017）
著(编)者：贾敬敦 张东科 张玉玺 张鹏毅 周伟
2017年7月出版 / 估价：89.00元
PSN B-2012-288-1/1

企业公益蓝皮书
中国企业公益研究报告（2017）
著(编)者：钟宏武 汪杰 顾一 黄晓娟 等
2017年12月出版 / 估价：89.00元
PSN B-2015-501-1/1

企业国际化蓝皮书
中国企业国际化报告（2017）
著(编)者：王辉耀　2017年11月出版 / 估价：98.00元
PSN B-2014-427-1/1

企业蓝皮书
中国企业绿色发展报告 No.2（2017）
著(编)者：李红玉 朱光辉　2017年11月出版 / 估价：89.00元
PSN B-2015-481-2/2

企业社会责任蓝皮书
中国企业社会责任研究报告（2017）
著(编)者：黄群慧 钟宏武 张蒽 翟利峰
2017年11月出版 / 估价：89.00元
PSN B-2009-149-1/1

企业社会责任蓝皮书
中资企业海外社会责任研究报告（2016~2017）
著(编)者：钟宏武 叶柳红 张蒽
2017年1月出版 / 定价：79.00元
PSN B-2017-603-2/2

汽车安全蓝皮书
中国汽车安全发展报告（2017）
著(编)者：中国汽车技术研究中心
2017年7月出版 / 估价：89.00元
PSN B-2014-385-1/1

汽车电子商务蓝皮书
中国汽车电子商务发展报告（2017）
著(编)者：中华全国工商业联合会汽车经销商商会
北京易观智库网络科技有限公司
2017年10月出版 / 估价：128.00元
PSN B-2015-485-1/1

汽车工业蓝皮书
中国汽车工业发展年度报告（2017）
著(编)者：中国汽车工业协会 中国汽车技术研究中心
丰田汽车（中国）投资有限公司
2017年5月出版 / 定价：128.00元
PSN B-2015-463-1/2

汽车工业蓝皮书
中国汽车零部件产业发展报告（2017）
著(编)者：中国汽车工业协会 中国汽车工程研究院
2017年月出版 / 估价：98.00元
PSN B-2016-515-2/2

汽车蓝皮书
中国汽车产业发展报告（2017）
著(编)者：国务院发展研究中心产业经济研究部
中国汽车工程学会 大众汽车集团（中国）
2017年8月出版 / 估价：98.00元
PSN B-2008-124-1/1

人力资源蓝皮书
中国人力资源发展报告（2017）
著(编)者：余兴安　2017年11月出版 / 估价：89.00元
PSN B-2012-287-1/1

融资租赁蓝皮书
中国融资租赁业发展报告（2016~2017）
著(编)者：李光荣 王力　2017年11月出版 / 估价：89.00元
PSN B-2015-443-1/1

商会蓝皮书
中国商会发展报告No.5（2017）
著(编)者：王钦敏　2017年7月出版 / 估价：89.00元
PSN B-2008-125-1/1

输血服务蓝皮书
中国输血行业发展报告（2017）
著(编)者：朱永明 耿鸿武　2016年12月出版 / 估价：89.00元
PSN B-2016-583-1/1

社会责任管理蓝皮书
中国上市公司社会责任能力成熟度报告（2017）No.2
著(编)者：肖红军 王晓光 李伟阳
2017年12月出版 / 估价：98.00元
PSN B-2015-507-2/2

社会责任管理蓝皮书
中国企业公众透明度报告(2017)No.3
著(编)者：黄速建 熊梦 王晓光 肖红军
2017年4月出版 / 估价：98.00元
PSN B-2015-440-1/2

食品药品蓝皮书
食品药品安全与监管政策研究报告（2016~2017）
著(编)者：唐民皓 2017年7月出版 / 估价：89.00元
PSN B-2009-129-1/1

世界茶业蓝皮书
世界茶业发展报告（2017）
著(编)者：李闽榕 冯廷栓 2017年5月出版 / 定价：118.00元
PSN B-2017-619-1/1

世界能源蓝皮书
世界能源发展报告（2017）
著(编)者：黄晓勇 2017年6月出版 / 定价：99.00元
PSN B-2013-349-1/1

水利风景区蓝皮书
中国水利风景区发展报告（2017）
著(编)者：谢婵才 兰思仁 2017年7月出版 / 估价：89.00元
PSN B-2015-480-1/1

碳市场蓝皮书
中国碳市场报告（2017）
著(编)者：定金彪 2017年11月出版 / 估价：89.00元
PSN B-2014-430-1/1

体育蓝皮书
中国体育产业发展报告（2017）
著(编)者：阮伟 钟秉枢 2017年12月出版 / 估价：89.00元
PSN B-2010-179-1/5

体育蓝皮书
中国体育产业基地发展报告（2015~2016）
著(编)者：李颖川 2017年4月出版 / 定价：89.00元
PSN B-2017-609-5/5

网络空间安全蓝皮书
中国网络空间安全发展报告（2017）
著(编)者：惠志斌 唐涛 2017年7月出版 / 估价：89.00元
PSN B-2015-466-1/1

西部金融蓝皮书
中国西部金融发展报告（2017）
著(编)者：李忠民 2017年8月出版 / 估价：85.00元
PSN B-2010-160-1/1

协会商会蓝皮书
中国行业协会商会发展报告（2017）
著(编)者：景朝阳 李勇 2017年7月出版 / 估价：99.00元
PSN B-2015-461-1/1

新能源汽车蓝皮书
中国新能源汽车产业发展报告（2017）
著(编)者：中国汽车技术研究中心
日产（中国）投资有限公司 东风汽车有限公司
2017年7月出版 / 估价：98.00元
PSN B-2013-347-1/1

新三板蓝皮书
中国新三板市场发展报告（2017）
著(编)者：王力 2017年7月出版 / 估价：89.00元
PSN B-2016-534-1/1

信托市场蓝皮书
中国信托业市场报告（2016~2017）
著(编)者：用益信托研究院
2017年1月出版 / 定价：198.00元
PSN B-2014-371-1/1

信息化蓝皮书
中国信息化形势分析与预测（2016~2017）
著(编)者：周宏仁 2017年8月出版 / 估价：98.00元
PSN B-2010-168-1/1

信用蓝皮书
中国信用发展报告（2017）
著(编)者：章政 田侃 2017年7月出版 / 估价：99.00元
PSN B-2013-328-1/1

休闲绿皮书
2017年中国休闲发展报告
著(编)者：宋瑞 2017年10月出版 / 估价：89.00元
PSN G-2010-158-1/1

休闲体育蓝皮书
中国休闲体育发展报告（2016~2017）
著(编)者：李相如 钟炳枢 2017年10月出版 / 估价：89.00元
PSN G-2016-516-1/1

养老金融蓝皮书
中国养老金融发展报告（2017）
著(编)者：董克用 姚余栋
2017年9月出版 / 定价：89.00元
PSN B-2016-584-1/1

药品流通蓝皮书
中国药品流通行业发展报告（2017）
著(编)者：佘鲁林 温再兴 2017年8月出版 / 估价：158.00元
PSN B-2014-429-1/1

医院蓝皮书
中国医院竞争力报告（2017）
著(编)者：庄一强 曾益新 2017年3月出版 / 定价：108.00元
PSN B-2016-529-1/1

瑜伽蓝皮书
中国瑜伽业发展报告（2016~2017）
著(编)者：张永建 徐华锋 朱泰余
2017年3月出版 / 定价：108.00元
PSN B-2017-675-1/1

邮轮绿皮书
中国邮轮产业发展报告（2017）
著(编)者：汪泓　　2017年10月出版 / 估价：89.00元
PSN G-2014-419-1/1

智能养老蓝皮书
中国智能养老产业发展报告（2017）
著(编)者：朱勇　　2017年10月出版 / 估价：89.00元
PSN B-2015-488-1/1

债券市场蓝皮书
中国债券市场发展报告（2016～2017）
著(编)者：杨农　　2017年10月出版 / 估价：89.00元
PSN B-2016-573-1/1

中国节能汽车蓝皮书
中国节能汽车发展报告（2016~2017）
著(编)者：中国汽车工程研究院股份有限公司
2017年9月出版 / 估价：98.00元
PSN B-2016-566-1/1

中国上市公司蓝皮书
中国上市公司发展报告（2017）
著(编)者：张平 王宏淼
2017年9月出版 / 定价：98.00元
PSN B-2014-414-1/1

中国陶瓷产业蓝皮书
中国陶瓷产业发展报告（2017）
著(编)者：左和平 黄速建　　2017年10月出版 / 估价：98.00元
PSN B-2016-574-1/1

中医药蓝皮书
中国中医药知识产权发展报告No.1
著(编)者：汪红 屠志涛　　2017年4月出版 / 定价：158.00元
PSN B-2016-574-1/1

中国总部经济蓝皮书
中国总部经济发展报告（2016～2017）
著(编)者：赵弘　　2017年9月出版 / 估价：89.00元
PSN B-2005-036-1/1

中医文化蓝皮书
中国中医药文化传播发展报告（2017）
著(编)者：毛嘉陵　　2017年7月出版 / 估价：89.00元
PSN B-2015-468-1/1

装备制造业蓝皮书
中国装备制造业发展报告（2017）
著(编)者：徐东华　　2017年12月出版 / 估价：148.00元
PSN B-2015-505-1/1

资本市场蓝皮书
中国场外交易市场发展报告（2016～2017）
著(编)者：高峦　　2017年7月出版 / 估价：89.00元
PSN B-2009-153-1/1

资产管理蓝皮书
中国资产管理行业发展报告（2017）
著(编)者：智信资产管理研究院
2017年7月出版 / 定价：98.00元
PSN B-2014-407-2/2

文化传媒类

传媒竞争力蓝皮书
中国传媒国际竞争力研究报告（2017）
著(编)者：李本乾 刘强
2017年11月出版 / 估价：148.00元
PSN B-2013-356-1/1

传媒蓝皮书
中国传媒产业发展报告（2017）
著(编)者：崔保国　　2017年5月出版 / 定价：98.00元
PSN B-2005-035-1/1

传媒投资蓝皮书
中国传媒投资发展报告（2017）
著(编)者：张向东 谭云明
2017年7月出版 / 估价：128.00元
PSN B-2015-474-1/1

动漫蓝皮书
中国动漫产业发展报告（2017）
著(编)者：卢斌 郑玉明 牛兴侦
2017年9月出版 / 估价：89.00元
PSN B-2011-198-1/1

非物质文化遗产蓝皮书
中国非物质文化遗产发展报告（2017）
著(编)者：陈平　　2017年7月出版 / 估价：98.00元
PSN B-2015-469-1/1

广电蓝皮书
中国广播电影电视发展报告（2017）
著(编)者：国家新闻出版广电总局发展研究中心
2017年7月出版 / 估价：98.00元
PSN B-2006-072-1/1

广告主蓝皮书
中国广告主营销传播趋势报告 No.9
著(编)者：黄升民 杜国清 邵华冬 等
2017年10月出版 / 估价：148.00元
PSN B-2005-041-1/1

国际传播蓝皮书
中国国际传播发展报告（2017）
著(编)者：胡正荣 李继东 姬德强
2017年11月出版 / 估价：89.00元
PSN B-2014-408-1/1

国家形象蓝皮书
中国国家形象传播报告（2016）
著(编)者：张昆　2017年3月出版 / 定价：98.00元
PSN B-2017-605-1/1

纪录片蓝皮书
中国纪录片发展报告（2017）
著(编)者：何苏六　2017年9月出版 / 估价：89.00元
PSN B-2011-222-1/1

科学传播蓝皮书
中国科学传播报告（2017）
著(编)者：詹正茂　2017年7月出版 / 估价：89.00元
PSN B-2008-120-1/1

两岸创意经济蓝皮书
两岸创意经济研究报告（2017）
著(编)者：罗昌智 林咏能
2017年10月出版 / 估价：98.00元
PSN B-2014-437-1/1

媒介与女性蓝皮书
中国媒介与女性发展报告(2016~2017)
著(编)者：刘利群　2018年5月出版 / 估价：118.00元
PSN B-2013-345-1/1

媒体融合蓝皮书
中国媒体融合发展报告（2017）
著(编)者：梅宁华 宋建武　2017年7月出版 / 估价：89.00元
PSN B-2015-479-1/1

全球传媒蓝皮书
全球传媒发展报告（2016~2017）
著(编)者：胡正荣 李继东
2017年6月出版 / 定价：89.00元
PSN B-2012-237-1/1

少数民族非遗蓝皮书
中国少数民族非物质文化遗产发展报告（2017）
著(编)者：肖远平（彝） 柴立（满）
2017年8月出版 / 估价：98.00元
PSN B-2015-467-1/1

视听新媒体蓝皮书
中国视听新媒体发展报告（2017）
著(编)者：国家新闻出版广电总局发展研究中心
2017年11月出版 / 估价：98.00元
PSN B-2011-184-1/1

文化创新蓝皮书
中国文化创新报告（2016）No.7
著(编)者：于平 傅才武　2017年4月出版 / 定价：89.00元
PSN B-2009-143-1/1

文化建设蓝皮书
中国文化发展报告（2017）
著(编)者：江畅 孙伟平 戴茂堂
2017年5月出版 / 定价：98.00元
PSN B-2014-392-1/1

文化金融蓝皮书
中国文化金融发展报告（2017）
著(编)者：杨涛 余巍　2017年5月出版 / 定价：98.00元
PSN B-2017-610-1/1

文化科技蓝皮书
文化科技创新发展报告（2017）
著(编)者：于平 李凤亮　2017年11月出版 / 估价：89.00元
PSN B-2013-342-1/1

文化蓝皮书
中国公共文化服务发展报告（2017）
著(编)者：刘新成 张永新 张旭
2017年12月出版 / 估价：98.00元
PSN B-2007-093-2/10

文化蓝皮书
中国公共文化投入增长测评报告（2017）
著(编)者：王亚南　2017年2月出版 / 定价：79.00元
PSN B-2014-435-10/10

文化蓝皮书
中国少数民族文化发展报告（2016~2017）
著(编)者：武翠英 张晓明 任乌晶
2017年9月出版 / 估价：89.00元
PSN B-2013-369-9/10

文化蓝皮书
中国文化产业发展报告（2016~2017）
著(编)者：张晓明 王家新 章建刚
2017年7月出版 / 估价：89.00元
PSN B-2002-019-1/10

文化蓝皮书
中国文化产业供需协调检测报告（2017）
著(编)者：王亚南　2017年2月出版 / 定价：79.00元
PSN B-2013-323-8/10

文化蓝皮书
中国文化消费需求景气评价报告（2017）
著(编)者：王亚南　2017年2月出版 / 定价：79.00元
PSN B-2011-236-4/10

文化品牌蓝皮书
中国文化品牌发展报告（2017）
著(编)者：欧阳友权　2017年7月出版 / 估价：98.00元
PSN B-2012-277-1/1

文化遗产蓝皮书
中国文化遗产事业发展报告（2017）
著(编)者：苏杨 张颖岚 王宇飞
2017年8月出版 / 估价：98.00元
PSN B-2008-119-1/1

文学蓝皮书
中国文情报告（2016~2017）
著(编)者：白烨　2017年5月出版 / 定价：69.00元
PSN B-2011-221-1/1

新媒体蓝皮书
中国新媒体发展报告No.8（2017）
著(编)者：唐绪军　2017年7月出版 / 定价：79.00元
PSN B-2010-169-1/1

新媒体社会责任蓝皮书
中国新媒体社会责任研究报告（2017）
著(编)者：钟瑛　2017年11月出版 / 估价：89.00元
PSN B-2014-423-1/1

移动互联网蓝皮书
中国移动互联网发展报告（2017）
著(编)者：余清楚　　2017年6月出版 / 定价：98.00元
PSN B-2012-282-1/1

舆情蓝皮书
中国社会舆情与危机管理报告（2017）
著(编)者：谢耘耕　　2017年9月出版 / 估价：128.00元
PSN B-2011-235-1/1

影视蓝皮书
中国影视产业发展报告（2017）
著(编)者：司若　　2017年4月出版 / 定价：98.00元
PSN B-2016-530-1/1

地方发展类

安徽经济蓝皮书
合芜蚌国家自主创新综合示范区研究报告（2016～2017）
著(编)者：黄家海　王开玉　蔡宪
2017年7月出版 / 估价：89.00元
PSN B-2014-383-1/1

安徽蓝皮书
安徽社会发展报告（2017）
著(编)者：程桦　2017年5月出版 / 定价：89.00元
PSN B-2013-325-1/1

澳门蓝皮书
澳门经济社会发展报告（2016～2017）
著(编)者：吴志良 郝雨凡　2017年7月出版 / 定价：98.00元
PSN B-2009-138-1/1

澳门绿皮书
澳门旅游休闲发展报告（2016～2017）
著(编)者：郝雨凡 林广志　　2017年5月出版 / 定价：88.00元
PSN G-2017-617-1/1

北京蓝皮书
北京公共服务发展报告（2016～2017）
著(编)者：施昌奎　2017年3月出版 / 定价：79.00元
PSN B-2008-103-7/8

北京蓝皮书
北京经济发展报告（2016～2017）
著(编)者：杨松　2017年6月出版 / 定价：89.00元
PSN B-2006-054-2/8

北京蓝皮书
北京社会发展报告（2016～2017）
著(编)者：李伟东　2017年7月出版 / 定价：79.00元
PSN B-2006-055-3/8

北京蓝皮书
北京社会治理发展报告（2016～2017）
著(编)者：殷星辰　　2017年7月出版 / 定价：79.00元
PSN B-2014-391-8/8

北京蓝皮书
北京文化发展报告（2016～2017）
著(编)者：李建盛　2017年5月出版 / 定价：79.00元
PSN B-2007-082-4/8

北京律师绿皮书
北京律师发展报告No.3（2017）
著(编)者：王隽　2017年7月出版 / 估价：88.00元
PSN G-2012-301-1/1

北京旅游绿皮书
北京旅游发展报告（2017）
著(编)者：北京旅游学会　2017年7月出版 / 定价：88.00元
PSN B-2011-217-1/1

北京人才蓝皮书
北京人才发展报告（2017）
著(编)者：于淼　2017年12月出版 / 估价：128.00元
PSN B-2011-201-1/1

北京社会心态蓝皮书
北京社会心态分析报告（2016～2017）
著(编)者：北京社会心理研究所
2017年11月出版 / 估价：89.00元
PSN B-2014-422-1/1

北京社会组织管理蓝皮书
北京社会组织发展与管理（2016～2017）
著(编)者：黄江松　2017年7月出版 / 估价：88.00元
PSN B-2015-446-1/1

北京体育蓝皮书
北京体育产业发展报告（2016～2017）
著(编)者：钟秉枢 陈杰 杨铁黎
2017年9月出版 / 估价：89.00元
PSN B-2015-475-1/1

北京养老产业蓝皮书
北京养老产业发展报告（2017）
著(编)者：周明明 冯喜良　2017年11月出版 / 估价：89.00元
PSN B-2015-465-1/1

非公有制企业社会责任蓝皮书
北京非公有制企业社会责任报告（2017）
著(编)者：宗贵伦 冯培　2017年6月出版 / 定价：89.00元
PSN B-2017-613-1/1

滨海金融蓝皮书
滨海新区金融发展报告（2017）
著(编)者：王爱俭 张锐钢　2018年4月出版 / 估价：89.00元
PSN B-2014-424-1/1

城乡一体化蓝皮书
北京城乡一体化发展报告（2016～2017）
著(编)者：吴宝新 张宝秀 黄序
2017年5月出版 / 定价：85.00元
PSN B-2012-258-2/2

创意城市蓝皮书
北京文化创意产业发展报告（2017）
著(编)者：张京成 王国华　2017年10月出版 / 估价：89.00元
PSN B-2012-263-1/7

创意城市蓝皮书
天津文化创意产业发展报告（2016～2017）
著(编)者：谢思全　2017年11月出版 / 估价：89.00元
PSN B-2016-537-7/7

创意城市蓝皮书
武汉文化创意产业发展报告（2017）
著(编)者：黄永林 陈汉桥　2017年11月出版 / 估价：99.00元
PSN B-2013-354-4/7

创意上海蓝皮书
上海文化创意产业发展报告（2016～2017）
著(编)者：王慧敏 王兴全　2017年11月出版 / 估价：89.00元
PSN B-2016-562-1/1

福建妇女发展蓝皮书
福建省妇女发展报告（2017）
著(编)者：刘群英　2017年11月出版 / 估价：88.00元
PSN B-2011-220-1/1

福建自贸区蓝皮书
中国（福建）自由贸易实验区发展报告（2016～2017）
著(编)者：黄茂兴　2017年4月出版 / 定价：108.00元
PSN B-2017-532-1/1

甘肃蓝皮书
甘肃经济发展分析与预测（2017）
著(编)者：安文华 罗哲　2017年1月出版 / 定价：79.00元
PSN B-2013-312-1/6

甘肃蓝皮书
甘肃社会发展分析与预测（2017）
著(编)者：安文华 包晓霞 谢增虎
2017年1月出版 / 定价：79.00元
PSN B-2013-313-2/6

甘肃蓝皮书
甘肃文化发展分析与预测（2017）
著(编)者：王俊莲 周小华　2017年1月出版 / 定价：79.00元
PSN B-2013-314-3/6

甘肃蓝皮书
甘肃县域和农村发展报告（2017）
著(编)者：朱智文 包东红 王建兵
2017年1月出版 / 定价：79.00元
PSN B-2013-316-5/6

甘肃蓝皮书
甘肃舆情分析与预测（2017）
著(编)者：陈双梅 张谦元　2017年1月出版 / 定价：79.00元
PSN B-2013-315-4/6

甘肃蓝皮书
甘肃商贸流通发展报告（2017）
著(编)者：张应华 王福生 王晓芳
2017年1月出版 / 定价：79.00元
PSN B-2016-523-6/6

广东蓝皮书
广东全面深化改革发展报告（2017）
著(编)者：周林生 涂成林　2017年12月出版 / 估价：89.00元
PSN B-2015-504-3/3

广东蓝皮书
广东社会工作发展报告（2017）
著(编)者：罗观翠　2017年7月出版 / 估价：89.00元
PSN B-2014-402-2/3

广东外经贸蓝皮书
广东对外经济贸易发展研究报告（2016~2017）
著(编)者：陈万灵　2017年6月出版 / 定价：89.00元
PSN B-2012-286-1/1

广西北部湾经济区蓝皮书
广西北部湾经济区开放开发报告（2017）
著(编)者：广西北部湾经济区规划建设管理委员会办公室
广西社会科学院广西北部湾发展研究院
2017年7月出版 / 估价：89.00元
PSN B-2010-181-1/1

巩义蓝皮书
巩义经济社会发展报告（2017）
著(编)者：丁同民 朱军　2017年7月出版 / 估价：58.00元
PSN B-2016-533-1/1

广州蓝皮书
2017年中国广州经济形势分析与预测
著(编)者：魏明海 谢博能 李华
2017年6月出版 / 定价：85.00元
PSN B-2011-185-9/14

广州蓝皮书
2017年中国广州社会形势分析与预测
著(编)者：张强 何镜清
2017年6月出版 / 定价：88.00元
PSN B-2008-110-5/14

广州蓝皮书
广州城市国际化发展报告（2017）
著(编)者：朱名宏　2017年8月出版 / 估价：79.00元
PSN B-2012-246-11/14

广州蓝皮书
广州创新型城市发展报告（2017）
著(编)者：尹涛　2017年6月出版 / 定价：79.00元
PSN B-2012-247-12/14

广州蓝皮书
广州经济发展报告（2017）
著(编)者：朱名宏　2017年7月出版 / 估价：79.00元
PSN B-2005-040-1/14

广州蓝皮书
广州农村发展报告（2017）
著(编)者：朱名宏　2017年8月出版 / 估价：79.00元
PSN B-2010-167-8/14

广州蓝皮书
广州汽车产业发展报告（2017）
著(编)者：杨再高 冯兴亚 2017年7月出版 / 估价：79.00元
PSN B-2006-066-3/14

广州蓝皮书
广州青年发展报告（2016~2017）
著(编)者：徐柳 张强 2017年9月出版 / 估价：79.00元
PSN B-2013-352-13/14

广州蓝皮书
广州商贸业发展报告（2017）
著(编)者：李江涛 肖振宇 荀振英
2017年7月出版 / 定价：79.00元
PSN B-2012-245-10/14

广州蓝皮书
广州社会保障发展报告（2017）
著(编)者：蔡国萱 2017年8月出版 / 定价：79.00元
PSN B-2014-425-14/14

广州蓝皮书
广州文化创意产业发展报告（2017）
著(编)者：徐咏虹 2017年7月出版 / 定价：79.00元
PSN B-2008-111-6/14

广州蓝皮书
中国广州城市建设与管理发展报告（2017）
著(编)者：董皞 陈小钢 李江涛
2017年11月出版 / 估价：85.00元
PSN B-2007-087-4/14

广州蓝皮书
中国广州科技创新发展报告（2017）
著(编)者：邹采荣 马正勇 陈爽
2017年8月出版 / 定价：85.00元
PSN B-2006-065-2/14

广州蓝皮书
中国广州文化发展报告（2017）
著(编)者：屈哨兵 陆志强
2017年6月出版 / 定价：79.00元
PSN B-2009-134-7/14

贵阳蓝皮书
贵阳城市创新发展报告No.2（白云篇）
著(编)者：连玉明 2017年5月出版 / 定价：98.00元
PSN B-2015-491-3/10

贵阳蓝皮书
贵阳城市创新发展报告No.2（观山湖篇）
著(编)者：连玉明 2017年5月出版 / 定价：98.00元
PSN B-2011-235-1/1

贵阳蓝皮书
贵阳城市创新发展报告No.2（花溪篇）
著(编)者：连玉明 2017年5月出版 / 定价：98.00元
PSN B-2015-490-2/10

贵阳蓝皮书
贵阳城市创新发展报告No.2（开阳篇）
著(编)者：连玉明 2017年5月出版 / 定价：98.00元
PSN B-2015-492-4/10

贵阳蓝皮书
贵阳城市创新发展报告No.2（南明篇）
著(编)者：连玉明 2017年5月出版 / 定价：98.00元
PSN B-2015-496-8/10

贵阳蓝皮书
贵阳城市创新发展报告No.2（清镇篇）
著(编)者：连玉明 2017年5月出版 / 定价：98.00元
PSN B-2015-489-1/10

贵阳蓝皮书
贵阳城市创新发展报告No.2（乌当篇）
著(编)者：连玉明 2017年5月出版 / 定价：98.00元
PSN B-2015-495-7/10

贵阳蓝皮书
贵阳城市创新发展报告No.2（息烽篇）
著(编)者：连玉明 2017年5月出版 / 定价：98.00元
PSN B-2015-493-5/10

贵阳蓝皮书
贵阳城市创新发展报告No.2（修文篇）
著(编)者：连玉明 2017年5月出版 / 定价：98.00元
PSN B-2015-494-6/10

贵阳蓝皮书
贵阳城市创新发展报告No.2（云岩篇）
著(编)者：连玉明 2017年5月出版 / 定价：98.00元
PSN B-2015-498-10/10

贵州房地产蓝皮书
贵州房地产发展报告No.4（2017）
著(编)者：武廷方 2017年7月出版 / 定价：89.00元
PSN B-2014-426-1/1

贵州蓝皮书
贵州册亨经济社会发展报告(2017)
著(编)者：黄德林 2017年11月出版 / 估价：89.00元
PSN B-2016-526-8/9

贵州蓝皮书
贵安新区发展报告（2016~2017）
著(编)者：马长青 吴大华 2017年11月出版 / 估价：89.00元
PSN B-2015-459-4/9

贵州蓝皮书
贵州法治发展报告（2017）
著(编)者：吴大华 2017年5月出版 / 定价：89.00元
PSN B-2012-254-2/9

贵州蓝皮书
贵州国有企业社会责任发展报告（2016~2017）
著(编)者：郭丽 周航 万强
2017年12月出版 / 估价：89.00元
PSN B-2015-511-6/9

贵州蓝皮书
贵州民航业发展报告（2017）
著(编)者：申振东 吴大华 2017年10月出版 / 估价：89.00元
PSN B-2015-471-5/9

贵州蓝皮书
贵州民营经济发展报告（2017）
著(编)者：杨静 吴大华 2017年11月出版 / 估价：89.00元
PSN B-2016-531-9/9

贵州蓝皮书
贵州人才发展报告（2017）
著(编)者：于杰 吴大华 2017年11月出版 / 估价：89.00元
PSN B-2014-382-3/9

贵州蓝皮书
贵州社会发展报告（2017）
著(编)者：王兴骥 2017年3月出版 / 定价：98.00元
PSN B-2010-166-1/9

贵州蓝皮书
贵州国家级开放创新平台发展报告（2017）
著(编)者：申晓庆 吴大华 李泓
2017年7月出版 / 估价：89.00元
PSN B-2016-518-1/9

海淀蓝皮书
海淀区文化和科技融合发展报告（2017）
著(编)者：陈名杰 孟景伟 2017年11月出版 / 估价：85.00元
PSN B-2013-329-1/1

杭州都市圈蓝皮书
杭州都市圈发展报告（2017）
著(编)者：沈翔 戚建国 2017年11月出版 / 估价：128.00元
PSN B-2012-302-1/1

杭州蓝皮书
杭州妇女发展报告（2017）
著(编)者：魏颖 2017年11月出版 / 估价：89.00元
PSN B-2014-403-1/1

河北经济蓝皮书
河北省经济发展报告（2017）
著(编)者：马树强 金浩 张贵
2017年7月出版 / 估价：89.00元
PSN B-2014-380-1/1

河北蓝皮书
河北经济社会发展报告（2017）
著(编)者：郭金平 2017年1月出版 / 定价：79.00元
PSN B-2014-372-1/3

河北蓝皮书
河北法治发展报告（2017）
著(编)者：郭金平 李永君 2017年1月出版 / 定价：79.00元
PSN B-2017-622-3/3

河北蓝皮书
京津冀协同发展报告（2017）
著(编)者：陈路 2017年1月出版 / 定价：79.00元
PSN B-2017-601-2/3

河北食品药品安全蓝皮书
河北食品药品安全研究报告（2017）
著(编)者：丁锦霞 2017年11月出版 / 估价：89.00元
PSN B-2015-473-1/1

河南经济蓝皮书
2017年河南经济形势分析与预测
著(编)者：王世炎 2017年3月出版 / 定价：79.00元
PSN B-2007-086-1/1

河南蓝皮书
2017年河南社会形势分析与预测
著(编)者：牛苏林 2017年5月出版 / 定价：79.00元
PSN B-2005-043-1/9

河南蓝皮书
河南城市发展报告（2017）
著(编)者：张占仓 王建国 2017年5月出版 / 定价：79.00元
PSN B-2009-131-3/9

河南蓝皮书
河南法治发展报告（2017）
著(编)者：丁同民 张林海 2017年7月出版 / 估价：89.00元
PSN B-2014-376-6/9

河南蓝皮书
河南工业发展报告（2017）
著(编)者：张占仓 2017年5月出版 / 定价：89.00元
PSN B-2013-317-5/9

河南蓝皮书
河南金融发展报告（2017）
著(编)者：河南省社会科学院
2017年7月出版 / 估价：89.00元
PSN B-2014-390-7/9

河南蓝皮书
河南经济发展报告（2017）
著(编)者：张占仓 完世伟 2017年4月出版 / 定价：79.00元
PSN B-2010-157-4/9

河南蓝皮书
河南能源发展报告（2017）
著(编)者：魏胜民 袁凯声 2017年3月出版 / 定价：79.00元
PSN B-2017-607-9/9

河南蓝皮书
河南农业农村发展报告（2017）
著(编)者：吴海峰 2017年11月出版 / 估价：89.00元
PSN B-2015-445-8/9

河南蓝皮书
河南文化发展报告（2017）
著(编)者：卫绍生 2017年7月出版 / 定价：78.00元
PSN B-2008-106-2/9

河南商务蓝皮书
河南商务发展报告（2017）
著(编)者：焦锦淼 穆荣国 2017年5月出版 / 定价：88.00元
PSN B-2014-399-1/1

黑龙江蓝皮书
黑龙江经济发展报告（2017）
著(编)者：朱宇 2017年1月出版 / 定价：79.00元
PSN B-2011-190-2/2

黑龙江蓝皮书
黑龙江社会发展报告（2017）
著(编)者：谢宝禄 2017年1月出版 / 定价：79.00元
PSN B-2011-189-1/2

湖北文化蓝皮书
湖北文化发展报告（2017）
著(编)者：吴成国 2017年10月出版 / 估价：95.00元
PSN B-2016-567-1/1

湖南城市蓝皮书
区域城市群整合
著(编)者：童中贤 韩未名
2017年12月出版 / 估价：89.00元
PSN B-2006-064-1/1

湖南蓝皮书
2017年湖南产业发展报告
著(编)者：梁志峰 2017年7月出版 / 估价：128.00元
PSN B-2011-207-2/8

湖南蓝皮书
2017年湖南电子政务发展报告
著(编)者：梁志峰 2017年7月出版 / 估价：128.00元
PSN B-2014-394-6/8

湖南蓝皮书
2017年湖南经济发展报告
著(编)者：卞鹰 2017年5月出版 / 定价：128.00元
PSN B-2011-206-1/8

湖南蓝皮书
2017年湖南两型社会与生态文明发展报告
著(编)者：卞鹰 2017年5月出版 / 定价：128.00元
PSN B-2011-208-3/8

湖南蓝皮书
2017年湖南社会发展报告
著(编)者：卞鹰 2017年5月出版 / 定价：128.00元
PSN B-2014-393-5/8

湖南蓝皮书
2017年湖南县域经济社会发展报告
著(编)者：梁志峰 2017年7月出版 / 估价：128.00元
PSN B-2014-395-7/8

湖南蓝皮书
湖南城乡一体化发展报告（2017）
著(编)者：陈文胜 王文强 陆福兴 邝奕轩
2017年8月出版 / 定价：89.00元
PSN B-2015-477-8/8

湖南县域绿皮书
湖南县域发展报告 No.3
著(编)者：袁准 周小毛 黎仁寅
2017年3月出版 / 定价：79.00元
PSN G-2012-274-1/1

沪港蓝皮书
沪港发展报告（2017）
著(编)者：尤安山 2017年9月出版 / 估价：89.00元
PSN B-2013-362-1/1

吉林蓝皮书
2017年吉林经济社会形势分析与预测
著(编)者：邵汉明 2016年12月出版 / 定价：79.00元
PSN B-2013-319-1/1

吉林省城市竞争力蓝皮书
吉林省城市竞争力报告（2016~2017）
著(编)者：崔岳春 张磊 2016年12月出版 / 定价：79.00元
PSN B-2015-513-1/1

济源蓝皮书
济源经济社会发展报告（2017）
著(编)者：喻新安 2017年7月出版 / 估价：89.00元
PSN B-2014-387-1/1

健康城市蓝皮书
北京健康城市建设研究报告（2017）
著(编)者：王鸿春 2017年8月出版 / 估价：89.00元
PSN B-2015-460-1/2

江苏法治蓝皮书
江苏法治发展报告 No.6（2017）
著(编)者：蔡道通 龚廷泰 2017年8月出版 / 估价：98.00元
PSN B-2012-290-1/1

江西蓝皮书
江西经济社会发展报告（2017）
著(编)者：张勇 姜玮 梁勇 2017年6月出版 / 估价：128.00元
PSN B-2015-484-1/2

江西蓝皮书
江西设区市发展报告（2017）
著(编)者：姜玮 梁勇 2017年10月出版 / 估价：79.00元
PSN B-2016-517-2/2

江西文化蓝皮书
江西文化产业发展报告（2017）
著(编)者：张圣才 汪春翔
2017年10月出版 / 估价：128.00元
PSN B-2015-499-1/1

经济特区蓝皮书
中国经济特区发展报告（2017）
著(编)者：陶一桃 2017年12月出版 / 估价：98.00元
PSN B-2009-139-1/1

辽宁蓝皮书
2017年辽宁经济社会形势分析与预测
著(编)者：梁启东
2017年6月出版 / 定价：89.00元
PSN B-2006-053-1/1

洛阳蓝皮书
洛阳文化发展报告（2017）
著(编)者：刘福兴 陈启明 2017年10月出版 / 估价：89.00元
PSN B-2015-476-1/1

南京蓝皮书
南京文化发展报告（2017）
著(编)者：徐宁 2017年10月出版 / 估价：89.00元
PSN B-2014-439-1/1

南宁蓝皮书
南宁法治发展报告（2017）
著(编)者：杨维超 2017年12月出版 / 估价：79.00元
PSN B-2015-509-1/3

南宁蓝皮书
南宁经济发展报告（2017）
著(编)者：胡建华 2017年9月出版 / 估价：79.00元
PSN B-2016-570-2/3

南宁蓝皮书
南宁社会发展报告（2017）
著(编)者：胡建华　2017年9月出版 / 估价：79.00元
PSN B-2016-571-3/3

内蒙古蓝皮书
内蒙古反腐倡廉建设报告 No.2
著(编)者：张志华 无极　2017年12月出版 / 估价：79.00元
PSN B-2013-365-1/1

浦东新区蓝皮书
上海浦东经济发展报告（2017）
著(编)者：沈开艳 周奇　2017年2月出版 / 定价：79.00元
PSN B-2011-225-1/1

青海蓝皮书
2017年青海经济社会形势分析与预测
著(编)者：陈玮　2016年12月出版 / 定价：79.00元
PSN B-2012-275-1/1

人口与健康蓝皮书
深圳人口与健康发展报告（2017）
著(编)者：陆杰华 罗乐宣 苏杨
2017年11月出版 / 估价：89.00元
PSN B-2011-228-1/1

山东蓝皮书
山东经济形势分析与预测（2017）
著(编)者：李广杰　2017年7月出版 / 估价：89.00元
PSN B-2014-404-1/4

山东蓝皮书
山东社会形势分析与预测（2017）
著(编)者：张华 唐洲雁　2017年7月出版 / 估价：89.00元
PSN B-2014-405-2/4

山东蓝皮书
山东文化发展报告（2017）
著(编)者：涂可国　2017年5月出版 / 定价：98.00元
PSN B-2014-406-3/4

山西蓝皮书
山西资源型经济转型发展报告（2017）
著(编)者：李志强　2017年7月出版 / 估价：89.00元
PSN B-2011-197-1/1

陕西蓝皮书
陕西经济发展报告（2017）
著(编)者：任宗哲 白宽犁 裴成荣
2017年1月出版 / 定价：69.00元
PSN B-2009-135-1/6

陕西蓝皮书
陕西社会发展报告（2017）
著(编)者：任宗哲 白宽犁 牛昉
2017年1月出版 / 定价：69.00元
PSN B-2009-136-2/6

陕西蓝皮书
陕西文化发展报告（2017）
著(编)者：任宗哲 白宽犁 王长寿
2017年1月出版 / 定价：69.00元
PSN B-2009-137-3/6

陕西蓝皮书
陕西精准脱贫研究报告（2017）
著(编)者：任宗哲 白宽犁 王建康
2017年6月出版 / 定价：69.00元
PSN B-2017-623-6/6

上海蓝皮书
上海传媒发展报告（2017）
著(编)者：强荧 焦雨虹　2017年2月出版 / 定价：79.00元
PSN B-2012-295-5/7

上海蓝皮书
上海法治发展报告（2017）
著(编)者：叶青　2017年7月出版 / 估价：89.00元
PSN B-2012-296-6/7

上海蓝皮书
上海经济发展报告（2017）
著(编)者：沈开艳　2017年2月出版 / 定价：79.00元
PSN B-2006-057-1/7

上海蓝皮书
上海社会发展报告（2017）
著(编)者：杨雄 周海旺　2017年2月出版 / 定价：79.00元
PSN B-2006-058-2/7

上海蓝皮书
上海文化发展报告（2017）
著(编)者：荣跃明　2017年2月出版 / 定价：79.00元
PSN B-2006-059-3/7

上海蓝皮书
上海文学发展报告（2017）
著(编)者：陈圣来　2017年7月出版 / 估价：89.00元
PSN B-2012-297-7/7

上海蓝皮书
上海资源环境发展报告（2017）
著(编)者：周冯琦 汤庆合
2017年2月出版 / 定价：79.00元
PSN B-2006-060-4/7

社会建设蓝皮书
2017年北京社会建设分析报告
著(编)者：宋贵伦 冯虹　2017年10月出版 / 估价：89.00元
PSN B-2010-173-1/1

深圳蓝皮书
深圳法治发展报告（2017）
著(编)者：张骁儒　2017年6月出版 / 定价：79.00元
PSN B-2015-470-6/7

深圳蓝皮书
深圳经济发展报告（2017）
著(编)者：张骁儒　2017年6月出版 / 定价：79.00元
PSN B-2008-112-3/7

深圳蓝皮书
深圳劳动关系发展报告（2017）
著(编)者：汤庭芬　2017年7月出版 / 估价：89.00元
PSN B-2007-097-2/7

深圳蓝皮书
深圳社会治理与发展报告（2017）
著(编)者：张骁儒 邹从兵　2017年6月出版 / 定价：79.00元
PSN B-2008-113-4/7

深圳蓝皮书
深圳文化发展报告(2017)
著(编)者：张骁儒　2017年5月出版 / 定价：79.00元
PSN B-2016-555-7/7

丝绸之路蓝皮书
丝绸之路经济带发展报告（2017）
著(编)者：任宗哲 白宽犁 谷孟宾
2017年1月出版 / 定价：75.00元
PSN B-2014-410-1/1

法治蓝皮书
四川依法治省年度报告 No.3（2017）
著(编)者：李林 杨天宗 田禾
2017年3月出版 / 定价：118.00元
PSN B-2015-447-1/1

四川蓝皮书
2017年四川经济形势分析与预测
著(编)者：杨钢　2017年1月出版 / 定价：98.00元
PSN B-2007-098-2/7

四川蓝皮书
四川城镇化发展报告（2017）
著(编)者：侯水平 陈炜　2017年4月出版 / 定价：75.00元
PSN B-2015-456-7/7

四川蓝皮书
四川法治发展报告（2017）
著(编)者：郑泰安　2017年7月出版 / 估价：89.00元
PSN B-2015-441-5/7

四川蓝皮书
四川企业社会责任研究报告（2016~2017）
著(编)者：侯水平 盛毅
2017年5月出版 / 定价：79.00元
PSN B-2014-386-4/7

四川蓝皮书
四川社会发展报告（2017）
著(编)者：李羚　2017年6月出版 / 定价：79.00元
PSN B-2008-127-3/7

四川蓝皮书
四川生态建设报告（2017）
著(编)者：李晟之　2017年5月出版 / 定价：75.00元
PSN B-2015-455-6/7

四川蓝皮书
四川文化产业发展报告（2017）
著(编)者：向宝云 张立伟
2017年4月出版 / 定价：79.00元
PSN B-2006-074-1/7

体育蓝皮书
上海体育产业发展报告（2016~2017）
著(编)者：张林 黄海燕
2017年10月出版 / 估价：89.00元
PSN B-2015-454-4/4

体育蓝皮书
长三角地区体育产业发展报告（2016~2017）
著(编)者：张林　2017年7月出版 / 估价：89.00元
PSN B-2015-453-3/4

天津金融蓝皮书
天津金融发展报告（2017）
著(编)者：王爱俭 孔德昌
2018年3月出版 / 估价：98.00元
PSN B-2014-418-1/1

图们江区域合作蓝皮书
图们江区域合作发展报告（2017）
著(编)者：李铁　2017年11月出版 / 估价：98.00元
PSN B-2015-464-1/1

温州蓝皮书
2017年温州经济社会形势分析与预测
著(编)者：蒋儒林 王春光 金浩
2017年4月出版 / 定价：79.00元
PSN B-2008-105-1/1

西咸新区蓝皮书
西咸新区发展报告（2016~2017）
著(编)者：李扬 王军　2017年11月出版 / 估价：89.00元
PSN B-2016-535-1/1

扬州蓝皮书
扬州经济社会发展报告（2017）
著(编)者：丁纯　2017年12月出版 / 估价：98.00元
PSN B-2011-191-1/1

云南社会治理蓝皮书
云南社会治理年度报告（2016）
著(编)者：晏雄 韩全芳
2017年5月出版 / 定价：99.00元
PSN B-2011-191-1/1

长株潭城市群蓝皮书
长株潭城市群发展报告（2017）
著(编)者：张萍　2017年12月出版 / 估价：89.00元
PSN B-2008-109-1/1

中医文化蓝皮书
北京中医文化传播发展报告（2017）
著(编)者：毛嘉陵　2017年7月出版 / 估价：79.00元
PSN B-2015-468-1/2

珠三角流通蓝皮书
珠三角商圈发展研究报告（2017）
著(编)者：王先庆 林至颖
2017年7月出版 / 估价：98.00元
PSN B-2012-292-1/1

遵义蓝皮书
遵义发展报告（2017）
著(编)者：曾征 龚永育 雍思强
2017年12月出版 / 估价：89.00元
PSN B-2014-433-1/1

国际问题类

“一带一路”跨境通道蓝皮书
“一带一路”跨境通道建设研究报告（2017）
著(编)者：郭业洲　2017年8月出版 / 估价：89.00元
PSN B-2016-558-1/1

“一带一路”蓝皮书
“一带一路”建设发展报告（2017）
著(编)者：李永全　2017年6月出版 / 定价：89.00元
PSN B-2016-553-1/1

阿拉伯黄皮书
阿拉伯发展报告（2016～2017）
著(编)者：罗林　2018年3月出版 / 估价：89.00元
PSN Y-2014-381-1/1

巴西黄皮书
巴西发展报告（2017）
著(编)者：刘国枝　2017年5月出版 / 定价：85.00元
PSN Y-2017-614-1/1

北部湾蓝皮书
泛北部湾合作发展报告（2017）
著(编)者：吕余生　2017年12月出版 / 估价：85.00元
PSN B-2008-114-1/1

大湄公河次区域蓝皮书
大湄公河次区域合作发展报告（2017）
著(编)者：刘稚　2017年11月出版 / 估价：89.00元
PSN B-2011-196-1/1

大洋洲蓝皮书
大洋洲发展报告（2017）
著(编)者：喻常森　2017年10月出版 / 估价：89.00元
PSN B-2013-341-1/1

德国蓝皮书
德国发展报告（2017）
著(编)者：郑春荣　2017年6月出版 / 定价：89.00元
PSN B-2012-278-1/1

东北亚区域合作蓝皮书
2016年“一带一路”倡议与东北亚区域合作
著(编)者：刘亚政 金美花
2017年5月出版 / 定价：89.00元
PSN B-2017-631-1/1

东盟黄皮书
东盟发展报告（2017）
著(编)者：杨晓强 庄国土
2017年7月出版 / 估价：89.00元
PSN Y-2012-303-1/1

东南亚蓝皮书
东南亚地区发展报告（2016～2017）
著(编)者：厦门大学东南亚研究中心　王勤
2017年12月出版 / 估价：89.00元
PSN B-2012-240-1/1

俄罗斯黄皮书
俄罗斯发展报告（2017）
著(编)者：李永全　2017年6月出版 / 定价：89.00元
PSN Y-2006-061-1/1

非洲黄皮书
非洲发展报告 No.19（2016～2017）
著(编)者：张宏明　2017年7月出版 / 定价：89.00元
PSN Y-2012-239-1/1

公共外交蓝皮书
中国公共外交发展报告（2017）
著(编)者：赵启正 雷蔚真　2017年11月出版 / 估价：89.00元
PSN B-2015-457-1/1

国际安全蓝皮书
中国国际安全研究报告(2017)
著(编)者：刘慧　2017年11月出版 / 估价：98.00元
PSN B-2016-522-1/1

国际形势黄皮书
全球政治与安全报告（2017）
著(编)者：张宇燕　2017年1月出版 / 定价：89.00元
PSN Y-2001-016-1/1

韩国蓝皮书
韩国发展报告（2017）
著(编)者：牛林杰 刘宝全　2017年11月出版 / 估价：89.00元
PSN B-2010-155-1/1

加拿大蓝皮书
加拿大发展报告（2017）
著(编)者：仲伟合　2017年11月出版 / 估价：89.00元
PSN B-2014-389-1/1

拉美黄皮书
拉丁美洲和加勒比发展报告（2016～2017）
著(编)者：吴白乙 袁东振　2017年6月出版 / 定价：89.00元
PSN Y-1999-007-1/1

美国蓝皮书
美国研究报告（2017）
著(编)者：郑秉文 黄平　2017年5月出版 / 定价：89.00元
PSN B-2011-210-1/1

缅甸蓝皮书
缅甸国情报告（2017）
著(编)者：李晨阳　2017年12月出版 / 估价：86.00元
PSN B-2013-343-1/1

欧洲蓝皮书
欧洲发展报告（2016～2017）
著(编)者：黄平 周弘 程卫东　2017年6月出版 / 定价：89.00元
PSN B-1999-009-1/1

葡语国家蓝皮书
葡语国家发展报告（2017）
著(编)者：王成安 张敏 刘金兰
2017年12月出版 / 估价：89.00元
PSN B-2015-503-1/2

葡语国家蓝皮书
中国与葡语国家关系发展报告·巴西（2017）
著(编)者：张曙光 2017年8月出版 / 估价：89.00元
PSN B-2016-564-2/2

日本经济蓝皮书
日本经济与中日经贸关系研究报告（2017）
著(编)者：张季风 2017年6月出版 / 定价：89.00元
PSN B-2008-102-1/1

日本蓝皮书
日本研究报告（2017）
著(编)者：杨伯江 2017年6月出版 / 定价：89.00元
PSN B-2002-020-1/1

上海合作组织黄皮书
上海合作组织发展报告（2017）
著(编)者：李进峰
2017年6月出版 / 定价：98.00元
PSN Y-2009-130-1/1

世界创新竞争力黄皮书
世界创新竞争力发展报告（2017）
著(编)者：李闽榕 李建平 赵新力
2017年11月出版 / 估价：148.00元
PSN Y-2013-318-1/1

泰国蓝皮书
泰国研究报告（2017）
著(编)者：庄国土 张禹东
2017年11月出版 / 估价：118.00元
PSN B-2016-557-1/1

土耳其蓝皮书
土耳其发展报告（2017）
著(编)者：郭长刚 刘义
2017年11月出版 / 估价：89.00元
PSN B-2014-412-1/1

亚太蓝皮书
亚太地区发展报告（2017）
著(编)者：李向阳 2017年5月出版 / 定价：79.00元
PSN B-2001-015-1/1

印度蓝皮书
印度国情报告（2017）
著(编)者：吕昭义 2018年4月出版 / 估价：89.00元
PSN B-2012-241-1/1

印度洋地区蓝皮书
印度洋地区发展报告（2017）
著(编)者：汪戎 2017年6月出版 / 定价：98.00元
PSN B-2013-334-1/1

英国蓝皮书
英国发展报告（2016~2017）
著(编)者：王展鹏 2017年11月出版 / 估价：89.00元
PSN B-2015-486-1/1

越南蓝皮书
越南国情报告（2017）
著(编)者：谢林城
2017年12月出版 / 估价：89.00元
PSN B-2006-056-1/1

以色列蓝皮书
以色列发展报告（2017）
著(编)者：张倩红 2017年8月出版 / 定价：89.00元
PSN B-2015-483-1/1

伊朗蓝皮书
伊朗发展报告（2017）
著(编)者：冀开远 2017年10月出版 / 估价：89.00元
PSN B-2016-575-1/1

渝新欧蓝皮书
渝新欧沿线国家发展报告（2017）
著(编)者：杨柏 黄森 2017年6月出版 / 定价：88.00元
PSN B-2016-575-1/1

中东黄皮书
中东发展报告 No.19（2016~2017）
著(编)者：杨光 2017年10月出版 / 估价：89.00元
PSN Y-1998-004-1/1

中亚黄皮书
中亚国家发展报告（2017）
著(编)者：孙力 2017年6月出版 / 定价：98.00元
PSN Y-2012-238-1/1

皮书起源

“皮书”起源于十七、十八世纪的英国，主要指官方或社会组织正式发表的重要文件或报告，多以“白皮书”命名。在中国，“皮书”这一概念被社会广泛接受，并被成功运作、发展成为一种全新的出版形态，则源于中国社会科学院社会科学文献出版社。

皮书定义

皮书是对中国与世界发展状况和热点问题进行年度监测，以专业的角度、专家的视野和实证研究方法，针对某一领域或区域现状与发展态势展开分析和预测，具备原创性、实证性、专业性、连续性、前沿性、时效性等特点的公开出版物，由一系列权威研究报告组成。

皮书作者

皮书系列的作者以中国社会科学院、著名高校、地方社会科学院的研究人员为主，多为国内一流研究机构的权威专家学者，他们的看法和观点代表了学界对中国与世界的现实和未来最高水平的解读与分析。

皮书荣誉

皮书系列已成为社会科学文献出版社的著名图书品牌和中国社会科学院的知名学术品牌。2016 年，皮书系列正式列入“十三五”国家重点出版规划项目；2012~2016 年，重点皮书列入中国社会科学院承担的国家哲学社会科学创新工程项目；2017 年，55 种院外皮书使用“中国社会科学院创新工程学术出版项目”标识。

中国皮书网

www.pishu.cn

发布皮书研创资讯，传播皮书精彩内容
引领皮书出版潮流，打造皮书服务平台

栏目设置

关于皮书：何谓皮书、皮书分类、皮书大事记、皮书荣誉、
皮书出版第一人、皮书编辑部

最新资讯：通知公告、新闻动态、媒体聚焦、网站专题、视频直播、下载专区

皮书研创：皮书规范、皮书选题、皮书出版、皮书研究、研创团队

皮书评奖评价：指标体系、皮书评价、皮书评奖

互动专区：皮书说、皮书智库、皮书微博、数据库微博

所获荣誉

2008 年、2011 年，中国皮书网均在全国新闻出版业网站荣誉评选中获得“最具商业价值网站”称号；

2012 年，获得“出版业网站百强”称号。

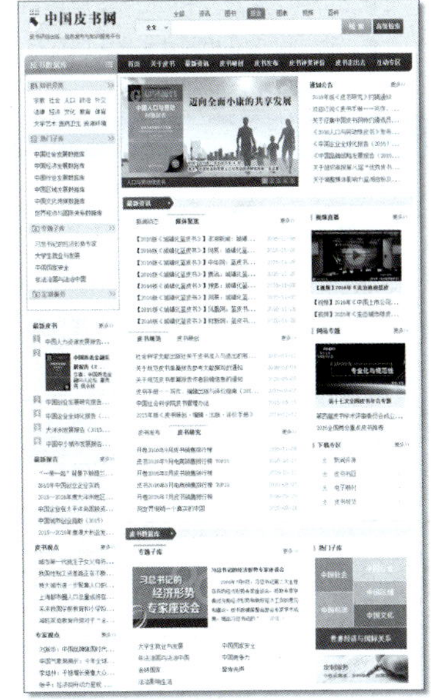

网库合一

2014 年，中国皮书网与皮书数据库端口合一，实现资源共享。更多详情请登录 www.pishu.cn。

证”。在事后管理方面，资格证书的质量保障体系不健全，资格证书管理与继续教育、专业发展、会员管理、职业信用和行业自律等制度配套、衔接不够。

4. 内部结构关系问题

在功能定位方面，对职业资格证书的国家属性及其设置条件、实施主体、适用范围等制度属性缺乏明确的规定；在概念术语界定和类别划分方面，“执业资格与从业资格”“准入类资格与水平评价类资格”“资格许可与资格认定”交替使用。这些问题的存在，导致社会公众对职业资格类别的理解和判定含糊不清，误以为“凡政府的”都是“强制性”的，部门资格、行业资格或地方资格就是国家资格。此外，还有专家认为，将职称制度纳入职业资格制度或是将职业资格制度纳入职称制度也是长期争论的问题，让两种功能作用各不相同的制度纠缠在一起，其结果必然是职称越来越资格化，资格越来越职称化。

5. 治理体系问题

职业社会学研究表明，某一职业资格制度形成和发展，是政府、协会学会、高校“三种力量”共同推动的结果。有专家认为，随着行政审批制度改革和政府职能转变的深化，目前协会学会在职业资格证书制度中的独特作用将逐步发挥，但相对而言，在职业资格证书与学历学位证书“两个证书”衔接方面却进展不大。还有专家指出，在国家职业资格形成机制上包容性不够，目前主要是“自上而下”模式，即主管部门会同有关部门设立并组织实施，从国际经验和长远发展看，还有“自下而上”模式，即国家职业资格体系也应当包括经过认证的市场化、社会化水平类职业资格。

6. 法制建设问题

有专家指出，实行国家职业资格制度是有法可依的，也初步形成了包括综合法律、行业管理法律法规和单项法律法规的一套法律法规体系。目前的突出问题是：缺少一个能承上启下、起统领作用的专门的职业资格管理法。通过制定专门的职业资格制度法，明确国家职业资格制度的法律地位、类别划分、适用范围、设置条件、认证程序、证书管理以及管理体制、管理监督机制和违法责任和处罚措施等。同时，还要进一步完善《劳动法》《就业促进法》《职业教育法》等法律对国家职业资格证书制度的有关规定，重点解决有关法律规定过于原则、可操作性不强等问题。积极推进行业单项立法。

（二）新时期职业资格制度改革面临的形势任务

1. 推动经济转型发展的客观要求

当前我国经济进入新常态并全面推进供给侧结构性改革，产业结构变化直接影响和决定劳动力的需求和职业分类的基本结构，转变经济发展方式、推动产业结构调整是当前我国经济发展的一个重点工作。2015 年，我国服务业占 GDP 产值首次超过 50%，这是我国经济结构调整的一次重大变化，服务业特别是现代服务业的发展，促进了我国职业分类结构调整。《中国制造 2025》开启高端智能化制造时代，全面提升我国经济体的供给侧要素贡献率，尤其对专业型人才资本提出调整性需求。在《中华人民共和国职业分类大典（2015 年版）》中，专业技术人员占比提高到 30.45%，接近发达国家的平均水平，专业技术人员职业数量增加和专业化发展，也为职业资格证书制度的发展提供了源源不断的内生动力。因此，随着经济结构战略性调整持续推进、服务业扩大开放以及《中国制造 2025》的实施，“十三五”乃至今后一个时期是我国职业资格证书制度快速发展的战略机遇期。

2. 实施创新驱动发展战略的客观要求

在经济新常态下，我国正在从以人口红利和投资为主的要素驱动，转变为以技术、产品、商业模式、管理机制为主的创新驱动。在创新驱动的诸多要素中，人才特别是科学家、科技人才、企业家和技能人才等创新型人才是实施创新驱动发展的主力军，中国经济创新的基因来自中国的工程师以及技术创新①。职业资格证书制度自 1994 年推行以来，在促进职业教育培训发展、提高人力资源配置效率等方面发挥了积极作用，目前它已逐渐成为国际通行的科学评价人才的重要制度，但也出现了与我国经济社会发展不相适应的诸方面。因此，深化我国职业资格证书制度改革，全面推进我国科技人才职业化和专业化，是全面实施创新驱动发展战略的一项重要任务。

3. 实行更加开放人才政策的客观要求

经济全球化特别是国际专业服务贸易发展加剧了专业人员和技术人员的跨国流动。2001 年 11 月，我国正式加入世界贸易组织，并承诺开放国际贸易条

---

① 李稻葵：《中国经济的创新基因来源于工程师和制度创新》，央广网，2015 年 9 月 11 日。

款中法律服务（不包括中国法律服务），财会、审计与簿记服务，税务服务等八个专业服务领域。随之而来的是，一批“洋资格”“洋服务”纷纷进来，而由于专业服务在我国国际贸易中所占份额不高，我国能“走出去”的专业服务少之又少。随着我国进一步实行更加开放人才政策，尤其是大力实施“一带一路”倡议，不仅迫切需要我国的制造业要“走出去”，专业服务业也迫切需要“走出去”，国内专业技术人才也要在国际和“一带一路”流动起来。在这些方面，职业资格证书制度都是最基础的一环。加强政策沟通是促进国际和“一带一路”职业资格互认和建设的重要保障。从国际经验看，2002 年欧盟通过启动“哥本哈根进程”，建立的“欧洲资格框架”“欧洲职业教育质量保证参照框架”“欧洲职业教育学分转换系统”等政策合作工具，促进了欧盟范围内职业资格认证的趋同发展。因此，我国可以借鉴“亚投行”“丝路基金”模式，加大职业资格、资历框架的互认力度，夯实人才流动的基础。[①]

4. 深入贯彻国务院系列决定精神的客观要求

在开展集中清理职业资格工作的同时，国务院就改革完善国家职业资格制度做出了一系列重要决定。2017 年 1 月，《进一步减少和规范职业资格许可和认定事项的改革方案》正式印发，遵循加快简政放权、突出市场导向、强化监管服务等基本原则，进一步加大清理规范治理力度，提出六项主要改革任务，在“十三五”时期，构建起科学设置、规范运行、依法监管的国家职业资格框架和管理服务体系。因此，遵循社会主义市场经济规律和人才成长规律，大力推进减少和规范职业资格许可和认定事项工作，这为我国职业资格制度科学合理、健康有序发展提供了基本遵循。

5. 制定和实施国家资历框架的客观要求

进入 21 世纪，国家资历框架作为特定国家人力资源开发与配置的基本规范及其制度体系，截至目前，全球已有 154 个国家和地区已经实施或正在构建国家资历框架（UNESCO，2015）。国家“十三五”规划纲要明确提出要“制定国家资历框架”。基于此，加快研究和制定国家资历框架，积极推动国家资历框架立法与实施是贯彻落实“十三五”规划纲要任务、完善职业资格证书制度的必然要求。从国际经验看，国家资历框架已成为促进教育文凭与职业资

① 汪怿：《“一带一路”背景下的人才开放》，《文汇报》2017 年 7 月 9 日。

格证书有效衔接、建设学分银行和学分转换互认体系、畅通继续教育与终身教育渠道、搭建终身学习“立交桥”等的基础性举措和通用政策工具。人力资源和社会保障部2017年出台的《进一步减少和规范职业资格许可和认定事项的改革方案》强调“建立职业资格、职业技能等级与相应职称、学历比照认定制度”。国家资历框架的制定和实施，不仅为统筹职业资格和学历学位证书制度，实现“两个”证书相衔接提供了基本的政策工具；也为统筹专业技术人员职业资格标准与技能人才职业技能等级标准、搭建各类人才职业发展“立交桥”提供了有益的视角。

三　国家职业资格制度新框架体系构建设计和发展建议

国家职业资格制度新框架体系构建应考虑到功能定位、类别界定、治理模式、运行机制四个方面。

（一）国家职业资格制度新框架体系构建设计

1. 功能定位

国家职业资格证书制度是旨在维护公共利益、规范人力资源市场秩序、提升专业服务质量，由国家设定并实施国家职业资格目录清单管理，证明申请人具备从事某一职业所需知识、技能或信誉的人才评价制度。国家职业资格证书制度由国务院主管部门或其认可的全国性协会、学会等社会组织依法组织实施（见图1）。

2. 类别界定

国家职业资格证书由准入类职业资格和水平评价类职业资格构成。①准入类职业资格，由国家行政机关或法律法规授权的具有管理公共事务职能的组织，依据《行政许可法》和相关法律法规设定，确认申请人符合相关法律法规规定的资格标准，并准予其从事特定职业的行政行为。②水平评价类职业资格，是指列入国家职业资格目录清单管理，由国务院职业资格主管部门认可的第三方认证机构（相对申请人和用人单位）依据一定的标准和程序，证明申请人具备从事某一职业所需知识、技能或信誉的人才评价公共服务（见表1）。

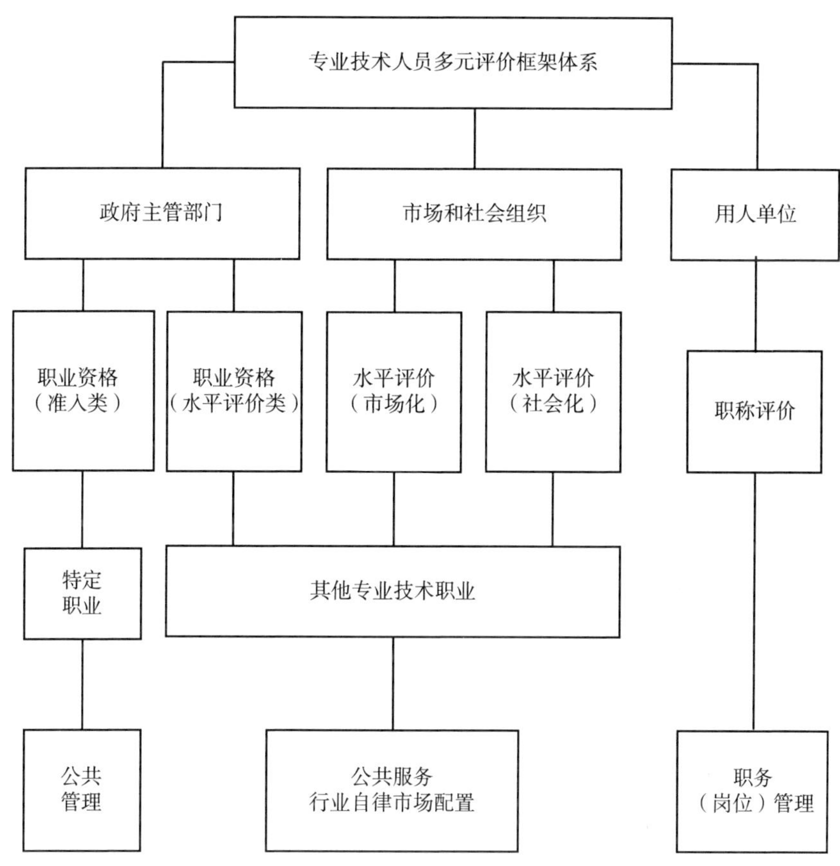

图1　国家职业资格在多元主体评价体系中的功能定位

表1　准入类和水平评价类职业资格的区别

	职业资格(准入类)	职业资格(水平评价类)
实施主体	行政机关或法律授权具有行政管理职能的社会组织	国务院主管部门认可的全国性协会、学会等社会组织
功能定位	公共管理	公共服务、行业自律
适用对象	特定职业	其他专业技术职业
管理模式	政府主管	政府管理监督
评价标准	国家标准,强制性标准	行业标准,推荐性标准
层次划分	除能力等级直接关系职业活动范围外,一般为一级	从国际情况看,一般2~3级
评价应用	所获得的职业资格证书是执业的必要条件	获得的证书不是对就业、执业的限制,而是对学术技术水平和相应“称号”的认可

续表

	职业资格(准入类)	职业资格(水平评价类)
法律特征	○是依法申请的具体行政行为; ○是采用颁发职业资格证书等形式的行政行为; ○是行政主体赋予行政相对方某种法律资格或法律权利的行政行为	○是依约定而形成的评价与被评价的关系
职业特征	○是特殊的职业,需要具备"特殊信誉、特殊条件或特殊技能"; ○"直接提供公众服务"; ○执业者的行为对国家、社会或公民有产生危害的可能; ○有法定的职业活动范围	○除国家已经设定职业准入的其他所有职业; ○有益于提升专业服务质量; ○应当设定和实施许可,按照《行政许可法》第十三条规定但不设定和实施许可的职业

3. 治理模式

实施共同治理和归口管理。建议在国务院直接领导下，成立国家职业资格管理委员会（或部际联席会议），统筹规划和统一领导国家职业资格证书工作。强化政府主管部门综合管理职能：①制定国家职业资格发展规划；②建立和推行国家职业资格目录清单管理制度；③认可职业资格认证机构；④制定并实施职业标准技术规范和考试考务技术规程；⑤统一印制、发放和管理国家职业资格证书；⑥组织实施国家职业资格证书质量监测评估；⑦指导、监督行业组织有序承接专业技术人员水平评价类职业资格具体认定工作；⑧推进职业资格国际互认（见图2）。

4. 运行机制

①职业分类体系。以国家职业大典修订工作平台为基础，建立专业技术职业发展状况监测机制和职业分类动态更新机制，强化国家《职业分类大典》对职业资格证书制度的支撑作用。②资格设定评估体系。以《行政许可法》规定精神为指导，以必要性、公平性、效率性、便民性为原则，制定职业资格设定评估标准，完善职业资格立法和决策过程中的听证、论证制度。建立资格认证机构和考试机构认可制度。③职业标准体系。以职业分类为基础，以职业活动为导向，以职业能力为核心，建立健全职业标准体系。制定职业标准制定技术规范和程序规则。④考试考务管理体系。完善命题、阅卷、考务等管理办法。创新考试（认证）方式方法，提高考试（认证）质量。严格执行国家职

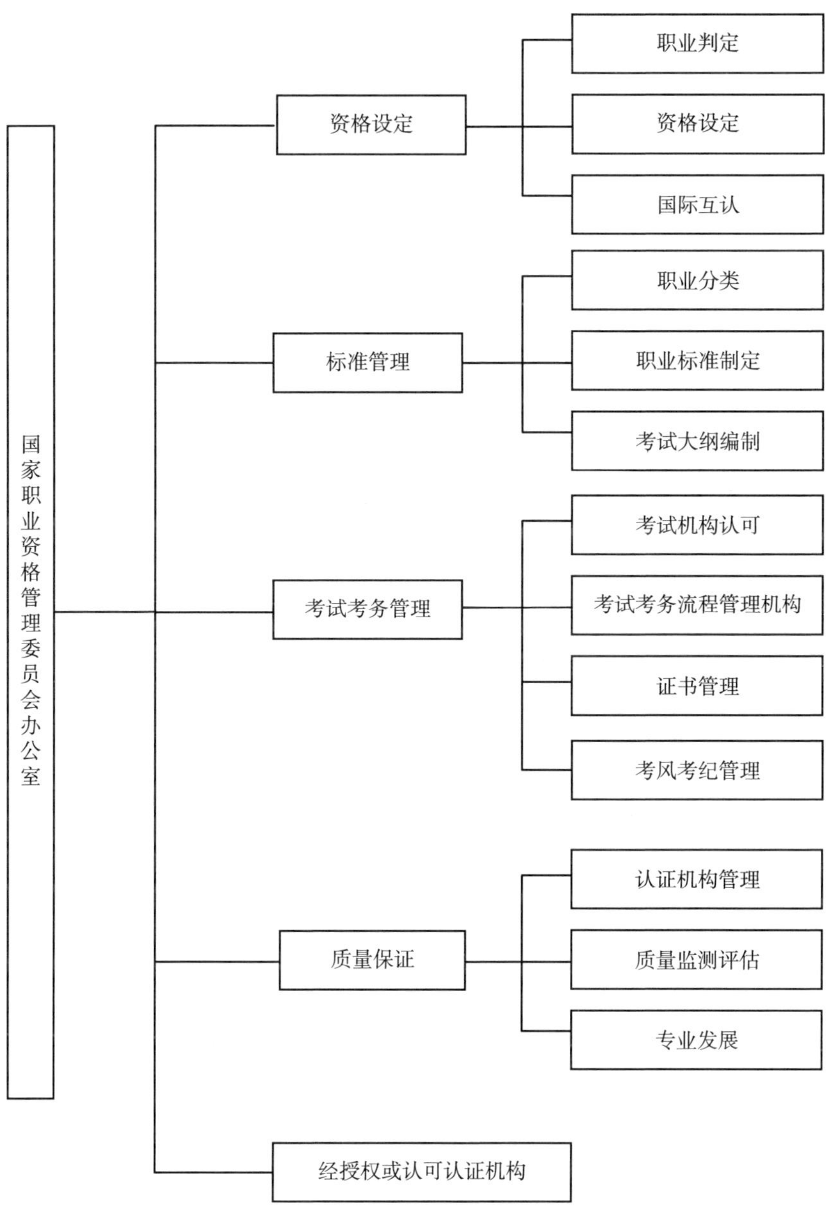

图 2　国家职业资格治理模式

业资格保密制度和考试纪律要求。⑤证书管理体系。统一国家职业资格证书印制、发放和管理。加强职业资格证书名称、样式和标识管理与保护。⑥质量保障体系。建立健全国家职业资格证书质量监测评估标准体系和第三方评估机制（见图3）。

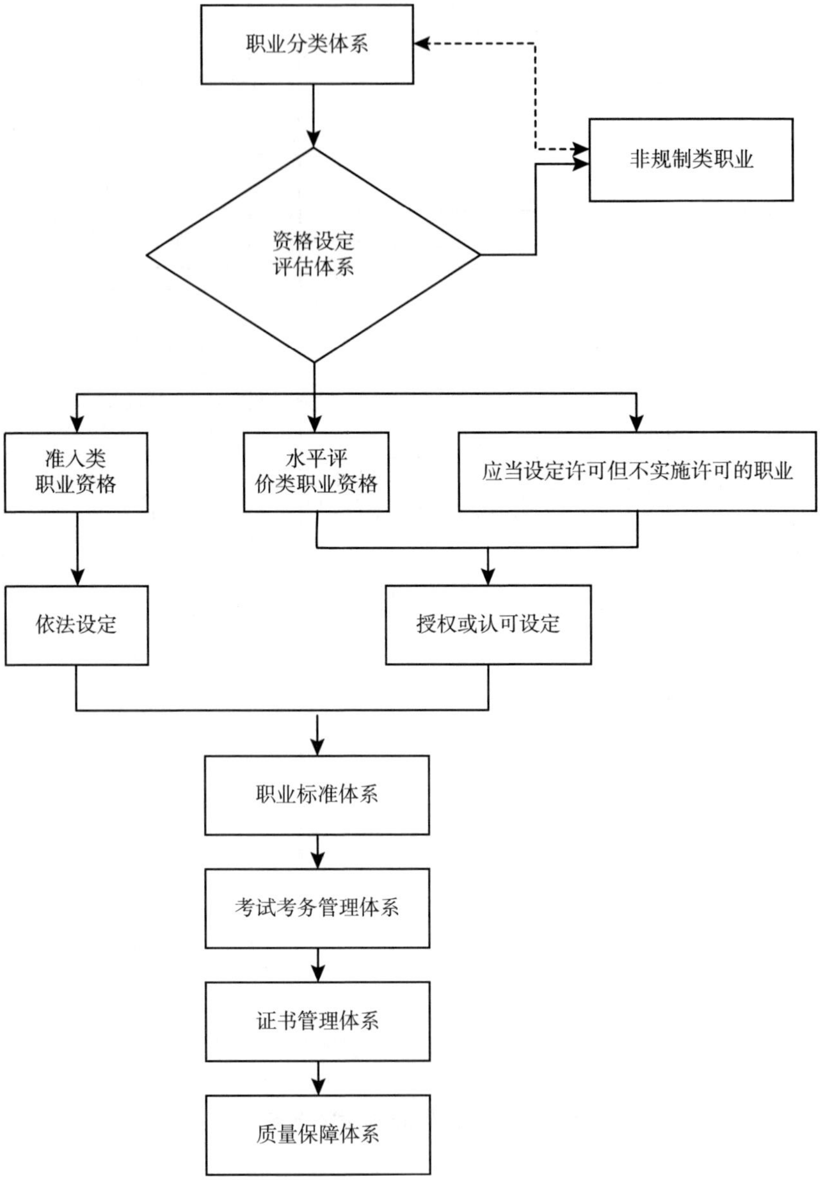

职业分类体系
非规制类职业
资格设定
评估体系
准入类
职业资格
水平评
价类职业资格
应当设定许可但不实施许可的职业
依法设定
授权或认可设定
职业标准体系
考试考务管理体系
证书管理体系
质量保障体系

图 3　国家职业资格认证模式

（二）政策建议

第一，明确国家职业资格证书的功能定位、设置条件和适用范围，严格控制准入类职业资格证书数量，提高认证类职业资格证书质量，培育社会化、市场化职业水平评价。

第二，妥善处理职业资格证书评价与职称评价的关系，及时纠正将职称制度纳入职业资格制度或将职业资格制度纳入职称制度的倾向。

第三，结合公务员分类改革，研究制定专业技术准入类职业资格转任专业技术类公务员职务的衔接办法。

第四，加强职业资格立法，研究制定《国家职业资格证书管理条例》。

第五，依据《行政许可法》的规定，研究制定《拟设国家准入类职业资格审查标准和举证责任标准》。

第六，促进专业学位证书与国家职业资格证书有效衔接，分类探索专业学位证书与职业资格证书衔接办法。

第七，强化政府对职业资格证书综合管理职能，加强对协会学会资格认证工作的宏观指导。

第八，健全国家职业资格质量管理体系，建立健全职业资格认证机构认可制度和国家职业资格证书质量监测评估机制。

第九，促进专业发展，加强职业资格证书与继续教育、会员管理、行业自律和职业诚信等制度的关联复合。

第十，提升国际化水平，推进双边或多边资格互认，将职业资格证书互认工作列入“一带一路”人力资源合作框架并作为优先议题。

参考文献

中共中央《关于深化人才发展体制机制改革的意见》（中发〔2016〕9号），2016。

蔡学军、范巍：《专业技术人员职业资格框架体系研究》，中国人事科学研究院内部研究报告，2016。

范巍：《专业技术人才职业资格制度和职业标准》，党建出版社，2016。

范巍：《推动国家资历框架建设，促进职称和职业资格制度有效衔接》，《思想理论动态参阅》（党建参阅）2017 年第 43 期。

范巍：《关于职称和职业资格制度的几个观点》，《今日科苑》2016 年第 1 期。

董志超：《“职称”与“职业资格”的关系如何厘清》，《光明日报》2017 年 1 月 19 日。

范巍、蔡学军：《职称制度改革与社会化人才评价体系构建》，《中国人事科学》2015 年第 5 期。

范巍：《以职业分类创新人才评价机制：以 2015 版国家职业分类大典专业技术类修订为例》，《中国人事科学》2015 年第 12 期。

公共部门人事制度篇

Personnel System in the Public Sector

B.10 公务员分类管理改革进展与对策建议

郝玉明*

摘　要：职位分类是公务员管理的基础，推进公务员分类管理对改革完善公务员制度具有重要意义。伴随公务员制度的发展，职位分类改革不断深化，其制度设计日趋完善，并取得阶段性成果。但是推进分类管理仍然面临制度体系不够健全、迫切需要构建基于职位分类的公务员管理体系和获得外部制度协同等重点难点问题。因此，本报告尝试从明晰干部人事制度改革方向、明确分类管理改革的目的、完善分类管理自身制度设计、构建基于职位分类的管理体系、做好推进改革的各项准备等五个方面提出了对策建议。

关键词：公务员　分类管理　职位分类

* 郝玉明，经济学博士，中国人事科学研究院公务员管理研究室副研究员，主要研究方向为公务员制度与管理、薪酬与人力资源管理。

职位分类是公务员管理的基础，“没有分类就没有管理”。1993 年《国家公务员暂行条例》规定了“国家行政机关实行职位分类制度”，2006 年《中华人民共和国公务员法》实施范围从行政机关扩大到涵盖党群、人大、政协等在内的七个大类机关，职位分类管理的实施范围相应扩大。经过多年的探索和试点，2016 年 7 月，专业技术类公务员和行政执法类公务员分类管理“两个规定”颁布，标志着公务员分类管理进入实质性实施阶段。实行专业技术类和行政执法类公务员分类管理，需要在建立其各自类别的职务序列和薪级体系的同时，还要配套建立综合管理类公务员的相应制度体系，使公务员管理制度整体上能够配套衔接。2017 年全国公务员管理工作会议对推进公务员分类管理予以强调，并作为年度重点工作任务提上议事日程。

一　公务员分类管理发展历程与最新进展

改革开放以来，为适应政治、经济体制改革发展需要，以邓小平同志为核心的党中央展开了一系列干部人事制度改革。随后，伴随国家公务员制度的提出、建立和不断完善，干部分类管理逐步深化。

（一）我国公务员分类管理的提出

我国干部分类管理包括两个阶段，一是打破干部管理“大一统”模式，实行机关、事业和企业干部分类管理；二是在机关内部实行职位分类，从大一统的综合管理类公务员中区分专业技术类和行政执法类，按照不同类别实行公务员职位分类管理。

1. 机关、事业、企业干部管理“大分类”

改革开放初期，建立在计划经济体制基础上的干部人事制度，不能适应经济体制、政治体制改革的新形势要求，弊端日益凸显。为此，1987 年党的第十三次代表大会提出进行干部人事制度改革、建立国家公务员制度的要求，以改变党政不分、政企不分、政事不分的干部管理模式。根据党的十三大精神，改革干部管理体制的首要任务，就是对“国家干部”进行科学分类，改变用管理党政干部的单一模式“一刀切”管理所有人员的状况，建立各具特色的管理制度。1986 年，中央着手制定我国干部人事制度改革总体规划，起草《国家公务员暂行条例》。

按照人员所在单位或行业的性质和特点，对于干部分类管理进行改革，把干部分为国家行政机关工作人员、党的机关工作人员、国家权力机关工作人员、国家检察机关工作人员、国家审判机关工作人员、企业单位工作人员、事业单位工作人员（事业单位还细分为教育、卫生、科研、新闻出版、文化艺术、体育等几类）、群众团体工作人员等。从而建立了机关、事业、企业干部人事管理的纵向分类管理体系，根据行业和单位属性分别建立了机关公务员、事业单位职员、企业劳动者的制度体系。

2. 公务员分类管理

在划分了机关、事业和企业干部类别后，对机关干部的管理开始转向国家公务员制度的建立和完善。1993 年，《国家公务员暂行条例》颁布，自 1993 年 10 月 1 日起施行。该条例适用于各级国家行政机关中除工勤人员以外的工作人员，对行政机关公务员职位分类管理做出规定。党的机关、国家权力机关、国家审判机关、国家检察机关、群团机关等工作人员管理按照《国家公务员暂行条例》实行参照管理。

2006 年公务员法颁布实施，其适用范围调整为除行政机关以外，涵盖党的机关、政协机关、国家权力机关、国家审判机关、国家检察机关、群团机关共七个大类机关公务员。即把原来参照行政机关管理的机关干部群体正式纳入公务员队伍，并统一按照公务员法进行管理。相应的，公务员法中规定的职位分类管理，适用于七个大类机关公务员。

建立国家公务员制度后的机关干部分类管理，则是在全部机关范围内，实行职位分类管理，划分为综合管理类、专业技术类和行政执法类等类别。

（二）不同时期的公务员分类管理

随着公务员制度的发展完善，公务员分类管理经历了《国家公务员暂行条例》和《中华人民共和国公务员法》两个时期。

1.《国家公务员暂行条例》时期的分类管理

1993 年《国家公务员暂行条例》提出的职位分类仅适用于国家行政机关。作为公务员暂行条例的配套政策文件，1994 年人事部印发了《国家公务员职位分类工作实施办法》，对职位分类做出了更为详细具体的规定。为推进职位分类工作，人事部积极探索开展了专业技术类和行政执法类公务员管理试点，2000年在公安系统开展了专业技术类公务员任职制度试点，2004年在上海市工商局开展了企业注册官试点。

2.《中华人民共和国公务员法》时期的分类管理

2006年1月1日公务员法正式实施，公务员法适用范围扩大到七大类机关，职位分类的适用范围相应扩大。公务员法在暂行条例基础上将公务员职位分类继续向前推进，加大了试点推进力度。在公安、工商、质检、税务等部门开展了公务员分类管理改革试点，2010年在深圳市启动了分类改革试点。2010年中央公务员主管部门会同公安部启动了人民警察警员职务套改，150多万名公安民警按照分类管理框架进行套转，建立了警官、警员和警务技术3个职务序列。

综上所述，公务员分类管理与干部人事制度改革存在密切联系。《国家公务员暂行条例》的颁布实施，标志着国家公务员制度的初步建立，建立了符合行政机关特点的科学化、法制化干部人事制度，既有利于加强公务员队伍建设，也有利于改善政府机关管理效能，还为进一步推进公务员分类管理奠定了基础。《中华人民共和国公务员法》作为新中国成立五十多年以来的第一部干部人事管理的总章程，其颁布实施，标志着有中国特色的公务员制度正式建立，其配套法规不断发展成熟，公务员管理的规范化、制度化、法制化程度不断提高。公务员管理沿着职位分类的基本框架，不断探索前进，构建基于职位分类的公务员考试录用、考核奖励、培训监督、工资待遇等系统性公务员制度开始提上议事日程。

（三）我国公务员分类管理改革最新进展

2016年7月，专业技术类和行政执法类公务员分类管理“两个规定”颁布实施，意味着我国公务员长期以来按照综合管理类进行管理的时代就此结束。在公务员法确立的制度框架下，将机关中履行专业技术职责和行政执法职责的公务员划分出来，实现有别于综合管理类公务员的分渠道发展，实行分类招录、分类培训、分类考核等分类管理，标志着国家公务员管理取得新突破，迈入新阶段，对今后的公务员管理工作将产生重要影响。

按照中央深化司法体制改革的要求，十八大以来，法官、检察官单独职务序列和法官助理、检察官助理、书记员职务序列改革在31个省份全面推开，公安机关执法勤务警员和警务技术职务序列改革试点在10个省份稳步开展，体现各类公务员职位特点、职业发展要求的职务序列和管理制度基本建立，分类管理制度框架基本成形。

二　推进公务员分类管理面临的难点问题

公务员分类管理伴随公务员制度的建立而不断向前发展。在制度建设、管理实践中，尤其是面临长期的、约定俗成的干部管理传统，打破干部“身份管理”，建立“职位管理”体系，仍然面临诸多难点问题。作为国家确定的公务员分类管理改革地方试点城市，深圳市自2010年颁布《深圳市行政机关公务员分类管理改革实施方案》以来，经过多年探索，取得了诸多先行先试的成功经验，也面临分类改革的一系列重点难点问题，值得国家层面和其他省份在今后完善分类管理制度与实践中学习借鉴。

（一）公务员分类管理制度体系仍有待完善

公务员法对职位分类管理做出了原则性规定，2016年行政执法类、专业技术类两个分类管理的试行规定颁布实施，司法类公务员、公安警员职务序列套改等制定试点办法并启动实施，使公务员分类管理进入实质性推进阶段。但是，分类管理的制度仍不够完善，还不能满足公务员分类管理的实践需求。

具体分类实施中，围绕“怎么分”“怎么管”两个核心关键问题，需要制定一系列分类管理配套制度文件。在“怎么分”方面，需要明确各个类别和职组职系的划分标准，确保职位分类标准清晰明确，便于操作，科学合理地确定专业技术类和行政执法类公务员的职位范围；在“怎么管”方面，还需要制定一系列配套管理办法，包括职数设置办法、职务套改办法、任职资格评定办法以及相应的工资管理办法等。深圳市在实行行政执法类公务员分类套转过程中，由于缺乏有效的顶层设计支撑、划类标准不够清晰等，存在部分执法单位整建制套转为执法类公务员的情形，相应导致了一系列后续管理难度加大，也由于行政执法类改革后的工资待遇与未改革的综合管理类公务员之间存在差异，执法类和综合管理类公务员之间的跨类交流需求强烈，对构建专业化、科学化的分类管理制度构成挑战。

（二）构建基于职位分类的公务员管理体系需求迫切

长期以来，大一统的干部人事管理制度不论从制度实践上还是从观念意识上，都已被广大公务员队伍和各级主管部门所熟悉和认同，建立公务员分类管理制度及其体系是干部人事制度改革的重点攻坚任务。推行职位分类，将要打破长期形成的干部“身份管理”和“官本位”思想，首先，需要破除传统的管理理念，建立适应社会主义市场经济发展要求的新思维、新理念；其次，要在破除干部管理传统的同时，建立基于职位管理的公务员“进、管、出”一揽子制度体系；最后，在构建基于职位的管理体系的同时，还需要处理好职位分类改革与我国干部人事管理优良传统和基本经验的继承发扬及与现有管理模式的衔接转换、与公务员管理各个环节的协调同步，避免改革过程中出现管理失衡和制度“缺位”，确保分类管理改革健康有序和顺畅实施。深圳市在实施分类管理改革中，构建基于职位分类的公务员管理制度体系，一直是其主管部门长期关注和努力解决的重要任务。

（三）推行公务员分类管理需要外部制度协同

公务员作为治国理政、提供公共管理服务的主体，在既定的编制和公共财政预算前提下进行管理活动，公务员主管部门的管理活动和行政行为，受到编制和财政等部门的外部约束。法官、检察官等司法人员改革，则要受到《法官法》《检察官法》的制约，必须要在上位法的许可空间内实施。公务员主管部门按照职能权限，负责对公务员进行管理，推行公务员分类管理是公务员管理的基础性管理改革，“牵一发而动全身”，势必突破编制和财政的制约。推行职位分类管理，提高管理科学化和精细化，势必要增加公务员队伍数量和公共服务支出，需要在增加编制和财政预算的前提下才能顺利实施，需要编制、财政等外部制度改革协同。深圳市分类改革顺利实施的经验充分说明这一点。深圳市在推行实施分类改革之初，获得了市委、市政府主要领导高度重视，并提供了有力的财政支持，与分类改革同步推行了公务员全员聘任制改革，在一定程度上突破了固化的行政编制控制。

三　推进公务员分类管理的对策建议

（一）进一步明晰干部人事制度改革的方向

公务员制度、干部人事制度作为国家政治制度的组成部分，与政治、经济体制改革密切相关，市场经济体制改革的不断深入，需要国家和领导人员制度改革、公务员制度改革相配套。反之，公务员管理需要政治体制改革的方向性指引。分类管理既需要与国家经济体制、政治体制改革相适应，也需要接受其方向性指引。因此，在当前深化社会主义市场经济体制改革的形势下，深化干部人事制度改革，完善公务员制度，必须遵循公共行政管理的发展趋势，坚持职位管理、科学管理、依法管理的基本改革定位，明确公务员职位分类管理在公务员制度改革中重要地位，建立基于职位分类管理的各项公务员管理制度。

在明晰分类管理改革的基本方向的同时，还需要处理好两个关系。

一是党政领导干部管理与公务员管理的关系。鉴于公务员法将七个大类机关统一纳入公务员法管理的实际情况，在各级党政领导干部和后备干部管理中，应充分考虑和注重职位需要，基于职位确定各级领导干部的任职资格和能力要求，建立基于职位职责需求的党政领导干部胜任能力考核指标体系，并作为干部选拔任用的依据。

二是分类管理精细化与灵活性的关系。当前新公共管理主义盛行，要求面对复杂多变的公共管理服务需求建立弹性的公共管理制度和灵活应变的管理队伍，以增强公共管理需求的回应性；实行标准职位分类，国家和地区出现简化分类、提高管理灵活性的国际趋势，对已经建立实施的过于细化、烦琐的职系、职位进行调整或归并。因此，在推行我国公务员分类管理中应坚持科学化与灵活性并重，避免片面强调科学分类、精细分类，导致分类固化、僵化和缺乏灵活性，要结合当前的政治经济体制改革形势、长期形成的管理传统，符合国情地稳步推进改革。

（二）进一步明确职位分类改革的根本目的

实行公务员分类管理，既是依据公务员法进行公务员管理的具体体现，也

是对党的十七大和十八大相关要求的贯彻落实。这是实施分类管理改革的法律与制度依据。而究其根本，是在深化干部人事制度改革和完善公务员制度的基本前提下进行的公务员管理基础性改革创新，其改革的主要目的是顺应依据现代政府治理和新公共管理理念而进行的公共管理变革的要求，通过公务员职位分类实现公共管理的专业化和职业化；同时，注重公务员队伍建设的科学化和公平性，提高公务员队伍专业素质与能力，拓宽公务员职业发展通道，提高公务员科学管理水平并实现有效激励，避免按单一综合管理类进行管理所造成的忽视专业技术类和行政执法类等各类公务员行业和职业特点的制度不公问题等。

尽管实施公务员分类改革，在实现公务员的分途发展、拓宽其职业发展空间同时，可以实现公务员薪酬增长，但提高公务员薪酬水平并不是公务员分类改革的根本目的。过分强调通过分类管理改革来解决公务员薪酬增长，势必出现改革目标偏离甚至异化的倾向。

（三）进一步完善分类管理自身制度设计

职位分类是一项具有高度专业性、技术性的管理活动，制度设计的科学性、完整性要求高，难度大，不断完善自身制度设计是分类改革中的重要任务。完善职位分类管理制度设计，主要包括两个方面。

一是需要科学确定分类的标准和职位设置范围，即需要确定划入专业技术类和行政执法类公务员的职位范围，解决“怎么分”的问题。类别划分又是分类管理的前提和首要问题，也是分类管理面临的难点。必须坚持依据职位的性质与特点、工作职责内容以及任职资格要求等基本分类标准，科学进行行政执法类和专业技术类公务员范围划定。就当前公务员分类是从大一统的综合管理类中区别划类而言，类别划分标准不清晰或者模糊，一方面，会延缓或阻碍分类管理实施“落地”，另一方面，还会由于分类管理标准不清晰，带来公务员进入专业技术类或行政执法类的“选择困难”，仓促决定不利于其职业发展和“人职匹配”，也会增加管理部门管理难度。深圳市公务员分类改革试点中，出现了划入执法类的公务员转回原有的综合管理类的“倒车”现象，这在一定程度上反映出分类管理标准和目标不够清晰，也对进一步完善跨类交流的制度提出了要求。

在划分专业技术类和行政执法类的职位范围确定上，需要正确处理分类标准科学性和推动改革工作便利性的关系。在追求科学标准的同时兼顾分类工作实施的便利性，推动改革的顺利开展。

二是在确定了职位分类标准和范围后，还需要解决“怎么管”的问题。即需要制定完善各项配套管理办法，包括职数设置办法、任职资格评定办法、职务套改办法等。在职数设置方面，应在部门机构职能、编制核定的基础上，采用科学的职位分析与评价方法，合理设置不同类别职位并明确职位职责，进而设置不同层级职位的职数，努力做到职数设置有理有据；在任职资格评定方面，借助任职资格的社会评价系统，实现机关内部分类管理与社会人才评价的一致性，并为行政执法类、专业技术类公务员在全社会范围内流动（含流入和流出）创造条件；在职务套转办法方面，应本着有利于公务员人才资源开发和适度交流的基本原则，在保持各个类别公务员队伍基本稳定的前提下，不搞“一刀切”，允许适度跨类交流，在建立统一的职务与职级并行制度的基础上，实现三类公务员的职务序列与职级的对应衔接，为建立规范的跨类交流奠定基础。

（四）建立基于职位分类导向公务员管理各项制度

职位分类作为公务员管理的基础，对其实施改革必然引发系统性公务员管理变革，需要打破原有的、建立在干部身份管理基础上的选拔、考核、培训以及任用、辞职辞退等各项管理制度。一是在完善分类管理自身制度设计同时，需要构建基于职位分类管理的考录、考核、薪酬、培训、奖惩、辞职辞退等“进、管、出”的一揽子公务员管理制度体系；二是探索创新与分类管理配套的公务员薪酬制度体系，具体包括针对专业技术类和行政执法类公务员不同职系和职位特点，制定相应的岗位津贴补贴办法；在现有的公务员工资制度基础上，研究制定符合不同类别公务员的工资管理细则；实施基于分类管理的绩效考核奖励工资办法等。

参考文献

郝玉明：《推行公务员分类管理的基本做法与经验借鉴——基于深圳市公务员分类改革的分析》，《中国党政干部论坛》2016 年第 9 期。

郝玉明：《新形势下公务员管理改革面临的重点任务》，《中国党政干部论坛》2017年第4期。

林弋：《公务员法立法研究》，中国人事出版社、党建读物出版社，2006。

张柏林：《中华人民共和国公务员法释义》，中国人事出版社、党建读物出版社，2007。

杨士秋：《治国之举——建设中国特色公务员制度》，中国人事出版社，2011。

B.11 公务员职务与职级并行实施进展与制度分析

郝玉明*

摘　要：　公务员职务序列设置和职级晋升历来是公务员管理中的重点和难点问题，实行职务与职级并行对于拓宽公务员职业发展通道、提高工资待遇具有重要意义。本文对公务员职务与职级并行的提出和实施现状进行分析研究，结合公务员四次工资制度改革对职务与职级并行进行制度解析，研究提出：县以下机关职务与职级并行存在制度实施力度不够、提高激励同时存在“鞭打快牛”负效应、统筹配套措施不完善等问题，并提出科学核定和设置不同层级机关职级并行的职数与比例范围，建立科学的职级晋升管理办法并明确相关职级待遇，统筹做好职务与职级并行制度与其他管理制度的有效衔接三点政策建议。

关键词：　公务员　职务　职级

公务员职务序列设置和职级晋升问题，一直是公务员管理中的重点和难点问题，尤其是在县以下基层机关，由于受到机构规格限制，占公务员队伍主体比重的科级以下公务员面临职务晋升“天花板”，并相应带来工资增长受到制约，由此引发基层和科级以下公务员激励问题。为解决这一问题，党的十六大

* 郝玉明，经济学博士，中国人事科学研究院公务员管理研究室副研究员，主要研究方向为公务员制度与管理、薪酬与人力资源管理。

提出了“完善职务与职级相结合的制度，建立健全干部激励和保障机制”，党的十七届四中全会提出了“职务与职级并行、职级与待遇挂钩”。2015 年 1 月，中办、国办联合印发实施了县以下机关公务员职务与职级并行制度；2016 年 7 月，中办、国办联合颁布实施了《专业技术类公务员分类管理规定（试行）》和《行政执法类公务员分类管理规定（试行）》；2016 年 12 月，经全国人大常委会批准，涵盖地市以上机关的全部综合管理类公务员的职务与职级并行制度试点启动。

职务与职级并行的提出有着特定的历史和现实背景，公务员法规和中央文件对职务与职级并行予以了规定。而在职务、级别与工资制度分析基础上，深入考察和分析县以下机关公务员职务与职级并行的实施情况以及地市以上机关公务员职务与职级并行试点情况，进一步明晰职务与职级的制度功能和定位，对于保障实现制度功能、完善制度设计具有重要意义。

一　公务员职务与职级基本情况

1. 职级并行制度的提出

公务员职务与职级并行的提出，源于公务员管理自身的内在要求，并受到公务员分类管理改革的促进和推动，其根本目标在于建立完善公务员的职务晋升通道并相应解决薪酬待遇的保障激励机制。职务与职级并行制度从最初提出到形成制度，经历了长期的发展阶段。

职务与职级并行是党的十六大（2002 年）首次提出的，即十六大提出了“完善职务与职级相结合的制度，建立健全干部激励和保障机制”；到党的十七届四中全会（2009 年）正式提出，即“建立健全干部职务与职级并行制度，实行干部职级与待遇挂钩”；尽管《2010～2020 年深化干部人事制度改革规划纲要》进一步提出了“在 2012 年前制定和试行干部职级晋升和管理办法”的具体要求，但并没有完全实现；直到《关于县以下机关建立公务员职务与职级并行制度的意见》（2015 年）正式印发，公务员职务与职级并行制度正式建立。

公务员职务晋升空间有限、基于职务的工资待遇增长受到制约问题长期存在，县以下机关的这些问题尤为突出。为了解决这些问题，尤其是县以下机关公务员的工资增长和激励问题，国家制定出台了县以下机关公务员职务与职级并行制度。与此同时，随着公务员职位分类管理改革逐步推进，在《专业技术类公务员分类管理规定（试行）》和《行政执法类公务员分类管理规定（试行）》颁布实施后，需要统筹推进“三类”公务员的管理，尤其需要建立专业技术类、行政执法类公务员和综合管理类公务员的职务与职级的协调对应关系，因此研究制定包括地市以上机关的、适用于全部综合管理类公务员的职务与职级并行制度提上议事日程，并于2016年12月开始，在4个中央部委机关和4个省市开展试点。

2. 对公务员职务与职级并行制度的分析

从2002年党的十六大提出公务员职务与职级并行以来，伴随《公务员暂行条例》和《公务员法》的制定实施，国家开展了1993年和2006年两次工资制度改革，为公务员职务与职级并行制度分析奠定了基础。从现行的公务员管理法律法规来看，对公务员职务的界定是明确的，具体分为领导职务与非领导职务两类。《公务员法》第16条规定了10个领导职务层次，由低到高分别是乡科级副职、乡科级正职、县处级副职、县处级正职、厅局级副职、厅局级正职、省部级副职、省部级正职、国家级副职、国家级正职；第17条规定了8个综合管理类的非领导职务层次，由低到高分别是办事员、科员、副主任科员、主任科员、副调研员、调研员、副巡视员、巡视员。

公务员职级的内涵和制度规定有待进一步明确。公务员职务与职级并行自提出以来，长期沿用“职级”的概念，在公务员法和工资制度中长期沿用的却是“级别”的概念。“职务与职级并行”中的“职级”与工资制度中的“级别”，应加以区分。公务员法和工资制度都对公务员的“级别”有所规定。《公务员法》第19条规定了职务与级别的对应关系，明确了二者在工资待遇确定中的功能，同时明确了级别确定依据和晋升方式。在2006年工资制度改革中，将原有的15个级别增加到27个，一个职务对应多个级别，干部在相同职务上可以进行级别晋升。但这27个级别的晋升，是与职务紧密联系的，在职务不动的前提下，级别晋升空间有限，解决工资待遇的力度也有限。

但是从公务员法和工资制度文件中可以看出，“级别”的出现多与工资伴随，是与职务对应的，是确定工资待遇的依据。“职级”也要和待遇挂钩，则在功能上、实际上要起到和级别同样的作用，就需要进一步明确职级和级别的区别和联系。

这种基于职务的级别调整变动，在大一统的干部管理体制下是可行的，所有干部统一按照一套职务序列，确定统一的职务级别，级别随着职务调整变化，甚至可以一职对应多个职级或级别。但这是不能满足职位分类改革的新情况的，或者说只能够沿用并解决综合管理类公务员的职务和职务级别设置，对综合管理类以外的职位类别的管理是不够的。在职位分类管理制度下，对于专业技术类和行政执法类存在的多个职组、职系而言，需要设置符合各自职系特点的职位和职务序列，并针对多个职系、不同的职位序列，采用职位分析与评价方法，科学设置职级（职位级别），进而实现职级与工资级别的对应统一。

二　公务员职务与职级并行最新进展

职务与级别历来是公务员工资确定中的重要因素，公务员工资制度在职务工资与级别工资上不同时期各有侧重。这可以从新中国成立以来历次工资制度改革的发展历程中对职务与级别的体现程度变化得到考察和验证。在1956年、1985年、1993年和2006年四次工资改革中，职务工资和级别工资在制度设计和工资管理中的地位不断变化。1956年实行级别工资，按照级别确定所有待遇；1985年实行职务工资，取消级别工资，强化职务的作用，强调职务的责任和按劳分配，导致了后来管理中的“官本位”，盲目提升机构规格等问题；从1993年工资改革开始，恢复级别工资，实行职务工资和级别工资并存；2006年则进一步加大了级别工资在工资构成中的比重。

自2006年公务员法实施以来，实行了职务级别工资制度，级别确定与职务挂钩，使公务员待遇提高主要依靠职务晋升，职务晋升受到机构规格和职数限制，“千军万马挤独木桥”成为公务员追求职务晋升的形象写照。为了解决公务员职务晋升和薪酬待遇增长问题，中央提出了实行“职务与职级并行、职级与待遇挂钩”。2015年开始实行县以下机关公务员职务与职级并行制度；2016年12月，开始实行涵盖地市以上机关的全部机关和综合管理类公务员的职务与职级并行试点。

截至目前，公务员管理主要以2015年1月15日中共中央办公厅、国务院办公厅联合印发的《关于县以下机关建立公务员职务与职级并行制度的意见》和2016年由中央组织部、人力资源和社会保障部和国家公务员局联合印发的

《关于公务员职务与职级并行制度试点的通知》作为职务与职级并行的主要依据。

1. 县以下机关公务员职务与职级并行制度的主要内容

文件内容主要包括总体要求和基本原则、主要内容、实施范围、其他有关问题、工作要求五个方面，其核心内容主要包括如下几点，一是在县以下机关设置科员级、副科级、正科级、副处级和正处级5个职级；二是主要依据任职年限和级别晋升职级；三是职级晋升与考核挂钩，年度考核优秀可以缩短任职年限半年，职级晋升后享受与该职级对应的非领导职务工资待遇，维持原工作岗位不变，晋升领导职务或非领导职务仍按现行规定执行。

2. 县以下机关公务员职务与职级并行制度实施成效与问题

县以下机关公务员职务与职级并行实施后，在一定程度上缓解了基层机关“压职压级”矛盾，拓宽了基层公务员晋升通道，对稳定和激励基层县乡公务员队伍起到了积极作用。这项制度的实施，使任职年限较长的基层公务员职级和待遇得到提高，受到了广大基层机关公务员的关注和肯定。据统计，制度实施以来，有100多万名基层公务员晋升了职级。

通过对县以下机关公务员职务与职级并行制度实施两年以来的调研发现，制度实施在取得成效同时，仍然存在一些问题需要解决。

一是这一政策对改善基层公务员晋升和待遇状况力度不够。县以下机关公务员群体庞大，长期受行政编制、领导职数和机构规格限制，多年得不到职务晋升和工资待遇提高的公务员数量众多；通过职级并行制度获得晋升的数量有限，绝大部分基层公务员仍然面临职级和待遇偏低的问题。调研发现，县以下机关公务员普遍反映，职务与职级并行晋升条件过于苛刻，任职年限要求过长，符合条件的基层公务员数量有限，仍然有较大部分公务员享受不到这一政策“红利”，甚至在对政策存有较高心理预期下出现了“失望”和“失落”情绪。

二是政策实施在取得正向激励效应的同时也产生了一定的“鞭打快牛”的负效应。职务与职级并行目标是解决部分任职年限较长的基层公务员职级晋升和工资待遇问题，提高这部分基层公务员的激励水平，但在实现这一目标的同时，又产生了新的问题。一方面，按照职级并行政策新晋升职级的基层公务员与原来拥有领导职务的公务员处于相同职级和待遇水平，这对承担更多责任的领导职务公务员构成冲击，甚至出现了部分领导职务公务员转任非领导职务

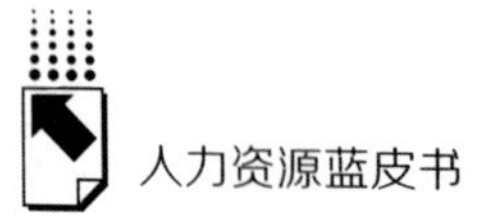

的倾向；另一方面，新晋升职级享受相应工资待遇的公务员，仅仅解决了工资待遇，不能享受该职级的职务待遇和承担更高一级的管理责任，也不满足，甚至部分基层公务员晋升职级后混日子，不思进取，成为“养老团”，这就背离了制度设计的初衷。

三是制度设计上统筹配套还不够完善。基层公务员管理是一个复杂的系统工程，基层县乡机关“混岗混编”现象极为普遍，公务员管理改革必然涉及机关与事业单位之间的协调平衡，公务员职务与职级并行“单打独斗”将会打破基层机关现有的利益平衡，也会带来事业编干部的利益诉求，产生新的“不稳定”因素。此外，落实职级并行待遇，还需要地方财力支持保障，有的贫困地区还面临地方财政难以兑现职级待遇的“窘境”；而职级并行制度中明确了年度考核优秀可以缩短职级晋升的任职年限，导致县乡机关对考核优秀的“争夺”，这一问题也须通过完善考核制度加以解决。

3. 地市以上机关公务员职务与职级并行实施进展

覆盖全部机关和综合管理类公务员的职务与职级并行制度试点于2016年12月25日开始启动。试点范围包括4个中央部门，分别是教育部、国家质量监督检验检疫总局、国务院台湾事务办公室、国家统计局本级机关；4个省市机关，分别是山东省、四川省、天津市、湖北省省（市）级机关及青岛市、潍坊市，绵阳市、内江市，天津和平区、西青区，宜昌市、襄阳市各级机关。改革的核心是调整适用公务员法关于非领导职务管理的有关规定，改非领导职务为新的职级序列，并改变原有的非领导职务职数确定依据和比例，从而在更大范围内实现职务与职级并行，职级与待遇挂钩。

县以下机关公务员职务与职级并行是保持现有的领导职务和非领导职务晋升制度不变，依据任职年限和级别晋升职级，通过职级晋升提高待遇，这是在现有的公务员法框架下实施的；涵盖地市以上机关的公务员职务与职级并行是对现行的公务员法关于非领导职务制度进行突破，改非领导职务为职级，并改变原有的非领导职务根据领导职务一定比例核定办法，以公务员编制数为基数，并区分不同层级机关核定比例设置职级。

在与公务员分类管理改革的衔接上，县以下机关公务员职务与职级并行制度提出了专业技术类、行政执法类等类别公务员职务与职级并行制度办法另行制定；普适性公务员职务与职级并行制度试点则明确仅适用于综合管理类公务员的制度，仍然面临分类管理改革后的类别公务员职级设置以及与综合管理类公务员职级的对应衔接问题。

三　公务员职务与职级并行政策建议

公务员职务与职级并行制度是公务员管理制度的重要组成部分，是确定公务员工资待遇的重要依据。在县以下机关职务与职级并行制度实施基础上，结合地市以上机关公务员职务与职级并行制度试点情况，在公务员分类管理改革的新形势下，进一步提高职务与职级并行制度的科学化、规范化，既是完善公务员制度的重要内容，也是提高公务员管理科学化水平的必然要求，为此，提出以下几点建议。

1. 要科学核定和设置不同层级机关职级并行的职数与比例范围，这是职务与职级并行中的重点与核心

建立完善有中国特色的公务员制度，要求对长期形成的、传统的干部人事管理制度进行改革突破，区分不同层级机关及其具体管理实际需求，在建立统一的公务员制度的同时，就具体管理事项适度下放管理权限并进行差异化管理。就职级设置而言，不同层级机关面临不同的管理情境。以副科级为例，在县乡机关需要纳入领导职数管理，而在中央机关则属一般工作人员，因此不宜从中央层面将全国省市范围、五级机关职级比例“一刀切”，避免由中央统得过死而带来的制度僵化现象。

2. 要建立科学的职级晋升管理办法并明确相关职级待遇

职级并行制度设计的初衷是解决公务员千军万马过“独木桥”式的通过职务晋升才能提高待遇的制度困境，但须明确职级晋升也要有绩效考核标准和条件，而不能仅仅靠“混日子”“熬年头”就晋升，需要建立完善职级晋升程序和标准，构建明确不同职级的职位职责，优化完善考核优秀标准等多项制度，并需要明确职级晋升的权责与工资待遇并与对应的职务相区分，建立完善职务与职级并行的科学、平衡、协调的制度体系。

3. 要统筹做好职务与职级并行制度与其他管理制度的有效衔接

职务与职级并行是公务员管理的基础性制度措施，涉及公务员管理的方方面面，必须统筹设计各项管理制度，实现制度有效衔接不脱节。具体包括四个方面。

（1）做好与事业单位人事制度改革的衔接

鉴于县乡机关“混岗混编”现象普遍，在制定出台机关公务员职级并行改革措施的同时，需要同步推进事业单位岗位管理和职员制改革，避免出现机关与事业单位之间由制度改革造成的不平衡现象。

（2）做好与行政执法类和专业技术类公务员分类管理改革的衔接

推行公务员分类管理是当前和今后一个时期公务员管理的重点任务，综合管理类实行了职级并行后，需要在分类管理制度设计中，科学设计类别公务员的职务与职级序列，并与综合管理类公务员职级序列有效衔接。

（3）做好地市以上机关与县以下机关公务员职务与职级并行制度的统筹衔接

二者的改革措施制定时间有先后，对公务员法的遵循与突破各不相同，因此需要在统一的公务员职务与职级并行制度正式颁布实施后，将县以下机关公务员职级并行纳入新的管理办法。

（4）做好与公务员工资制度的有效衔接

公务员职级与待遇挂钩，涉及对现有的工资制度的配套改革，需要针对新的公务员职级序列构建科学合理的工资等级序列并明确工资标准，同时明确职务待遇和职级待遇的差别，避免造成职级并行后出现新的“大锅饭”和分配上的平均主义。

参考文献

何宪：《公务员职务与职级并行制度研究》，《中国行政管理》2016 年第 9 期。

郝玉明：《公务员非领导职务制度演变分析》，《理论界》2013 年第 12 期。

李建忠：《建立公务员职务与职级并行制度的路径选择》，《人事天地》2013 年第 7 期。

熊通成：《公务员职务与职级并行在改革中不断完善》，《中国人力资源社会保障》2016 年第 2 期。

岳颖：《关于健全干部职务与职级并行制度的思考》，《人事天地》2011 年第 1 期。

中共中央办公厅、国务院办公厅：《关于县以下机关建立公务员职务与职级并行制度的意见》（中办发〔2015〕4 号），2015 年 1 月 15 日。

B.12
我国公务员平时考核工作状况

肖海鹏*

摘　要：公务员平时考核是公务员管理制度的重要组成部分，发挥着队伍建设基础性作用。党的十八大以来，公务员平时考核工作不断取得新进展，开创新局面。各试点地区和部门高度重视平时考核试点工作，积极探索并取得了显著成效，积累了丰富经验，为全面、统一、规范地推行公务员平时考核创造了条件。但是公务员平时考核工作在取得瞩目成绩的同时，还面临诸多挑战。"十三五"时期，面对新情况、新挑战，公务员平时考核工作的全面推开应从夯实工作基础、促进科学考评和协调管理权责等几个方面着手，对平时考核工作分期、分步推进并进行整体把握，争取到2020年实现各级机关全覆盖。

关键词：平时考核　公务员管理　队伍建设

一　新形势下我国公务员平时考核工作进展情况

公务员平时考核是实施公务员管理的重要环节和加强公务员队伍建设的基础性工作。全面推行公务员平时考核是《公务员法》《公务员考核规定（试行）》的基本要求，是加强公务员队伍人事管理的必然结果，也是公务员考核工作的客观需要和有效保障。

* 肖海鹏，中国人事科学研究院公务员管理研究室助理研究员。

党的十八大以来，正是在以习近平同志为核心的党中央的正确带领和指引下，公务员平时考核工作不断取得新进展，开创新局面，并初步总结出了具有共性特征且行之有效的考核经验模式，这对平时考核的全面推行和可持续发展具有决定性意义。

（一）平时考核制度构建工作的推进与完善

根据党的十八大提出的“完善干部考核评价机制”和习近平总书记“考察识别干部、功夫要下在平时”的要求，新的《党政领导干部选拔任用工作条例》，提出了防止以分取人、以票取人的用人导向，对干部的平时考核与考察在干部管理中的地位日益重要。

2014 年 9 月，中组部、人力资源和社会保障部和国家公务员局联合下发《关于深入开展公务员平时考核试点工作的通知》（以下简称《通知》），并召开了全国公务员平时考核工作会议，大力推进公务员平时考核工作。该通知明确了公务员平时考核的原则、内容和指标，规范了平时考核的程序和方法，并对平时考核结果使用进行了规定。这是对公务员平时考核工作阶段性的成果总结和制度创新，对深入推进公务员平时考核工作具有重要意义。同年底，中组部、国家公务员局分别在杭州和青岛召开了全国公务员平时考核工作座谈会，对进一步推进公务员平时考核工作提出了具体要求。2015 年 5 月，中组部、国家公务员局在北京联合举办中央和国家机关公务员平时考核工作专题培训班，落实全国公务员管理工作会议部署，交流推广先进经验做法，推动公务员平时考核工作深入开展。

2016 年，一些地方的公务员主管部门在相互交流学习、借鉴经验的基础上，对公务员平时考核工作做了进一步尝试和探索。浙江省公布了《浙江省公务员平时考核办法（试行）》，对公务员将采用“日志式”记实方式，实行“日志式”管理。广西壮族自治区明确了“十三五”时期将全面推行公务员平时考核，探索建立公务员日常管理社会监督评议机制。要对全体公务员坚持工作圈、生活圈、社交圈的管理监督并重，实现管理监督的全覆盖。广东省将推进公务员考核奖励工作、建立健全平时考核机制、探索将“八小时以外”活动监督管理纳入平时考核试点。

从总体上看，公务员平时考核制度进一步完善，平时考核工作正在有条不紊地持续推进，平时考核试点、联系点已达到1600多个。各地区、各部门对平时考核工作重要性的认识不断深化，注重典型经验的借鉴，考核方法不断创新，涌现了一批先进代表和典型经验。

（二）平时考核试点模式及其效果评估

2016年，人力资源和社会保障部委托中国人事科学研究院承担部重大政策专项研究课题“公务员平时考核问题研究”。课题组通过实地调研、访谈、座谈，并对相关9个省市进行了问卷调查。调查对象包括省、市、县、乡镇不同层级、不同部门的公务员和公务员管理专业人员。

研究表明，经过多年试点，特别是2014年9月印发《通知》后，各地公务员平时考核的基本模式逐步趋于统一，考核机关和公务员对考核的作用和效果总体表示认可。

1. 公务员平时考核的基本模式

从试点情况看，拟定量化指标、实行工作纪实、强化日常考勤、进行周期性评鉴已成为各地公务员平时考核的共性方式。试点单位在推行公务员平时考核的过程中，在考核主体、内容、指标、周期、信息化运用、结果使用等几个方面进行了积极探索，基本形成了统一模式。

（1）平时考核主体

试点单位的考核主体包括考核人和审定人。考核对象的直接上级领导、单位同事或服务对象等均可为考核人。审定人则由单位负责人或者由单位负责人授权成立的考核领导小组担任。

（2）平时考核内容

试点单位平时考核按照公务员法的规定，从德、能、勤、绩、廉等五个方面进行，重点考察公务员的日常表现，特别是公务员岗位工作职责、承担任务以及阶段工作目标完成情况等方面的表现。

（3）平时考核指标

共性指标和个性指标共同构成了试点单位公务员的平时考核指标。政治品质、职业道德、工作作风、廉洁自律、出勤情况等均可归为平时考核的共性指标。完成工作数量、质量、效率以及成效和业务能力等一般归为平时考核的个性指标。

（4）平时考核周期

试点单位工作记实、小结、评价的时间周期各有不同，有的为“日记实、周小结、月考核”，有的为“周记实、月小结、季考核”。问卷调查表明，33.5%的受访单位每月进行考核，33.5%的单位每季度进行考核，15.9%的单位每半年进行考核，还有些试点单位采取了更长的时间周期或其他方式。

（5）信息化手段运用

考核信息化方面，21.7%的单位全部实现了信息化，40.0%的单位部分实现了信息化，38.2%的单位尚未实施信息化。不同地区在考核信息化运用上存在较大差异，东部地区和西部地区实现的比例最高，中部地区和东北地区尚未实施的比例较高。

（6）考核结果运用

从对平时考核结果运用程度看，12.9%的单位认为运用力度非常大，58.7%的认为比较大，24.6%的认为一般，2.9%的认为不太大，0.9%的认为非常小。总体上看，平时考核的结果得到了一定程度的运用。

综上，《通知》所提出的平时考核模式在试点中得到了较好实施，各地能够按照《通知》要求，结合实际情况，积极开展公务员平时考核工作并发挥作用。

2. 公务员平时考核效果评估

调研和问卷调查表明，试点单位、公务员对平时考核的公正性、对行政工作和队伍建设的作用总体表示认可或给予积极评价。

（1）平时考核必要性评价

从个人认知看，分别有50.5%和25.2%的公务员认为有必要或者很有必要对公务员进行平时考核，19.4%的认为一般。单位受访者有24.5%的认为很有必要，56.1%的认为有必要，17.4%的认为一般。

（2）现行考核方式总体认同度

总体而言，分别有49.7%和25.9%的公务员比较认同或者非常认同平时考核工作，19.8%的公务员认为一般，仅有0.8%和3.8%的受访者完全不认同或者不太认同平时考核工作。

（3）平时考核的客观公正性

调查表明，分别有58.3%和21.6%的公务员认为平时考核工作比较客观公正和非常客观公正；18.3%的认为一般，仅1.3%和0.5%的认为客观公正性较差或者很差。

（4）平时考核与工作效率

数据显示，24.3%的公务员认为开展平时考核对提高工作效率非常有效，50.6%的认为比较有效，20.3%的认为一般，3.7%的认为不太有效，1.1%的认为完全无效。

（5）平时考核与工作作风

在平时考核对工作作风的改善方面，20.5%的公务员认为开展平时考核对转变工作作风非常有效，43.5%的认为比较有效，19.4%的认为一般，11.6%的认为不太有效，5.0%的认为完全无效。

（6）平时考核与公务员能力素质提高

调查显示，24.1%的公务员认为开展平时考核对提升公务员能力素质非常有效，49.6%的认为比较有效，21.7%的认为一般，3.6%的认为不太有效，1.1%的认为完全无效。年龄越大，认同度越低。

（7）平时考核与干部选拔任用

在平时考核与干部选用的关系上，23.1%的公务员认为开展平时考核对选拔好干部非常有效，46.5%的认为比较有效，24.1%的认为一般，4.9%的认为不太有效，1.4%的认为完全无效。年龄越大，认可度越低。

以上调查数据说明，试点单位和公务员对平时考核总体认可，认为平时考核对政府建设、公务员成长、工作效率等发挥了较好的作用。

（三）平时考核试点经验

试点地区在推进公务员平时考核工作中，积极探索，取得了很多有益经验。主要包括形成管理共识、促进科学考评、强化功能定位、夯实基础工作、秉持公平公正、明确激励导向和保障制度运行等七个方面。

1. 形成管理共识——强化组织领导　高度重视考核工作

试点地方和部门高度重视公务员平时考核试点工作，能够充分认识这项工作的重要意义，切实加强领导，精心组织并且加强监督检查。很多试点单位实行“一把手”负责制，“一把手”部署、动员、宣讲平时考核工作，促使公务员熟悉平时考核的目的、意义和方法程序，自觉将自己的学习、工作情况置于组织、领导和干部群众的监督之下。

2. 促进科学考评——明确岗位职责 认真推进分类分层

随着《专业技术类公务员管理规定（试行）》和《行政执法类公务员管理规定（试行）》的出台，建立分类分级的平时考核制度已具备制度基础。部分试点单位明确岗位职责，建立职位说明书，同时有效兼顾考核的整体与局部，建立多级考核结构。有了这一尺度和标准，平时考核就能区分岗位职责内必须完成的和上级交办的任务，评价就有了依据。同时，一些试点单位科学区分考核的对象类别，建立人员分类考核评价标准，并适时调整，动态管理。

3. 强化功能定位——共性个性并重 合理设定量化指标

一些试点单位能够根据不同类别、不同岗位公务员的工作特点，合理设定平时考核的相关要素特征，采取“定性”和“定量”相协调、相统一的方式进行考核评价。从“德”“能”“勤”“绩”“廉”五个考核要素深入研究不同类别公务员的性质特点，设置差别化的公务员考评方式。在“绩”和“能”这两个要素上，侧重采取定量考核，从量化指标、考核的权重等方面进行制度设计。在德、勤、廉等要素上，规定多种情形，采取“一票否决”等方式进行定性考核。

4. 夯实基础工作——考核载体信息化 显著提高考核效率

多数试点单位都充分利用了信息化手段和技术，提高平时考核工作效率和水平，实现了考核载体信息化，开发了“公务员绩效考核管理系统”。系统设有工作计划、工作纪实、月度考核、年度考核、绩效查询、绩效分析等功能，信息化操作使每周记实、每月自查、每月评鉴、季度考评、年中公示程序便捷高效，基本形成连续动态考核评价记录。

5. 秉持公平公正——明确考核责任 客观进行审核评鉴

平时考核工作的直接责任人是考核对象的直接领导。直接领导根据工作日志等记录，按照所在单位规定的工作周期对公务员进行考核评鉴，以分数、名次、评语等形式确定平时考核的结果。平时考核工作的最终责任人是主管领导，他会根据上述考核结果以及被考核对象的综合表现，做出最后评价，确定考核等次。这既保证了最了解被考核对象情况的直接领导的意见反映，又可以由主管领导在更高层面上把更多考评对象进行横向比较，保证评价的相对客观公平。

6. 明确激励导向——公示考核情况　注重运用考核结果

一些试点单位以构建结果运用为导向的考核工作格局为目标，依托信息化载体考核平台实现人才培养，强化平时考核结果的有效运用。主要做法一是作为领导决策的重要依据；二是作为中层干部选拔的重要依据；三是作为非领导职务晋升的重要依据；四是作为评优评先和奖惩的重要依据。始终把考核结果作为干部选拔任用、培养教育、管理监督和激励约束的重要依据，与部门绩效考核挂钩，与个人年度考核挂钩，与绩效奖金挂钩，与选拔任用挂钩。

7. 保障制度运行——加强考核监督　确保落实各项环节

实行平时考核，推进工作日志管理，要靠全体参与者的自觉行动，更要靠严格的检查监督。为了确保考核工作的切实有效开展，推进考核新机制不断完善，一些试点地区通过后台监控、主动与考核单位沟通、听取各方意见等方式，及时掌握推进情况，及时发现和解决考核办法在实施中出现的问题。同时，加大监督管理力度，定期开展监督检查。

二　我国公务员平时考核工作面临的挑战

尽管试点地区公务员对平时考核的必要性、考核方式的认可度和考核效果给予了较为积极的评价，但要全面、统一、规范地推行平时考核工作，仍面临一些挑战。

（一）开展平时考核工作的动力机制问题

公务员平时考核工作开展的程度和效果与单位主要领导、公务员的积极参与密切相关。从调研情况看，部分地区和单位在推动平时考核工作中主观上存在一定的畏难情绪，领导和被考核的公务员参与开展平时考核的动力不足，思想认识未得到统一，积极性不高。

1. 领导认知问题

平时考核工作推动的力度、速度和效果与单位领导的重视程度直接相关。有些单位领导认为开展平时考核工作复杂艰巨，真正实施起来会有大量人、财、物的投入。有些领导认为考核每天记、每月评，不但加重了公务员的工作负担，而且对提高工作效率也没有太大的影响。还有部分领导认为考核工作容易得罪人。这些认识都导致单位的领导者对待本部门考核不严肃，考核走形式、走过场，难以发挥平时考核的管理作用。

2. 被考核人员认知问题

平时考核作为加强公务员管理的手段，会增加对公务员的约束和竞争压力，一部分被考核的公务员主动参与的动力不足。平时考核存在公正性、透明度不足的问题，导致一些公务员认为能否评为优秀主要还是靠关系，因此对平时考核工作持消极态度。这些主观因素的干扰使平时考核制度在一些机构和部门最终流于形式，没有发挥其应有的功能和作用。

3. 组织人事部门人员的主动性问题

作为平时考核工作的主管部门和执行部门，一些地区组织人事部门对平时考核工作重视不够，认识不到位。首先，部分地区组织人事部门存在“畏难情绪”；其次，存在理念不清、研究不够的情况，没有系统的认识，导致认识简单，工作盲目，成效不大；最后，组织人事部门中一些直接负责平时考核工作的干部对工作缺乏信心，认为平时考核难以做到真正的科学化，并不能有效加强公务员管理。

（二）平时考核制度设计问题

平时考核的顺利推行从根本上取决于制度设计本身，考核方式的必要性、便利性、科学性和考核的公平性问题是制约其全面实施的根本问题。

1. 平时考核工作定位不清

一些地区和单位对平时考核工作的期望值过高，希望通过平时考核实现考核评价、日常管理和激励引导等多元目标，影响到平时考核评估、管理、激励等环节的有效性。

2. 考核主体单一的负面影响

虽然平时考核的主体原则上是考核对象的直接上级和单位同事、服务对象等，但实际操作上一般为公务员的直接分管领导。直接领导考核可避免考核委员会或考核小组考核及民主测评带来的烦琐程序，但在平时考核占年度考核比重较大的情况下，实际减弱了考核委员会、民主测评和单位主要领导对考核的影响力。

3. 考勤与日志管理模式的局限性

当前依靠考勤与日志管理相结合的方式开展平时考核，存在一定的局限性。比如，一些以外勤为主的单位，就认为考勤不利于其公务员开展工作。再如，传统的纸质考核存在难以整理、分析和汇总的问题；信息化考核尽管可以有效克服纸质考核带来的问题，但经济欠发达地区信息系统建设资金难以保证。

4. 平时考核内容针对性不强

平时考核内容针对性不强，主要表现在以下三个方面：一是平时考核的内容概念化、笼统化，缺乏相应的标准，操作性差；二是平时考核的内容动态调整不及时，难以及时体现中央的新要求；三是平时考核不能真正体现岗位特点，对差异性重视不够。

5. 平时考核指标科学性不够

由于公务员工作具有行政工作的复杂化、绩效价值的多元化，考核标准难以具体细化和量化。尤其在县及县以下机关，编制和职责不配套、不科学，一人多责、一人多岗现象明显，加之临时性任务多等，导致出现平时考核指标设定难、量化细化难的问题。

考核指标量化还存在以下问题：一是考核指标过于抽象和宏观；二是考核标准较模糊；三是考核标准在不同工作岗位之间的可比性较差；四是量化指标的设置导致工作发展不均衡。

6. 测评环节的主观性较强

当前，测评环节的主观性较强，科学性不足。领导打分所占权重高，而多数仍然依据综合印象对被考核公务员进行评价，导致指标设置难以起作用，客观性和科学性受限。而且，不同考核评分人员评价尺度宽严不一，导致不同被考核主体的评价分值缺乏可比性。

7. 结果运用的有限性

目前，平时考核试点地区和单位通过将平时考核开展情况与核定年度优秀等次比例挂钩、纳入政府综合考评等办法，推动平时考核，但因缺乏法定依据，考核结果运用不足。考核结果的运用才是平时考核制度的落脚点。当前，平时考核的结果运用更多地停留在年度评优评先层面，未能真正成为公务员职务晋升、工资调整、教育培训、轮岗交流、奖励惩戒等的依据，考核与使用脱节。尤其是考核结果与公务员“能上能下”结合不够，激励作用有限。

（三）掣肘平时考核工作的现实因素

除面临的上述挑战外，公务员管理体制以及有关管理制度、区县以下公务员队伍的构成、考核中的利害关系等客观因素也成为全面实施平时考核需要面对的挑战。

1. 配套制度不健全

我国公务员考核工作正逐渐纳入规范化、法制化的轨道，但是与公务员平时考核相关的法制建设仍存在法规不完善的问题。关于平时考核，目前仅出台了《通知》，法律位阶过低，且规定比较笼统，可操作性差。由于缺乏统一的法规政策作为推动平时考核的法定依据，目前对平时考核缺乏统一的制度设计和工作要求，各地各单位认识不一，有的要求全面入轨，有的认为不妨继续试点。

2. 管理体制需要进一步理顺

组织部门和人社部门、公务员局作为公务员管理部门，在一些地区，两者之间的关系没有理顺。组织部门负责党群机关公务员的考核和行政机关领导干部的考核，人社部门、公务员局负责行政机关非领导职务公务员的考核，两者的进度、力度不一致。未建立有效的组织、协调机制，对平时考核的组织管理难以达到有效统一。

3. 利益关系导致考核失真

被考核公务员与所在部门、所在单位领导具有利益相关性。在平时考核打分评价中，一些单位和负责人对考核对象打分往往就高不就低，希望自己所在单位或分管工作能在年度考核中取得好的名次，因此尽量避免打低分。

三　我国公务员平时考核工作的趋势展望

公务员平时考核经过长时间的试点，在试点地区和单位得到多数公务员认同，取得瞩目成绩的同时也面临许多挑战。“十三五”时期，面对新情况、新挑战，平时考核工作要在夯实工作基础、促进科学考评和协调管理权责等方面，分期分步推进并进行整体把握，争取在2020年实现各级机关全覆盖。

（一）夯实工作基础

平时考核的推进需要不断完善技术、方法和工具等基础条件，完善平时考核操作规范，推进平时考核信息化管理。建立健全公务员平时考核配套政策法规，形成以职位分类为基础的公务员平时考核工作格局。

1. 完善平时考核工具性规范

要建立以公务员职位职责规范为基本依据的公务员平时考核制度。重点以实施行政执法类公务员为先行先试，以点带面推进以专业技术类、综合管理类公务员职位职责规范为基本依据的公务员平时考核。建立公务员平时考核量化规范，明确量化考核的适用职位范围、量化原则、量化指标、定量方法以及量化办法等，提升公务员平时考核科学化、规范化和客观性水平。建立公务员平时考核操作规范，完善指标设定办法、工作记实规范、满意度调查规范等，规范公务员平时考核工作。

2. 着力推进平时考核信息化管理

深化平时考核电子政务应用，加快推进公务员平时考核硬件和软件建设。以业务应用需求为导向，探索开发标准型的公务员平时考核应用平台，推进信息资源共享平台建设。建立以各级、各地方公务员主管部门为中枢，覆盖本级机关部门，互联互通的平时考核信息资源共享机制，以及领导即时点评、考核对象即时响应的网上对话机制。

在公务员平时考核信息安全保障建设方面，按照国家信息系统等级保护和涉密信息系统分级保护要求，建设完备的安全体系。

3. 加强公务员考核队伍建设

健全工作机制，保证人员编制，加强考核工作人员的考核理论、考核知识、考核实务等方面的教育培训，培养一支政治坚定、理念先进、能力过硬、作风优良、乐于奉献、数量充足的公务员考核工作队伍，并带头推动公务员平时考核的理念创新、制度创新和实践创新，积极推进公务员平时考核工作的规范化、标准化和常态化。

（二）促进科学考评

当前推进平时考核工作，重点不在于面上是否全面推开，而在于制度设计和工具方法是否完善。

1. **建立分类分级的考核制度**

以《专业技术类公务员管理规定（试行）》和《行政执法类公务员管理规定（试行）》新近出台为契机，建立分类分级考核制度。一是从职位类别角度科学实施公务员平时考核，实行分类考核，将公务员平时考核划分为综合管理类、专业技术类和行政执法类公务员考核等类别。二是从职位层次或政府层级角度科学实施公务员平时考核，实行分级考核，如厅局级、县处级、乡科级公务员考核或中央机关、省级及其以下机关公务员考核等。

2. **设置分类分级的考核指标**

平时考核应坚持“干什么、考什么”，以分类分级为主线，以职能职责为考核依据，以能力实绩为评价重点，做到考核指标静态设置与动态调整相结合，分别形成综合管理类、专业技术类和行政执法类公务员平时考核评价指标体系，深入推进公务员平时考核评价指标的规范化、标准化。建议以“德”“勤”“廉”为平时考核共性指标，建立分别适用于不同类别公务员的“德”“勤”“廉”考核的指令性指标体系；以“能”“绩”为平时考核个性指标，建立分别适用于不同类别公务员考核的指导性指标体系。

3. **探索切合职位特点的评价方式方法**

根据公务员职位性质和特点，在考核主体上探索自我评价、领导评价、部门评价、同事评价及社会评价等多元主体组合方式。在评价指标上探索关键指标法、平衡记分法、目标管理法和标杆管理法等不同方法的运用。在日常表现上，探索分别适用于综合管理类、专业技术类和行政执法类公务员职位的日志、周记、月台账等记实方法。在评价结果上坚持定量与定性相结合，充分运用数量法、时间法、效率法、效益法、目标法等量化方法，确实不能量化的考核指标尽可能充分运用文字定性描述公务员德、能、勤、绩、廉各个指标的不同等级、程度差异，适度增加考核等次。

4. **强化结果运用的激励导向作用**

考核结果的运用是公务员最为关注的问题之一，也是促进全面规范平时考核和实现考核目标的重要抓手。按照现行规定，平时考核结果运用主要通过年度考核实现，奖惩措施需要规范改进，适度强化激励，同时，避免平时考核的福利化倾向。一是将平时考核结果与年度考核挂钩。二是将平时考核结果与职务级别调整、培养教育、工资福利等公务员管理各个环节挂钩，坚持奖惩并举。三是将平时考核结果应用法制化、规范化、常态化。从立法层面建立公务员平时考核结果运用的具体规定，确保平时考核结果运用有法可依，提升平时考核结果运用的权威性和强制性。

（三）协调管理权责

公务员考核涉及多方面的权责关系，包括考核权与其他人事管理权的协调，组织部门与人社部门以及机关内部不同考核主体的协同，考核对象之间的关系等。

1. 考核权与其他人事管理权的协调

《公务员法》第37条规定：定期考核的结果作为调整公务员职务、级别、工资以及公务员奖励、培训、辞退的依据。这从法律层面提出了公务员考核权与其他人事管理权之间的权责协调关系问题，尤其是当考核权和其他人事管理权分属于不同部门时的权责协调。进而言之，加强公务员考核管理体制建设，就是要强化考核部门与公务员主管部门之间的协调，这是依法兑现考核结果的关键。

2. 公务员主管部门之间的协同

组织部门与人社部门、公务员局作为公务员主管部门，分别负责领导职务和非领导职务公务员的考核，需要加强协同配合。特别是在市县以下基层，非领导职务公务员布局分散，单一部门公务员较少，非行政编制人员占机关人员的多数，而事业编制人员考核不能适用《公务员考核规定》，导致同一机关出现不同的考核制度和办法，单独开展非领导职务公务员的平时考核缺乏客观基础。有必要加强组织部门和人社部门、公务员管理部门的协调配合，将机关工作人员考核纳入统一考核体系。

3. 公务员考核与其他绩效评估体制的协调

公务员考核和政府绩效评估同属于政府绩效管理范畴，这就涉及公务员考核与政府绩效评估之间的管理体制协调问题，关键是要解决好两者之间可能出现的职权错位、越位和缺位现象。协调这两者的关系，就是要将该放给公务员考核或者政府绩效评估的权一定要放足，放到位，该管的事一定要管好，管到位。

参考文献

《公务员考核规定（试行）》（中组发〔2007〕号）。

《党政领导干部选拔任用工作条例》（中发〔2014〕号）。

《关于深入开展公务员平时考核试点工作的通知》（组通字〔2014〕36号）。

《专业技术类公务员分类管理规定（试行）》，2016。

《行政执法类公务员分类管理规定（试行）》，2016。

陈希：《在全国公务员管理工作会议上的讲话》，2017年1月20日。

林弋：《公务员法立法研究》，中国人事出版社、党建读物出版社，2006。

张柏林：《〈中华人民共和国公务员法〉释义》，中国人事出版社、党建读物出版社，2005。

罗豪才、宋功德：《软法亦法　公共治理呼唤软法之治》，法律出版社，2009。

李建忠："公务员平时考核问题研究"，人力资源和社会保障部重大课题，2016。

〔美〕罗斯科·庞德：《法理学》（第一卷），邓正来译，中国政法大学出版社，2004。

杨士秋、王京清主编《公务员考核》，中国人事出版社、党建读物出版社，2008。

法规应用研究中心编《中华人民共和国公务员法一本通》，中国法制出版社，2016。

B.13

事业单位人事制度改革：以改革激发创新

丁晶晶*

摘 要：近一年来，事业单位及其人事制度改革的文件密集出台，内容涉及事业单位的总体改革、行业改革和人事制度改革的诸多方面，在职称制度、收入分配政策等方面，改革取得了较大进展。但主要的政策目标和政策理念仍存在可操作性不强的问题，如事业单位人事管理自主权范围和程度缺乏合理界定，对事业单位人事行为的行政监管在一些地区和部门反而有所强化。从发展趋势看，“十三五”时期人事制度改革任务将加快实施，事业单位人事管理自主权会进一步推进落实，事业单位人事行政监督办法将会制定并落实，事业单位编外人员的管理将更加规范。

关键词：事业单位 人事制度改革 自主权

在实施创新驱动战略和人才优先发展战略的背景下，2017 年事业单位改革仍然以扩大事业单位自主权为主题，目的是通过进一步搞活事业单位的管理机制，盘活事业单位的人才存量，激发事业单位人才创新创业的主动性和积极性。但受公共机构属性的制约，这些政策的实施效果仍有待观察。

---

* 丁晶晶，博士，中国人事科学研究院事业单位管理研究室，主要研究方向为事业单位管理、社会组织管理、公益研究。

一 事业单位人事制度改革的主要进展

正值“十三五”规划实施的前期，一年来，事业单位及其人事制度改革的文件密集出台，内容涉及事业单位的总体改革、行业改革和人事制度改革的诸多方面，在职称制度、收入分配政策等方面，改革取得了较大进展。

（一）“十三五”事业单位人事制度改革的目标任务进一步明确

《国务院关于印发“十三五”推进基本公共服务均等化规划的通知》（国发〔2017〕9号）提出，要加快事业单位分类改革，强化提供基本公共服务事业单位的公益属性，要加快事业单位自主权的落实，并配套改革人事、收入分配等制度，尤其是要健全公开招聘和竞争上岗制度，逐步实现由身份管理向岗位管理转变。

人力资源和社会保障部《关于印发人力资源和社会保障事业发展“十三五”规划纲要的通知》提出了“十三五”时期事业单位人事制度改革的四个主要任务。一是要以《事业单位人事管理条例》为出发点和主要依据，建立健全事业单位的人事管理法规体系，做好配套政策规章的制定工作；二是要进一步完善聘用制度，一方面要加强聘用合同管理，实现固定用人向合同用人转变，另一方面要建立符合不同行业、专业和岗位特点的公开招聘制度；三是要健全岗位管理制度，实现身份管理向岗位管理转变，要根据不同类型事业单位的特点设定岗位结构比例，研究制定事业单位职员晋升制度；四是要创新人事管理的体制机制，进一步释放事业单位专业技术人才活力，加快出台鼓励事业单位科研人员创新创业意见，并研究制定高校、公立医院等事业单位不纳入编制管理后的人事管理办法。

同时，国家也出台了一系列文件，对某些行业和领域的事业单位的人事管理制度提出了具体的改革要求。例如，《国务院关于印发“十三五”深化医药卫生体制改革规划的通知》（国发〔2016〕78号）指出，要加强公立医院在人事编制、科室设定、岗位聘任（也包括副职推荐、中层干部任免）、收入分配等方面管理自主权，逐步取消公立医院行政级别。《国务院关于印发国家教育事业发展“十三五”规划的通知》（国发〔2017〕4号）中提出要落实和扩大学校在人事管理方面的自主权，特别针对高校提出了要落实和扩大高校在岗位管理、公开招聘、职称评审、薪酬分配等方面的自主权。

（二）事业单位领导人员分类管理规范印发实施

2017 年 1 月中旬，中组部会同中宣部、教育部、科技部、国家卫生计生委印发了《宣传思想文化系统事业单位领导人员管理暂行办法》《高等学校领导人员管理暂行办法》《中小学校领导人员管理暂行办法》《科研事业单位领导人员管理暂行办法》《公立医院领导人员管理暂行办法》（以下简称“5 个办法”），5 个办法分别对这五大行业事业单位的领导人员选育管用各个环节做出具体规定。

5 个办法在事业单位领导人员管理方面不简单套用党政领导干部管理模式：在任职资格条件上更加突出了对管理能力、专业水平和职业素养的要求；在选拔任用方面，进一步打破人才选拔的身份限制，加大聘任制推行力度；在日常管理方面，推行任期制和任期目标责任制，并实行分类考核；在职业发展和激励保障方面，完善后续职业发展制度，建立容错纠错机制；在监督约束方面，要构建严密有效的监督体系，突出重点监督对象。

5 个办法根据行业特点，并与行业体制改革做出相应衔接，提出了不同侧重点和特色的政策措施。例如，对宣传思想文化事业单位领导人员的选拔要突出政治属性要求，原则上采取内部推选、外部选派的方式；高校则可根据改革发展需要，公开遴选优秀人才；对中小学校校长要加快职级制改革，在任职资格条件上不搞“一刀切”；对公立医院领导人员要积极推进职业化建设，一般从医疗卫生领域中进行选拔。

（三）事业单位人员“双创”成为改革的热点

为了大力推动事业单位人员创新创业，进一步激发他们的活力和积极性，国家从完善科技成果转移转化激励和收入分配机制的角度，陆续出台相应政策。

2016 年 8 月，国务院印发《“十三五”国家科技创新规划》，提出高等学校、科研院所可以自主决定对其持有的科技成果进行转让、许可或者作价投资。单位可以全部留归科技成果转化所获得的收入，对完成和转化职务科技成果做出重要贡献人员进行奖励，高校、科研院所对从事科技成果转化的科技人

员的奖励应不低于净收入的50%，对做出主要贡献的人员获得奖励的份额不低于奖励总额的50%。

2016年11月，中共中央办公厅、国务院办公厅印发《关于实行以增加知识价值为导向分配政策的若干意见》，提出要探索对科研人员实施股权、期权和分红激励并加大其激励力度。高校、科研机构可以自主决定科技成果转化收益分配和奖励方案。逐步提高稿费和版税等付酬标准，增加科研人员的成果性收入。

2017年3月，人力资源和社会保障部发布《关于支持和鼓励事业单位专业技术人员创新创业的指导意见》，主要从与企业合作、创办企业、离岗创业、设置创新型岗位这四个方面给予支持和鼓励。

（四）完善艰苦边远地区事业单位公开招聘政策

2016年11月，中组部、人力资源和社会保障部印发《关于进一步做好艰苦边远地区县乡事业单位公开招聘工作的通知》。

首先，要合理设置招聘条件，一是可以根据情况放宽年龄；二是对乡镇人员可以降低学历要求；三是对乡镇管理人员不做专业限制，对县乡专业技术人员可适当放宽专业要求；四是可以留出一些岗位用于招聘本地人员、优秀村干部。

其次，要改进招聘方式方法。一是对具有一定职称和学历的人员以及紧缺的专业人才，可以直接采用组织考察、面试等公开招聘方式；二是可以区别确定能力测试权重，加大专业测试权重，在开考比例上可根据情况降低比例或不设比例；三是对“三支一扶”人员等，可进行专项招聘，并增加工作实绩在组织考察中的权重。

最后，要完善激励保障措施。一是对中级、高级专业技术岗位的设置比例可适当提高，可以设置特设岗位用于引进高层次人才，在岗位晋升、职称评审等方面对县乡事业单位有所倾斜；二是要落实各种特殊补贴政策；三是要拓宽县乡事业单位工作人员职业发展空间。

（五）推进事业单位收入分配制度改革

在推进事业单位收入分配制度改革方面，提出要建立符合行业特点的薪酬制度，主要侧重于建立与岗位职责、业绩、贡献挂钩的绩效工资制度，对不同类型的人员可灵活调整基本工资、基础性绩效工资和奖励性绩效工资所占的比例，对做出突出贡献的人员要予以奖励，创新高端、紧缺人才工资分配办法。

2016 年 8 月，国务院印发的《“十三五”国家科技创新规划》，提出要推进实施绩效工资，保证科研人员享有合理的工资待遇，分配机制要与岗位职责、工作业绩、实际贡献、创新创造相联系，对关键岗位、业务骨干和做出突出贡献的人员予以重点倾斜；对高等学校、科研院所负责人可探索实行年薪制，对急需紧缺等特殊人才可采用协议工资、项目工资等多种分配办法。

2016 年 11 月，中共中央办公厅、国务院办公厅印发《关于实行以增加知识价值为导向分配政策的若干意见》，提出要确保基本工资水平的正常增长，同时逐步提高基础性绩效工资水平，建立稳定增长机制。增加科研人员在科技成果转化收益中的分配比例，要将收入分配与绩效考核评价的结果相挂钩。科研机构、高校可制定符合自身特点的分配办法，科技创新人才收入分配激励办法要以实际贡献为评价标准并突出业绩导向，收入分配激励机制要与岗位职责目标相统一，合理调节从事科技成果转化不同人员的收入分配关系。并可以根据不同类型人员的特点，灵活调整基本工资、基础性绩效工资以及奖励性绩效工资所占的比例。

2016 年，人社部主要实施了三大方面的改革举措：一是建立符合医疗行业特点的人事薪酬制度，会同有关部门起草了《关于开展公立医院薪酬制度改革试点工作的指导意见》稿，并已上报国务院；二是完善事业单位各层次人才收入分配机制；三是组织中央有关事业单位实施绩效工资，会同财政部印发《关于中央有关事业单位实施绩效工资的通知》。

（六）建立治理“吃空饷”的长效机制

2016 年 12 月，人力资源和社会保障部、中央组织部、中央编办、财政部发布《关于建立机关事业单位防治“吃空饷”问题长效机制的指导意见》，提出第一要严格界定“吃空饷”情形，具体细化为七大问题。

第二，对于人员日常管理，要按照相关的管理规定选拔和使用人员，办理进人手续，实行实名统计制度，做到人员信息和工资发放信息的及时采集与更新，对编制使用、工资、在岗、交流等情况要定期进行内部公示。同时应严格考勤管理，严格履行请销假手续，加强考核工作与晋升、工资调整等的挂钩，按规定及时办理工资核销和社会保险关系转移或终止手续。

第三，对病假、受党纪政纪处分、受行政刑事处罚、被采取强制措施的人员以及退休人员要按相关规定对其工资待遇进行调整和处理。

第四，对借调、进修培训、挂职锻炼的离岗人员按照干部管理权限履行审批程序并办理审批手续。对离岗创业的高校、科研院所等事业单位科研人员要通过合同管理等办法来加强规范管理。

第五，要尽快实现人力资源和社会保障、财政、编制等部门间的信息共享，健全统一指导、分级调控、分类管理的人事管理体制。

第六，各地区、各部门要对举报线索及时核查处理，对“吃空饷”问题，坚决进行查处，对存有“吃空饷”情形的单位要严格按照规定核减相应编制和预算，并收回空余编制。

（七）改革职称制度和考核评价办法

2017 年 1 月，中共中央办公厅、国务院办公厅印发《关于深化职称制度改革的意见》，从五个方面提出了改革要求。

首先，提出要健全职称制度体系。一是在保持现有职称系列总体稳定的基础上，探索增设职称系列，并可设置专业类别；二是要健全层级设置；三是要将职称制度与职业资格制度进行有效衔接。

其次，要完善职称评价标准。一是要坚持德才兼备、以德为先；二是要对专业技术人才能力素质进行科学分类评价；三是在评价中要突出专业技术人才的实际业绩和贡献。

再次，要创新职称的评价机制。一是在评价机制上以同行评价为主，以市场评价和社会评价为辅，同时采用考试、实践操作等多种评价方式；二是要拓宽职称评价的人员范围，非公组织、民办机构、自由职业者、离岗创业或兼职的专业技术人才、港澳台人员、海外人员等都可以纳入职称申报人员范围；三是可依托一些社会组织进行社会化评审；四是要对职称评审进行监督，严格开展评审专家遴选工作，建立职称评审公开制度，加强过程监管，构建综合监管体系，打击违法行为。

又次，要促进职称评价与人才培养使用相结合。一是人才培养质量要以职称制度为导向，学位培养制度和继续教育制度要与职称相衔接。二是要将职称制度与人才聘用、考核、晋升等用人制度进行有效衔接。

最后，要改进职称管理服务方式。一是要发挥用人主体的主导作用，科学界定、合理下放职称评审权限；二是要建立职称评价服务平台等公共服务体系；三是在加强党委和政府的统一领导下，落实政府部门、社会组织、用人单位各自的责任。

二　事业单位人事制度改革面临的挑战

尽管事业单位人事制度改革在宏观和微观层面都取得了一定进展，但主要的政策目标和政策理念仍存在可操作性不强的问题。如事业单位人事管理自主权范围和程度缺乏合理界定，对事业单位人事行为的行政监管在一些地区和部门反而有所强化。

（一）“十三五”事业单位总体改革对人事制度改革提出了新的要求

“十三五”事业单位总体改革的思路是要进一步明确事业单位的独立法人地位，加强其自主管理、自主发展、自主负责的能力。在这一思路的指引下，事业单位尤其是公益二类事业单位将作为今后政府购买服务的主体，要与其他符合条件的社会组织共同参与政府购买服务项目的竞争。这一方式的改变意味着原先的直接财政拨款方式将变为政府购买服务，即由按人头拨款变为按承接的服务拨款，并且要实行合同化管理，将会带来公益二类单位运行机制的重大转变。

这种运行机制的改变是否意味着事业单位将可以在经费允许的范围内建立与之相适应的人员编制、岗位设置、工资分配等相关人事管理制度？如果答案是肯定的，这意味着这类单位的人事管理从制度设计的理念、政策实施原则、制度体系设计上均须进行重新调整。而原先的事业单位聘用制度、工资制度、岗位管理制度等将可能不再适用。

例如，如果以事定费，那么是否就意味着可以将编制管理、聘用管理、薪酬水平、工资总额、岗位设置等方面的权力交由事业单位自主决定，即事业单

位用多少人、怎么用人、怎么设岗、如何发工资、发多少工资均可以由单位自主决定。那么，这样一来必然会需要重新构建与之相适应的人事管理制度体系。而受事业单位的公共属性和委托代理关系的特征等因素的制约，这一制度体系能否真正有效运行仍需要审慎研究，同时要注意由此可能引发的公共权力滥用等道德风险。

（二）事业单位人事管理自主权难以有效落实

扩大和落实事业单位人事管理自主权以激发事业单位人才的创新活力，是近年来事业单位改革的核心价值目标。但从实际情况看，事业单位自主权的落实仍存在多方面的问题。

1. 自主权的落实缺乏法制保障

目前，事业单位自主权的落实缺乏法制保障，在授权范围、程度和执行等方面存在较大的随意性。如自主权的范围界定不清，导致主管部门与事业单位在人事管理中的事权分工、职责界限难以确定。在实际运行中，主管部门为避免监管风险，对事业单位的行政干预可能呈现加强的态势。

2. 相关政策不配套或存在冲突

现有的相关政策还存在不配套或冲突的情况，这导致一些已出台的明确自主权的政策，在实践中却无法得到充分落实。例如，在编制、岗位总量和结构比例的调控仍然存在的情况下，事业单位按照实际需要自主设岗就难以实现；在预算和财务管理制度不改变的情况下，事业单位的薪酬分配自主权就难以落实。

3. 落实自主权缺乏可操作性的制度安排

现阶段落实事业单位的自主权还缺乏可操作性的制度安排，各种政策文件中关于落实事业单位自主权的表述存在一般化、理念化和表层化的问题，政策的可操作性不强。如落实自主权后，权力实施的责任主体、决策和执行机制缺乏规范。例如，有关文件规定单位内部绩效工资制度的设定需要征求职工意见，却没有明确可以通过哪种方式征求意见，也没有明确是需要全体投票通过还是按照少数服从多数的原则通过。

4. 对未来落实自主权可能出现的风险缺少预判

现在，对于事业单位在未来落实自主权方面可能出现的风险还缺少预判，还未建立相应的监督制度。这些风险可能包括滥用权力、盲目扩张、内部人控制、裙带关系泛滥等。目前，对于这些风险还未建立起应对机制，亦没有相应的监督机制对此进行监控。

（三）事业单位人事行政监督方式需要完善

近年来，为加强对事业单位的监管，一些地方行政主管部门、人事行政部门和编制部门对事业单位的人事审批、核准事项有不断增加的趋势。例如，一些事业单位的各个用人环节——招聘、设岗、定薪等均须向主管部门请示、报批，同时还要向同级的人事行政管理部门就编制使用情况、岗位设置和结构比例、具体的用人过程（包括干部审批表、工资单的认定）进行报批。可以说，用人单位需要请示和报批的事项涉及人事管理的各个环节，有的用人单位不得不派专人到各个部门进行协调。同时，由于审批程序烦琐和缺乏规范，又有可能因为相关部门事务繁忙、延迟上会，审批进度受到影响。

因此，目前人事监督存在的问题在于：一是没有厘清审核事项的范围和标准，即监督内容不明确；二是没有建立简便易行的核准方式和程序；三是未明确监督主体，且核准的期限存在随意性。同时，由于需要审核的单位数量以及事项太多，又未明确监督主体，部门间职责分工不清，相关部门也没有足够的人手来快速完成各种审批工作，导致监管效率不高，核准期限没有明确约束，这些均有待改善。

（四）事业单位编外用人亟待规范

总体上来看，目前我国事业单位编外人员管理还存在以下问题。

1. 未明确编外人员的管理主体

调研发现，有些用人单位使用编外人员须经上级部门批准，但有些则可以由单位自主决定，这是因为目前还缺少对编外人员管理主体的明确规定。如果需要经过审批核准，那么在管理过程中可能会涉及编办、人社、财政等多个部门的审批和核准问题，这又有可能出现多头审批的现象。

2. 编外人员的内部管理环节还不够规范

从招聘来看，事业单位内部对于编外人员的招聘存在随意性较大、程序不规范、缺乏监管等问题；从聘用方式来看，存在多种用工方式，有的是直接聘用，有的则为劳务派遣，有的是单位聘用，有的则为部门聘用和项目聘用，聘用主体不明确，存在较大的隐患；从人员经费来看，基本上是缺乏财政保障的，大多是通过单位自筹的方式加以解决，有的甚至出现了挤占办公经费等违反财政纪律的行为；从岗位设置来看，还不明确是否要将编外人员纳入岗位设置范围，还未就此达成一致意见。

3. 编外人员的合同管理还不够规范

目前，编外人员签订的合同在具体实施中存在多种合同类型，有的签订劳动合同，有的签订聘用合同，有的则签订劳务派遣合同。为了避免连续两次签订劳动合同变成无固定期限劳动合同，一些单位采用各种措施进行规避，增加了违法风险。劳务派遣人员越来越长期化，而不是临时性的，严重违背了劳务派遣的用工性质。

4. 编外人员的权益还缺乏充分保障

编外人员与正式人员同工不同酬的现象仍普遍存在，编外人员与编内人员在工资、保险、福利、晋升等方面还存在不小差距。由于缺乏对编外人员统一管理的法律法规，编外人员的合法权益难以得到有效保障。

三　事业单位人事制度发展趋势分析

（一）“十三五”人事制度改革任务将加快实施

1. 事业单位人事制度改革将会服务于事业单位分类改革的大局

从发展趋势看，事业单位人事制度改革将会服务于事业单位分类改革的大局，探索具有中国特色的人事管理模式，按照公益一类和二类单位的不同特点，制定相应的分类管理办法。如对二类单位，按照“十三五”规划的改革要求，事业单位在明确其公益属性的基础上要参与政府购买服务的竞争，这一方面明确了二类事业单位的组织属性，另一方面也确立了它在一定程度上参与市场竞争的主体地位。为此，事业单位作为提供公共服务的竞争主体，必须要确保其独立的法人地位，并真正实现自我管理、自主运营、自主负责，这需要从制度层面和实践层面确保事业单位的独立法人地位，减少主管部门对其各种不合理的干预。

2. 按照创新驱动战略和人才优先战略的要求深化人事制度改革

事业单位可以按照创新驱动战略和人才优先战略的要求，进一步深化人事制度改革，提高事业单位和工作人员的创新活力，并实施以增加知识价值为导向的分配政策，建立符合行业特点的人事薪酬制度。

3. 加快完善事业单位人事法规体系

按照“十三五”提出的各项改革要求，加快完善事业单位人事法规体系。围绕事业单位的特点，构建包括招聘、设岗、定薪、考核、奖惩等多方面的新的制度体系，在释放事业单位自主权的同时，也要对其人事行政行为进行指导和监督。

（二）事业单位人事管理自主权会进一步推进落实

要推进落实事业单位人事管理自主权，首先，要明确事业单位为独立法人；其次，要制定各项具有可操作性的配套政策；最后，则要对各种可能发生的风险进行预判，并建立好相应的监督制度。

1. 可充分落实各种政策文件中已经明确的各种自主权

事业单位作为独立的法人主体，应当在法律法规允许的范围内独立行使各项自主权。目前，有关政策文件已明确提出，要将事业单位的岗位设置权、薪酬决定权、职称评审权、绩效评价权等逐步下放。因此，各个事业单位可以做好充分的准备，从单位实际出发，制定出合法合规、科学合理的岗位管理制度、薪酬制度、绩效考核制度、职称评审制度等，以更好地落实自主权。

2. 要做好落实自主权的制度安排

相关部门要做好落实自主权的制度安排，提高政策的可操作性，可就落实自主权做出明确的指导性意见或具体的实施方案，让事业单位有规可依。这样不仅有助于事业单位制定出合法合规的制度，明确管理责任，而且会减少单位的违法违规风险，消除其后顾之忧。

3. 要对未来可能出现的风险进行充分预判

相关部门要对自主权的行使范围进行界定，对可能发生的人事风险进行预判和评估，建立风险预警和应对机制，对事业单位人事管理自主权进行有效的监督。

（三）事业单位人事行政监督办法将会制定并落实

完善事业单位人事行政监督办法，首先要厘清审核事项的范围和监督内容，其次要建立简便易行的核准方式和程序，最后要明确行政监督的主体，并对核准的时间进行明确规定。

1. 厘清审核事项的范围和监督内容

对于人事行政监督的事项需要明确界定范围，要规范向相关部门审核、报批的具体事项。对不需要审核的事项，可通过备案进行监管。例如，美国人事总署对此就设置了各种事项的标准表，明确规定了需要审核的事项范围。在人事行政体制改革中，可以参考美国模式，通过设置标准表格的方式对审核事项进行明确，也可以制定出人事行政监督的管理办法，对监管事项范围进行明确规定。

2. 建立简便易行的核准方式和程序

人事监督需要建立较为便捷的、可操作性强的核准方式和程序。这可以通过建立统一的信息化平台的方式，实现审核事项的网上报批，再由相关部门在信息平台上进行审核操作。如果电子平台无法及时建立，可以设立统一的一站式的服务办理窗口，解决多头办理的问题。

3. 明确人事行政监督的主体

人事监督应明确监督主体，建立专门的工作部门进行统一管理。由于需要审核的事项较多，而相关部门却没有相应的人员来进行专门负责，因此可以初步先就审核事项明确相应的岗位和人员，明确各个部门的监督职责，同时应尽快建立专门的工作部门负责整体协调与推动，并明确设置审核时限，以及时、快速完成各种审批工作。

（四）事业单位编外人员的管理将更加规范

对于编外人员的管理，要根据事业单位类型进行分类管理。

对于公益一类事业单位，应控制编外用人，严格实行审批制，并逐步消灭编外用人。对现有编外人员要根据情况逐步清退，并给予相应的补偿。

对于公益二类事业单位，则应该在备案制的基础上，通过科学合理的岗位设置来规范编外用工。一是要对编外人员的总量进行控制，用人单位应及时向主管部门和人社部门备案，并建立编外用工管理信息库，开展实时监督；二是应规范编外人员招聘的环节和流程，实行公开招聘；三是对于重要岗位的编外人员可与其签订聘用合同，对一些辅助性岗位的编外人员可与其签订劳动合同、劳务派遣合同；四是应按照岗位的工作特点和强度，实行与同岗位编内人员同等的工资待遇，确保同工同酬；五是要将编外人员纳入与编内人员一致的管理规范中，赋予其同等的职称评审、职务晋升、培训、奖励等方面的权益。

参考文献

《国务院关于印发“十三五”深化医药卫生体制改革规划的通知》，2016。

《“十三五”国家科技创新规划》，2016。

《关于实行以增加知识价值为导向分配政策的若干意见》，2016。

B.14
我国事业单位工资制度改革现状与趋势

何凤秋*

摘　要：收入分配制度是经济体制的重要组成部分，随着经济发展和社会变革而有所改变。新中国成立以来，我国事业单位工资制度经历了四次大变革，每一次变革都与当时的经济政治体制相适应，并呈现不同的时代特征。2013 年 11 月，《中共中央关于全面深化改革重大问题的决定》提出要改革机关事业单位工资和津补贴制度，使其符合行业特点，针对高层次人才、主要领导人等特殊群体建立激励与约束分配制度。2016 年，国家建立起事业单位工资正常增长机制，长远安排是每一年调整一次基本工资标准，近期每两年调整一次。同时，为进一步探索符合行业特点的薪酬制度，贯彻和落实相关会议精神，2017 年 1 月印发《关于开展公立医院薪酬制度改革试点工作的指导意见》，提出为了探索建立更加科学合理的薪酬制度，要开展试点工作。试点单位还可以探索实行年薪制、协议工资制等多种分配模式。本报告首先回顾事业单位工资制度改革历程，其次分析当前事业单位工资制度改革难点，最后提出今后发展趋势。

关键词：事业单位　工资制度　工资改革

截至目前，我国共有 111 万个事业单位，在编 3153 万人。随着事业单位

* 何凤秋，中国人事科学研究院工资福利研究室主任，研究员。

分类、人事制度、财政拨款以及编制管理等各项改革工作的深入推进，事业单位工资制度也已进入改革攻坚阶段。

一　我国事业单位工资制度改革历程

（一）1956年事业单位工资制度改革

新中国成立后，我们党领导各族人民有步骤地实现了由新民主主义革命到社会主义革命的转变，同时进行了有计划的经济建设。1953 年，国家实施第一个五年计划，开始大规模经济建设。随着经济的恢复和发展，劳动生产率有了较大提高，国家财政状况趋于好转，改善人民生活被提到了重要的议事日程。新中国成立初期实行的实物供给制、包干制或半包干制、工资分制等多种形式并存的工资制度，已不适应经济发展实际，需要进行调整和改革。1956 年，国务院发布《国务院关于工资改革的决定》（〔56〕国议周字第 53 号），开始了新中国成立以来第一次工资改革，这次改革奠定了公共部门工资制度的基础。

1956 年工资制度改革的主要内容包括三个方面。一是用货币工资制替代工资分和物价津贴制度。二是国家机关、事业单位和企业实行统一等级工资制。其中，行政人员有 30 个等级；科研、高校教学人员有 13 个等级，各系列中，等级可以换算。三是根据经济发展、地理环境条件等因素，将全国划为 11 类工资区，同一等级工资标准系数相差 3%，最高与最低水平差 30%。个别边远艰苦地区提供地区生活费补贴。

（二）1985年事业单位工资制度改革

1985 年，我国进行了第二次工资制度改革。“文化大革命”结束以后，我国政治、经济形势逐步好转。随着我国改革开放逐步发展，经济生活中出现了多种经济成分，单一计划经济体制的坚冰逐渐被打破。1984 年，党的十二届三中全会提出实行有计划的商品经济，进而提出在分配上要打破平均主义，吃“大锅饭”做法，社会观念有了重大变化。同时，由于 1956 年工资制度运行了 30 年，一直没有进行大的调整，“劳酬不符、职级脱节”的矛盾逐渐凸显，不改革已经不能适应经济体制和社会发展的要求。1985 年 1 月，国务院发出《关于国营企业工资问题的通知》，明确了企业与机关、事业单位工资改革制度脱钩，国营大中型企业工资总额同经济效益挂钩，企业内部拥有一定的分配自主权。同年 6 月，中共中央和国务院发布 9 号文件，事业单位开始进行第二次工资制度改革。

1985 年工资制度改革的内容主要包括五个方面。一是机关事业单位与企业在工资制度方面实现分离，机关事业单位实行结构工资制，包括基础工资、职务工资、工龄津贴和奖励工资；企业工资制度与自身经济效益挂钩，在企业内部实行自主分配。二是逐步建立正常晋级增资制度。三是对于中小学教师等教师群体和长期从事本职业的护士，除发放工龄津贴外，还分别加发教龄津贴和护士工龄津贴。四是每年根据国民经济计划完成情况确定工资增长指标。五是建立分级管理工资体制。省级以上机关和重点事业单位由中央管理，其他由各省管理。

（三）1993年事业单位工资制度改革

1993 年，我国进行了第三次工资制度改革。党的十三大明确提出，机关和企事业单位要建立符合自身特点的工资制度和工资正常增长机制。特别是 1992 年邓小平南方讲话，为我国进一步扩大改革开放吹来一股强劲春风，党的十四大上，社会主义市场经济体制得以确定，1993 年，机关推行公务员制度。此外，20 世纪 80 年代中后期到 90 年代初期，物价波动很大，1985 年结构工资制提出的工资动态调整机制并没有运行，职工实际工资水平与货币工资水平相比有所下降，需要进行改革和完善。工资制度适应新形势的变化而进行改革势所必然。

1993 年，国务院办公厅印发 79 号文件，事业单位工资制度进行第三次改革，主要包括五方面内容。一是机关事业单位建立不同的工资制度。机关实行职务级别工资制；事业单位实行不同的工资标准，主要由固定部分和津贴部分组成。固定部分是职务（岗位）标准工资，与机关相同，由国家统一调整；活的津贴部分体现不同类型、行业事业单位的职业特点。事业单位专业技术人员分为五大类行业，分别为教科卫、地质测绘、文化、体育及金融行业，不同行业根据自身特点执行不同的工资制度；管理人员实行职员等级工资制。二是建立工资正常增长机制。可结合年度考核结果定期晋升档次；可根据职务、级别晋升情况提高工资水平；国家可根据经济发展情况等定期调整标准。三是取消 11 类工资区划分，建立地区津贴制度，包括艰苦边远地区津贴和地区附加津贴。四是改革奖金制度。对于考核结果为称职（合格）以上的工作人员，发放标准为当年 12 月基本工资的一次性奖金。五是对于资金来源方式不同的各类事业单位，实行分类管理。全额拨款单位，工资构成中，固定部分占 70%，活的部分占 30%，在核定编制的基础上，可实行工资总额包干，节余部分，单位可自主安排使用。差额拨款单位，工资构成中，固定部分占 60%，灵活的部分占 40%，这些单位实行工资总额包干或其他符合自身特点的管理办法。自收自支单位，可以实行企业工资制度，其工资构成中，活的部分所占比重可高于差额拨款单位。

1993 年改革过程中，事业单位开始建立符合自身特点的工资制度，灵活的部分比重增加，是改革一大特点，顺应了市场经济体制改革的方向。实际上，1979 ~ 1993 年，事业单位工资已经呈现灵活性加大的趋势：首先，恢复奖金制度；其次，事业单位可按照规定进行集体“创收”，适当进行自主分配；最后，对事业单位进行分类管理，体现差异。

（四）2006年事业单位工资制度改革

2006 年，我国进行了第四次工资制度改革。随着市场经济的深入发展，我国在经济方面取得了许多成绩，但是在收入分配方面，地区、行业、不同群体之间的收入差距却在不断扩大。为建立科学合理的社会收入分配制度，充分调动公务员群体的工作积极性，党中央、国务院决定，在 2006 年我国《公务员法》正式实施的第一年，对机关事业单位工资制度进行改革，规范收入分配秩序。据此，国办下发 59 号文件，开始进行第四次事业单位工资制度改革。

2006 年，我国事业单位工资制度改革主要包括四方面内容。一是实行岗位绩效工资制度，由基本工资（岗位和薪级工资）、绩效工资和津补贴组成。二是完善艰苦边远地区津贴和岗位津贴制度。三是完善高层次人才收入分配激励机制，健全主要领导收入分配激励约束机制。四是实行工资分级管理，充分明确和发挥中央、各方和部门的权限和作用。

二　我国事业单位工资制度改革现状

（一）现行制度

自2006年事业单位实施岗位绩效工资制度以来，中央又密集出台了一系列相关条例和政策，事业单位工资分配思路更加清晰。2011年，国办发37号文要求，把工资制度改革与规范工资秩序相联系，严肃纪律，从而使工资制度更为公平公正、合理有序。① 事业单位在实行岗位绩效工资的同时，要体现行业特点，重视生产要素参与分配，加强对事业单位工作人员，尤其是特殊群体的激励。

1. 岗位绩效工资制度逐步完善

2006年，事业单位开始实行岗位绩效工资制度，岗位工资标准全国统一，绩效工资总量则由当地人社、财政和上级主管部门核定，事业单位在总量范围内进行自主分配。《关于深化事业单位工作人员工资制度改革的意见》（国办发〔2011〕37号）明确规定，绩效工资总量核定有两个层次，本级政府直属及各部门直属事业单位由本级人社和财政部门核定，各事业单位由上级主管部门核定，核定过程中，要综合考虑多种因素。绩效工资的发放不得突破核定的总量。②。

目前，岗位工资已全部入轨，绩效工资则分步推进。2009年1月1日起，义务教育学校实施绩效工资；2009年10月1日起，为配合医药卫生体制改革，疾病预防控制等专业公共卫生机构和乡镇卫生院等基层医疗卫生事业单位开始实施绩效工资；其他事业单位从2010年1月1日起实施绩效工资。2015年1月1日起，中央有关事业单位开始实施绩效工资，到目前为止，全国事业单位均已推行绩效工资制度。

---

① 国务院：《关于深化事业单位工作人员收入分配制度改革的意见》（国办发〔2011〕37号），2011。

② 国务院：《关于深化事业单位工作人员收入分配制度改革的意见》（国办发〔2011〕37号），2011。

2. **强调体现事业单位行业特点**

2013 年 2 月，国发 6 号文提出，事业单位工资制度要体现岗位绩效和分级分类管理，符合单位特点。[①]。2013 年 11 月，国家明确提出，要制定合理有序的工资制度，须加快事业单位分类改革步伐，理顺同主管部门的关系，加大政府购买服务力度。[②] 随着各项政策的出台，事业单位工资制度改革不断向纵深推进，逐步科学化、规范化。

教育行业，中小学教师的岗位工资和薪级工资标准提高 10%。绩效工资总量核定依据是，学校工作人员上年度 12 月基本工资和规范后津补贴水平，之前的年终一次性奖金也纳入[③]。

卫生行业，对于公共卫生与基层医疗卫生事业单位，绩效工资总量由相当于单位工作人员上年度 12 月基本工资的额度和规范后的津贴补贴构成[④]。《中共中央关于全面深化改革若干重大问题的决定》突出强调，要加快公立医院改革，建立科学绩效评价机制，人才培养、人事薪酬制度要体现行业特点[⑤]。

科研行业，《国家中长期人才发展规划纲要（2010 ~ 2020）》提出加强科研创新人才的激励。健全科研院所分配激励机制，向特殊人才倾斜。《关于深化工资制度改革若干意见》（国发〔2013〕6 号）明确提出，在分配机制中，要体现技术要素和实际贡献等。对于紧缺急需人才，完善特殊津贴制度，考虑建立协议、项目工资制度等。加强知识产权保护，促进科技成果转移转化，探索入股、分红等多种分配方式。[⑥]

加强对科研人员的激励。2016 年，国发 56 号文中强调，要提高七类人群的待遇。[⑦] 其中，科研人员是七类群体之一，对于这一群体，要完善工资水平决

---

① 国务院批转发展改革委等：《关于深化收入分配制度改革若干意见的通知》（国发〔2013〕6 号文），2013。

② 《中共中央关于全面深化改革若干重大问题的决定》，2013。

③ 人力资源和社会保障部、财政部、教育部：《关于义务教育学校实施绩效工资的指导意见》，2008。

④ 人力资源和社会保障部、财政部、卫生部：《关于印发公共卫生与基层医疗卫生事业单位实施绩效工资的指导意见的通知》（人社部发〔2009〕182 号），2009。

⑤ 《关于全面深化改革若干重大问题的决定》，2013。

⑥ 国务院：《关于深化收入分配制度改革若干意见》（国发〔2013〕6 号），2013。

⑦ 国务院：《关于激发重点群体活力、带动城乡居民收入的实施意见》（国发〔2016〕56 号），2016。

定机制，健全绩效评价和奖励机制。要以知识价值为导向，提高科研人员成果转化收益分享比例，通过以上多种方式，鼓励科研人员潜心研究，激发创新热情。

3. 事业单位高层次人才激励

高层次人才承载着我国建立创新型社会的责任，国家给予高度重视。2006年，国人部发56号文指出，可采取一次性重奖及协议工资等方式，逐步完善高层次人才分配激励机制。2010年，《国家中长期人才发展规划纲要（2010～2020）》特别针对事业单位工资制度改革，提出在体制机制创新中建立人才激励保障机制。完善分配、激励、保障制度，充分激发人才活力，维护合法权益，体现价值。建立完善事业单位岗位绩效工资制度；在高层次、高技能人才分配形式方面，探索协议和项目工资制等。纲要进一步明确了事业单位工资制度改革的方向和路径。

2011年，国务院37号文对高层次人才进行了相应规定。按照国家规定，中国科学院、中国工程院院士以及有重大贡献的杰出人才，可以实行专业技术一级岗位工资标准，保留院士津贴和政府特殊津贴。对于基础研究、战略高技术研究和重要公益领域的高层次人才，逐步实行特殊津贴。对于紧缺或急需高层次人才，探索实行协议、项目工资等分配方式。此外，考虑建立重要人才国家投保制度。① 2014年，国务院颁布的《事业单位人事管理条例》（国务院令第652号）规定："国家建立激励与约束相结合的事业单位工资制度。"对于事业单位的高层次人才、主要领导人以及专业技术人员等特殊群体，在工资制度政策方面建立激励与约束机制。

2016年，中办、国办印发文件，明确事业单位工资制度体现为基础工资、绩效工资和科技成果转化性收入。确立增加知识价值分配导向，稳定提高基本工资，加大绩效工资分配力度，落实科技成果转化奖励激励措施。给予高校、科研院所充分自主权来调节工资。要在长期激励上有所体现，比如，产权激励，包括实行股权、期权、分红激励等。

4. 事业单位主要领导人激励

国家对于事业单位主要领导人的激励尤为重视。2006年，国人部发56号

① 国务院：《关于深化事业单位工作人员收入分配制度改革的意见》（国办发〔2011〕37号文件），2011。

文中指出，要逐渐建立分配激励约束机制。对于这一群体，可以探索其他分配形式，从而使工资水平更为科学、合理，同时要加强监督管理。国办发 37 号文中提出，对于单位主要领导人，可尝试制定工资激励约束政策。具体来说，要根据考核结果，科学合理确定工资水平，不仅要与单位发展和经济效益相联系，还要与其他职工工资水平保持合理关系。①

5. 事业单位工资正常增长机制逐步建立

国办发 37 号文提出，一是要使机关事业单位工资水平科学合理，加强统筹，优化结构，逐步提高基本工资比重；二是要健全工资水平正常调整机制。在此过程中，要考虑一系列因素，诸如经济发展、财政状况等，据此实现工资水平的正常化、制度化和规范化调整。② 2014 年，《事业单位人事管理条例》（国务院令第 652 号）第七章明确规定，要建立事业单位工作人员工资正常增长机制，工资水平要与国民经济和社会发展进步情况相一致。③

（二）改革新进展

1. 公立医院薪酬制度改革

2017 年 1 月，人社部 10 号文件下发，决定选择部分城市开展公立医院薪酬制度改革试点工作。选择范围是，除西藏外，每个综合医改试点省份提供 3 个市（州、区），其他省份各提供 1 家医院。在完善岗位绩效工资制的基础上，薪酬制度要体现行业特点，优化结构，可尝试年薪制、协议工资制等，强调长期激励；要建立动态调整机制，合理确定薪酬水平；探索实行公立医院主要负责人年薪制；主管部门制定科学的考核评价指标体系，健全以公益性为导向的考核评价机制。

2. 事业单位领导人员激励

2017 年，中组部分别会同中宣部、教育部、科技部和国家卫生计生委印

---

① 国务院：《关于深化事业单位工作人员收入分配制度改革的意见》（国办发〔2011〕37 号之 8），2011。

② 国务院：《关于深化事业单位工作人员收入分配制度改革的意见》（国办发〔2011〕37 号之 8），2011。

③ 国务院：《事业单位人事管理条例》（国务院令第 652 号），2014。

发了一系列关于文化、教育、科研和卫生行业事业单位领导人员的管理暂行办法，对行政事业单位领导人员选育管用环节做出具体规定。主要内容是，实行以增加知识价值为导向的分配政策，完善领导人员工资制度办法，根据单位类别、发展和个人实际工作情况，结合考核结果，科学合理确定绩效工资水平。领导人员是科技成果主要完成人或对科技成果转化做出了重要贡献，可按有关规定获取科技成果转化奖励。实行聘任制的领导人员，按照有关规定，经批准，可试行年薪制、协议工资制等分配办法。还可通过单位缴纳较高的职业年金进行激励，更有利于人才稳定。

（三）实施情况

1. 逐步实现基本工资水平正常调整

《关于调整事业单位工作人员基本工资标准的实施方案》提出，建立基本工资标准正常调整机制。原则上每年或每两年调整一次，近期每两年调整一次。[①] 到2016年7月底，事业单位工作人员基本工资标准正常调整机制已基本建立。在调整过程中，除了要保证事业单位工资增长与经济增长、财政收入相适应，还要兼顾各个行业之间的平衡，调整好基本工资和绩效工资的比例关系，防止产生矛盾和问题。

2. 卫生行业公立医院薪酬制度改革深入推进

为落实相关会议要求，在“三医联动”基础上，客观公正考核评价公立医院绩效，探索建立适应医疗行业特点的公立医院薪酬制度，使其机制健全、关系合理、调控有力、秩序规范，科学研究确定公立医院薪酬水平和分配机制，充分落实公立医院收入分配自主权，落实增加知识价值为导向的收入分配政策，有力提升公立医院的公益性和医疗服务质量，调动工作人员的积极性，严格规范收入分配秩序。在卫生行业，30个省份（除西藏外）全部发布了试点工作意见或方案，按照要求，选择城市进行试点。

试点工作主要有五方面。

一是优化薪酬结构。根据公立医院功能性质和岗位职责，合理确定工资中

① 国务院：《关于机关事业单位工作人员调整工资实施方案》（国办发〔2015〕3号），2015。

保障部分和激励部分比重，如提高基本工资比例，科学设置薪酬项目等。也可探索实行年薪制、协议工资等多种分配模式。

二是提高薪酬水平。按照“两个允许”的要求，科学合理确定绩效工资总量和薪酬水平，逐步提高医疗服务收入占比。

三是主要负责人薪酬改革。第一，创新制度模式。鼓励公立医院主要负责人探索实行年薪制，将其薪酬与本人承担的岗位职责和实际贡献相联系。第二，合理确定薪酬结构。主要负责人的薪酬构成中，要考虑短期激励和中长期激励相结合，体现岗位职责要求、年度和任期考核评价结果。第三，合理确定薪酬水平。在高于本院平均薪酬水平的同时，要保持合理关系。

四是在核定的薪酬总量范围内完善内部分配。第一，规范程序。办法要反映医院工作人员意见，经领导班子集体研究后确定，在本单位公开，充分体现民主精神。第二，注重激励。要体现医、护、技、药、管等不同岗位的差异性，体现知识、技术、劳务、管理等要素的价值，向关键、紧缺、高风险、高强度岗位以及高层次人才等特殊医务人员群体倾斜，向急需但医务人才短缺的特殊专业倾斜，要与医务人员的实际工作量和工作业绩挂钩，鼓励多劳多得、优绩优酬，避免“大锅饭”和平均主义。第三，统筹平衡。既要适当拉开内部薪酬分配差距，也要兼顾平衡，促进编内编外人员同岗同薪同待遇。此外，要适当提高低年资医生的薪酬水平。

五是健全考核评价机制。第一，构建科学合理的考核评价指标体系。要从职责履行、工作量、服务质量等方面，定期进行绩效考核，并将考核结果与薪酬总量挂钩。第二，制定适用于主要负责人的绩效考核评价办法。综合多方面因素，对主要负责人进行定期考核，并将考核结果与薪酬水平挂钩。第三，制定内部考核评价办法。从岗位工作量、服务质量、行为规范等方面，对医务人员进行考核，并将考核结果与其薪酬水平挂钩。

三　事业单位工资制度改革趋势

随着事业单位分类、财政拨款、编制管理等改革的全面推开，事业单位收入分配改革也到了关键时期，展望未来，呈现以下发展趋势。

（一）更加重视事业单位工资制度改革的顶层制度设计

事业单位工资制度改革不是一项独立任务，要进行顶层设计，不能脱离事业单位改革全局去考虑。宏观来看，要明确事业单位功能定位、管理边界、规模、财政投入方式和水平等内容。需要多部门协调配合，在事业单位功能定位的基础上进行政策创新，逐步解决不同单位间收入差距过大的问题，完善事业单位工资制度。

从微观来看，要完善事业单位内部人力资源管理制度。事业单位内部岗位设置、岗位评价、绩效考核制度等是不可分割的整体。有效实行岗位绩效工资制度，必须加强事业单位内部人力资源基础平台建设。一要重视岗位设置、岗位评价等基础工作。岗位设置要依据行业和单位的发展需要而定，在国家岗位分类基础上，各单位需要进行更为详细的分类，岗位层级要有清晰划分，对岗位贡献差异进行科学评价。二要建立科学合理的绩效管理制度。绩效管理制度是进行内部绩效工资分配的基础工作。政府主管部门结合行业特点制定行业绩效考核指导意见，对考核流程、考核办法、考核指标、分配模式进行规定，引导事业单位不断提高公益服务水平。

（二）逐步完善体现行业特点的事业单位工资制度

我国事业单位规模大，分布广。粗犷式的分类方式并不能完全解决事业单位行业巨大差异的问题。国家对事业单位治理思路清晰与否、治理思路是否符合事业单位特点，直接决定着能否更好地设计符合事业单位行业特点的工资制度。探索建立体现事业单位行业特点、具有激励导向作用的工资制度，采取不同的财政支持政策。目前，我国已明确针对公立医院特点建立工资制度。符合行业特点的工资制度，应体现不同职业特点，符合不同职业的劳动力市场价格，并采取合适的分配方式。在实施过程中要整体谋划，注重工资制度的统一性、制度实施的统筹性和工资水平的平衡性。

（三）科学、合理确定各类事业单位的工资水平

从外部公平来看，改革过程中要有效解决机关、事业单位和企业以及事业单位之间的工资水平问题，科学合理解决地区差异和行业差距问题等。可定期进

行事业单位工资水平调查比较，综合考虑社会经济发展情况、财政状况、物价水平等因素，科学合理确定事业单位工资水平，建立工资正常增长机制。政府主管部门进行审核和监督检查，在行业内部，要处理好各单位之间的平衡关系。

（四）事业单位多种工资分配形式并存

随着改革的推进，事业单位内部将逐步建立多种分配形式，尤其是公益二类事业单位。事业单位主要领导人和高层次人才可以实施年薪制、项目工资、协议工资等，并逐步探讨要素参与分配。事业单位内部人员逐步实行“同岗同酬同待遇”。

事业单位工资制度改革是一项长期工作，在改革完善岗位绩效工资制度的同时，要考虑与其他配套制度和政策的有效衔接。建立科学、合理、符合中国国情的事业单位工资制度，需要各方面统筹推进。

参考文献

历次事业单位工资制度改革文件。

何宪：《建立机关事业单位工资正常增长机制》，《中国组织人事报》2016 年 5 月 6 日。

何宪：《公平与激励——中国公务员工资制度探析》，中国人事出版社，2017。

何宪：《事业单位工资制度改革研究》，《中国井冈山干部学院学报》2017 年第 1 期。

何凤秋：《事业单位绩效工资改革：趟过深水区的困与解》，《中国经济导报》2010 年 5 月 13 日。

何凤秋、常虹：《我国事业单位实施绩效工资的相关思考》，《人事天地》2011 年第 4 期。

何凤秋：《事业单位工资制度改革方向分析》，《理论参考》2014 年第 3 期。

何凤秋：《事业单位工资制度改革要攻坚克难》，《前线》2015 年第 5 期。

何凤秋：《事业单位工资制度改革的难点与发展方向》，《经济要参》2015 年第 7 期。

李冬梅：《事业单位工资制度改革探讨》，《现代经济信息》2016 年第 1 期。

门理想：《事业单位绩效工资制度改革研究》，《经营管理者》2016 年第 3 期。

周延顺：《机关事业单位工资制度改革分析》，《现代经济信息》2016 年第 6 期。

陈丽君：《对机关事业单位工资分配制度改革的认识》，《财经界》（学术版）2016

年第6期。

吴美春：《事业单位绩效工资改革》，《中外企业家》2017年第8期。

李霞：《事业单位绩效工资制度探讨》，《合作经济与科技》2017年第6期。

王婧伊：《事业单位薪酬管理浅探》，《当代经济》2017年第2期。

苏学琴：《事业单位绩效工资改革中存在的问题及建议》，《劳动保障世界》2017年第4Z期。

孙学海：《事业单位岗位绩效工资制度改革的思考》，《财经界》（学术版）2017年第11期。

袁琳：《深化工资制度改革重点工作明确》，《中国改革报》2017年6月7日。

B.15

国有企业人事制度改革综述

佟亚丽　董志超*

摘　要：改革开放以来，国有企业人事制度改革不断深入，从国有企业劳动、人事、分配制度逐步向建立现代企业制度发展。本文通过梳理国有企业人事制度改革的历史脉络，提出当前深化国有企业人事制度改革主要聚焦在探索混合所有制员工持股、落实董事会职权、市场化选聘经营管理者、企业收入分配差异化改革、推行职业经理人制度等五个方面。

关键词：国有企业　人事制度　制度改革

一　国有企业劳动、人事、分配制度改革的历史回顾

党的十一届三中全会以来，我党坚持实事求是，将马克思主义的基本原理同中国革命的具体实践相结合，逐渐形成了有中国特色的社会主义路线、方针、政策，实现了工作中心向经济建设的转移，顺利地完成了从计划经济体制向市场经济体制的转型。在社会经济体制改革的进程中，国有企业改革逐渐深化，国有企业劳动人事制度改革在实践中不断探索。

在企业劳动用工制度方面，新中国成立后国有企业逐步建立和形成了固定用工制度。在计划经济体制下，国有企业由国家经营，劳动用工实行统一招收、调配和管理，企业不得自行辞退员工。职工的福利、医疗和养老保障一律由国家包办。改革开放后，1985 年起国家推行优化劳动组合，开始劳动制度

* 佟亚丽，中国人事科学研究院企业人事管理研究室副研究员；董志超，中国人事科学研究院企业人事管理研究室主任，研究员。

的改革。1986 年开始试点“劳动契约化”，将过去存在的终身固定劳动关系明确为契约化的合同用工关系。与此同时，国务院发布了国营企业“实行劳动合同制”、“招用工人”、“辞退违纪”和“待业保险”四个暂行规定。

在企业工资管理体制方面，改革开放前，我国实行以“八级工资制”为特征的等级工资制。为适应改革的需要，1983 年国务院批转劳动部关于企业调资和工资制度改革的报告，1985 年国务院发布《关于国营企业工资制度改革问题的通知》，国有企业开始对工资制度进行全面改革，提倡重视生产效率和经济效益，职工的工资收入有了普遍的提高。1989 年，一些企业试行岗位结构工资制。1992 年，在一定范围开始进行岗位技能工资制试点工作，之后，国有企业逐渐实行了岗位技能工资制。

在企业领导体制方面，改革开放前我国企业实行党委领导下的厂长负责制和党委领导下的职工代表大会制。1984 年党的十二届三中全会明确指出“实行厂长（经理）负责制”。1986 年 9 月，中共中央、国务院颁发一系列全民所有制工业企业改革条例，对国有企业领导体制进行全面改革，开始实行厂长（经理）负责制。1987 年我国国有企业领导制度改革从试点进入全面实施阶段。

1992 年开始，国有企业进行以“破三铁”为标志的企业劳动、人事、分配“三项制度改革”。“破三铁”是指在国有企业内部打破“铁饭碗、铁工资、铁交椅”的劳动制度改革，解决国企职工不能解聘、工资分配固定化、职务能升不能降的问题。在劳动用工制度改革方面，择优录用职工，人员能进能出；在人事制度改革方面，打破身份界限，干部不再是终身制，管理人员能上能下；在工资分配制度改革方面，实行按岗计酬，工效挂钩，工资收入能多能少。

2000 年《关于深化国有企业内部人事、劳动、分配制度改革的意见》明确：改革国有企业内部人事、劳动、分配制度（以下简称“三项制度”）是充分调动职工积极性、增强企业市场竞争力的一个关键因素。深化国有企业三项制度改革的目标是：建立职工择优录用，能进能出的用人制度；建立管理人员竞聘上岗、能上能下的人事制度；建立收入能增能减、有效激励的分配制度。2002 年以后，在国有企业职工工资福利、退休养老、医疗保险等社会保障体系逐步建立的基础上，国有企业劳动用工和人事管理机制基本形成。

改革开放以来，国家先后制定出台了《公司法》、《工会法》以及《企业国有资产监督管理办法》，在国有企业劳动、人事、收入分配方面，制定、实施并逐渐修改完善了《劳动法》《劳动合同法》《劳动争议调解仲裁法》等法律及一系列配套法律文件，国有企业劳动、人事、分配制度改革政策体系不断完善，改革实践不断深入。

二　建立现代企业制度，深化国有企业人事制度改革

1993年底《中华人民共和国公司法》正式颁布①，1994年，国有企业改革进入建立现代企业制度时期，开始建立股东（大）会、董事会、经理层、监事会，按照公司制企业的治理结构来规范国有企业领导体制。

1999年，《中共中央关于国有企业改革和发展若干重大问题的决定》的其中一个重要的内容，就是适应建立现代企业制度的要求，深化国有企业人事制度改革。要按照企业的特点逐步实现对经营管理者培养、选拔、管理、考核、监督的制度化、规范化。取消企业及企业领导人的行政级别，建立和健全国有企业经营管理者的激励和约束机制。实行经营管理者收入与企业的经营业绩挂钩。健全法人治理结构，发挥党内监督和职工民主监督的作用。②

2000年，为了深化企业内部分配制度改革，加快建立与现代企业制度相适应的工资收入分配制度，建立工资分配的激励和约束机制，国家劳动和社会保障部提出了《进一步深化企业内部分配制度改革的指导意见》（劳社部〔2000〕21号），提出：建立以岗位工资为主的基本工资制度，实行董事会、经理层成员按职责和贡献取得报酬的办法，对科技人员实行收入激励政策；开展按生产要素分配的试点。

2002年党的十六大指出，在“继续调整国有经济的布局和结构”的同时，“改革国有资产管理体制”。2003年颁布《企业国有资产监督管理暂行条例》，国务院国资委和地方各级国资委相继挂牌成立，确立了管资产和管人、管事相

① 1993年12月29日第八届全国人民代表大会常务委员会第五次会议通过，1999年、2004年、2005年多次修正，现行版本由全国人民代表大会常务委员会于2013年12月28日发布。

② 《中共中央关于国有企业改革和发展若干重大问题的决定》（十五届四中全会）。

结合的国有资产管理体制。同年，在坚持党管干部原则的基础上，国资委所属企业在世界范围内选聘企业高级管理人员。

2004 年，国务院国资委在宝钢等央企进行董事会试点。中央企业建立完善董事会也迈出新的步伐。2005 年，中央企业第三次开展公开招聘，国有企业总经理不再由“行政任命”，标志着国有企业领导体制改革实现了“历史性的突破”①。与此同时，国资委还在中央企业推行工效挂钩、工资总额控制等政策措施，在少数企业试行经理（厂长）年薪制、持有股权等分配方式，建立、完善了中央企业负责人考评体系，制定了中央企业负责人薪酬管理暂行办法。2006 年，国务院国资委在新出台的《进一步规范国有企业改制工作的实施意见》中，再度强调要切实维护职工的合法权益。规范国企改制必须让职工有知情权、参与权。2007 年，央企开始上缴部分利润。2008 年，国务院国资委发布《关于中央企业履行社会责任的指导意见》。

2009 年，《企业国有资产法》施行。2009 年 12 月，国资委发布《国有企业干部管理办法》，从制度上对国有企业干部管理业务进行了细致梳理，也提出了一系列要求。12 月，中共中央办公厅、国务院办公厅印发了《中央企业领导人员管理暂行规定》。中共中央组织部、国务院国资委党委联合下发了《中央企业领导班子和领导人员综合考核评价办法（试行）》。2011 年，“十二五”规划纲要提出，“探索实行公益性和竞争性国有企业分类管理”。2012 年，国务院国资委发布《关于国有企业改制重组中积极引入民间投资的指导意见》。②

《2010～2020 年深化干部人事制度改革规划纲要》提出了国有企业人事制度改革的重点和基本要求。具体内容包括改进国有企业领导人员选拔任用方式，通过组织推荐、公开招聘、民主选举、竞争上岗等多种方式产生国有企业领导人员人选；研究制定国有企业领导人员业绩考核评价指标体系，对国有企业领导人员实行年度考核和任期考核，重点考核经营业绩和工作实绩；探索年薪制、持有股权等分配方式，研究制定经营管理者收入与企业经营业绩挂钩的具体办法，取消国有企业和企业领导人员的行政级别，建立国有企业领导人员

① 牛效龙：《改革开放 30 年：中国国有企业劳动人事制度的变迁与展望》。

② 董志超：《国企角色定位与企业家精神》，《人事天地》2016 年 10 月 1 日。

的业绩档案，加快培育企业经营管理者人才市场；强化国有企业领导人员监督约束机制，推行财务总监委派制度，实行国有资产经营责任制和国有企业领导人员任期经济责任审计；全面推行管理人员和专业技术人员聘任制①。

2013 年，党的十八届三中全会决定提出，“规范招人用人制度，消除城乡、行业、身份、性别等一切影响平等就业的制度障碍和就业歧视”。“要积极发展混合所有制经济，完善国有资产管理体制”。2014 年，国资委在央企开始“四项改革”试点。8 月 29 日中央政治局会议审议通过《中央管理企业负责人薪酬制度改革方案》。2015 年 6 月，《关于在深化国有企业改革中坚持党的领导加强党的建设的若干意见》《关于加强和改进企业国有资产监督防止国有资产流失的意见》相继出台。

2015 年 8 月 24 日，中共中央、国务院出台国企改革的纲领性文件《关于深化国有企业改革的指导意见》。提出：健全公司法人治理结构，建立国有企业领导人员分类分层管理制度。② 指导意见要求，建立健全企业各类管理人员公开招聘、竞争上岗等制度，建立健全以合同管理为核心、以岗位管理为基础的市场化用工制度。指导意见还明确企业内部的薪酬分配权是企业的法定权利，由企业依法依规自主决定。探索实行混合所有制企业员工持股。支持对企业经营业绩和持续发展有直接或较大影响的科研人员、经营管理人员和业务骨干等持股。③

根据国务院国企改革领导小组具体部署和安排，2016 年国企改革主要是围绕完善文件体系、重点领域试点、面上普遍推开三方面展开。围绕《关于深化国有企业改革的指导意见》相继出台了 7 个专项文件和 36 个配套文件，已形成深化国企改革框架体系。目前，还有几份文件正在履行相关程序，包括加强和改进外派监事会工作、完善国有企业公司法人治理结构、市场化办法选聘经理人等方面。各地结合实际出台了 696 份落地文件。④

---

① 《2010～2020 年深化干部人事制度改革规划纲要》。

② 《中共中央、国务院关于深化国有企业改革的指导意见》，2015 年 8 月 24 日。

③ 《中共中央、国务院关于深化国有企业改革的指导意见》，2015 年 8 月 24 日。

④ 《季晓南：今年国企改革将有实质性突破　步伐大于 2016 年》，《中国证券报》2017 年 1 月 3 日。

三　当前深化国有企业人事制度改革的关注点

2015 年，国企改革进入关键期，迈出实质性步伐。公司制股份制改革成效显著，全国国有企业改制面已达 80%，法人治理结构不断完善，2015 年建设规范董事会的中央企业增加 11 家，总数达到 85 家①。

2016 年是全面建成小康社会决胜阶段的开局之年，也是推进结构性改革的攻坚之年，是新一轮国企改革从政策转向落地的关键时期。党中央、国务院颁布实施《关于深化国有企业改革的指导意见》及 7 个专项配套文件，随后 36 个配套文件也陆续推出。

同年国务院国资委、国家发改委、人力资源和社会保障部联合召开发布会对外披露，经国务院国有企业改革领导小组研究决定开展国企改革十项试点。内容包括国有资本投资运营公司、央企兼并重组、部分重要领域混合所有制改革、混合所有制员工持股、落实董事会职权、市场化选聘经营管理者、企业薪酬分配制度差异化改革、推行职业经理人制度、国有企业信息公开、剥离企业办社会职能和解决历史遗留问题，细化和改进了国企改革的具体领域和方向。

十项改革与国有企业人事制度改革密切相关，其中，混合所有制员工持股、落实董事会职权、市场化选聘经营管理者、企业薪酬分配制度差异化改革、推行职业经理人制度五项工作属于人事制度改革的范畴。由此可见，从外到内、从易到难的国有企业改革路径中的企业人事制度改革的任务尤为艰巨，更值得关注。

（一）探索混合所有制员工持股

2015 年国务院就备受关注的混合所有制改革出台 29 条意见。意见提出，探索实行混合所有制企业员工持股。员工持股主要采取增资扩股、出资新设等方式，支持对企业经营业绩和持续发展有直接或较大影响的科研人员、经营管理人员和业务骨干等持股②。同年多个地方国有企业改革相继启动。黑龙江陆

① 《超 20 项国企改革落实措施将密集出台，员工持股启动》。

② 《国务院关于国有企业发展混合所有制经济的意见》（国发〔2015〕54 号）。

续出台了涉及国企改革、国企负责人薪酬、权力清单、责任清单、工作流程等范畴的多个办法与措施；四川启动48项国企改革探索混改员工持股；山东国企试点员工持股与引入战略投资者；贵州、湖北、浙江等省份已对外公布国有企业负责人薪酬制度改革方案等。

2016年国务院批转国家发展改革委《关于2016年深化经济体制改革重点工作意见》指出，要研究提出公有制经济之间股权多元化改革方案。开展混合所有制企业实行企业员工持股试点。同年，国务院国有企业改革领导小组研究决定开展国有企业十项改革试点。试点内容之一即混合所有制企业员工持股，主要探索实行员工持股的企业类型，实行员工持股的主要方式，员工怎样转股退股等。随后国资委印发了《关于国有控股混合所有制企业开展员工持股试点的意见》的通知，明确了试点原则、试点条件、企业员工入股范围、出资方式、入股价格、持股比例、股权结构、持股方式以及企业员工股权管理等相关内容，以期从不同角度探索员工持股的有效模式。

国企改制的目的是使企业摆脱旧体制的束缚，获得新的发展。发展混合所有制经济，规范有序开展员工持股，有利于企业建立利益共享、风险共担的激励约束长效机制，充分调动员工积极性、主动性、创造性。员工持股停滞数年后重新启动，是国企改革激发创新的动力所在。但实践中也一定程度地存在少数人持股、利益输送等问题。

早在2006年国务院国资委在出台的《进一步规范国有企业改制工作的实施意见》中，就强调要切实维护职工的合法权益。在国企改制中，职工的合法权益集中体现为知情权、参与权和成果分享权。保障职工的合法权益，有利于员工的积极参与，促进国企改革的成功。

（二）落实董事会职权

2015年《国务院关于国有企业发展混合所有制经济的意见》要求，规范企业股东（大）会、董事会、经理层、监事会和党组织的权责关系，按章程行权对资本监管，靠市场选人，依规则运行，形成定位清晰、权责对等、运转协调、制衡有效的法人治理结构。[①] 建立健全权责对等、运转协调、有效制衡

① 《国务院关于国有企业发展混合所有制经济的意见》（国发〔2015〕54号）。

的决策执行监督机制，规范董事长、总经理行权行为，充分发挥董事会的决策作用、监事会的监督作用、经理层的经营管理作用、党组织的政治核心作用，实现规范的公司治理。[①] 明确政府不得干预企业自主经营，股东不得干预企业日常运营，切实落实和维护董事会依法行使重大决策、选人用人、薪酬分配等权利，保障经理层经营自主权。

国资委成立以来大力推进外部董事占多数的规范董事会建设，截至 2016 年初，已经有 85 家中央企业建立了规范董事会。[②] 为使董事会职权得到真正的落实，2014 年，国务院国资委选择了中国节能环保集团公司等 4 家中央企业作为开展落实董事会职权的试点企业。试点的主要内容是落实董事会长期发展战略规划、高级管理人员选聘、业绩考核、薪酬管理、工资总额备案制管理和重大财务事项管理等 6 项职权。2016 年国务院国资委研究制定了《关于落实董事会职权试点工作意见》。截至 2017 年初，102 家中央企业中，已有 83 家央企建立了规范的董事会，4 家中央企业开展了落实董事会职权试点，外部董事人才库增加到 389 人，专职外部董事增加到 33 人。

2017 年《国务院办公厅关于进一步完善国有企业法人治理结构的指导意见》指出，完善国有企业法人治理结构是全面推进依法治企、推进国家治理体系和治理能力现代化的内在要求，是新一轮国有企业改革的重要任务。[③]

（三）市场化选聘经营管理者

从 20 世纪末开始，我国就在积极探索符合现代企业制度要求的国有企业选人用人新机制。国务院国资委自 2003 年开始面向全球公开招聘企业经营管理人员，受到社会各界的广泛关注。之后又七次面向全球公开招聘中央企业高管，共为 100 多家企业招聘了 138 名高级经营管理者和高层次科研管理人才。

从 2014 年开始，国务院国资委在五家中央企业落实了董事会选聘和管理经营层成员的职权。2016 年 1 月又完成了集团公司副总经理的市场化选聘；随后又完成二级公司经理层的市场化选聘、契约化管理，包括 6 名总经理、31

---

① 《中共中央、国务院关于深化国有企业改革的指导意见》，2015。

② 楚序平：《推进国有企业公司治理改革》，《董事会》2017 年 1 月 15 日。

③ 《国务院办公厅关于进一步完善国有企业法人治理结构的指导意见》，2017。

名经理层副职，并逐步延伸到三级以下全部企业。与此同时，市场化选聘改革正在多个省市落地，并且将继续扩围。

2016 年被视为国企改革的实施之年，国资委推出了多项措施推进改革，而作为国企改革的核心问题——国资委放权，从管人、管事、管资产转变为管资本，也在有序推进。《关于开展市场化选聘和管理国有企业经营管理者试点工作的意见》明确了在限薪的同时，扩大市场化选聘将成为下一步国企改革的重要内容。为此，国资委和各省市分别选择 3 ~ 5 家企业进行试点，采取公开遴选、竞聘上岗、人才中介机构推荐等市场化方式，在各级履行出资人职责机构直接监管的国有独资、控股的一级企业进行。试点将落实董事会在经理层成员选聘、业绩考核、薪酬分配等方面职权等。在具体举措方面，关于职业经理人制度，明确提出“三轨制”，并提出“高薪要配高风险”。

建立职业经理人市场化选聘的体制机制，涉及职业经理人的选拔评价标准、资质资格鉴定，业绩如何评价，薪酬如何确定等一系列问题，需要建立经营者的任期、经营标的、考核指标和考核机制，责任机制，责任追究机制，激励机制和监督、约束机制。

总之，只有通过建立有效的职业经理人的市场化选聘机制，才能让职业经理人真正对自己人生事业负责，从而对企业负责。要提倡企业家精神，将企业交给具有企业家精神、有责任担当、信守契约的企业家队伍。

（四）企业收入分配差异化改革

在国企改革中，相对于资本的整合，分配制度改革阻力更大。某些薪酬结构不合理的情况在一定程度上对此前国企改革预期效果产生影响，改革受阻归根结底在于利益矛盾。

规范高管薪酬是国企改革第一道门槛，也被视为相对困难的一步。业内人士直言：“高管薪酬与企业业绩相脱离，就等于把高管的价值取向和利益追求与投资者隔离开来。”① 但解决办法并非只有一味降薪，强调规范合理才是关键。贵州、湖北、浙江等省份已对外公布国有企业负责人薪酬制度改革方案；

① 王红茹：《2013 年央企上市公司董事长薪酬排行榜　平均年薪 80 万元　五大行董事长年薪均超百万》，《中国经济周刊》2014 年 8 月 25 日。

香港、深圳等地薪酬与绩效挂钩的职业经理人试点，也带来了直接的经济效益。开展企业薪酬分配差异化改革试点，目的是完善国有企业负责人薪酬分类管理制度，建立健全职业经理人薪酬管理制度。

目前，我国人力资源价格机制不完善，造成了很多企业出现高端人才流失，如何留住人才是下一步国企发展最为关键的问题，对于竞争性国企来说，其薪酬应参考同行业、同规模、同地区其他竞争性企业的高管薪酬水平。高管薪酬由市场决定，这就意味着去行政化也将提速。

与此同时，随着改革的不断深入，企业内部的收入分配制度也会根据员工所在岗位价值的大小，以及不同类型员工贡献的大小进行差异化改革，从而推动企业内部改革和管理提升。

（五）推行职业经理人制度

党的十八届三中全会提出，国有企业要“建立职业经理人制度，更好发挥企业家作用”。2015 年《国务院关于国有企业发展混合所有制经济的意见》进一步明确，推行混合所有制企业职业经理人制度。畅通现有经营管理者与职业经理人的身份转换通道。职业经理人实行任期制和契约化管理，按照市场化原则决定薪酬，严格职业经理人任期管理和绩效考核，加快建立退出机制。[①] 2016 年，国资委将“推进职业经理人制度”改革作为 2016 年十项改革试点之一。在市场化选聘经营管理者试点的基础上，探索推行职业经理人制度。国有企业建立职业经理人制度是要取消行政级别，设置管理人员、专业技术人员以及各类技工人员等的多种职业发展通道。

国企改革是经济体制改革的中心环节，改革仍是 2017 年国企发展的重头戏，“当前正处于爬坡过坎的重要关口”。[②] 国企改革牵一发而动全身，不单是表面形式的转变，更是内在结构和利益格局的深入调整。经过多年的经验积累和教训吸取，直击痛点才能真正实现国企改革的市场化，这也是此次改革十项试点中关于国企管理者的选任、收入分配制度改革等相关人事制度改革内容备受关注的原因所在。相比前几轮国企改革侧重经营层面、产权层面等，企业人

① 《国务院关于国有企业发展混合所有制经济的意见》（国发〔2015〕54 号）。

② 宫仁：《国企改革从“设计”迈向“施工”》，《建筑工人》2017 年 3 月 15 日。

事制度改革难度更大，如何创造性地推动改革走向深入？必须坚持试点先行，通过试点取得突破，以点带面，必须想办法、出实招，推进体制机制创新。为此，试点改革探索的成效值得期待。

参考文献

牛效龙：《改革开放 30 年：中国国有企业劳动人事制度的变迁与展望》。

《国务院关于国有企业发展混合所有制经济的意见》（国发〔2015〕54 号）。

《中共中央、国务院关于深化国有企业改革的指导意见》，2005。

董志超：《国企角色定位与企业家精神》，《人事天地》2016 年 10 月 1 日。

《中华人民共和国公司法》。

楚序平：《推进国有企业公司治理改革》，《董事会》2017 年 1 月 15 日。

《国务院办公厅关于进一步完善国有企业法人治理结构的指导意见》，2017。

就 业 篇

Employment

B.16
2016中国就业状况

奉 莹*

摘 要： 2016年，中国就业局势总体平稳，就业规模继续扩大，就业结构进一步优化，就业报酬继续稳步增长。就业服务工作取得新进展，重点群体就业平稳推进，创业带动就业成效明显，公共就业服务进一步加强。面对未来的经济发展，抓好重点群体就业依然是解决就业总量压力的首要任务，推进资源重组和相关改革仍是化解就业结构性矛盾的关键所在。

关键词： 就业创业 重点群体就业 公共就业服务

---

* 奉莹，中国人事科学研究院就业创业与政策评价研究室助理研究员，博士。

一 2016年就业发展基本状况

2016年，中国就业局势总体平稳，就业总量保持增长，就业结构进一步优化，就业报酬继续稳步增长。

（一）就业规模继续扩大，增速下降

1. 就业总量保持增长，规模增速下降速度加快

2016年末，全国就业人员77603万人，比上年末增加152万人。2012～2016年，就业总量逐年增长，从76704万人增加到77603万人，增加了899万人，年均增加224.75万人。然而从增长率来看，2012～2016年就业总量增长率一直处于低位区间且呈现下降趋势，就业总量增长率从2012年的0.37%下降到2016年的0.20%，下降了0.17个百分点，尤其是从2014年开始就业总量增长率下降速度加快，2015年、2016年合计下降了0.16个百分点（见图1）。

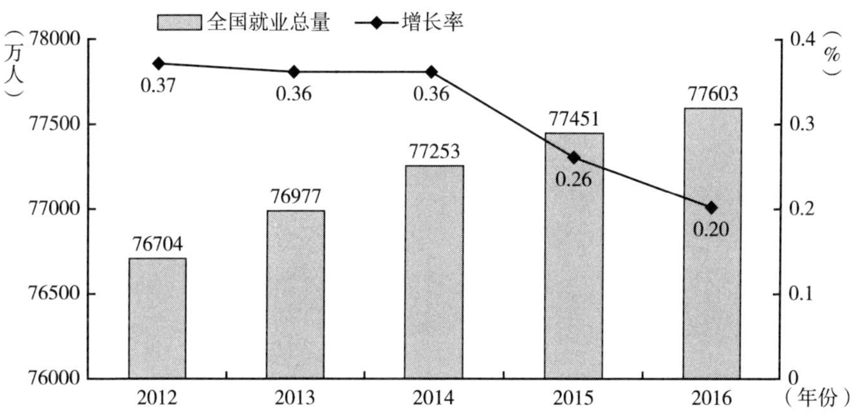

图1 2012～2016年全国就业总量及增长率

资料来源：根据历年《人力资源和社会保障事业发展统计公报》数据整理。

2. 城镇新增就业量依然较高，登记失业率达到多年来最低水平

2016年，城镇就业人员41428万人，比上年末增加1018万人，城镇新增就业1314万人。根据人力资源和社会保障部（简称“人社部”）发布的数据，2013～2016年，我国城镇新增就业人数分别高达1310万人、1322万人、1312万人、1314万人，连续四年保持在1300万人以上，累计城镇新增就业超过5200万人(见图2)。

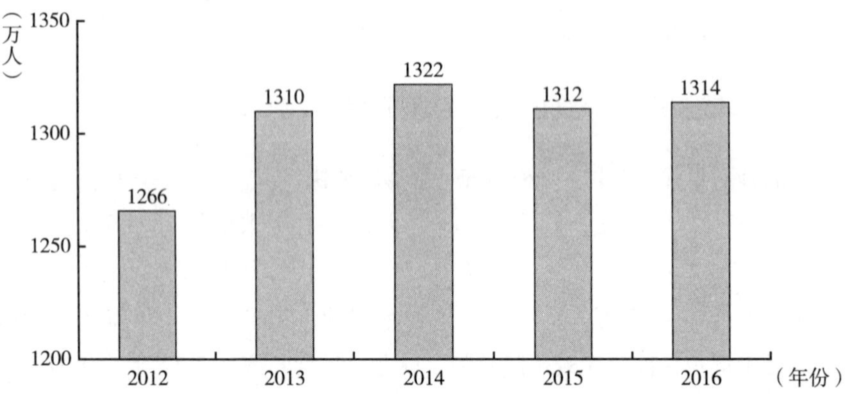

图2　2012～2016年城镇新增就业人数

资料来源：历年《人力资源和社会保障事业发展统计公报》。

2016年，城镇失业人员再就业人数和就业困难人员就业人数分别为554万人和169万人，比2015年分别减少13万人和4万人（见图3）。

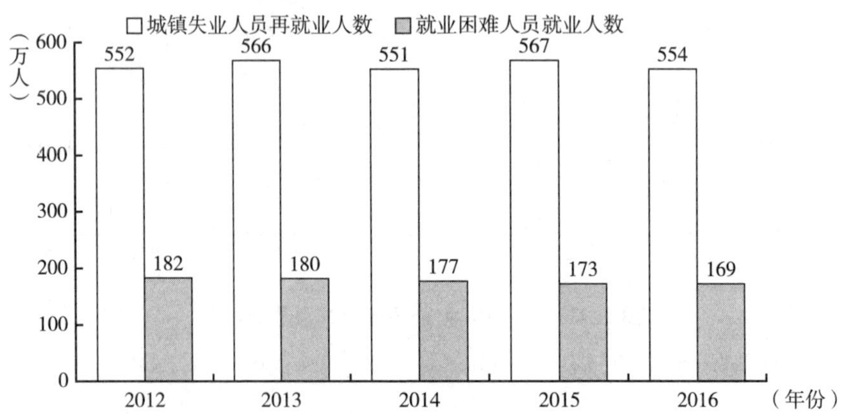

图3　2012～2016年城镇失业人员再就业人数

资料来源：历年《人力资源和社会保障事业发展统计公报》。

2012～2016年，城镇登记失业人数分别为917万人、926万人、952万人、966万人和982万人，登记失业率大致稳定在4.1%左右的较低水平。2016年末，城镇登记失业率下降到4.02%，达到多年来的最低水平（见图4）。

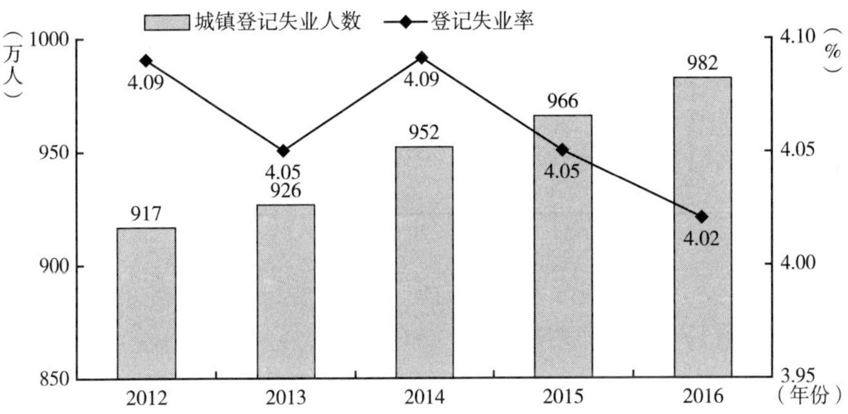

图4　2012～2016年城镇登记失业人数及登记失业率

资料来源：历年《人力资源和社会保障事业发展统计公报》。

3. 农民工总量继续扩大，增长速度加快

2016年，全国农民工总量28171万人，其中，本地农民工11237万人，外出农民工16934万人。2012～2016年，农民工总量和外出农民工人数持续增加。农民工总量从26261万人增加到28171万人，增加了1910万人，平均年增加477.5万人。外出农民工数量从16336万人增加到16934万人，增加了598万人，平均年增加149.5万人。从农民工总量增长率来看，呈现先降后增态势，2012～2015年从3.89%下降到1.28%，2016年又增加到1.53%（见图5）。

（二）就业结构进一步优化，就业分布更趋合理

1. 三次产业就业结构进一步优化，第三产业就业人员持续增加

2016年，全国就业人员中一、二、三产业就业人员分别为21496万人、22350万人、33757万人。与2012年三次产业就业人员相比，第一产业就业人员减少4277万人，年均减少1069万人；第二产业就业人员减少892万人，年均减少223万人；第三产业就业人员增加6067万人，年均增加1517万人。

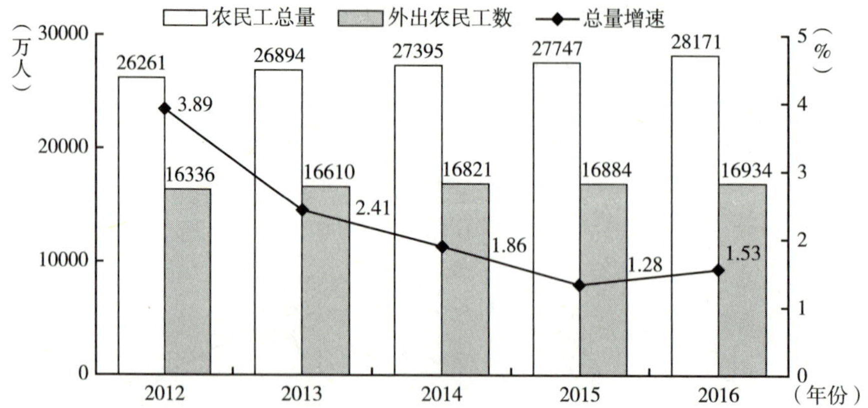

图5　2012～2016年农民工总量、外出农民工数及总量增长率

资料来源：根据历年《人力资源和社会保障事业发展统计公报》数据整理。

2012～2016年，我国第一产业就业人员比重逐年下降，第二产业就业人员比重稳中有降，第三产业就业人员比重显著增加。目前，我国三次产业就业人员的比重已从2012年的33.6∶30.3∶36.1转变为2016年的27.7∶28.8∶43.5。第一产业就业人员比重下降5.9个百分点，第二产业就业人员比重下降1.5个百分点，第三产业就业人员比重提高了7.4个百分点。可以看到，第三产业就业人员连续5年较大幅度提升，已成为吸纳就业的绝对主力（见图6）。

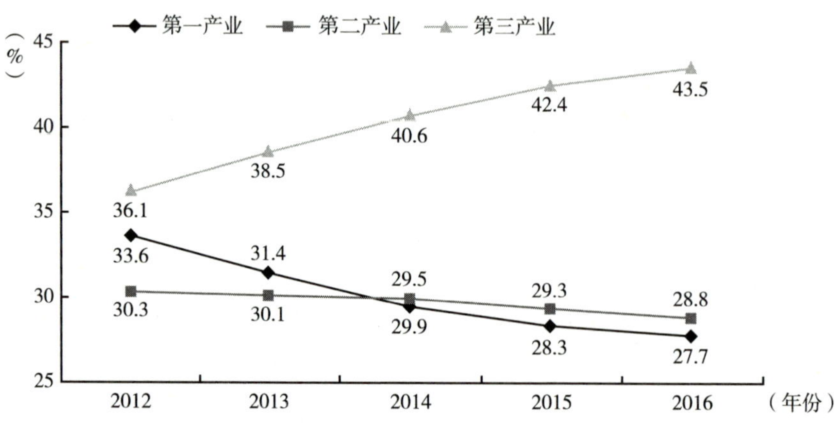

图6　2012～2016年三次产业就业结构分布情况

资料来源：历年《人力资源和社会保障事业发展统计公报》。

2. 城乡就业结构持续改善，城镇就业人员占比进一步提高

2016 年，我国城镇就业人员 41428 万人，乡村就业人员 36175 万人。与 2012 年相比，城镇就业人员增加了 4326 万人，年均增加 1081.5 万人；乡村就业人员减少了 3427 万人，年均减少 856.75 万人；城乡就业结构从 2012 年的 48.4∶51.6 调整为 2016 年的 53.4∶46.6（见图 7）。

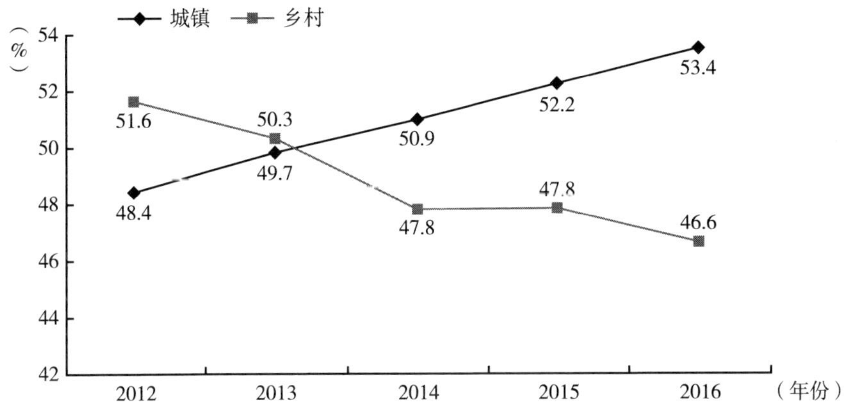

图 7　2012～2016 年城乡就业结构分布情况

资料来源：根据历年《人力资源和社会保障事业发展统计公报》数据整理。

（三）就业报酬继续稳步增长，增长格局有所变化

1. 城镇单位就业人员年平均工资继续保持增长

2016 年，在城镇单位就业人员中，城镇非私营单位就业人员年平均工资和城镇私营单位就业人员年平均工资分别为 67569 元和 42833 元，比 2015 年分别增长 8.9% 和 8.2%，扣除物价因素，实际增长分别为 6.7% 和 6.0%。总体来看，城镇单位就业人员工资增长与劳动生产率提高基本同步。

从 2012～2016 年各年的工资水平看，城镇非私营单位就业人员年平均工资与城镇私营单位就业人员年平均工资之间存在较大差距，后者不到前者的 65%（见图 8）。从工资的增长速度来看，整体而言，城镇私营单位的年均增速持续下降。具体来看，城镇非私营单位就业人员年平均工资年均增长 10.1%；城镇私营单位就业人员年平均工资年均增长 11.8%，高于城镇非私

营单位 1.7 个百分点。但是，城镇私营单位的工资增幅逐年下降，从 2012 年的 17.1% 下降到 2016 年的 8.2%（见图 9）。

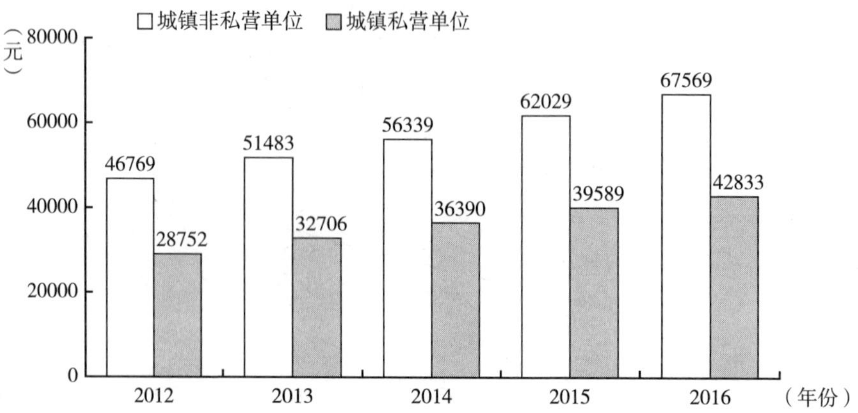

图 8　2012～2016 年城镇单位就业人员年平均工资

资料来源：根据历年《人力资源和社会保障事业发展统计公报》数据整理。

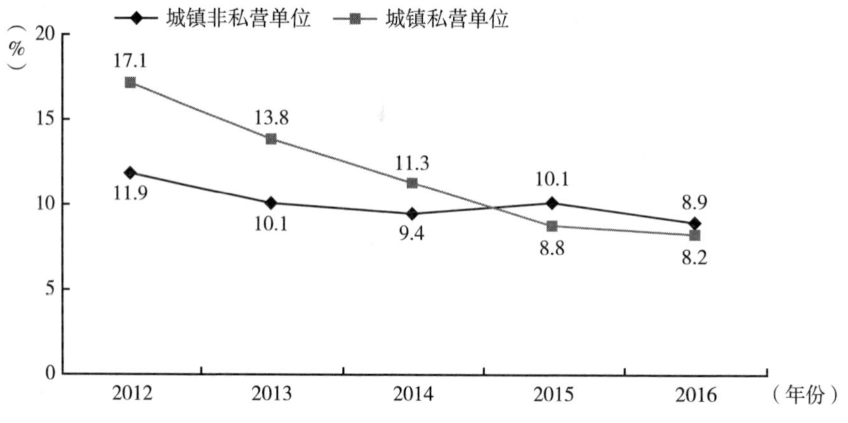

图 9　2012～2016 年城镇单位就业人员年平均工资增速

资料来源：根据历年《人力资源和社会保障事业发展统计公报》数据计算。

2. 农民工收入增幅下降

2016 年，农民工人均月收入 3275 元，比上年增长 203 元，增长 6.6%。2012～2016 年，农民工人均月收入从 2290 元增加到 3275 元，增加了 985 元，年均增加 246 元；增长速度整体呈下降趋势，由 2012 年的 11.8% 下降到 2016 年的 6.6%，下降了 5.2 个百分点（见图 10）。

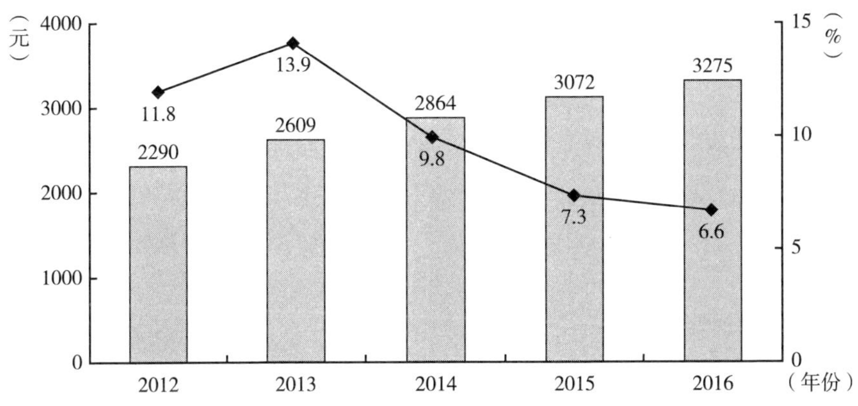

图 10　2012～2016 年农民工人均月收入及增速

资料来源：历年《人力资源和社会保障事业发展统计公报》。

3. 行业工资增长变化较大

在供给侧结构性改革的推动下，我国经济结构不断优化，新旧动能转换加快，对相关行业工资增长产生了明显影响。以城镇非私营单位为例，2016 年，信息传输、软件和信息技术服务业平均工资为 122478 元，排名各行业门类首位，排名第二的是金融业，平均工资为 117418 元，排名第三的是科学研究和技术服务业，平均工资为 96638 元。值得一提的是，2016 年，信息传输、软件和信息技术服务业平均工资首次超过金融业，居行业首位。从平均工资的增长速度来看，增速最高的行业是公共管理、社会保障和社会组织，增长率为 13.9%，其次是教育，增长率为 11.9%，再次是卫生和社会工作，增长率为 11.7%。增速最低的行业是采矿业，增长率为 1.9%，倒数第二的是金融业，增长率为 2.3%，倒数第三的是农、林、牧、渔业，增长率为 5.2%。全部 19 个行业门类中，有 6 个行业的平均工资增速高于全国平均水平。部分去产能行业企业效益改善，工资增长情况有所好转，例如，采矿业由 2015 年下降 3.7% 转为 2016 年增长 1.9%（见表 1）。

表1　2016年城镇非私营单位就业人员分行业年平均工资及增速

单位：元，%

行业	2015年	2016年	名义增长率
全国平均	62029	67569	8.9
农、林、牧、渔业	31947	33612	5.2
采矿业	5944	60544	1.9
制造业	55324	59470	7.5
电力、热力、燃气及水生产和供应业	78886	83863	6.3
建筑业	48886	52082	6.5
批发和零售业	60328	65061	7.8
交通运输、仓储和邮政业	68822	73650	7.0
住宿和餐饮业	40806	43382	6.3
信息传输、软件和信息技术服务业	112042	122478	9.3
金融业	114777	117418	2.3
房地产业	60244	65497	8.7
租赁和商务服务业	72489	76782	5.9
科学研究和技术服务业	89410	96638	8.1
水利、环境和公共设施管理业	43528	47750	9.7
居民服务、修理和其他服务业	44802	47577	6.2
教育	66592	74498	11.9
卫生和社会工作	71624	80026	11.7
文化、体育和娱乐业	72764	79875	9.8
公共管理、社会保障和社会组织	62323	70959	13.9

资料来源：国家统计局网站。

二　2016年就业工作的基本进展情况

2016年作为“十三五”开局之年，是中国经济进入深度调整期和转型期的关键之年。虽然面对经济下行、经济结构调整深入推进的双重压力，2016年就业工作还是逆势突围，取得了显著成效。重点群体就业平稳推进，创业带动就业成效明显，公共就业服务进一步加强。

（一）促进重点群体就业工作平稳推进

以高校毕业生、农民工为重点群体的就业工作继续推进，钢铁煤炭行业化解过剩产能职工安置工作成效明显，就业援助和就业扶贫工作进一步加强。

1. 促进高校毕业生就业仍是就业工作的重中之重

2016 年，在高校毕业生就业总量压力持续加大、结构性矛盾依然突出的情况下，为促进高校毕业生就业，相关部门采取了应对措施。

第一，加强政策引导，出台了促进高校毕业生就业创业的相关政策。人力资源和社会保障部于 2 月下发了《关于做好全国高校毕业生就业创业工作的通知》，要求各地方政府完善落实就业创业政策，促进高校毕业生多渠道就业；完善精准帮扶措施，实施离校未就业毕业生就业促进计划；调动各方力量，继续推进大学生创业引领计划；进一步加强组织领导，健全高校毕业生就业创业工作推动机制。11 月，人力资源和社会保障部、教育部下发了《关于实施高校毕业生就业创业促进计划的通知》，决定从 2016 年起实施“高校毕业生就业创业促进计划”，加强部门协同，注重信息共享，实现工作对接，在能力提升、创业引领、校园精准服务、就业帮扶、权益保护等五个方面采取行动，从而促进高校毕业生就业创业。

第二，提升在校大学生就业能力。与法国政府确定了《中华人民共和国政府和法兰西共和国政府关于千人实习生计划协议的实施方案》，选派大学生到法国实习。

第三，鼓励高校毕业生到基层、艰苦边远地区就业。例如，实施大学生志愿者、“三支一扶”、“特岗计划”、大学生“村官”等高校毕业生基层项目，实施“三支一扶”人员能力提升专项计划①。

第四，采取多种形式，举办各类活动促进高校毕业生就业。举办了“2016 年全国高校毕业生就业服务月”活动、“第十四届全国人力资源市场高校毕业生就业服务周”活动，春秋两季的“部分大中城市联合招聘高校毕业生专场活动”等，还充分利用“互联网 + 就业”新模式，举办了多场全国性网络招聘活动，持续为尚未就业毕业生提供岗位信息和求职指导，

---

① 《“三支一扶”人员能力提升专项计划实施方案》。

此外，专门针对西藏、青海、新疆高校毕业生举办了网络招聘活动。

第五，鼓励高校毕业生应征入伍。下发了《关于进一步做好大学生征兵工作的通知》（军动〔2016〕41 号），要求有针对性地动员尚未就业毕业生积极应征入伍。

2. 鼓励农民工返乡就业创业，促进农村贫困人口就业脱贫

2015 年中到 2016 年底，国家先后出台了多项促进农民工返乡创业的文件，明确提出采取税费减免等多项优惠政策鼓励农民工等人员返乡创业，同时还实施农民工等人员返乡创业培训五年行动计划。2016 年 7 月，人力资源和社会保障部等五部门又下发通知，提出采取资金支持、创业培训等措施鼓励农民工返乡创业。11 月底，国办再次发文支持返乡下乡人员创业创新，从而促进农村一二三产业融合发展。

在促进农村贫困人口就业脱贫工作方面，2016 年、2017 年继续在全国开展“春风行动”，通过集中开展就业服务活动，为农村劳动者特别是农村贫困人口提供政策咨询、岗位信息、职业指导和职业介绍、免费技能培训、创业培训、创业服务和相应的政策扶持。2016 年 4 ~6 月在湖南、广东两省开展劳务协作试点，探索建立湖南和广东之间、人力资源和社会保障部门与扶贫部门之间的工作协作机制和信息共享机制。2016 年 7 月，人力资源和社会保障部会同国务院扶贫办印发《关于开展技能脱贫千校行动的通知》（人社部发〔2016〕68 号），决定在全国组织千所左右省级重点以上技工院校开展技能脱贫千校行动。8 月，人力资源和社会保障部印发《关于在打赢脱贫攻坚战中做好人力资源社会保障扶贫工作的意见》（人社部发〔2016〕71 号），要求通过帮助农村贫困劳动力实现转移就业，在“十三五”时期帮助 1000 万人脱贫。12 月，人力资源和社会保障部、财政部、国务院扶贫办三部门联合印发《关于切实做好就业扶贫工作的指导意见》（人社部发〔2016〕119 号），要求各地采取多种措施促进贫困劳动力实现就业增收，通过加强劳务协作、技能培训促进就地就近就业、稳定就业、技能就业，从而带动贫困人口脱贫。

3. 积极推进其他重点群体就业

第一，针对去产能过程中的职工安置问题，整合社会资源，动员系统力量，缓解东北等困难地区就业压力。先后出台了《关于钢铁行业化解过剩产能实现脱困发展的意见》（国发〔2016〕6 号）、《关于煤炭行业化解过剩产能实现脱困发展的意见》（国发〔2016〕7号）、《关于在化解钢铁煤炭行业过剩产能实现脱困发展过程中做好职工安置工作的意见》（人社部发〔2016〕32号）、《关于实施化解过剩产能企业职工特别职业培训计划的通知》（人社部发〔2016〕52号）、《关于开展东北等困难地区就业援助工作的通知》（人社部发〔2016〕106号）等文件。在去产能任务重、停产职工多、失业风险上升的重点城市和企业，加强人才援助，提升劳动者技能，发挥部门职能优势，动员群团组织力量，搭建政企合作平台，多措并举，帮扶去产能中失业人员、停产停工企业职工、高校毕业生等重点群体就业。第二，促进其他就业困难群体就业。组织实施了巾帼家政服务专项培训工程，建立各级人力资源和社会保障部门与妇联组织的家政服务培训协作机制。2016年底，针对零就业家庭、大龄失业人员、有劳动能力的劳动者等各类就业困难人员、去产能中失业人员和长期停产停工企业职工、残疾登记失业人员、农村建档立卡贫困家庭劳动力等，在全国组织开展就业援助月专项活动。

（二）创业带动就业工作取得新进展

1.出台创业创新政策，为创业带动就业创造良好政策环境

2016年初，李克强总理在政府工作报告中，将充分释放全社会创业创新潜能作为2016年重点工作之一。2月，国务院办公厅印发《关于加快众创空间发展服务实体经济转型升级的指导意见》（国办发〔2016〕7号），促进众创空间专业化发展，为推进“大众创业、万众创新”提供低成本、全方位、专业化服务。5月，国务院办公厅印发《关于建设大众创业万众创新示范基地的实施意见》（国办发〔2016〕35号），系统部署双创示范基地和支持平台的建设工作。9月，国务院印发《关于促进创业投资持续健康发展的若干意见》（国发〔2016〕53号），指出创业投资是实现技术、资本、人才、管理等各项创新要素与创业企业进行有效结合的投融资方式，是扩大就业的重要举措。

2.创业带动就业数量增加

随着中央和地方各项促进就业创业政策的实施，商事制度改革的推进，市场准入环境持续优化，有力地促进了创业主体数量的增加。到2016年底，全国实有各类市场主体8705.4万家，全年新设市场主体1651.3万家，

同比增长11.6%。新登记企业保持较快增长势头，2016年全年新登记企业552.8万家，同比增长24.5%（见图11）；平均每天新登记企业达1.51万家，同比增长25.8%①。

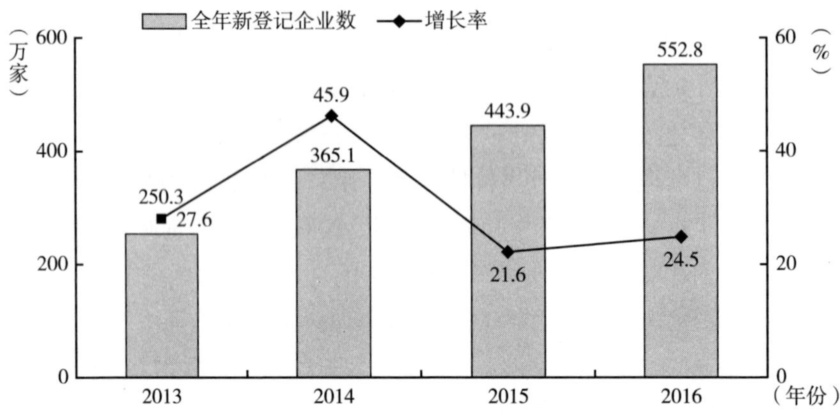

图11　2013～2016年全年新登记企业数和增长率

资料来源：国家工商总局历年数据。

作为创业主体的个体私营经济、小微企业，在吸纳就业中发挥了重要作用。截至2016年底，全国个体私营经济从业人员实有3.1亿人，比2015年增加2782.1万人，增幅达10%。其中，第三产业个体私营经济从业人员实有2.3亿人，占个体私营经济从业人员总数的74.2%。小微企业活跃度不断提升，新设小微企业中85.8%的为初次创业小微企业，周年开业率达70.8%，近八成开业企业实现营业收入，带动就业作用发挥得更为显著。②

（三）公共就业服务信息化建设进一步加强

2016年，公共就业服务信息化建设进一步加强，公共就业服务能力和水平进一步提高，职业培训工作力度进一步加大。

① 同比增长数值根据2015年数据计算，2015年数据来自国家发展改革委员会《2015年中国大众创业万众创新发展报告》，人民出版社，2016。

② 国家工商总局网站，http：//www.saic.gov.cn/xw/yw/zj/201701/t20170119_211037.html。

1. 公共就业服务信息化建设加强

第一，公共就业创业服务信息化平台建设进一步推进。人力资源和社会保障部出台了《关于加快推进公共就业服务信息化建设和应用工作的指导意见》（人社厅发〔2016〕159号），提出打造系统省级集中、信息全国共享的公共就业创业服务信息化平台。

第二，加强就业服务信息公开。推动以“互联网+”、大数据为代表的新理念、新技术、新模式在就业领域的广泛应用，加快推进就业服务和就业管理工作全程信息化，全面提升公共就业服务能力和管理水平。在人力资源和社会保障领域，通过“互联网+人社”加快简政放权、放管结合，优化服务改革，使工作效能进一步增强。

2. 公共就业服务能力和水平提高

第一，管理制度优化发展，服务流程进一步简化。出台《人力资源和社会保障部关于加强和改进人力资源社会保障领域公共服务的意见》（人社部发〔2016〕44号），对公共就业服务进行规范和管理。出台了《人力资源和社会保障部关于“先照后证”改革后加强人力资源市场事中事后监管的意见》（人社部发〔2016〕49号），提出要依法规范实施人力资源市场行政许可，创新事中事后监管方式，强化日常监督检查，加强市场监管基础建设，积极推进社会协同共治。在国务院所属部门人才中介服务机构中试行年度报告公示制度，规范、引导各服务机构依法诚信服务，健康有序发展。简化优化服务流程，改进流动人员人事档案管理服务，切实解决流动人员存档过程中的问题，下发了《人力资源和社会保障部办公厅关于简化优化流动人员人事档案管理服务的通知》，要求推进流动人员人事档案管理服务信息公开，促进流动人员人事档案管理服务便民利民，规范收费行为，健全流动人员人事档案管理服务工作体系。

第二，公共就业服务的针对性进一步加强。例如，紧密结合各类创业群体的创业培训需求，健全完善创业培训体系，充分发挥优质培训资源作用，大力开展创业培训，推进农民工、建档立卡贫困人口、大学生和退役士兵等人员返乡创业培训工作。针对青年创业举办了各类创新创业活动，例如，开展了“双创活动周”，举办了“中国创新创业大赛”、“‘互联网+’大学生创新创业大赛”、第二届“中国创翼”青年创业创新大赛。

第三，继续关注市场供求变化情况。中国人力资源市场信息监测中心通过在我国多个城市对其公共就业服务机构市场供求信息进行统计分析，每季度发布部分城市公共就业服务机构市场供求状况分析报告，并发布全国十大城市岗位需求和求职排行榜。

第四，建立完善人力资源服务平台。例如，在人力资源服务产业园建设方面，2016 年 5 月，人力资源和社会保障部同意筹建中国成都人力资源服务产业园和中国烟台人力资源服务产业园；11 月，中国重庆人力资源服务产业园正式挂牌。在创业平台建设方面，打造众创、众包、众扶、众筹等各类创业孵化机构和平台，构建包括大中小企业、高校、科研机构、创客等在内的、多方协同的新型创业创新机制。深入推进创业孵化基地建设，人力资源和社会保障部于 2016 年下半年认定了第三批全国创业孵化示范基地。

三　中国就业形势展望

2017 年就业形势依然复杂严峻，高校毕业生持续增加，化解过剩产能导致的职工分流，人和岗位不匹配的“招工难、就业难”并存等问题，使就业继续承受较大的总量压力，就业的结构性矛盾也将继续凸显。

（一）抓好重点群体就业依然是解决就业总量压力的首要任务

从供给方面来看，未来新增就业总量加大，给就业带来巨大压力。2017 届全国高校毕业生预计达 795 万人，人数超过历年之最，未来几年高校毕业生数量还会进一步增加。与此同时，农村转移劳动力规模庞大，2017 年，农村外出务工劳动力将继续增加，2017 年第二季度末农村外出务工劳动力同比增加了 364 万人，增长 2.1%。预计 2017 年城镇需要安排的新增就业人员将超过 1500 万人。

为了应对就业总量压力带来的挑战，必须继续抓好以农民工、高校毕业生为主的青年、退役军人、就业困难人员等为代表的重点群体的就业。一是坚持继续把促进高校毕业生就业摆在就业工作的首位。以就业促进、创业引领、基层成长为着力点，以实施高校毕业生就业创业促进计划为抓手，加强分类施策和精准服务，通过多种渠道促进高校毕业生就业创业，确保不降低高校毕业生就业率。二是稳定和扩大农民工就业创业。加强农民工职业培训和职业教育，鼓励农民工就地就近转移就业，引导农民工有序外出就业，支持农民工返乡创业，维护农民工的劳动保障权利，推动已在城镇就业的农民工享受均等化公共服务。三是促进其他重点群体就业。加强退役军人、残疾人、就业困难人员的就业培训，提高其就业能力，开发公益性岗位，实施托底帮扶，健全就业援助长效机制。

（二）推进资源重组和相关改革仍旧是化解就业结构性矛盾的关键所在

今后一个时期，就业的结构性矛盾将继续凸显。一方面，产业转型升级、技术进步所需的高层次和技能人才缺乏问题将长期存在；另一方面，大龄低技能劳动者和部分高校毕业生就业难问题更加凸显，有效岗位需求不足，毕业生教育结构、就业观念与市场需求脱节的结构性矛盾仍然突出。此外，在吉林、辽宁、黑龙江、山西、河北等去产能任务重的地区，经济下行压力加大，失业风险有所上升，结构性和摩擦性失业增多，化解钢铁、煤炭等过剩产能还需要安置职工 50 万人左右。

解决就业结构性矛盾，一是需要完善制度，例如，增强用人制度对就业的支撑作用，进一步完善劳动用工制度，深化事业单位用人制度改革；进一步通过简政放权、放管结合，加强人力资源市场建设，充分加强市场在人力资源配置中的决定性作用。二是继续加大培训力度，充分调动用人单位、培训机构、劳动者个人等各方面的积极性，不断扩大培训的受益面；对培养模式进行改进和创新，提高培训的针对性和质量，推广工学一体的技能人才培养模式；大力开展各类活动，通过岗位练兵、技术比武，举办国家职业技能大赛，参与世界技能大赛等，加快高技能人才技术水平的提高。三是强化就业服务体系建设，充分发挥政府在就业领域的作用，做好引领、服务和兜底保障工作。积极稳妥推进职工分流安置工作，防止出现规模性失业和重大群体性事件。把职工安置作为化解钢铁煤炭行业过剩产能工作的重中之重，推动职工安置与去产能任务确定、奖补资金安排等工作同考虑、同部署。积极创新鼓励措施，落实稳岗补贴和内退职工免缴失业保险费政策，引导企业更多地通过内部挖潜安置职工。进一步完善和拓宽就业渠道，通过内部退养、内部转岗、就业创业、公益性岗位就业等方式，实现多元化分流安置。强化重点监测，聚焦关键环节和主要风险点，针对困难地区、困难企业和困难职工，加强重点就业帮扶。

参考文献

《中华人民共和国国民经济和社会发展第十三个五年规划纲要》，2015。

中华人民共和国统计局：《中国统计年鉴》，中国统计出版社，2016。

国家工商总局：《中国个体私营经济与就业关系研究报告》，2016。

中国就业促进会：《2016 年度就业十件大事》，2017。

人力资源和社会保障部：《2016 年度人力资源和社会保障事业发展统计公报》，2016。

B.17
我国孵化器的发展状况及发展趋势

王琳　王雅　庞诗*

摘　要： 我国的孵化器最早出现于20世纪80年代后期，经过多年的发展，目前已形成了一定规模，类型逐步健全，服务功能不断完善。孵化器可以划分为投资促进型、培训辅导型、媒体延伸型、专业服务型和创客孵化型等五种类型，其服务功能划分为场地服务、金融服务、中介服务、技术服务和宣传推广服务等五种类型。作为扶持创业的重要载体和平台，孵化器在扶持创业企业成长、促进高新技术产业发展、推动国家和区域创新体系建设、促进产业结构转型和繁荣经济方面，发挥着关键作用。

关键词： 孵化器　服务功能　创业

我国的孵化器自20世纪80年代出现后，一直呈稳步发展态势。"双创"战略实施后，特别是《国务院关于进一步做好新形势下就业创业工作的意见》（国发〔2015〕23号）、《国务院办公厅关于发展众创空间推进大众创新创业的指导意见》（国办发〔2015〕9号）和《国务院关于大力推进大众创业万众创新若干政策措施的意见》（国发〔2015〕32号）等政策文件出台后，我国的孵化器快速发展。截至2016年底，全国纳入火炬计划统计的众创空间有4298家，科技企业孵化器有3255家，企业加速器有400余家。[①] 我国孵化器

---

* 王琳，国家图书馆立法决策服务部副研究馆员；王雅，国家图书馆立法决策服务部馆员；庞诗，博士，研究员，中国人事科学研究院就业创业与政策评价研究室副主任。

① 《中国孵化器30周年创享会在成都举行》，科技部网站，http：//www.most.gov.cn/kjbgz/201705/t20170517_132844.htm。

的发展对完善国家和区域创新体系、推动创新创业和高新技术产业发展、促进经济发展发挥了重要作用。

一　我国孵化器的界定

一般而言，孵化器是科技企业孵化器的简称，是以促进科技成果转化、培养高新技术企业和企业家为宗旨的科技创业服务载体。

根据我国科学技术部的《关于进一步提高科技企业孵化器运行质量的若干意见》（国科发火字〔2003〕96号），国务院办公厅印发“众创空间”纲领性文件《关于发展众创空间推进大众创新创业的指导意见》（国办发〔2015〕9号），财政部、工信部等五部门制定《关于推动小型微型企业创业创新基地发展的指导意见》（工信部联企业〔2016〕394号），孵化器可以定义为：培育和扶植高新技术中小企业的服务机构，通过为新创办的科技型中小企业提供物理空间和基础设施，提供一系列的服务支持，降低创业者的创业风险和创业成本，提高创业成功率，促进科技成果转化，帮助和支持科技型中小企业成长与发展，培养成功的企业和企业家。具体包括各类创业基地、创业园、众创空间、孵化器和经济技术开发区、工业园区、高新技术园区、大学科技园区中面向小微企业的“园中园”，以及龙头骨干企业围绕主营业务方向设立的面向小微企业、创业团队、创客的创业创新基地（平台）等机构。

目前，“大众创业、万众创新”已成为推动我国经济社会发展的重大战略。作为扶持创业的重要载体和平台，创业孵化器在扶持创业企业成长发展过程中发挥了极大的推动作用。

二　我国孵化器的分类

根据科技部的有关文件，孵化器划分为投资促进型、培训辅导型、媒体延伸型、专业服务型和创客孵化型等五种类型。①

① 杜枫：《中美众创空间商业模式的比较与分析》，《现代经济信息》2017年第2期。

（一）投资促进型

投资促进型孵化器，主要是针对初创企业最亟须解决的资金问题，以资本为纽带和核心，吸引投资机构和天使投资人，依托其平台聚集优质的创业项目。通过对创业项目的审核、展示和推广，让投资者发现投资项目的经济价值，从而为创业企业提供资金。该类孵化器的典型代表有创新工场、车库咖啡和天使汇等。

创新工场，为早期创业者提供资金、商业、技术、市场、人力、法律、培训等一揽子服务，帮助初创公司顺利启动和快速成长，并为创业者提供具有市场价值和商业潜力的产品。创新工场的投资方向立足于移动互联网、消费互联网、电子商务和云计算等信息产业的最热门领域。

车库咖啡，作为"创业者的乌托邦"，经营不以赢利为目的，其创办的初衷是更好地帮助创业者降低进入门槛。为帮助创业者解决创业初期的各类问题，车库咖啡除了提供实体办公场所、高速网络和服务器，还设有投融资、项目对接、技术支持人员。创业者遇到的几乎所有问题都可以通过这里的专业团队得到解决。现在，车库咖啡不仅成为创业者的"孵化器"，还是科技创新与经济发展新的结合点和培养人才的基地。

（二）培训辅导型

培训辅导型孵化器，以提升创业者的综合能力为目标，侧重于为创业者提供创业教育和培训辅导。此类孵化器依托丰富的人脉资源，开展创业辅导。知名企业家、创投和行业专家等创业导师的培训使创业者对创业过程和创业项目加强了解，并获得与创业相关的一些技能，提高其创业能力和创业成功率。主要的典型代表有北大创业训练营、联想之星、亚杰商会等。

联想之星是创业培训的先行者，其举办的免费 CEO 特训班、短训班邀请专业的投资人讲师，为创业者提供企业管理、行业分析、融资等方面的专业培训，目前已培养了上千名创业企业家。

亚杰商会首创业界"导师带学员"的创业服务模式。2006 年，亚杰商会"摇篮计划"在清华科技园启动，并建立了亚杰商会理事会和导师机构。导师与学员可以通过一对一、一对多、多对多的方式沟通学习。如今，已有近百位导师和近200位企业家进入“摇篮计划”，在亚杰商会的推动和“摇篮计划”的帮助下，学员企业获得的投融资额超过50亿美元。

（三）媒体延伸型

媒体延伸型孵化器，多由面向创业企业的媒体创办。凭借宣传优势，这些创业企业的知名度很容易打开，吸引用户效果显著。这类新型孵化器的典型代表有创业家、创业邦和36氪等。

创业邦是一个媒体平台，拥有成熟的线上线下的宣传资源，为创业者提供矩阵式媒介宣传。线上，依靠创业邦网站和快鲤鱼精准的用户群定位，针对创业者对传播报道的迫切需求，为创业项目提供足够的媒体曝光度。线下，开办了《创业邦》杂志，聚焦成长中的中小企业家和即将创业者，并为他们介绍最新的国际化趋势和商业机会。

同样作为媒体出身的孵化器，氪空间的优质孵化项目可以借助媒体资源传播，进而吸引更多优质项目入驻氪空间。此外，借助科技媒体的资源，孵化企业可以更加接近行业的最新动态。①

（四）专业服务型

专业服务型孵化器依托行业龙头企业建立，以服务移动互联网企业为主，提供专业技术服务平台、行业社交网络及产业链资源支持，帮助创业者成长，促进优质创业项目与资本对接。通常，专业服务型孵化器可以用最快的速度解决与创建企业有关的问题，帮助企业尽快上市运营。云计算产业孵化器、诺基亚体验创新中心、微软云加速器等是这类新型孵化器的典型代表。②

诺基亚体验创新中心为移动互联网开发创业者提供全套创业解决方案平台，旨在扶持创业者成长，孵化初级创业者，并创建企业与政府双赢发展的模式，其主要扶持方式有资源扶持、技术支撑、培训交流等。

---

① 《创业咖啡馆遍地　地产孵化器争锋　新型创业孵化器的六种玩法》，http：//chuansong.me/。

② 《构建创业生态圈　孵化器成“双创”重要载体》，http：//www. chinahigh。

（五）创客孵化型

创客孵化型孵化器，致力于为创客提供空间，包括互联网开源硬件平台、加工车间、开放实验室、产品设计辅导、供应链管理服务和创意思想碰撞交流等。创业者可以按照自己的意愿发明创造新的产品，并利用创客空间中的设备将他们的创意形成可操作的具体方案和现实产品。柴火创客空间、点名时间是这类孵化器的典型代表。

柴火创客空间源于“众人拾柴火焰高”的意思，其定位是为创新制作者提供自由开放的协作和交流环境，组织创客聚会和各种级别的工作坊，进而促进创意的实现以至产品化。

三　我国孵化器的服务功能

孵化器的服务功能体现在为企业创新创业提供所需的运营、融资、市场、政策等方面的各种相关资源，帮助企业降低创建成本，提升运作效率，使企业能快速融入市场。2015 年 9 月，科技部印发《发展众创空间工作指引》，提出包含提供技术创新服务、强化创业融资服务、开展创业教育培训在内的八项服务功能。实践中，科技部将孵化器的服务功能划分为场地服务、金融服务、中介服务、技术服务和宣传推广服务等五种类型。

（一）场地服务

场地服务是我国创业孵化器的主流服务。除了为入驻企业提供良好的研发、办公等所需的场地以及各类共享设施服务外，孵化器还对入驻企业提供仅收取实际成本费用的会议接待、商务洽谈等商务办公服务。

例如，摆渡创新工场为优秀项目提供免费优质的办公场地。摆渡创客空间是项目企业孵化场所，创客可以在属于自己的工作空间实施自己的作品和项目。创客空间设有免费办公卡位、高科技型机器人、3D 打印、无人机等智能产品创意设计工作间、IT 产品创意设计工作间及科技型创新创业项目创意设计工作间等。

此外，还有一些孵化器为创业者提供了集办公、生活、休闲于一体的现代化办公场所。如天津青年创业园配备了“创业食堂”“才子求职旅社”，为青年创业者解决了食宿的根本问题。LOFT 共享空间为青年创业者提供了举行大型 PARTY 场所，具备 DIY 个性办公、洽谈、模特时装秀、娱乐水吧等功能。创业园还建立了能容纳近百人的小剧场，使创业者能够在此进行产品发布、庆典、培训、聚会等大中型活动。黑石咖啡众创空间为小型创业团队提供低成本、高品质、服务全面的“拎包入驻”办公环境和优质的 IT 资源服务。在企业沙龙区，通过举办创业主题沙龙、天使面对面、项目路演、金融对接及创业导师辅导等活动，打造集科技、金融、人才、行业等于一体的资源共享平台。

（二）金融服务

为满足创业者的融资需求，孵化器需要履行金融服务功能，提供初创企业所需的资金，拓宽其融资渠道。

为降低入孵企业创业成本，提高融资成功率，科技寺在孵化器金融服务方面锁定了以天使投资、金融贷款和“新三板服务”为矩阵的金融服务，为创业公司灵活安排融资，对接各种风险资本和股权众筹平台，重点推荐由科技寺和券商风投部门的合资基金作为战略投资者以降低上市成本。

上海临港·枫泾科创小镇与浦发银行、中国建设银行、上海银行、中国农业银行等签订战略合作框架协议，共同创新投融资机制。科创小镇完善的科创孵化链广受关注，吸引了各类天使投资基金、风险投资基金、股权众筹等创投资本。

北京普天德胜科技孵化器启动“征信报告”“信用评级报告”的制定工作，设立园区企业的信用档案，为企业提供信用融资服务。普天德胜通过挑选有政策保障的试点银行，提高企业项目获取贷款融资的成功率，使企业在享受贷款贴息、项目配套补助等方面得到支持。同时，对接风险投资、私募股权投资基金，向企业项目提供全方面的融资渠道。①

以四川大学科技园、温州市大学科技园为代表的国家大学科技园积极向各种基金、风险投资家和上市公司等推荐优秀的入园企业；与银行、担保公司等展开广泛合作，为园内企业提供更丰富的资金筹措渠道，使创业企业能适时地得到资金投入，从而健康迅速地成长；在投入资金的同时，给予企业在管理、

---

① 田淼：《孵化器内科技型中小企业技术经营项目的风险管理方法研究》，北京邮电大学硕士学位论文，2011。

营销、财物以及进一步融资等方面的帮助。

上海财经大学科技园为解决科技型企业贷款难、融资难的问题，整合与集成各相关服务功能，引进银行、创投、担保、小额贷款、投资管理、资产评估、知识产权质押等金融和服务机构，为企业提供促成技术交易一揽子解决方案。具体业务包括企业投融资策划服务、企业贷款担保服务、小额贷款服务、企业银行贷款担保、下岗失业小额贷款担保、大学生自主创业贷款担保、私募股权投资等。

（三）中介服务

为帮助创业者进一步提高经营管理水平，孵化器积极引进各类社会中介和专业服务机构，为入孵企业提供公司注册、财务代理、科技成果鉴定、科技项目申报、知识产权申报、优惠政策办理服务等多项中介服务。

东北农业大学、桂林电子科技大学等国家大学科技园吸引法律、财务、培训、会务等中介服务机构入驻，为企业提供全方位服务，为企业提供产品认定、项目申报、政策动态、企业宣传等中介服务。如哈尔滨理工大学科技园引进和自建律师事务所、专利事务所、银行、担保服务机构、会计师事务所等各类中介机构，建立了开放式、社会化的中介服务平台，为入孵企业提供经营策划、市场营销咨询、融资、财务金融评估、知识产权保护及法律咨询等相关中介服务。

在信息咨询方面，鄞州区大学生创业园建立了“专利代理事务所”“知识产权法律服务中心”“科技企业管理咨询服务中心”“中国专利创新网”“中小企业信息化服务平台——中企新干线”等科技中介服务机构及平台。

霍城县中小企业创业园开展中介对接服务建设，依托外部资源力量，通过社会化的方式，加强与各级科研院所、通信运营商、创业投资公司、会计师事务所、律师事务所、评估事务所、人事部门、企业策划部门等中介服务机构的联系，吸引中介服务组织前来设立中介服务分支机构或建立长期协作关系等，为入驻企业提供优惠的中介服务。

（四）技术服务

创业企业不仅需要场地、资金等基础服务资源，还会面临产品开发、改进产品设计方案等技术方面的难题。为应对以上诉求，一些创业孵化器展开同科研院所、高等院校等研究开发机构的合作，为企业提供技术服务和平台支撑。

青岛市大学生创业孵化中心加强与青岛市科技部门的紧密合作，通过集中培训讲座、项目申报辅导以及技术交流会、商业洽谈会等形式，为入孵企业提供科技计划项目申报指导、科技成果鉴定、知识产权申报指导、技术支撑和技术转移等领域的全方位科学技术创新服务。

天府软件园管理着西部最大的国家级公共技术支撑平台，该平台是由四川省、成都市和成都高新区耗资 1.2 亿元共同打造的全开放技术平台，为软件开发、电子商务、移动互联网和信息安全等 IT 高新技术企业提供全方位的技术支撑服务，包括研发、测试、技术支持、共享信息等。

洛阳大学科技园创建了智能装备研发、云计算、工业设计支撑、软件测试服务等多类技术服务平台，将国家 863 软件孵化器有关技术服务平台引入洛阳国家大学科技园，并建立开放实验室，为科技成果转化、产学研融合发展提供了重要的平台支撑。

（五）宣传推广服务

孵化器的服务功能还体现为组织入孵企业参加展览、展销等市场推广活动，协助企业组织技术和产品宣传及市场推介服务。此外，由于传统的促销模式已满足不了企业竞争的需要，孵化器会通过路演、自媒体等新的推广模式，达到较好的宣传效果。

中科创星众创空间在市场公关方面利用强大的媒体、广告、策划、营销、活动、设计资源，可为创业团队提供包括媒体报道、品牌策划、活动策划、项目推广、影视制作、设计包装、演讲路演、VI 搭建等在内的多维度、多层次的市场化推广公关服务。

贝壳社与上海医学质量研究中心合资成立“贝壳传媒”，旨在为创业者提供内容研发核心能力、优质内容生产、活动媒体支持、全国媒体渠道、线下品牌露出等全渠道、全要素、全周期的传播服务。作为中国最有影响力的医疗健康产业媒体，传媒板块已报道数百个医健创业项目，拥有两院院士/大三甲院长访谈、贝壳商学院（商学案例研究）、贝壳问卷（高端定向问卷）、贝壳探测器（产业报告）等一系列品牌栏目。此外，贝壳社打造了医健创新创业第一直播平台“贝壳说”，覆盖 300 多个社群、10 万多人，累计举办了超过 50 场线上直播活动。

四 我国孵化器发展趋势展望

国内孵化器经过20多年的发展演变，正在国家经济发展中起到越来越重要的作用。国家支持“大众创业、万众创新”的政策出台，更是为国内的孵化器模式带来新的机遇。孵化器发展类型日益多样化，运营模式越来越多元化，企业的需求也更加丰富。我国孵化器的未来发展，在做好基础服务的同时，将聚焦于大力开拓增值服务，实现服务的实质性创新与突破，为在孵企业提供最有效的扶持与帮助。

（一）投资主体向多元化转变

2012年12月，科技部印发《国家科技企业孵化器“十二五”发展规划的通知》（国科发高〔2012〕1222号），通知指出，要“形成孵化器投资主体多元化”。投资多元化既可以解决孵化器资金紧缺问题，还可以有效形成资金使用的监督与制约机制。孵化器建设前期主要是由政府投资，目前逐步转向由民间资本、金融机构、投资机构、大型企业、高校及科研院所共同参与的投资与建设模式。这些投资主体通过单独投资或者联合投资的方式为孵化器提供金融支持。

（二）孵化器向专业化、垂直化转变

专业孵化器是指围绕特定技术领域或特殊人群，在孵化对象、服务内容、运行模式和技术平台上实现专业化服务的孵化器①。专业孵化器是在综合性孵化器经验的基础上发展起来的，② 主要特点是专门针对某个高新技术领域的成果进行转化和中小科技企业孵化。我国孵化器在综合发展的同时，日益趋于专业化。专业孵化器的明显优势在于相关技术领域的技术转移、成果转化、企业培育、产业发展方面。专业孵化器为在孵企业提供专业化的中试基地、实验室

---

① 科技企业孵化器认定和管理办法，2010。

② 《科技部关于印发〈科技企业孵化器认定和管理办法〉的通知》（国科发高〔2010〕680号）。

和专业化的技术平台，从而减少了初创企业在公用技术设施方面的投入。垂直化的孵化器在提供共享设备资源、行业资源、人脉资源等方面更专业，孵化的产业选择门槛是其对外营销的一个策略。①

（三）基础服务向增值服务转变

增值服务是指基于运营主体在入驻企业发展的不同阶段，整合社会各类资源为企业提供全程孵化服务。在孵企业规模的扩大对孵化器整体服务能力提出了更高要求。2014 年 10 月 9 日，国务院《关于加快科技服务业发展的若干意见》（国发〔2014〕49 号）指出，支持建设“创业苗圃 + 孵化器 + 加速器”的创业孵化服务链条，为培育新兴产业提供源头支撑。孵化器服务形成以“苗圃 + 孵化器 + 加速器”为链条全程孵化服务体系，为企业的成长提供了完善的服务平台，也提高了孵化企业的成活率。孵化器未来提供的应是更高层次的综合服务，包括新创企业面临的场地、资金、市场、培训、人力资源、知识产权等方面的服务。

（四）孵化器的网络化和虚拟化发展

互联网使创业者之间存在的沟通障碍得以打破，进而实现线上与线下相结合。孵化器网络成为汇集多种资源的平台，将资源进行整合，方便在孵企业直接、快速找到自己所需要的资源。孵化器的服务通过网络向外扩张，对内外企业进行服务，使自身业务范围不断扩大。网上虚拟孵化器突破了传统孵化器的空间局限，将虚拟组织模式渗透到孵化网络，是以常规孵化为基础、以网络为载体、以互联网为媒介的新型孵化组织。这种形式可以有效整合实体孵化器资源，增强信息获得性，扩大服务范围以及增强在孵企业之间的互动性②。

---

① 《中国创新型孵化器 6 大趋势：天使 + 孵化与孵化 + 天使双向融合　导师机制成标配》，http：//chuansong. me/。

② 李萍、刘传会、张海国：《三线城市虚拟孵化器建设及盈利模式研究》，《科技创业月刊》2017 年第 4 期。

B.18
电子商务发展对就业的影响

庞诗　黎宇*

摘　要： 近年来，我国电子商务持续快速发展，成为经济发展的新动力和就业新的增长点。电子商务发展对中国就业格局的影响呈现全面性和深入性的特点，创造了新形式的就业机会，推动就业结构变化。由此带来的就业方式多元化，对劳动者的就业能力提出更高的要求。同时，电子商务发展给人力资源社会保障领域带来了新的挑战，原有的就业、社会保障体系亟须完善。本文对我国电子商务发展情况及其对就业的影响进行了深入研究，并提出了人力资源社会保障领域支持电子商务发展促进就业的对策建议。

关键词： 电子商务　就业　人力资源

一　发展电子商务促进就业政策现状

近年来，我国电子商务蓬勃发展，成为促进经济发展、带动就业创业的重要引擎。中央提出，到2020年，统一开放、竞争有序、诚信守法、安全可靠的电子商务大市场基本建成。电子商务与其他产业深度融合，成为促进创业、稳定就业、改善民生服务的重要平台。①

---

* 庞诗，博士，研究员，中国人事科学研究院就业创业与政策评价研究室副主任；黎宇，中国人事科学研究院助理研究员。

① 《关于大力发展电子商务加快培育经济新动力的意见》，2015。

（一）相关概念

1. 电子商务

我国《电子商务基本术语》（GB/T18811－2012）认为：电子商务是指以电子形式进行的商务活动。[①] 世界电子商务会议指出：电子商务是指实现整个贸易过程中各个阶段的贸易活动的电子化，涵盖以电子交易方式取代传统方式进行的各种形式的商业交易，不仅包括购物，还包括电子货币交换、供应链管理、电子交易市场、网络营销、在线事务处理、电子数据交换（EDI）、存货管理和自动数据收集系统等相关业务。[②]

2. 电子商务从业人员

电子商务从业人员，是指在电子商务企业本身及其衍生行业中就业的人员，涵盖从事企业间电子商务业务的企业、从事网上零售业务的企业、C2C 卖家的人员以及电子商务服务提供商和个人创业者。[③] 参考艾瑞市场咨询公司的研究，电子商务方向岗位可以划分为七大类。

①电子商务类岗位：电子商务助理、电子商务专员、电子商务主管、电子商务经理、电子商务销售、电子商务工程师。

②网络销售类岗位：销售专员、销售主管、销售经理、销售总监。

③商品类岗位：招商经理、招商总监。

④网站类岗位：平面设计、制图、美工、摄影专员。

⑤物流类岗位：生产专员、生产主管、生产经理、生产总监、仓储专员、仓储主管、仓储经理、仓储总监。

⑥采购类岗位：采购专员、采购主管、采购经理、采购总监。

⑦客服类岗位：咨询客服、投诉客服、客服主管。

（二）电子商务促进就业相关政策出台情况

近年来，从中央到地方都出台了促进电子商务发展的相关政策措施，

---

① 中国标准化研究院：《电子商务基本术语》，2012。

② 闵春华：《上海局物资电商直购工作的实践与思考》，《上海铁道科技》2016 年第 12 期。

③ 舒凯：《中国电子商务：全球规模最大、最具活力市场》，《服务外包》2017 年 7 月 5 日。

且电子商务政策与就业创业政策的关系越来越紧密。一方面，电子商务的政策越来越注重促进就业；另一方面，就业政策中也越来越强调发展电子商务。

2012 年工业和信息化部制定的《电子商务“十二五”发展规划》，提出亟须加快发展电子商务，带动工作方式的转变和相关服务业的发展，优化就业结构，缓解就业压力。在《国务院关于大力发展电子商务加快培育经济新动力的意见》（国发〔2015〕24 号）中，电子商务的发展目标就包括将“电子商务与其他产业深度融合，成为促进创业、稳定就业、改善民生服务的重要平台”，同时，还提出“鼓励电子商务领域就业创业。把发展电子商务促进就业纳入各地就业发展规划和电子商务发展整体规划。建立电子商务就业和社会保障指标统计制度”。同时，一些就业政策中也强调发展电子商务。例如，《国务院办公厅关于发展众创空间推进大众创新创业的指导意见》（国办发〔2015〕9 号）提出，“加强电子商务基础建设，为创新创业搭建高效便利的服务平台”。《国务院关于进一步做好新形势下就业创业工作的意见》（国发〔2015〕23 号），提出发展电子商务等吸纳就业能力强的产业，支持农民网上创业，大力发展“互联网 +”和电子商务。

地方层面，也出台了发展电子商务促进就业的政策，特别是在电子商务较为发达的沿海地区，出台政策的时间相对较早。例如，2009 年，杭州就出台了《中共杭州市委办公厅、市政府办公厅关于进一步利用电子商务保就业拓市场促转型的若干意见》（市委办〔2009〕22 号），提出创新网上创业就业认定办法，实行鼓励网上创业就业的扶持奖励政策，加大网上创业就业场所保障力度，鼓励电子商务企业拓宽就业渠道，支持企业发展网上虚拟经营，拓宽杭州产品网上销售渠道等。而 2015 年，《浙江省人力资源和社会保障厅关于促进农村电子商务创业就业的通知》（浙人社发〔2015〕33 号）提出，“到 2020 年，扶持农村电商创业 5 万人，带动就业 20 万人，力争实现‘六个一’目标：每市至少建立 1 家市级农村电商创业孵化园；每县（市、区）至少建立 1 家县级农村电商创业孵化园、1 个农村电商平台，培育 1 家农村电商物流企业；每村建立 1 个电商服务站；培训电商人才 10 万人次，初步建立全省农村电商创业就业服务网络体系”。

（三）电子商务促进就业发展现状

1. 电子商务成为促进新经济发展的重要引擎

2016 年中国电子商务继续保持快速发展势头，交易额已达到 22.97 万亿元，同比增长 22.5%，[①] 稳居全球规模最大、最具活力的电子商务市场地位。同时，电子商务服务业市场规模实现新突破，营收规模达 2.45 万亿元，同比增长 23.7%。中国网络零售市场连续多年成为全球规模最大的网络零售市场，国际影响力不断增强。[②] 淘宝网店、微商、电商快递、城市配送以及分享经济等电子商务企业，为全社会创造了更为灵活的就业方式和更为丰富的就业机会。[③] 电子商务与传统产业协同发展，成为推进供给侧结构性改革、促进新经济发展、带动创业就业的重要引擎。然而，由于电子商务自身发展，对传统行业产生挤出效应，给传统就业岗位带来压力，部分职工因此失业的现象也同时存在。

2. 电子商务成为各地区拉动就业创业的重要手段之一

电子商务的产生，给市场、行业、企业带来了巨大的变化。伴随互联网的发展，电子商务更是使整个社会的生产、消费、管理、流通都发生了新的变化。电子商务带动关联性强的特点，使其成为解决就业难题的重要途径。

第一，电子商务已经成为“大众创业、万众创新”的新引擎。截至 2015 年底，全国通过开设网店直接创业就业的人员已超过 1100 万人。[④] 电子商务交易平台为大众提供了低成本的创业机会和新的就业渠道。越来越多的大学毕业生、返乡农民工投入创业大潮。2016 年，农村网店超过 800 万家，占全网的 25.8%，带动就业超过 2000 万人。[⑤]

第二，电子商务带来了广泛覆盖物流快递等劳动密集型产业和信息技术服务等技术密集型产业的就业岗位。支付、物流、认证等支撑性服务体系，培训、营销、仓储等相关领域，尤其是物流业，在电子商务带动下增加了大量的就业机会。同时，作为一种全新的交易方式，电子商务产生了一些新兴就业岗

① 中国电子商务研究中心：《2016 年度中国电子商务市场数据监测报告》。
② 商务部：《中国电子商务报告（2016）》。
③ 商务部：《中国电子商务报告（2016）》。
④ 商务部：《中国电子商务报告（2015）》。
⑤ 商务部：《中国电子商务报告（2016）》。

位，如网店客服、淘女郎、淘宝客、电商培训师、网店装修师、快递员等，吸纳了一批有相应技能的人员就业。[①]

第三，电商消贫正在成为我国社会化扶贫的重要抓手。根据阿里研究院的统计，2015 年全国 832 个国定贫困县网店销售额达 216 亿元，同比增长 81%。其中，网店销售额超过 1 亿元的贫困县达 34 个，2014 年为 21 个，2013 年为 11 个。[②]

第四，电子商务发展对就业也会产生负效应。电子商务对就业的负效应是指电子商务自身发展或由于自身发展影响其他相关行业发展产生的抑制就业的社会现象。[③] 技术进步使电子商务能够提高交易效率，降低交易成本。技术对人力的替代，导致一些岗位的员工失业。如，一些传统实体店铺的倒闭，会带来营业员、收费员、保安等传统岗位的消失和从业人员的失业。

二 电子商务发展对就业的影响

（一）就业形态：电子商务创造了新就业形态

互联网经济形态下，“就业”概念正在发生实质性变化，从“工业时代”的集体劳作生产转变为个人工作闲暇一体、工作时间碎片化、工作空间任意化的一种新型“互联网时代”的工作状态。[④]

在电子商务生态系统中，互联网工作方式与企业传统的用工模式有极大的不同。人和岗位的关系比较松散，劳动报酬、工作时间和工作地点没有严格限定，更加灵活和碎片化。[⑤] 中国就业促进会 2012 年《关于推进网络创业就业》的研究报告指出，网络创业改变了传统刚性而狭义的岗位就业概念，主张一种弹性而广泛的社会就业，具有更大的包容性、可变性和流动性。

网络创业就业使大学生、下岗职工、残疾人、农民工等传统就业困难群体可以找到适合自己的工作机会。中国就业促进会的调查显示，2013 年我国网络创业直接带动就业达 963 万人。

---

① 由松平：《电子商务行业就业效应的实证研究》，吉林大学硕士学位论文，2015。

② 阿里研究院数据。

③ 由松平：《电子商务行业就业效应的实证研究》，吉林大学硕士学位论文，2015。

④ 唐鑛、朱云乐：《电子商务打造新型就业模式》，《中国社会科学报》2015 年 6 月 26 日。

⑤ 唐鑛、朱云乐：《电子商务打造新型就业模式》，《中国社会科学报》2015 年 6 月 26 日。

据《中国分享经济发展报告 2016》，2015 年中国共享经济市场规模约为 19560 亿元。共享经济领域参与提供服务者约 5000 万人，约占劳动人口总数的 5.5%。参与共享经济活动总人数已经超过 5 亿人。滴滴公司为超过 1300 万司机创造就业机会。以家政行业为例，都是以灵活就业群体为主，全国家政行业大约有 65 万家企业，从业人员超过 2500 万人。①

（二）就业规模：新业态对就业的支撑超出预期

在 2015 年两会记者招待会上，李克强总理指出网购、快递和带动的电子商务等新业态极大地带动了就业，创造了就业的岗位，对就业的支撑超出预期。2014 年 11 月 19 日，李克强考察的“网店第一村”浙江义乌青岩刘村，户籍人口不到 1500 人，却吸引了超过 1.5 万人在此从事电商业务，2014 年其电商成交额超过 40 亿元。

根据阿里经济云图②提供的数据，阿里零售商业生态圈在东部、中部和西部地区带动的直接就业人数分别是 851.9 万人、119.1 万人和 50.3 万人。其中，广东省的直接就业人数高达 270.6 万人，超过中部地区 9 个省份和西部地区 10 个省份的总和。

表 1　阿里零售商业生态创造直接就业机会

单位：万人

区域划分	省（自治区、直辖市）	直接就业人数	总计
东部地区	广　东	270.6	851.9
	浙　江	171.1	
	江　苏	96.8	
	上　海	72.6	
	福　建	63.8	
	北　京	57.3	
	山　东	47.9	
	辽　宁	16.2	
	海　南	1.7	
	广　西	8.9	
	河　北	36.2	
	天　津	8.8	

① 《2020 年后未来就业发展有三大趋势》，中国吉林网，2016 年 7 月 11 日。

② 阿里经济云图：阿里巴巴首个面向区域政府决策及研究部门推出的经济数据服务产品。

续表

区域划分	省(自治区、直辖市)	直接就业人数	总计
中部地区	吉　林	4.7	119.1
	内蒙古	2.4	
	黑龙江	5.6	
	湖　南	23.0	
	湖　北	22.4	
	安　徽	17.7	
	河　南	25.9	
	江　西	12.5	
	山　西	4.9	
西部地区	四　川	22.3	50.3
	陕　西	7.4	
	重　庆	7.2	
	云　南	6.0	
	贵　州	2.4	
	新　疆	2.1	
	甘　肃	1.7	
	宁　夏	0.7	
	青　海	0.3	
	西　藏	0.2	

单从直接创造的就业机会看，阿里巴巴内部直接服务于淘宝的工作岗位不到5000个。但整个淘宝平台所带来的就业影响远大于此。首先，一批人借助淘宝平台开设网店实现了就业。淘宝活跃网店有339.71万家，按平均每个网店雇用员工数为2.55人计算，淘宝平台创造了866.22万个就业机会。

（三）就业增速：电子商务成为就业的新增长点

实践表明，互联网经济时代下的电子商务已经成为就业方面的“爆发点”。根据监测数据，电子商务服务业从业人员规模持续快速扩大。2016年，我国电子商务服务企业直接从业人员由2014年的270万人增长到超过305万人，由电子商务间接带动的就业人数由2014年的2000万人增长到已超过2240万人。①

① 商务部：《中国电子商务报告（2016）》。

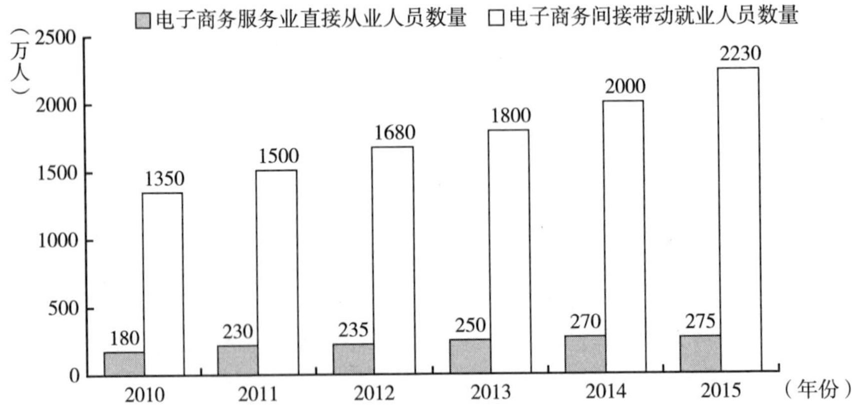

图 1　电子商务服务业直接从业人员数量与间接就业人数

电子商务从业人员数量迅猛增长的主要原因在于以下几点。一是电子商务领域的商业模式创新使电子商务从业人员的范围得以扩大，包括 B2B、B2C、C2C、生活服务等多个领域。二是新市场、新业务、新用户的推动。2008 年以后，包括阿里巴巴在内的国内主流电子商务平台加速拓展，一方面，在全国范围内加速设立分公司及服务网点；另一方面，拓展海外市场范围和服务半径。三是电子商务生态圈的构建与逐渐成熟，使电子商务人才需求遍布社会经济的方方面面。市场的高速度、纵深化发展造就了中国企业电子商务新增用人需要的井喷。

（四）就业结构：电子商务领域就业有助于缓解就业结构性矛盾

1. 电商物流从业人员发展迅猛

2016 年中国的快递投递包裹量为 312. 8 亿件，快递量全球占比超过四成，快递日均处理量达到 8571 万件。① 快递员规模由 2005 年的 16 万人增长到 2014 年的 140 多万人。② 2016 年，据不完全统计，全国电商物流从业人员已经超过 200 万人。电商物流发展迅猛，为农民工、传统过剩产业人员转型，缓解就业结构性矛盾提供了重要途径。

---

① 国家邮政局：《2016 年中国快递发展指数报告》。

② 《互联网时代的就业重构：互联网对中国社会就业影响的三大趋势》，资讯 - 阿里研究院，http：//www. 360doc. co。

表 2　全国社会化电商物流从业人员分类情况

一线人员	二线人员	三线人员
快递员 一线站点的仓库操作人员 一线站点管理者	仓库内分拣人员 客服人员 货车司机	总部职能管理者

调查显示，35.5%的受访者为揽收类（网店操作员、快递员），26%的为配送类（站点快递员），11.9%的为仓储类（站点仓库操作人员），9.6%的为分拣类（仓库分拣人员），11.2%的为货运类（货运司机），5.8%的为管理类（基层管理人员、客服人员）。

2. 电商从业人员呈现“两低一高”特征

电子商务作为一个新兴行业，其快速发展吸纳了众多劳动者。这些从业人员总体上呈现年龄低、工龄短、学历高的特点。

调查显示，受调查者中年龄在30岁及以下占53.6%，31～40岁占36.4%，41～50岁占5.5%，51～60岁占3.6%，61岁及以上占0.9%；学历为中专及以下占19.1%，大专占30%，本科占44.5%，硕士研究生占6.4%；超过七成从事电商行业5年以下。其中，不足1年的占10.9%，1～3年的占34.5%，3～5年的占30.0%，5～10年的占15.5%，10年以上的占9.1%。

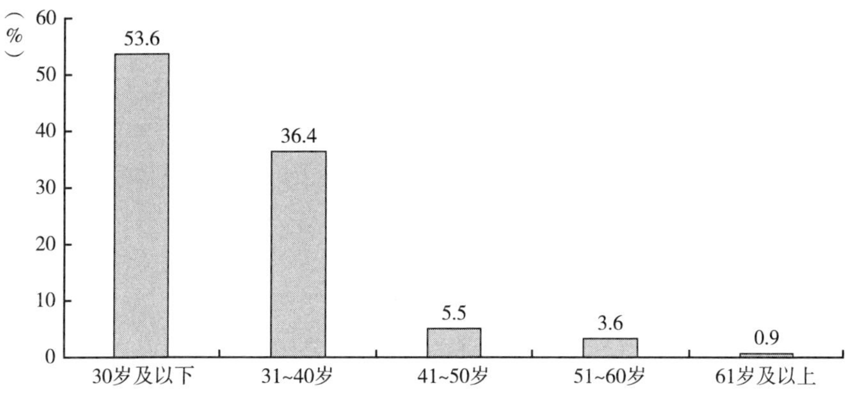

图 2　年龄分布

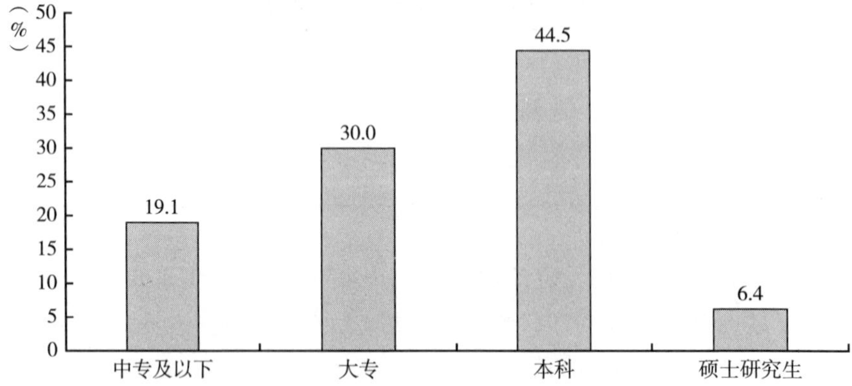

图 3　最高学历/学位分布

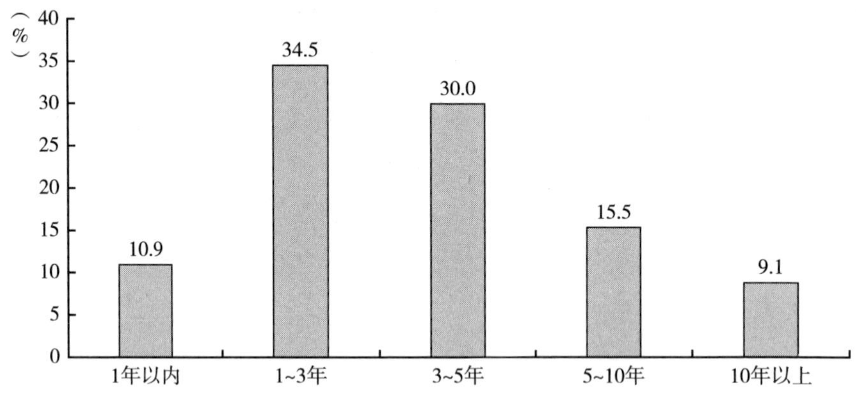

图 4　从事电商行业的年限

（五）就业质量：电商从业人员与电商物流人员整体就业质量尚待提升

1. 电商从业人员与电商物流人员工作时间长

电子商务的蓬勃发展，直接导致了电商从业人员与电商物流人员的工作时间大幅延长，就业质量下降。根据调查结果，超过五成的电商从业人员每周工作时间在 40 小时以上；电商物流人员每周工作时间在 40 ~50 小时的占 45. 5%，每周工作 50 ~60 小时的占 28. 6%，每周工作 60 小时以上的占 26. 0%。

调研发现，快递员工作的技术含量低，工作时间长，相对来说收入不高。工作环境差，每天在路上奔波，风吹日晒雨淋。有时不被服务的客户理解，因为担心被投诉精神紧张。社会大众对快递服务的偏见，导致高素质的人员很难被吸引进入这一行业。

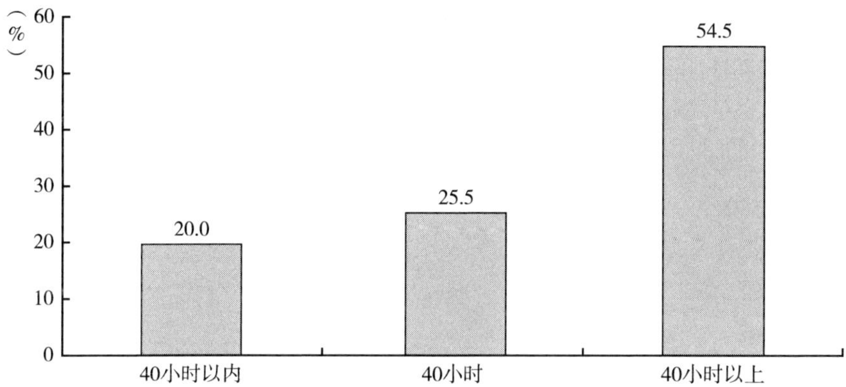

图 5　电商从业人员周工作时间情况

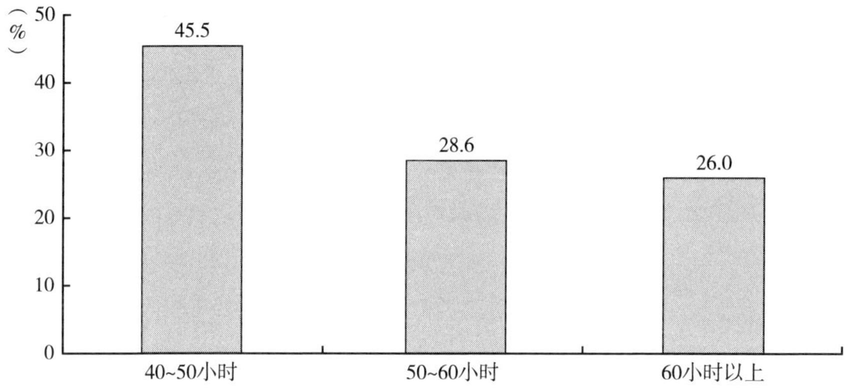

图 6　电商物流人员周工作时间情况

2. 电商从业人员与电商物流人员对岗位的适应度不高

调查显示，受访者对岗位适应度均值为 3.61 分，其中对“能够很好地与同事进行沟通”适应程度最高（3.88 分），对“我经常得到领导的肯定和鼓励”适应程度最低（3.39 分）。

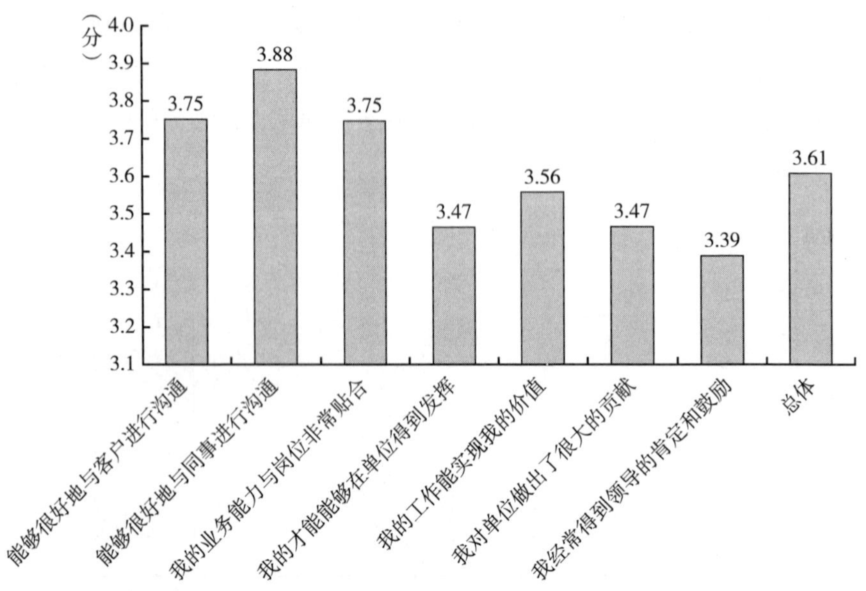

图7　对岗位的适应程度

3. 电商从业人员与电商物流人员对职业发展满意度低

调查显示，受访者对职业发展的满意程度均值为3.19分，其中对“领导对我的工作能力和态度的认可”满意程度最高（3.44分），对“加班工资的计算”满意程度最低（2.77分）。

（六）就业流动：从业人员流动性高

1. 从业人员流动性高

在电商行业的从业年限能够说明从业人员的流动性。电商从业人员和电商物流人员工作稳定性不高，在职超过5年的不足三成。根据调查数据，电子商务从业人员在职不足1年的占10.9%，1~3年的占34.5%，3~5年的占30.0%，5~10年的占15.5%，10年以上的占9.1%；20.8%的电商物流人员在职不足1年，33.8%从事此行业1~3年，20.8%从事此行业3~5年，18.2%从事此行业5~10年，6.5%从事此行业10年以上。深圳实地调研的有关数据表明：深圳市快递员的流失率每年在20%左右，其中顺丰的快递员流失率是30%。

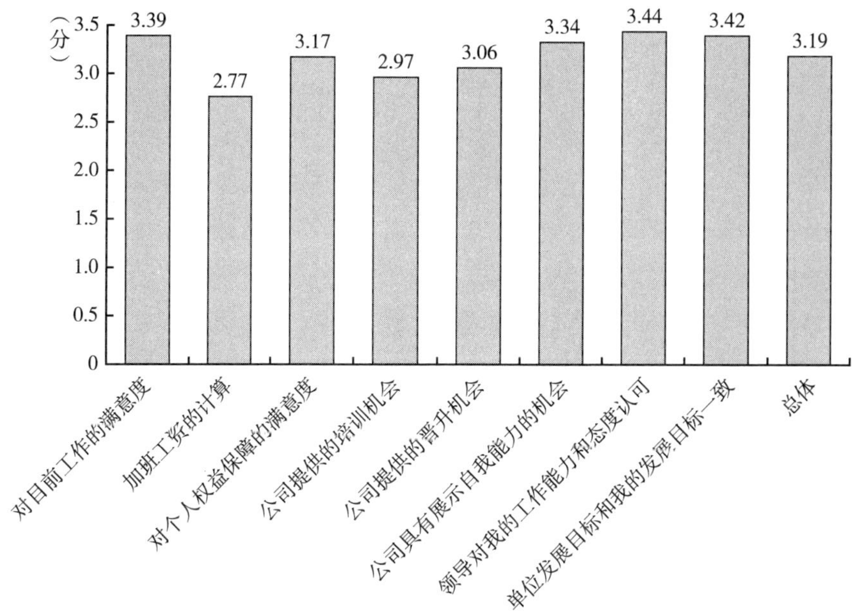

图8　对职业发展的满意程度

2. 从业人员跳槽意愿强

在问卷调查中，“找到下一份工作的容易程度”问题的设置能够显示出调查者的跳槽意愿。38.2%的电商从业人员认为离职后容易找到下一份工作，48.2%的认为比较容易找到下一份工作，13.6%的认为不容易找到下一份工作。35.1%的电商物流人员认为离职后找到下一份工作容易，45.5%的表示比较容易，19.5%的表示不容易。

（七）劳动薪酬：五成以上电子商务从业人员与电子商务物流人员工资收入水平高于全国就业人员平均工资

就业质量的核心问题就是劳动者的收入水平。调查显示，超过六成的电子商务从业人员与超过四成的电子商务物流人员工资收入水平高于全国就业人员平均工资①，具体如下。

① 根据国家统计局2015年公布的数据，2014年全国城镇非私营单位就业人员年平均工资为56339元，全国城镇私营单位就业人员年平均工资为36390元，全部调查单位就业人员年平均工资为49969元。

2014 年全国就业人员年平均工资为 49969 元，即月平均工资为 4164 元。电商从业人员月工资收入 5000 元以上的占 64.6%，其中 5001～7000 元区间的占 20.9%，7001～10000 元区间的占 15.5%，10001 元及以上区间的占 28.2%。电商物流人员月工资收入 5000 元以上的占 42.9%，主要集中在 5001～7000 元区间。

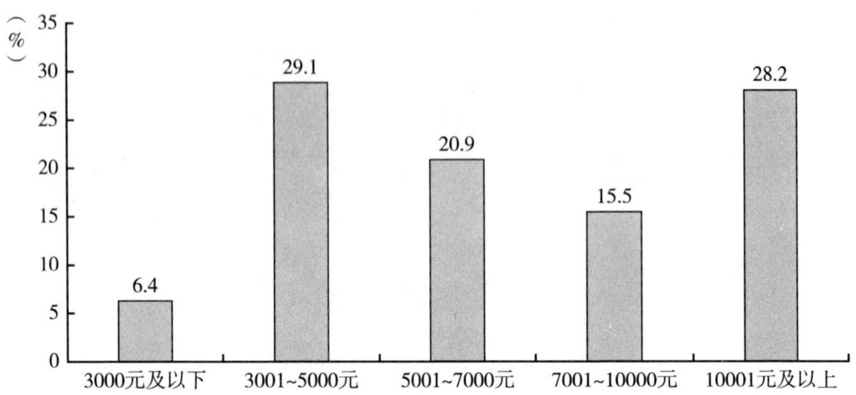

图 9　电商从业人员月工资收入水平

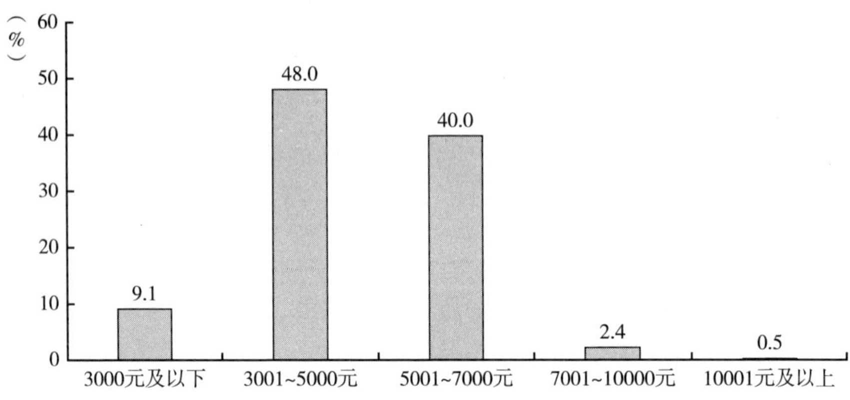

图 10　电商物流人员月工资收入水平

（八）劳动关系：有别于传统的雇佣关系

电子商务的就业形式灵活、工作时间碎片化等特点，使电子商务行业中的劳动关系与传统的雇佣关系有很大的不同。从法律上看，电子商务行业中的用工关系是一种民事关系，具体突出问题有：电子商务吸纳了大量就业人口，但相关统计仍是空白，对从业人员基本状况并不掌握；绝大多数网络商户没有在工商部门注册，从业人员就业身份模糊，能否享受就业政策仍有争议；用工单位与从业者的劳动关系不稳定；社保参保率低等。根据中国就业促进会调查，88%的网络商户及其从业人员未享受就业创业扶持政策，88%的网络商户未与员工签订劳动合同，42%的网络店主和71%的员工未参加任何社会保险。

三　展望与对策

（一）加大对灵活就业、新就业形态的支持力度

1.鼓励灵活就业

相较于非正规就业，灵活就业这一提法更加积极。现在世界上很多国家都有鼓励灵活就业的政策。在日本，灵活就业占到全部就业的37%。提倡灵活就业，无疑是未来的发展趋势。第一，网络时代催生出很多新的就业形态，这种就业在时间和空间上都是灵活的；第二，在这个“大众创业、万众创新”的时代，创业本身也是一种灵活就业，而在产业升级过程中，旧行业将产生部分失业人员，如果没有灵活就业，就业工作的压力将会很大。

2.完善新就业形态的统计指标

从实践中看，当前的就业统计口径已无法囊括电子商务行业中的就业形态。非正规就业通常指在非正规部门的就业，是正规部门就业的补充。而目前电子商务领域吸纳的就业人口越来越多，就业质量也不断提升，就业形式越发多样。这种就业方式不应当被视为正规就业的一种补充，而应当被视为一种全新的就业方式。统计体系中也应该体现出其发展变化。

（二）完善电子商务相关就业政策

1.完善国家网络创业经营评价管理体系

健全网络创业企业的信息采集、统计和分析工作体系，建立网络创业运行监测系统和管理体系。加快制定出台有关促进网络创业行业发展和管理的国家和地方法规、政策，健全工商、劳动监察等多部门联防机制。

2. 将现行就业创业政策向网络就业创业延伸

根据《就业促进法》，将现行的积极就业政策和创业政策向网络就业创业延伸，制定一套科学、完善的政策体系，包括培训、服务、咨询、社保、职业安全、劳动争议处理等扶持政策措施。

（三）完善与新就业形式相关的社会保障体系

1. 完善社会保障体系

在电子商务领域，越来越多的劳动者与用工单位之间脱离雇佣关系，从事非雇佣劳动。目前社会保险制度规定用工组织和个人为缴费对象，按照基本养老保险和基本医疗保险的相关规定，非雇佣劳动者所承担的缴费比例都过高，这将会越来越降低这些非雇佣劳动者的参保意愿。因此，有必要探索建立一套符合新经济发展的社会保障体系。

2. 加强未进行工商登记注册的网络商户权益保障

对于未进行工商登记注册的网络商户，应明确其从业人员可按灵活就业人员参加社会保险。

鼓励未进行工商登记注册的网络商户，与劳动者签订民事协议，参照劳动合同法相关规定，明确双方的权利、责任和义务。

3. 明确未进行工商登记注册的网络商户从业人员身份

考虑到引导网络商户工商登记的过程较为漫长，且工商总局已明文允许个人网络商户可暂不办理工商登记，因此未来政策措施应重点明确这部分劳动者的就业身份、劳动权益、参保规则。未进行工商登记注册的网络商户从业人员，应明确认定为灵活就业人员，可以享受灵活就业人员扶持政策。同时，将高校毕业生开办网络商户可享受小额担保贷款及贴息的政策表述进一步细化。

（四）加强电子商务领域人才的培养

1. 加强跨境电商人才培养

目前我国跨境电子商务企业超过 20 万家，平台企业超过 5000 家。2016 年，中国跨境电商交易规模为 6.7 万亿元，同比增长 24%。[①] 经济全球化和分工国际

---

① 中国电子商务研究中心：《2016 年度中国电子商务市场数据监测报告》。

化的深入、“一带一路”倡议的实施，为跨境电子商务物流发展带来空前的发展机遇。跨境电子商务的交易、支付、物流、通关、退税、结汇环节，在技术标准、业务流程、监管模式和信息化建设等方面，产生了巨大的人才需求。

2. 开展区域电商行业人才培养试点工作

电子商务行业的快速发展，推动大量传统企业向电子商务转型，加大了对电商人才的需求。而电商人才原本存量不足，高校培养的人才难以支撑行业发展，使电子商务领域面临巨大的人才真空。阿里巴巴公司统计，仅淘宝平台上的电子商务企业，专业人才的缺口已经超过百万人。开展区域电商行业人才培养试点工作，探索高校与企业协同培养电商人才，让学生更多地走入企业进行实训，是加强电子商务领域人才培养的重要途径。

参考文献

肖六亿：《技术进步的就业效应》，华中科技大学硕士学位论文，2007。

郝倩倩：《电子商务发展与就业变化关系的研究》，东北财经大学硕士学位论文，2007。

国家统计局：《中国第三产业统计年鉴2014》，中国统计出版社，2015。

电子商务交易技术国家工程实验室：《中国电子商务发展指数报告（2014～2015）》，2016。

中国电子商务研究中心：《2015年度中国电子商务市场数据监测报告》，2015。

中国就业促进协会：《网络创业就业统计和大学生网络创业就业研究报告》，2015。

商务部：《中国电子商务报告（2013）》，清华大学出版社，2014。

陈进、聂林海：《电子商务经济发展战略》，化学工业出版社，2014。

梁春晓：《电子商务：网络创业就业新天地》，《中国就业》2012年第2期。

赵涵：《电子商务能否取代传统商业模式》，《华章》2014年第7期。

王红、张瑞玉、董晓刚：《电子商务与农村经济发展》，《经营与管理》2014年第2期。

冯蕾：《电子商务：让新兴服务业态走向国际》，《光明日报》2015年5月21日。

刘素华：《建立我国就业质量量化评价体系的步骤与方法》，《人口与经济》2005年第6期。

赖德胜、苏丽锋、孟大虎等：《中国各地区就业质量测算与评价》，《经济理论与经济管理》2011年第11期。

朱火云：《中国就业质量及地区差异研究》，《西北人口》2014年第2期。

唐鑛、朱云乐：《电子商务打造新型就业模式》，《中国社会科学报》，2015 年 6 月 26 日。

范玉贞、卓德保：《我国电子商务对经济增长作用的实证研究》，《工业技术经济》2010 年第 8 期。

黄浩、荆林波、李立威：《中国主要地区电子商务发展特点分析》，《科技与经济》2012 年第 4 期。

哈佛商学院，Economic Value of the Advertising-Supported Internet Ecosystem ，2012。

ITU，Broad band Commission，The State of Broadband 2013：Universalizing Broadband，http：//www. broadbandcommission. org/Documents/bb-aanualreport 2013. pdf.

社会保障篇

Social Security

B.19
2016年中国社会保险发展状况

王 梅*

摘 要： 2016年，社会保险制度改革继续向纵深推进，覆盖面继续扩大，待遇水平持续提高，基金规模稳步增加，管理服务能力进一步加强，各项社会保险制度不断完善，全覆盖、保基本、多层次、可持续的社会保险体系建设取得了一系列成就，但仍然存在一些问题和矛盾。本报告介绍了2016年我国社会保险制度的总体情况，梳理了社会保险领域的重大改革进展，总结了社会保险制度存在的主要问题，并提出相应建议。

关键词： 社会保险 改革 进展

2016年，我国社会保险制度改革成效显著，制度覆盖面继续扩大，社保

---

* 王梅，博士，中国人事科学研究院助理研究员，研究方向为社会保障和收入分配。

基金规模稳步增加，待遇水平持续提高，社保管理服务水平和信息化建设能力不断提升，社保基金监管日益加强，各项社会保险制度改革逐步向纵深推进，社会保险制度的公平性和可持续性得到进一步体现。

一　总体情况

（一）制度覆盖面稳步扩大①

2016 年，社会保险覆盖面持续扩大，参保人数进一步增加。

全国基本养老保险参保人数继续增加，城镇职工参保人数增幅明显。2016 年末，全国参加基本养老保险的总人数为 88777 万人，比上年末增加 3.43%（见图 1）。其中，全国城镇职工基本养老保险参保人数为 37930 万人，比上年末增加 7.27%，增幅比总增长率高出近 4 个百分点；参加城乡居民基本养老保险的人数为 50847 万人，比上年末增加 0.74%。

2016 年末，全国有 7.63 万家企业建立了企业年金，比上年增长 1.1%，同比增幅降低 1.9 个百分点。参加职工人数为 2325 万人，比上年增长 0.4%，同比增幅降低 0.6 个百分点。

城镇基本医疗保险的参保人数持续增加，城镇居民参保人数显著增长。2016 年末，全国参加城镇基本医疗保险人数为 74392 万人，比上年末增长 11.73%（见图 1）。其中，参加城镇职工基本医疗保险的人数为 29532 万人，参加城镇居民基本医疗保险的人数为 44860 万人，分别比上年末增长了 2.21% 和 19.03%，继续保持快速增长。

失业保险参保总人数持续增加，农民工参保人数继续保持快速增长。2016 年末，全国失业保险的参保人数为 18089 万人，比上年末增长 4.4%（见图 1），同比增幅提升近 3 个百分点。其中，农民工参加失业保险的人数为 4659 万人，比上年末增长 10.43%，增幅保持在两位数以上。

工伤保险参保人数继续增加。2016 年末，工伤保险参保人数 21889 万人，

① 人力资源和社会保障部：《2016 年度人力资源和社会保障事业发展统计公报》《2015 年度人力资源和社会保障事业发展统计公报》。

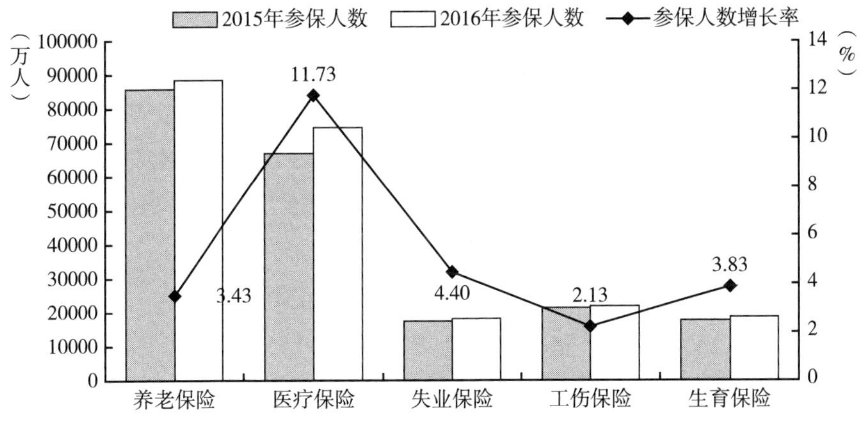

图1　2015 年和 2016 年社会保险参保人数对比

比上年末增长 2.13%（见图 1）。其中，参加工伤保险的农民工人数为 7510 万人，比上年末增长 0.28%。

生育保险参保率持续增加。2016 年末，生育保险参保人数为 18451 万人，比上年末增长 3.83%（见图 1）。

2016 年，我国在社会保障体系建设中取得的成绩获得国际社会的高度认可。11 月在巴拿马召开的国际社会保障协会第 32 届全球大会上，中国政府被授予“社会保障杰出成就奖”。

（二）基金规模持续增加①

2016 年，在经济下行压力增大和国家实施阶段性降低费率的双重压力下，社会保险基金规模持续增长。

全年五项社会保险基金总收入和总支出均呈现增加趋势，总支出的增长速度高于总收入将近 4 个百分点。其中，基金总收入为 53563 亿元，基金总支出为 46888 亿元，同比分别增长 16.4% 和 20.3%。

2016 年，基本养老保险基金总收入为 37991 亿元，总支出为 34004 亿元，分别比上年增长 18% 和 21.8%（见图 2）。其中，城镇职工基本养老保险基金

① 人力资源和社会保障部：《2016 年度人力资源和社会保障事业发展统计公报》《2015 年度人力资源和社会保障事业发展统计公报》。

总收入和总支出分别为 35058 亿元和 31854 亿元，分别比上年增长 19.5% 和 23.4%；城乡居民基本养老保险基金收入和支出分别为 2933 亿元和 2150 亿元，分别比上年增长 2.8% 和 1.6%。年末，全国基本养老保险基金累计结存金额为 43965 亿元，比上年增长 10.09%。其中，城镇职工基本养老保险基金累计结存 38580 亿元，比上年末增长了 9.15%；城乡居民基本养老保险基金累计结存 5385 亿元，比上年末增长了 17.27%。

2016 年，城镇基本医疗保险基金总收入 13084 亿元，比上年增长 16.9%，总支出为 10767 亿元，比上年增长了 15.6%（见图 2）。年末，全国城镇基本医疗保险统筹基金累计结存金额为 9765 亿元，个人账户累计结存金额为 5200 亿元。

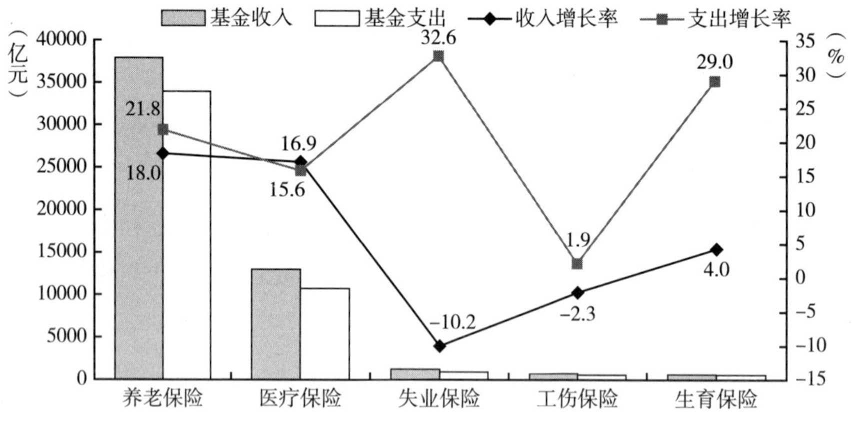

图 2　2016 年社会保险基金收支情况

失业保险基金收入 1229 亿元，比上年下降 10.2%，基金支出 976 亿元，比上年增长了 32.6%（见图 2）。在 2016 年 5 月实施阶段性降费政策后，失业保险基金收入呈现下降趋势，支出增幅加大，当期收入大于支出，为企业减负。2016 年末，全国失业保险基金累计结存金额为 5333 亿元。全年发放稳岗补贴 259 亿元，惠及职工 4833 万人。

工伤保险基金收入 737 亿元，比上年下降 2.3%，支出 610 亿元，比上年增长了 1.9%（见图 2）。2016 年末，全国工伤保险基金累计结存金额为 1411 亿元（包括储备金 239 亿元）。

生育保险基金收入522亿元，基金支出531亿元，分别比上年增长了4%和29%（见图2）。2016年末，全国生育保险基金累计结存金额为676亿元。

（三）待遇水平继续提高[①]

2016年，社保待遇水平稳步提高，社保的公平性进一步显现，广大参保职工分享经济社会发展成果，人民群众的获得感不断增强。

全国企业和机关事业单位退休人员基本养老金水平稳步提高。2016年总体上调水平为2015年退休人员月人均基本养老金的6.5%[②]左右，调整后全国企业退休人员月人均基本养老金达到2362元。机关事业单位退休人员基本养老保险待遇也首次实现与企业同步调整。同时，城乡居民基本养老金待遇继续提高。2016年底，13个省份调整了城乡居民养老金水平，养老金平均水平约为117元/月。

城乡基本医疗保险待遇水平逐步提高。2016年，全国城镇职工基本医疗保险和居民医疗保险的报销上限分别达到当地职工年平均工资的6倍和当地居民年人均可支配收入的6倍，政策目录内的住院费用报销比例分别为80%和70%左右。大病保险覆盖人数进一步增加，支付比例进一步加大，有效地缓解了参保群体的大额医疗费用负担。

失业保险金水平进一步提高。2016年，全国失业保险金水平为每月1051元，比2012年增长了365元，年平均增长率为11.3%。

工伤保险水平大幅提升。2016年，职工的一次性工亡补助金标准为62.4万元，比2012年提高了18.8万元，年平均增长率为9.4%。

生育保险水平持续提高。2016年，全国生育保险待遇水平约为15385元，比2012年增加了4098元，年平均增长率为8.1%。

（四）社保经办服务水平继续提升

2016年，全国持续推进社会保险关系转移接续工作，提高精准管理和便

---

① 人力资源和社会保障部：《我国社会保险事业改革发展成就举世瞩目》。

② 人力资源和社会保障部、财政部：《关于2016年调整退休人员基本养老金的通知》。

捷服务水平，促进社会保险标准化建设，构建全方位一体化的社会保险公共服务体系。

一是继续推进社会保险关系转移接续工作。全国基本养老保险关系跨省转移接续 200 万人次，基本医疗保险关系跨统筹地区转移接续 190 万人次。

二是创新管理方式，提高服务水平。整合了多个政府部门的数据资源，积极推动数据共享和互联互通，推动服务向移动终端、自助终端延伸，提高精准管理和服务水平。

三是积极推进社会保险标准化建设。截至 2016 年底，人力资源社会保障部门已颁布 17 项国家和行业标准，细化服务标准和流程，选择 56 个市县作为社会保险标准化“先行城市”试点，推动社会保险标准化建设。

（五）社保基金投资监管日益加强

2016 年，为了规范全国社会保障基金的管理运营，加强对全国社会保障基金的监督，提高基金的安全性和保值增值能力，国务院颁布《全国社会保障基金条例》。从投资政策、投资范围、投资比例等方面对社会保障基金的投资运营进行了调整，进一步增强了基金的安全性，拓宽了基金的保值增值渠道。

（六）社会保险信息化建设不断推进

一是完善社会保险信息系统建设。研发机关事业单位养老保险信息系统应用软件，构建统一的城乡居民养老保险信息系统，正式上线国家异地就医结算系统，提供跨地区、跨制度的电子化社保转移业务平台，全部省份对接异地待遇资格认证系统，支持异地认证办理。

二是提供精确化管理辅助手段。组织建设全民参保登记系统，广泛应用医疗服务智能监控系统，支持各级社保基金非现场监督工作，建设基本养老保险参保待遇状态比对查询系统，解决重复领取待遇、冒领死亡人员待遇等问题。

三是推动社会保障卡发行应用。截至 2016 年底，全国社会保障卡持卡人数达到 9.72 亿人，社会保障卡广泛应用于身份识别、缴纳社会保险费、医保费用结算、领取社保待遇、个人信息查询等方面。

二　社会保险制度改革进展

（一）养老保险制度改革进展

1. 完善职业年金制度

为保证机关事业单位养老保险制度改革平稳过渡、推动多层次养老保险体系建设，在2015年发布《机关事业单位职业年金办法》的基础上，2016年，人力资源和社会保障部先后出台了一系列职业年金管理制度，制定了《职业年金基金管理暂行办法》和《职业年金计划管理合同指引》《职业年金计划备案和编码规则》《职业年金基金管理运营流程规范》《职业年金基金数据交换规范》等配套文件。

《职业年金基金管理暂行办法》是保障职业年金基金安全、稳定、有效运营的重要文件，是职业年金制度顺利实施的重要基础。文件规定了建立职业年金的机关事业单位、代理人、受托人、托管人、投资管理人等相关主体的管理职责，职业年金基金的投资原则、投资范围和投资比例，职业年金基金的收益分配，职业年金计划管理以及信息披露等多方面内容。

同时，关于职业年金计划的备案、编码规则、合同管理、基金运营流程规范、基金数据交换规范等，国家出台了专门的制度文件，进一步规范职业年金发展，促进多层次养老保险制度体系建设。

2. 启动基本养老保险基金投资运营

为落实《基本养老保险基金投资管理办法》，拓宽基本养老保险基金的投资渠道，积极推动地方养老基金投资运营，人力资源和社会保障部印发《关于做好基本养老保险基金委托投资工作有关问题的通知》和委托投资合同，明确全国社会保障基金理事会作为养老保险基金的投资管理机构，组织开展托管机构和投资管理机构评审，确定基金投资策略、投资范围，推动投资运营工作顺利启动。截至2017年1月，已有7个省份委托社保基金理事会开展投资，共计3600亿元基本养老保险基金开始投资运营。

3. 推进城镇企业职工基本养老保险关系转移接续

2016年，针对《城镇企业职工基本养老保险关系转移接续暂行办法》实

施以来出现的新情况和新问题，人力资源和社会保障部出台了《关于城镇企业职工基本养老保险关系转移接续若干问题的通知》。该文件对在多地缴纳养老保险的职工的养老待遇领取地问题、无法按月提供1998年1月1日前缴费信息或缴费信息无法转入待遇领取地的历史遗留问题、临时基本养老保险缴费账户的管理、一次性缴纳养老保险费的转移、重复领取基本养老金、城镇企业成建制跨省转移养老保险关系、户籍所在地社会保险经办机构归集责任等做出了详细说明，进一步解决了参保人员养老保险关系转移接续难的问题，完善了企业职工养老保险关系转移接续的相关规定。

4. 健全养老保险监管体系

人力资源和社会保障部出台《关于进一步加强企业职工养老保险基金收支管理的通知》，要求各地方政府主管部门规范养老保险参保缴费政策，严格核定企业基本养老保险缴费基数，鼓励引导灵活就业人员按时足额参加基本养老保险。同时，加大社保待遇领取核查和稽核工作力度，实地稽核少缴社会保险费、冒领社会保险待遇等问题。

（二）医疗保险制度改革进展

1. 积极整合城乡居民基本医疗保险制度

2016年，《关于整合城乡居民基本医疗保险制度的意见》发布，要求整合城镇居民医疗保险和新型农村合作医疗制度，采取整合经办机构、创新经办管理的方式理顺管理体制，采用提高统筹层次、完善信息系统、完善支付方式、加强医疗服务监管的手段来提升服务效能，逐步在全国范围内建立起统一的城乡居民医保制度，促进全民医保体系持续健康发展。

2. 开展长期护理保险制度试点

为积极应对人口老龄化，保障失能人员基本生活权益，解决失能老年人的长期护理需求，促进养老服务产业发展和拓展护理从业人员就业渠道，促进社会经济发展，共享发展改革成果，2016年，《关于开展长期护理保险制度试点的指导意见》印发，将长春等15个城市作为长期护理保险制度的试点，探索建立以社会互助共济方式筹集资金的社会保险制度，为失能人员提供基本生活和医疗护理的资金或服务保障。

探索建立长期护理保险制度，是提升社会保障体系公平性和可持续性的重大制度安排，有利于提升人民群众在经济发展中的获得感和幸福感。

3. 扩大基本医疗保障支付范围

2016 年，《关于新增部分医疗康复项目纳入基本医疗保障支付范围的通知》印发，在 2010 年将运动疗法等 9 项医疗康复项目纳入城镇基本医疗保险和新型农村合作医疗支付范围后，进一步将康复综合评定等 20 项医疗康复项目纳入基本医疗保险支付范围，由各省（区、市）根据当地实际，确定医疗康复项目的限定支付范围。

在 2009 年发布国家基本医疗保险、工伤保险和生育保险的药品目录后，人力资源和社会保障部 2016 年组织专家进行药品评审，制定了《国家基本医疗保险、工伤保险和生育保险药品目录（2017 年版）》，新版目录进一步严格药品目录支付规定、规范各省药品目录调整、完善药品目录使用管理、探索建立医保药品谈判准入机制。

4. 完善流动就业人员医保关系转移接续工作

2016 年，《流动就业人员基本医疗保险关系转移接续业务经办规程》印发，完善了职工基本医疗保险和城镇（城乡）居民基本医疗保险参保人员流动就业时跨制度、跨统筹地区转移接续基本医疗保险关系的业务经办管理服务规定。

文件对参保人员流动就业时医保关系转出地和转入地的职责、医保关系转移接续流程、缴费年限和缴费情况的核算办法都给予了详细说明，为规范流动就业人员基本医疗保险关系转移接续经办工作提供了制度基础。

5. 完成生育保险和医疗保险合并实施试点准备工作

为增强生育保险保障功能，提高社会保险基金共济能力，全国人民代表大会常务委员会授权国务院在河北省邯郸市等 12 个省的试点城市行政区域推进实施生育保险和基本医疗保险合并改革，将生育保险基金并入职工基本医疗保险基金征缴和管理，不再单独建账、分账核算。截至 2016 年底，生育保险和医疗保险合并实施试点准备工作顺利完成。

此次改革遵循保留险种、保障待遇、统一管理、降低成本的总体思路，在保障待遇不下降的前提下，对生育保险和医疗保险实施统一征缴和管理，将有利于降低社会保险的管理成本，提高社会保险基金的统筹能力。

（三）失业保险制度改革进展

1. 降低失业保险费率

2016 年 4 月，《关于阶段性降低社会保险费率的通知》发布，从 2016 年 5 月 1 日起，失业保险费率阶段性降低至 1% ~1.5%，其中个人费率不超过 0.5%，降低费率的期限暂按两年执行。这是在 2015 年费率已降低 1 个百分点的基础上，失业保险实施的第二次阶段性降费。截至 2016 年底，全国 22 个省份的失业保险费率为 1.5%，10 个省份失业保险费率为 1%。据统计，实施阶段性降低失业保险费率以来，累计减收失业保险费约 900 亿元①，降低了企业经营成本，促进了实体经济发展。

2. 完善失业保险金标准和物价上涨挂钩联动机制

2016 年 8 月，《关于进一步完善社会救助和社会保障标准与物价上涨挂钩联动机制的通知》印发，当居民消费价格指数月同比涨幅达到 3.5% 或食品价格月同比涨幅达到 6% 时，即可根据 CPI 指数变化，对领取失业保险金人员发放价格临时补贴。价格临时补贴实行“按月测算、按月发放”，在价格指数发布后 20 个工作日内要完成价格临时补贴发放。

（四）工伤保险制度改革进展

1. 完善工伤保险制度体系

2016 年，人力资源和社会保障部颁布实施了《工伤保险辅助器具配置管理办法》，对工伤保险的确认，辅助器具的配置程序、管理与监督做出了明确规定，进一步完善了工伤保险配套规章和相关政策，加强了依法行政能力。

《人力资源和社会保障部关于执行〈工伤保险条例〉若干问题的意见（二）》对工伤保险的认定、因工死亡亲属待遇领取、达到退休年龄人员因公负伤的待遇领取以及《工伤保险条例》中的若干规定进行了详细说明，为依法依规做好工伤认定工作，维护工伤职工的合法权益，增强服务能力，妥善解决实际工作中存在的问题提供了制度保障。

---

① 人力资源和社会保障部：《我国社会保险事业改革发展成就举世瞩目》。

三　社会保险制度问题分析与对策建议

（一）社会保险基金统筹支付能力有待加强

2016 年，社会保险基金规模总体增加，但基金总收入的增长幅度低于总支出的增幅将近 4 个百分点，基金的长期支付压力增加。除基本医疗保险外，养老、失业、工伤、生育保险的基金支出增幅均大于收入增幅。一方面，为减轻企业负担、推动实体经济发展，国家实施阶段性降低养老保险和失业保险费率的政策，导致部分险种的收入降低，失业保险基金收入、工伤保险基金收入分别比上年下降 10.2% 和 2.3%。另一方面，受人口老龄化、社会保险待遇连续提高、医疗保障支付范围扩大等因素影响，社会保险基金的支出持续增加。这些都导致社会保险总支出的增长幅度高于总收入，长期来看，基金的收支平衡压力将进一步加大。

下一步应当继续扩大参保人员范围，严格核定缴费基数，着力提升基金的统筹层次，有效投资运营社保基金，增强基金的征缴能力和增值能力。同时，加强社保基金的监督管理能力，加大待遇领取监督审查力度，杜绝冒领多领现象，从基金出口处控制基金的支付规范性，加强社会保险基金的统筹支付能力。

（二）统筹各类群体的养老金待遇调整机制有待建立

从 2005 年开始，企业退休人员养老金每年按照 10% 的比例增长，2016 年全国企业退休人员月人均基本养老金达到 2362 元，2015 年城乡居民基础养老金最低标准从 55 元提高到 70 元，但是与机关事业单位的养老待遇仍然存在差距。在养老金待遇基数不同的情况下，如果按照统一的比例调整，实际上还会进一步保持甚至扩大这种差距。

因此，亟须统筹考虑企业、机关事业单位、城乡居民各类群体的待遇差距，结合机关事业单位工资制度改革，对各类群体的养老待遇差异性进行适当安排，构建公平、可持续的养老金正常调整机制，提升人民群众的获得感和幸福感。

（三）企业年金发展有待加强

机关事业单位养老保险制度改革后，与企业实行相同的基本养老保险制度，解决了“双轨制”问题。企业年金是养老保险制度体系的第二支柱，是基本养老保险制度的有效补充。据统计，93%以上的企业没有建立企业年金①。与此同时，机关事业单位的职业年金是带有强制性的，单位和个人必须定期缴纳职业年金，构建机关事业单位养老保险制度的第二支柱。这样会带来新的问题，很容易导致企业职工和机关事业单位职工的养老金待遇总水平产生新的差距。

因此，从长远来看，要统筹考虑企业年金和职业年金的制度建设，政府要从税收优惠、基金投资和监管等方面出台有利于企业年金发展的政策，调动企业和职工的参保积极性，有效推动企业年金的发展。

（四）医保支付方式改革有待推进

目前，我国医疗保险有按项目付费、总额付费、床日付费等多种支付方式，这些支付方式各有利弊，总额付费制有利于控制费用上涨，但病情严重的病人会遭到推诿；项目付费制下，医疗机构愿意多提供服务，但医生会利用信息优势诱导患者，产生过度医疗，医疗保险付费方式改革任务总体进展滞后。

因此，应当积极推进医保支付方式改革，形成门诊按人头付费，住院按病种、按疾病诊断相关分组（DRGs）、按床日付费等多种方式相结合的支付方式，加强医保基金预算管理，强化对医疗行为监控，合理控制群众的医疗费用支出，真正发挥医疗保险的保障作用。

（五）医疗保险个人账户制度有待改进

建立医疗保险个人账户是为了明确国家与个人的责任，控制个人道德风险，抑制医疗费用上涨，但实际运行中，个人账户存在运行效率低下、个人风险无法有效分散、基金统筹能力下降等问题，老年人的医疗需求被抑制，年轻

---

① 金维刚：《中国养老保险体系建设面临的困境与出路》，中国养老金融50人论坛，2017年5月8日。

人账户有大量闲置资金却不能充分利用，降低了参保者的效用，削弱了医疗保险统筹基金的支付能力。

因此，应当对医疗保险个人账户进行改革，扩大个人账户的使用范围，鼓励参保人用个人账户资金购买商业健康保险，以推动补充医疗保险制度建设，或者将个人账户资金纳入社会统筹基金，提高基金的统筹支付能力，减轻患者的医疗费用负担。

（六）社会保险经办管理服务能力有待继续提升

随着社会保险制度的日益完善，参保范围不断扩大，参保人数持续增加，各个险种之间、各类群体之间、多个地区之间就业和参保等问题愈发复杂，社会保险经办管理服务能力在制度建设中的重要性逐步凸显。因此，应当进一步健全社保经办服务标准化体系，推动不同险种的经办资源整合，创新管理手段和服务方式，理顺社保经办管理工作流程，推进全国全民参保数据库建设，完善社会保险信息管理系统，全面提高社会保险的经办服务能力。

参考文献

人力资源和社会保障部：《2016 年人力资源和社会保障事业发展统计公报》。

人力资源和社会保障部：《2015 年人力资源和社会保障事业发展统计公报》。

人力资源和社会保障部：《我国社会保险事业改革发展成就举世瞩目》。

人力资源和社会保障部、财政部：《关于 2016 年调整退休人员基本养老金的通知》。

金维刚：《中国养老保险体系建设面临的困境与出路》，中国养老金融 50 人论坛，2017 年 5 月 8 日。

葛延风、贡森：《中国医改问题・根源・出路》，中国发展出版社，2007。

Maureen L., Gunilla P., "Governance in Health Cane Delivery: Raising Performance", World Bank, 2009.

陈颖、闫亚玲、王禄生等：《公立医院 DRGs－PPS 支付标准研究》，《中华医院管理》2013 年第 29 期。

王保真：《医疗保险支付制度的完善与配套改革》，《中国医疗保险》2012 年第 3 期。

刘石柱、詹长春、周绿林：《支付方式对医疗保险费用控制的实证研究——以江苏镇江市为例》，《中国卫生事业管理》2012 年第 12 期。

常文虎：《医疗服务支付方式的选择和管理》，人民卫生出版社，2011。

B.20 2016年我国基本养老保险制度现状、成效及趋势

赵欣彤*

摘　要：2016年，基本养老保险制度覆盖面进一步扩大，基金规模进一步扩大，待遇水平进一步提高。基本养老保险制度取得一系列改革成效：养老基金投资步入正轨，“十三五”期间全民参保目标提出，企业年金市场不断规范，职业年金基金管理暂行办法出台，基本养老保险关系和职业年金转移接续政策跟进，养老保险基金监管不断加强，社保信息化水平进一步提高，企业社保缴费费率阶段性降低。基本养老保险制度的发展趋势有：养老基金支付压力增加，多支柱养老保险体系有待扩展，基金投资运营配套措施有待完善。本文提出应当加快推动养老保险综合改革，发展多支柱养老保险体系的政策建议。

关键词：基本养老保险制度　养老基金投资　年金市场

一　基本养老保险制度发展状况

（一）制度覆盖面持续扩大

2016年，基本养老保险制度覆盖面持续扩大。年末，全国参加城镇职工和城乡居民基本养老保险（以下简称基本养老保险）的人数为88777万人，比上年末增

---

* 赵欣彤，清华大学公共管理学院就业与社会保障中心博士研究生，研究方向为就业与社会保障。

加2944万人，同比增长3.4%。2016年我国16周岁以上符合参保条件的人口总数约为105750万人，基本养老保险总体覆盖率约为83.9%，比上年提升7.9个百分点。

城镇职工基本养老保险覆盖的参保职工和离退休人员群体均有所扩大。2016年末参保人数37930万人，比上年末增加2569万人，同比增长7.2%。其中，参保职工27826万人，比上年末增加1607万人（增长6.1%）；参保离退休人员10103万人，比上年末增加961万人（增长10.5%）。

城乡居民基本养老保险参保人数持续小幅增长。2016年末，参保人数50847万人，比上年末增加375万人。其中实际领取待遇人数15270万人，比上年末增加470万人，同比增长3.2%。参保人员年龄结构趋势也趋于平稳。

（二）基金规模进一步扩大

2016年全年，社会保险基金规模持续扩大，其中，各类基本养老保险基金均收大于支，且收支规模进一步扩大，确保了基本养老保险待遇的按时、足额发放。全年基本养老保险基金总收入37991亿元，同比增长18%，过去三年年平均增长率为15.4%；其中70.0%为基金征缴收入，总计26768亿元，同比增长12.9%。全年基本养老保险基金总支出34004亿元，同比增长21.8%，过去三年年平均增长率为19.7%。①

城镇职工基本养老保险基金规模也进一步扩大。2016年全年基金总收入35058亿元，比上年增加15057亿元，同比增长15.1%；其中76.4%为基金征缴收入，总计26768亿元，同比增长12.4%。全年基金总支出31854亿元，比上年增加6041亿元，增长23.4%。年末基金累计结存38580亿元，比上年增长9.2%。②

城乡居民基本养老保险基金规模稳步扩大。2016年全年基金收入2933亿元，同比增长2.7%；其中个人缴费732亿元，同比增长4.6%。全年基金支出2150亿元，同比增长1.6%。年末基金累计结存5385亿元，比上年增加793亿元，同比增长17.3%。

（三）待遇水平稳定提高

2016年，各类基本养老保险待遇水平均有所提高。其中，企业和机关事

---

① 人力资源和社会保障部：《我国社会保险事业改革发展成就举世瞩目》，2017。

② 人力资源和社会保障部：《我国社会保险事业改革发展成就举世瞩目》，2017。

业单位退休人员基本养老保险待遇总体涨幅约为上年度退休人员月人均基本养老金的6.5%，实现“十二连涨”。经过连续调整，全国企业退休人员月人均基本养老金达2362元，是2005年的3.3倍（见图1）。

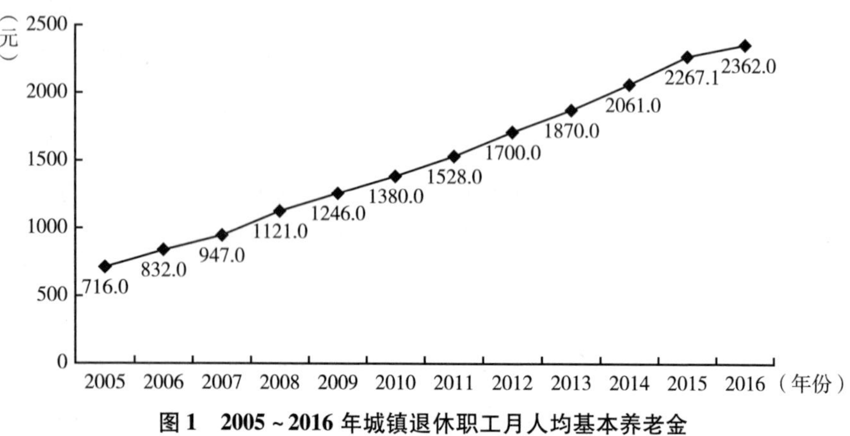

图1　2005～2016年城镇退休职工月人均基本养老金

2005～2015年，我国企业退休人员基本养老金连续11年上调10%左右；2016年机关事业单位和企业退休人员首次实现基本养老金同步调整，调整后的养老金已发放到位，制度公平性进一步提高。基本养老金调整幅度由社会经济发展水平、社会平均工资增长率、养老保险基金支付能力等因素综合确定。根据《关于2016年调整退休人员基本养老金的通知》（人社部发〔2016〕37号），此次待遇调整采取定额调整、挂钩调整与适当倾斜相结合的调整办法，由各地区按照公平与效率相结合的原则合理确定调整方案。本次基本养老金调整涉及全国1亿多名退休人员，其中包括8500多万名企业退休人员和1700多万名机关事业单位退休人员。

2016年，城乡居民养老保险待遇水平也进一步提高，个人账户养老金的待遇领取人数占比有所增加。2016年末，城乡居民养老保险基础养老金每人每月缴费标准提高到70元，月人均养老金达117元（其中月人均基础养老金达105元），基本实现了五年翻一番的目标。

二　基本养老保险制度改革成效

2016年，我国基本养老保险制度改革取得一系列成效。在《关于印发人力资源和社会保障事业发展“十三五”规划纲要的通知》（人社部发〔2016〕63 号）的统筹规划下，养老保险制度得到了进一步完善和发展，如养老基金投资步入正轨，“十三五”期间全民参保目标提出，企业年金市场不断规范，职业年金基金管理暂行办法出台，基本养老保险关系和职业年金转移接续政策跟进，养老保险基金监管不断加强，社保信息化水平进一步提高，企业社保缴费费率阶段性降低等。

（一）养老基金投资运营步入正轨

2016 年，基本养老保险基金投资运营启动。为了进一步落实《基本养老保险基金投资管理办法》（国发〔2015〕48 号）规定的投资办法，有效推动地方养老基金投资运营，人力资源和社会保障部印发了《关于做好基本养老保险基金委托投资工作有关问题的通知》（人社部发〔2016〕83 号），制定了委托投资合同，并明确了社保基金会作为养老基金投资受托机构的身份。截至 2017 年初，全国已有 7 个省份与社保基金会签订委托投资合同，总金额约 3600 亿元，养老基金投资运营工作步入正轨。通过市场化的投资运营方式，有望安全、可控地实现基本养老保险基金的保值增值。

除投资管理外，基本养老保险基金的财务管理问题也得到了规范。2016 年 6 月，为加强机关事业单位基本养老保险基金投资运营中的财务管理，财政部、人力资源和社会保障部印发了《关于机关事业单位基本养老保险基金财务管理有关问题的通知》（财社〔2016〕101 号），进一步规范了基金收支、结余、财政专户、资产与负债管理等工作，明确将基金纳入社会保障基金财政专户，实行收支两条线，与城镇企业职工基本养老保险基金分别管理；基金结余按照《基本养老保险基金投资管理办法》有关规定开展投资运营。

（二）“十三五”期间全民参保目标提出

2017 年 3 月，为了应对中国的人口老龄化问题，《“十三五”国家老龄事业发展和养老体系建设规划》（国发〔2017〕13 号，以下简称《规划》）对推动老龄事业发展、健全养老体系做出了全面规划。《规划》对“十二五”期间老龄事业发展和养老体系建设主要指标完成情况做了回顾。《规划》指出，“十二五”期间基本养老保险覆盖面不断扩大：城镇职工基本养老保险参保人数完成率为99%，城乡居民基本养老保险参保人数完成率为112%；基本养老保险保障水平不断提高，离退休人员养老金待遇年均增长率为10.7%，超过预期7%的目标。在此基础上，《规划》提出，“十三五”期间社会保障体系和社会保险制度的发展目标是：进一步完善和改革基本养老保险制度总体方案，将社会统筹与个人账户结合，构建多支柱、全覆盖、更加公平、更可持续的社会保障体系。“多支柱”指包括各类年金、个人储蓄型养老保险和商业保险在内的养老保险体系。[①]《规划》还提出了“十三五”期间社会保障相关指标的目标值：到2020年，各类基本养老保险参保率达到90%，基本医疗保险参保率达到95%以上。基本养老保险参保率的提出，将有力促进基本养老保险的扩面征缴，发挥养老保险制度“保基本”的功能。

（三）企业年金市场不断规范

自2013年以来，人力资源和社会保障部出台了《关于扩大企业年金基金投资范围的通知》（人社部发〔2013〕23号）等一系列政策文件鼓励企业年金发展，规范年金市场行为。企业年金基金投资范围不断扩大，年金市场也得到了进一步规范。年金市场金融产品涵盖了信托、债券、股指期货等金融产品，并试点开展企业年金投资股权和优先股试点。截至2016年末，共有7.62万家企业建立了企业年金，是2012年末的1.4倍；企业年金参保人数2352万人，比2012年末增加26%；年末积累年金基金11075亿元，发行养老金产品400个。企业年金市场的规范有力地支持了我国多支柱养老保险制度的构建，为第二支柱养老保险市场注入了稳定资金，促进了资本市场的发展。

（四）职业年金基金管理暂行办法出台

2012年起，为鼓励年金市场的发展，人力资源和社会保障部印发了《关于印发企业年金计划管理合同指引的通知》（人社部函〔2012〕92号）等文件，并出台了年金个人所得税优惠政策。2016年，为了配合机关事业单位养老保险制度改革，职业年金发展配套政策进一步出台。人力资源和社会保障

① 《关于机关事业单位基本养老保险关系和职业年金转移接续有关问题的通知》（人社部规〔2017〕1号），2017。

部、财政部印发的《职业年金基金管理暂行办法》（人社部发〔2016〕92 号）对职业年金基金的管理职责、基金投资、收益分配及费用、计划管理及信息披露和监督检查做了相关规定。根据规定，职业年金基金采取集中委托投资运营的方式管理；基金投资应遵循谨慎、风险分散原则，考虑基金财产的安全性、收益性和流动性，实行专业化管理。

此外，人力资源和社会保障部还颁发了《职业年金计划备案和编码规则》（人社厅发〔2016〕168 号）、《职业年金计划管理合同指引》（人社厅发〔2016〕169 号）、《职业年金基金管理运营流程规范》（人社厅发〔2016〕170 号）、《职业年金基金数据交换规范》（人社厅发〔2016〕171 号）等一系列政策文件，为职业年金市场的发展和规范提供了政策支持。

（五）基本养老保险关系和职业年金转移接续政策跟进

企业职工基本养老保险关系转移接续工作进一步完善。2016 年 12 月，人力资源和社会保障部印发了《关于城镇企业职工基本养老保险关系转移接续若干问题的通知》（人社部规〔2016〕5 号）。在《城镇企业职工基本养老保险关系转移接续暂行办法》（国办发〔2009〕66 号）的基础上，该文件进一步完善了企业职工养老保险关系转移接续的相关规定，对视同缴费年限计算地问题、缴费信息历史遗留问题、临时基本养老保险缴费账户的管理问题、一次性缴纳养老保险费的转移问题做了说明，解决了原有暂行办法实施以来部分城镇企业职工跨省流动就业时养老保险关系转移接续的问题。

除企业职工基本养老保险外，机关事业单位基本养老保险关系和职业年金的转移接续问题也得到规范。2017 年 1 月，《关于机关事业单位基本养老保险关系和职业年金转移接续有关问题的通知》（人社部规〔2017〕1 号，以下简称《通知》）出台，规范了相关参保人员的基本养老保险关系和职业年金转移接续工作，维护了流动就业人员的参保权益。关于基本养老保险关系（以下简称“关系”）转移接续问题，《通知》指出，自 2014 年 10 月起，参保人员在同一统筹范围内的机关事业单位之间流动，只转移关系，不转移基金；在制度内跨统筹范围流动，以及从机关事业单位流动到企业的，同时转移关系和基金。关于职业年金转移接续问题，《通知》规定，参保人员在由相应的同级财政全额供款的单位之间流动时，转出单位为其缴纳养老保险费的累计记账额可由转入单位记账式管理；采取除以上方式之外的流动方式的，由转出单位相应的同级财政保障拨付资金记实后转移接续。关于职业年金补记问题，《通知》指出，办理了正式手续离开机关事业单位的，职业年金参保年限根据改革前在原单位工作年限补记，金额实账划转；再次流动到机关事业单位的，补记职业年金的本金及投资收益。关于处理多重养老保险关系或重复缴纳保险费的问题，《通知》指出应按照“先转后清”的方式，由转入地社保经办机构清理。《通知》还明确了养老保险关系转移接续后职业年金和企业年金个人账户管理和待遇计发等事宜。

在 2014 年《城乡养老保险制度衔接暂行办法》（人社部发〔2014〕17 号）的基础上，以上政策进一步规范了机关事业单位养老保险关系和职业年金转移接续业务经办流程，促进了跨制度、跨地区转移接续基本养老保险制度的构建。

（六）养老保险基金监管不断加强

自《基本养老保险基金投资管理办法》（国发〔2015〕48 号）实施以来，基金监管力度不断加大，体系逐步健全。人力资源和社会保障部自 2012 年以来相继开展了养老、社保基金等专项检查，完善了专项监督检查机制，维护了基金安全。2016 年，人力资源和社会保障部印发《关于进一步加强企业职工养老保险基金收支管理的通知》（人社部发〔2016〕132 号）。该文件旨在规范地方养老保险费率调整和参保缴费政策，加大了基金收支管理、社保待遇领取核查和稽核工作的力度。过去五年，人力资源和社会保障部采取建立全国社保欺诈查处和移送机制、推进“行刑衔接”、推进监管系统联网应用、开展社会保险基金社会监督试点、健全部门监督执法协作机制等方式，实地稽核查出大量违规行为，并查出社会保险费少缴额总计 153 亿元，实现补缴到账率 94.1%，养老保险基金的安全性显著提升。

（七）社保信息化水平进一步提高

2016 年，我国社保信息化水平进一步提高。一方面，社会保险信息系统广泛应用：截至 2016 年末，全国已有 30 个省份上线机关事业单位养老保险信息系统，32 个省（区、市）完成了统一的城乡居民养老保险信息系统的整合。

另一方面，基于人社领域现有信息化优势资源，全民参保登记计划成功实施。年末全国28个省份和新疆生产建设兵团已应用社保基金监管系统，覆盖率接近91%；31个省份已经接入基本养老保险参保待遇状态比对查询系统，年对比核查人数超过3000万人。信息化水平的提高为建立全国统筹的基本养老保险制度提供了硬件基础。此外，2016年11月，人力资源和社会保障部印发了《关于印发“互联网+人社2020行动计划的通知”》（人社部发〔2016〕105号，以下简称《行动计划》），指出要依托大数据、社会保障卡等软硬件资源，建设“互联网+”创新能力体系，打造“互联网+人社”一体化发展格局。《行动计划》的实施将推动社保领域信息化能力建设，改进社保工作管理模式，提升社保工作服务能力。

（八）企业社保缴费费率阶段性降低

2016年4月，人力资源和社会保障部、财政部在《关于阶段性降低社会保险费率的通知》（人社部发〔2016〕105号）中提出了阶段性降低社会保险费率的总体方案：企业职工基本养老保险单位缴费比例超过20%的省（区、市）费率降至20%；不超过20%且2015年底基金结余可支付月数高于9个月的省（区、市）费率两年内阶段性降至19%。费率降低的具体方案由各地区确定。企业社保费率的阶段性下调降低了企业成本，激发了企业的活力。

三　基本养老保险制度发展趋势

（一）养老基金支付压力增大

“十二五”期间，城镇职工基本养老保险基金收入年均增长率为17.6%；基金支出年均增长率为20.1%，比基金收入年均增长率高2.5个百分点。同时，基金结余增长率逐年下降，由2012年的22.8%下降到2016年的9.2%（见图2）。这是由于连续上涨的养老保险待遇水平、参保离退休职工占比增加了养老保险基金支付与财政补贴的压力。一方面，从养老基金出口来看，自2005年以来我国职工养老保险待遇水平已经连续12年大幅度上调；另一方面，从养老基金入口来看，随着我国进入深度老龄化社会，老年人口抚养比

（老年人口/劳动年龄人口）上升。过去十年，企业职工参保人数稳定增加，但参保离退休人员与参保在职职工（缴费人员）的比例却先降后升，呈正U形，在2011年之后出现稳定上升（见图3），从2011年的31.7%上升到2016年的36.3%，年均上升0.92个百分点。在部分现收现付制的养老保险体系中，缴费职工占参保总人口的比例不断下降，也使社会统筹账户积累速度下降。

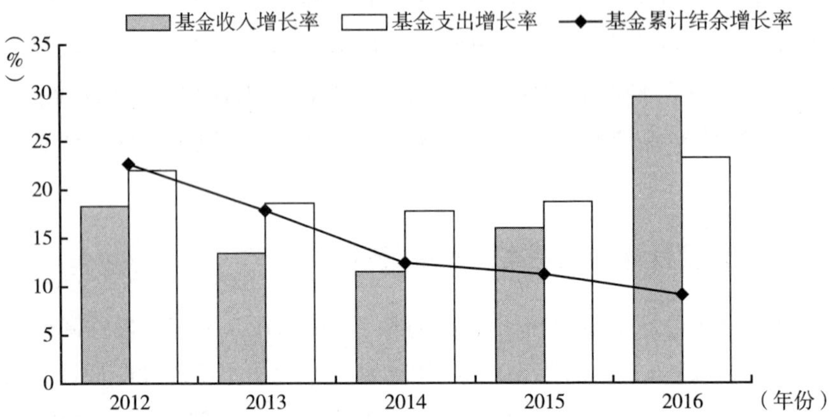

图2　2012～2016年城镇养老保险基金收入、基金支出和基金累计结余增长率

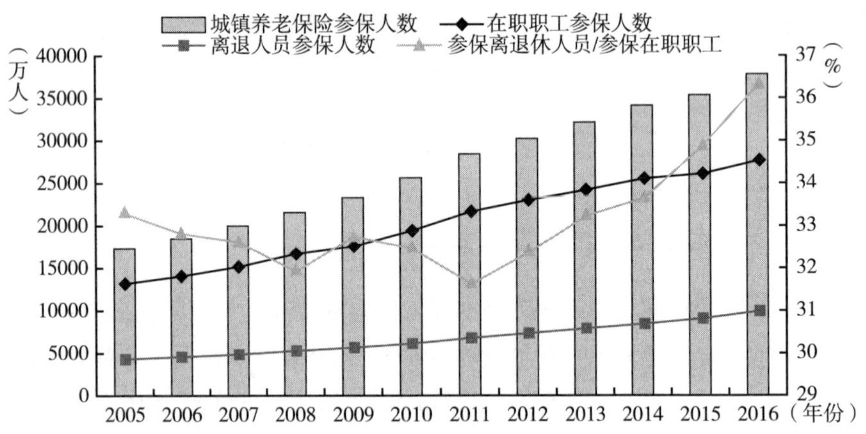

图3　2005～2016年城镇养老保险参保职工及参保离退休人员人数

注：参保离退休人员/参保职工比例由笔者计算得到。

资料来源：国家统计局、人力资源和社会保障部。

（二）多支柱养老保险体系有待扩展

经过十几年的发展，我国多支柱养老保险体系正在形成。养老保险体系的第一支柱由包括企业职工养老保险和城乡居民养老保险的基本养老保险体系构成；第二支柱由企业年金和职业年金构成；第三支柱由个人养老储蓄和商业养老保险构成。目前，我国企业基本养老保险与补充养老保险和职工个人储蓄型养老保险相结合的制度已初步建立，但仍以基本养老保险制度为主体，多支柱、多层次养老保险体系仍然有待拓展。2015 年，我国城镇企业职工基本养老保险参保率为 75%，补充养老保险企业年金参保率仅为 8%。我国养老保险费率远高于其他老龄化阶段相近的国家，抑制了企业和职工参保的积极性，同时也挤占了职业年金、企业年金的发展空间①；此外，由于缺乏必要的政策支持，个人养老储蓄和商业养老保险的发展也较为缓慢，这导致现有养老保险体系中，基本养老保险扮演着“一支独大”的角色。

在完善我国养老保险体系的过程中，首先，应当进一步降低基本养老保险费率，夯实中央统筹的基础养老金，界定政府出资责任，避免政府兜底的金融风险。可以采取财政预算拨款、国企红利划拨、国有股转持、国有资产划拨兑现等方式，明确国家出资比例，降低基本养老保险费率。其次，调整结构和参数，出台税优政策和市场化投资运营管理办法，鼓励个人账户养老金的积累，实现个人养老金的保值增值。最后，充分发展个人养老储蓄、商业养老保险、理财规划、理财产品、互助式养老等替代型养老手段，发展多支柱养老保险体系。

（三）基金投资运营配套措施有待完善

首先，养老基金投资运营工作刚刚步入正轨，基金投资渠道较为狭窄，国内养老金资本市场尚不发达，基础养老金结余资金尚在初步探索保值增值的阶段，基本养老保险制度之外的养老保险金融产品难以满足日益增长的养老需求；其次，养老金投资运营资格由社保基金会决定，投资运营机构数量有限，尚未形成完全竞争的投资市场；最后，养老保险运行的信息披露不充分；由于

① 杨燕绥：《中国养老金运行中存在的问题及对策》，《人民论坛》2017 年第 2 期。

社保统筹层次较低，信息化建设滞后，全国统一的一站式社保信息服务平台尚未形成。

在加快推动养老保险综合改革的过程中，须进一步完善统账结合的养老金制度，坚持“全覆盖、保基本、多层次、可持续”的方针，加快推动养老保险综合改革，养老保险综合改革要立足中国国情，与经济社会发展水平、社会政治制度和文化环境相适应。在现有的双制并行、统账结合基本模式下，提高养老保险统筹层次。从生产力发展和养老保险制度相适应的角度来看，我国正处于快速城镇化和全面工业化的进程当中。一方面，地区间经济发展水平的差距导致不同地区人口收入水平差距较大，基础养老保险属于公共品，具有非竞争性和非排他性的属性，需要自上而下的机制保障；另一方面，目前我国养老保险体系省级统筹已经基本实现，但地区间的信息互通、费基确定、转移接续都亟待提升养老保险统筹层次，打造一体化、高层次的居民信息管理服务体系，实现全国统筹的基础养老保险制度。

参考文献

人力资源和社会保障部，《我国社会保险事业改革发展成就举世瞩目》，2017。

人力资源和社会保障部，《全国城乡居民养老保险工作座谈会在长沙举行》，2017。

《关于2016年调整企业退休人员基本养老金的通知》（人社部发〔2016〕37号），2016。

《“十三五”国家老龄事业发展和养老体系建设规划》（国发〔2017〕13号），2017。

《职业年金基金管理暂行办法》（人社部发〔2016〕92号），2016。

《关于城镇企业职工基本养老保险关系转移接续若干问题的通知》（人社部规〔2016〕5号），2016。

《关于机关事业单位基本养老保险关系和职业年金转移接续有关问题的通知》（人社部规〔2017〕1号），2017。

杨燕绥：《中国养老金运行中存在的问题及对策》，《人民论坛》2017年第2期。

人力资源服务业篇

Human Resources Service Industry

B.21 我国人力资源服务市场发展现状分析

王晓辉　田永坡*

摘　要： 2016年，我国人力资源服务市场延续了高速发展趋势，实现了“十三五”良好开局。人力资源服务市场规模持续扩大，人力资源服务业发展质量进一步提升；民营人力资源服务机构增长最快，已成为我国人力资源服务市场的最大主体；人力资源流动配置服务需求得到更好的开发与满足；现场招聘会继续萎缩，网络招聘保持高速发展；劳务派遣业务量近几年迅速下滑后保持稳定，而人力资源外包服务稳步增长；人力资源管理咨询服务等需求持续较快增长；人力资源服务业的从业人员总量增长迅速，从业人员的总体素质也进一步提高；各级政府、研究机构、协会、人力资源服务机构联合举办了一系列研讨、大赛和展览活动，扩大了行业的影响力，加强了业务交流。

* 王晓辉，博士，中国人事科学研究院助理研究员；田永坡，博士，中国人事科学研究院人力资源市场研究室主任，副研究员。

关键词：　人力资源服务业　网络招聘　咨询服务

2016 年，我国积极应对各种风险，经济社会保持平稳健康发展。国内生产总值 744127 亿元，比上年增长 6.7%；第三产业增加值比重为 51.6%，比 2015 年提高 1.4 个百分点。城镇化建设稳步推进，2016 年末全国大陆总人口 138271 万人，同比增加 809 万人，常住人口城镇化率为 57.35%，比 2015 年末提高 1.25 个百分点①。就业总量保持稳步增长，2016 年末全国就业人员 7.76 亿人，同比增加 152 万人；全年城镇新增就业人数 1314 万人②。

经济社会的平稳发展，经济结构的调整，创新创业活力的激发，人力资源的跨区域流动需求，劳动者的工作变动，对人力资源服务市场产生新需求。与此同时，在政策扶持引导下，人力资源服务体系进一步健全，服务能力进一步提升，服务可及性进一步提高，也吸引了更多市场主体采用人力资源服务。因而，2016 年我国人力资源服务市场实现了“十三五”良好开局。

一　人力资源服务规模

（一）营业收入

人力资源服务市场规模持续扩大，保持了高速增长。据人力资源和社会保障部统计，2016 年人力资源服务业全行业营业总收入 11850 亿元，比 2015 年增长 22.4%；人力资源服务业营业总收入的增速远高于同期 GDP 增速（6.7%）和第三产业增加值增速（7.8%）。

人力资源服务业发展质量也得到进一步提升。从扣除代收代付后的营业收入看，2016 年的营业收入净额为 3058 亿元，比 2014 年的 1916 亿元增长了 59.6%；从从业人员的人均营业收入看，2016 年人均营业收入为 214 万元，比 2014 年的人均营业收入增加 16 万元。

① 国家统计局：《2016 年国民经济和社会发展统计公报》，2017。

② 人力资源和社会保障部：《2016 年度人力资源和社会保障事业发展统计公报》，2017。

（二）人力资源服务机构规模

随着公共就业服务机构和人才公共服务机构整合改革的推进，其数量上有所减少；与此同时，人力资源服务行业出现兼并重组，部分企业通过兼并重组实现做大做强，因而，全行业人力资源服务机构的总数略有减少，但有利于行业发展质量的提高。据人社部统计，截至 2016 年底，全国县级以上公共就业和人才服务机构以及各类人力资源服务企业总量约 2. 67 万家，比 2015 年减少 410 家；全国建立各类人力资源市场网站 1. 17 万个，固定招聘（交流）场所 2. 1 万个。

从服务机构构成类别上看，民营人力资源服务机构增长最快，已成为我国人力资源服务业的最大主体。据人力资源和社会保障部统计，截至 2016 年底，民营性质人力资源服务企业 18859 家，占人力资源服务机构总量的 70. 6%；国有性质人力资源服务企业 1493 家，占 5. 6%；县级以上公共就业和人才服务机构 5262 家，外资及港澳台资性质的服务企业 227 家，民办非企业等其他性质的服务机构 854 家，占比分别为 19. 7%、0. 9% 和 3. 2%。

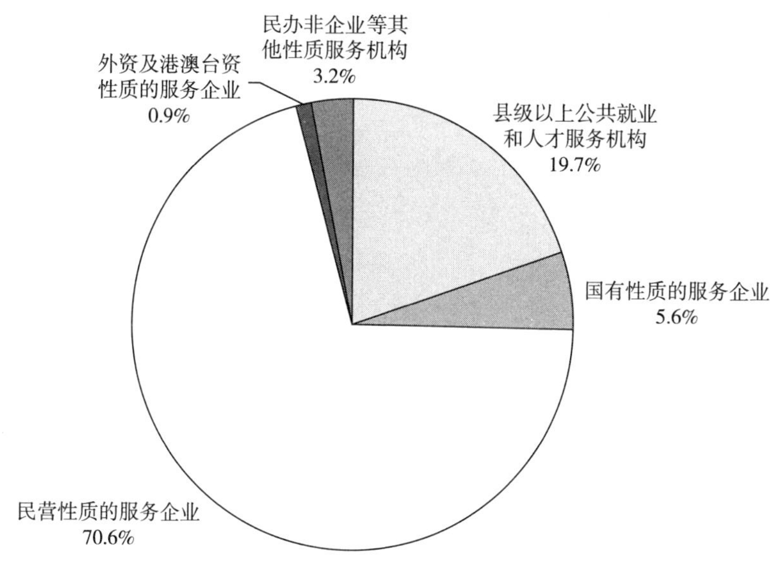

图 1　2016 年各类人力资源服务机构构成比例

二 人力资源流动配置能力

随着人力资源服务体系的进一步完善，政府作用更好发挥，以及人力资源市场作为人力资源配置的决定性作用凸显，人力资源流动配置服务需求得到了更好的开发与满足。

2016年，就业和流动人数增长较快。据人力资源和社会保障部统计数据，2016年全国各类人力资源服务机构共帮助1.77亿人次实现就业和流动，比2015年增长17.7%。全国登记求职和要求提供流动服务的人员达3.47亿人次，比2015年增长18.5%；各类人力资源服务机构共服务各类人员6.94亿人次，比2015年增长15.4%；2820万家次用人单位使用了人力资源服务，比2015年增长15.9%。

在登记求职和要求提供流动服务的人员中，大专及以下学历人员占绝大部分，其次是本科学历人员。人力资源和社会保障部数据显示，2016年的服务人次中，大专及以下学历的占总量的67.8%；本科学历的占总量的27.5%；硕士及以上学历的占总量的4.7%。

从各类人力资源服务机构服务的用人单位性质看，民营企业占绝大部分，其次是外资企业和其他用人单位。人力资源和社会保障部数据显示，2016年为

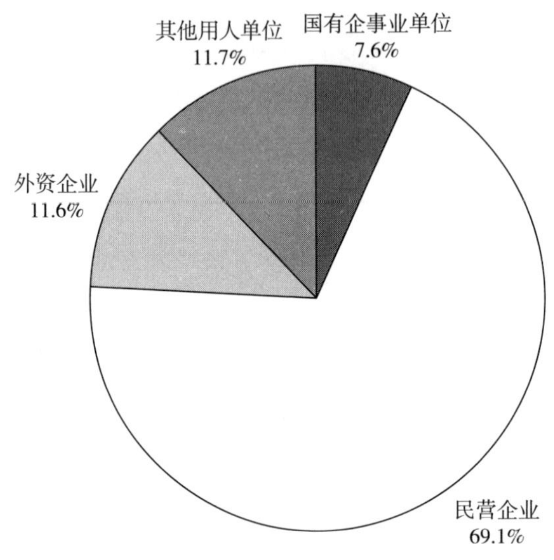

图2 2016年服务用人单位的构成比例

用人单位服务家次总量中，国有企事业单位占7.6%；民营企业占69.1%；外资企业占11.6%；其他用人单位占11.7%。

三　人力资源服务业态发展

人力资源服务主要业态呈现如下特点：现场招聘会继续萎缩，网络招聘保持高速发展；劳务派遣业务量近几年迅速下滑后保持稳定，而人力资源外包服务稳步增长；档案管理服务持续增长；高级人才寻访服务、人力资源管理咨询服务和人力资源培训等需求持续较快增长。

（一）招聘服务

随着互联网等新一代信息技术与人力资源服务的融合，招聘服务突破了时间和空间的限制，可以依托互联网完成大部分传统现场招聘才能实现的功能，因而以“互联网+”为特征的网络招聘和移动互联网络招聘受到用人单位的青睐，而传统的现场招聘会受到一定冲击，参与招聘会的用人单位和求职人员总量有一定程度降低。

从现场招聘会举办情况看，2016年招聘会总数进一步下降，针对重点人群的招聘会总场次略有减少，参会人数和招聘岗位也略有下降。人力资源和社会保障部数据显示，2016年，全国各类人力资源服务机构共举办20万场次现场招聘会，比2015年减少2.5万场次，下降11.1%。其中，农民工专场招聘会约6.1万场次，高校毕业生专场招聘会约6.5万场次，分别比2015年下降1.6%与3%。参会用人单位约688万家次，比2015年减少2.4%；参会求职人员约1.09亿人次，比2015年减少3.7%；招聘岗位信息总计约1.01亿条，比2015年减少2.7%。

网络招聘服务为更多求职者和用人单位所采用，2016年网络招聘岗位和求职信息发布量保持高速增长。人力资源和社会保障部数据显示，2016年全国各类人力资源服务机构通过网络发布岗位招聘信息约2.85亿条，比2015年增长15.7%；发布求职信息5.9亿条，比2015年增长20.9%。

（二）劳务派遣服务与人力资源外包服务

受到《劳务派遣暂行规定》的实施影响，以及人力资源服务企业转型升级压力的释放，民营企业的壮大，企业经营社会化大分工的发展，人力资源的供给与使用的分离，导致一方面劳务派遣与人力资源外包服务两者加总的市场需求总量保持稳步增长，另一方面劳务派遣和人力资源外包服务的业务结构出现了一定变化，经过几年的调整，形成了劳务派遣业务量在近几年迅速下滑后保持稳定，而人力资源外包服务稳步增长的格局。

人力资源和社会保障部统计数据显示，2016 年，登记要求派遣人员 552 万人，比 2015 年增加 5 万人，增幅比上年下降了 0.9 个百分点。全国约有 28.2 万家用人单位使用了人力资源服务机构提供的劳务派遣服务，比 2015 年减少 1000 家，减少了 0.6%；全国各类人力资源服务机构派遣人员 876 万人，比 2015 年增加 8 万人，增长了 0.97%。2016 年全国约有 54 万家用人单位使用了各类人力资源服务机构提供的人力资源外包服务，比上年增加 3 万家，增长了 5.9%。

（三）档案管理服务

随着近几年来流动人员人事档案管理收费制度改革，以及档案管理服务进一步规范和人力资源流动配置能力的增强，档案管理服务自 2014 年以来出现了快速增长。据人力资源和社会保障部统计，2016 年，依托档案提供开具相关证明、工资调整、档案查阅等服务 4432 万人次，比 2013 年增长 36%；管理流动人员人事档案 7716 万份，比 2013 年增长了 58.5%。

（四）人力资源培训等服务

随着国际国内经营环境复杂多变，企业经营难度加大，人力资源作为核心要素地位提升，人岗匹配度矛盾凸显等，特别是国家“大众创业、万众创新”的持续推进和民营企业的壮大升级，高级经营管理人才和高级技能人才进一步稀缺，人力资源管理咨询服务、人力资源培训和高级人才寻访服务等需求保持持续较快增长。

人力资源和社会保障部统计数据显示，2016 年，高级人才寻访（猎头）服务成功推荐选聘各类高级人才 116 万人，比 2015 年增长 12.9%。全国各类人力资源服务机构举办培训班 28 万次，比 2015 年增加 9.1%；培训人员 1208 万人，比 2015 年增长 8.6%。全国约有 229 万家用人单位使用了人力资源服务机构提供的人力资源管理咨询服务，比 2015 年增长 7.7%。

四 从业人员状况

人力资源服务业作为一个行业其自身也创造了就业岗位。随着人力资源服务业的发展，人力资源服务业的从业人员也出现增长，并提前实现了《关于加快发展人力资源服务业的意见》（人社部发〔2014〕104 号）中提出的到 2020 年全行业从业人员 50 万人的预定目标。人力资源和社会保障部统计数据显示，2016 年全国人力资源服务业的从业人员约 55.3 万人，比 2014 年增加近 15 万人，约增长了 35.9%。

与此同时，从业人员的总体素质也进一步提高。从取得职业资格的从业人员总量看，2016 年有 17.1 万人获得职业资格，比 2014 年增加 4.7 万人，增长 37.8%。从学历构成看，大专及以下学历的从业人员总量较大，且占较大比重；本科及以上学历的从业人员总量和比例有一定提高。大专及以下的从业人员，由 2014 年的 27.4 万人，增加到 2016 年的 35.3 万人，占比从 2014 年的 67.3% 下降到 63.9%；而本科及以上学历的从业人员，总数由 2014 年的 13.3 万人增加到 2016 年的 19.9 万人，占比比 2014 年提高 3.4 个百分点。

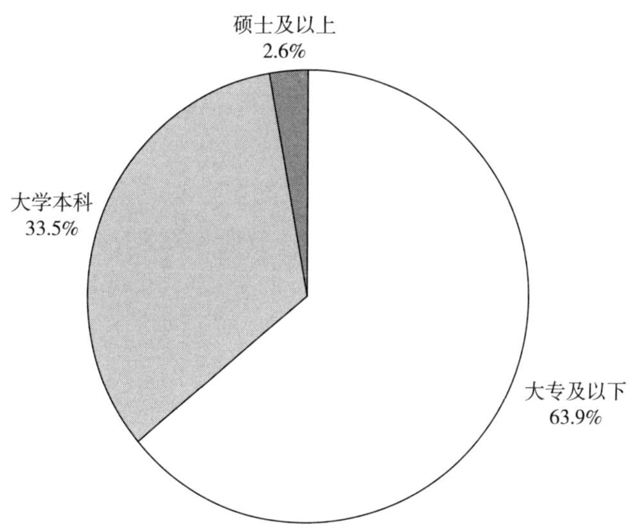

图 3　2016 年从业人员的学历构成情况

五　人力资源服务重大活动与发展新举措

各级政府、研究机构、协会、人力资源服务机构等密切关注人力资源服务业的发展，2016 年就人力资源服务业发展的理论与政策、服务体系建设、服务产品创新、互联网技术的应用等议题举办了一系列研讨、大赛和展览活动。

（一）全国人力资源市场建设工作座谈会

2016 年的全国人力资源市场建设工作座谈会，回顾了“十二五”时期人力资源市场建设工作，总结交流了各地人力资源市场建设的经验做法，并对“十三五”时期的人力资源市场建设工作做了部署。会议指出，深入推进人力资源市场改革，不断提高市场监管法治化水平，使市场在人力资源配置中起决定性作用，更好地发挥政府作用；推进人力资源服务产业园建设，健全完善相关政策体系，培育行业领军人才，促进人力资源服务业健康发展。

（二）人力资源服务理论与实践经验研讨会

各级政府、研究机构、人力资源服务协会、人力资源服务企业等相关组织合作开展了一系列人力资源服务相关理论与实践经验的研讨，主题涉及人力资源服务创新、人力资源服务发展战略、人力资源发展规律、人力资源服务实务等。

由全国博士后管委会办公室和人力资源和社会保障部人力资源市场司共同主办的“中国人力资源服务业博士后学术交流会”，以“全面深化改革背景下的人力资源服务业”为主题；来自中央和地方政府有关主管部门领导、部分重点高校和高端智库的专家，以及业内优秀企业的高级管理人员等参加了会议；会议重点围绕人力资源服务业发展的关键问题、服务和创新、未来趋势等做了探讨。

“2016 中国人力资源服务战略发展大会”由中国对外服务工作行业协会、北京人力资源服务行业协会、亚太人才服务研究院、上海人才服务行业协会等主办。全国 400 余位人力资源服务企业高管和人力资源研究领域的专家、学者，梳理总结了 2016 年中国人力资源服务行业的发展，交流了人力资源外包、劳务派遣、猎头与招聘以及人力资源互联网平台等当前人力资源服务的主要业态的发展问题。

中国人事科学研究院、陕西省人社厅、西安市政府联合举办了“丝路经济带人力资源服务业创新发展研讨会”。来自全国 11 个省份的人社厅局、10 个人力资源服务行业协会、40 余家人力资源服务机构和十余个人力资源服务产业园的代表在西安参加了会议，共同探讨了人力资源服务业发展创新之路和业务经营管理经验。

“2016 中国人力资源服务业创新大会”由苏州市人力资源服务行业协会发起并联合中国对外服务工作行业协会、北京人力资源服务行业协会、上海人才服务行业协会以及 HRoot 等 8 家单位主办。来自全国各地的人力资源服务企业负责人、人力资源服务产业园代表、企业人力资源总监等 600 余人参加此次盛会。大会以“创新”为中心，以“开创中国人力资源服务业新未来”为主题，以“推动和促进经济增长，助力人才强国战略的实施”为目标，就外包创新、互联网创新、投资上市等议题进行了研讨和交流。

（三）人力资源服务创新创业大赛

“2016 年中国（宁波）人力资源服务创新创业大赛决赛”由中国人事科学研究院和宁波市人民政府主办，由宁波市人社局、宁波人力资源行业协会承办。大赛以“资本 + 人力资源服务创新”为主题，致力于打造一个“互联网 +”背景下的人力资源服务行业跨界创新、业态模式创新、人力资源管理和服务技术创新、人力资源服务产业和资本融合创新、关联产业创新的载体，旨在通过大赛重点发现挖掘一批优质创新创业项目，孵化培育一批创新创业企业，转型升级一批人力资源服务机构。全国 400 余个项目团队报名参加，最终评选出 20 个决赛项目，大赛最终产生一等奖 1 个，二等奖 3 个，三等奖 6 个，优胜奖 10 个；并为 20 个决赛项目与有关投融资机构全部达成投资合作意向，涉及投资金额约 6400 万元。与此同时，大赛还举办了创新创业研讨峰会，峰会以“人才 + 资本”的理念，集聚人才信息，交流行业理念，助推产业发展。

（四）人力资源服务技术与产品展览会

“首届中国（珠海）国际人力资源服务产品与技术展览会”由中国四达国际经济技术合作有限公司与美国 LRP 出版集团（美国人力资源技术展举办方）合作引进中国，是国际化的人力资源服务产品与科技的展示、贸易、交流合作的高端平台。此次展会以展览、会议相结合的模式举办，展览规模约5000平方米，共规划不同规格的展位69个，安排31场次的主题演讲和专业论坛。展会现场汇集了包括美国甲骨文公司（Oracle）、思爱普公司（SAP）、自动数据处理公司（ADP）等在内的66家全球顶尖人力资源服务商和技术产品供应商。

在烟台举行的“2016年中国人力资源技术与服务大会”，参会企业共1056家，业务涉及信息技术、高端制造、电子商务等18个行业和领域。国内外1300多名人力资源高管、业界权威及行业媒体记者参加了会议。大会由主题演讲、圆桌论坛、人力资源服务展三部分组成。大会探讨了猎头、薪酬管理、背景调查及培训等12个人力资源服务与管理领域。

“2016中国（浙江）人力资源服务博览会”是由浙江省人力资源和社会保障厅主办，参展单位与观展人数均创了新高，20多个省份的团队参会，近150家单位参展。博览会以“创新、开放、共享”为主题，设立了10余场主题论坛，主要围绕“共享经济”“互联网+”“人工智能”“一带一路”等热点话题，对新常态下的人力资源服务和其衍生业态进行深入探讨，与会的精英与专家们分享了当今最前沿的人力资源管理新理念，探讨企业人才管理与发展的新策略。

“2016 HRoot中国人力资源服务展”在北京、深圳、上海、成都、广州等地举办，400余家国内外领先的人力资源服务供应商和3万余名企业中高层管理者、人力资源总监、人力资源经理、企业人力资源需求采购者等参加了会展。其中，上海10774人、深圳5172人、北京8496人、成都4011人、广州4889人。本届展会采取了现场展示、产品发布、演讲、研讨会等多种形式，举办了300余场专业研讨会，为了解行业新技术与新服务产品、未来发展趋势、最佳实践经验、服务品牌展示等提供了交流展示平台。

六　总结与展望

2016年我国人力资源服务市场积极应对各种挑战，继续保持高速增长，呈现如下特点。第一，人力资源服务市场规模持续扩大，保持了高速增长，营业收入首次突破1万亿元；人力资源服务业发展质量也得到进一步提升。第二，人力资源服务机构数量因市场整合改革与兼并重组略有下降，但民营人力资源服务机构快速增长，已成为我国人力资源服务业的最大主体。第三，人力资源流动配置服务需求得到了更好的开发与满足。各类人力资源服务机构服务的用人单位中，民营企业占绝大部分，其次是外资企业和其他用人单位；登记求职和要求提供流动服务的人员，大专及以下学历的占绝大部分，其次是本科学历人员。第四，人力资源服务各主要业态各有特点，比如，现场招聘会继续萎缩，网络招聘保持高速发展；劳务派遣业务量近几年迅速下滑后保持稳定，而人力资源外包服务稳步增长；档案管理服务持续增长；高级人才寻访服务、人力资源管理咨询服务、人力资源培训等需求持续较快增长。第五，人力资源服务业的从业人员总量增长迅速，并提前实现了《关于加快发展人力资源服务业的意见》（人社部发〔2014〕104 号）中提出的到 2020 年全行业从业人员达到 50 万人的预定目标。从业人员的总体素质也进一步提高，取得职业资格的从业人员总量、本科及以上学历的从业人员总量和比例有一定提高。第六，各级政府、研究机构、协会、人力资源服务机构等密切关注人力资源服务业的发展，就人力资源服务业发展的理论与政策、服务体系建设、服务产品创新、互联网技术的应用等议题举办了一系列研讨、大赛和展览活动。

可以预见，在《关于加快人力资源服务业的意见》（人社部发〔2014〕104 号）和《人力资源和社会保障事业发展“十三五”规划纲要》的引领下，在《关于“先照后证”改革后加强人力资源市场事中事后监管的意见》（人社部发〔2016〕49 号）和人力资源服务标准体系等不断规范下，在《“互联网 + 人社”2020 行动计划》推动人力资源服务与新一代信息化技术融合下，人力资源服务产品和服务模式将不断创新，与互联网技术将深度融合，互联网化的人力资源服务市场体系将更为完善；人力资源服务产业园将更好发挥示范和促进发展的作用，服务能力将大大增强；“大众创业、万众创新”的持续推进和民营企业的壮大升级，将会促进高级人才与高级紧缺人才寻访、人力资源外包服务等业务的进一步发展；“一带一路”倡议的持续推进将会进一步促进人力资源服务的国际化，推动人力资源服务市场的内外融合及发展；从业人员总量和素质将不断提高，人力资源服务业能更好地服务于就业优先战略、人才强国战略、“一带一路”倡议等国家重大发展战略，并将早日实现到 2020 年人力资源服务行业规模达到 2 万亿元，建立健全专业化、信息化、产业化、国际化的人力资源服务体系的发展目标。

参考文献

王克良主编《中国人力资源服务业发展报告（2014)》，中国人事出版社，2014。

余兴安主编，李维平副主编《中国人力资源发展报告（2016)》，社会科学文献出版社，2016。

余兴安主编，陈力副主编《中国人力资源发展报告（2015)》，社会科学文献出版社，2015。

余兴安主编，陈力副主编《中国人力资源发展报告（2014)》，社会科学文献出版社，2014。

吴江主编，刘燕斌、陈力副主编《中国人力资源发展报告（2013)》，社会科学文献出版社，2013。

B.22

“互联网+人力资源服务业”的发展现状与趋势*

田永坡　吴 帅**

摘　要：“互联网+”正在深刻改变着我国经济社会发展的模式。人力资源服务业作为提供获取开发和配置人力资源等各项服务的产业，已成为我国生产性服务业的重要组成部分，在推动经济转型升级、人才事业发展等方面发挥了重要作用。在“互联网+”浪潮和政策的推动下，人力资源服务机构根据自身的经营特点和优势，做出了一系列尝试，并取得了一些效果。本文结合中国人事科学研究院对全国人力资源服务机构的抽样调查，对“互联网+人力资源服务业”的发展现状与趋势进行了分析。

关键词：人力资源服务业　“互联网+”　服务机构

当前，我国正在经历一轮以互联网等为代表的信息革命，“互联网+”正在深刻改变着我国经济社会发展的模式。中国互联网络信息中心（CNNIC）2017年1月发布的第39次《中国互联网络发展状况统计报告》显示，截至2016年12月，我国网民规模达7.31亿，互联网普及率为

* 人力资源和社会保障部人力资源市场司对问卷调查提供了大力支持，王晓辉博士在问卷设计和数据分析中提供了有益帮助，这里一并致谢，但文责自负。

** 田永坡，博士，中国人事科学研究院副研究员，主要研究方向为劳动力市场、就业及人力资源服务业；吴帅，博士，中国人事科学研究院副研究员，主要研究方向为人力资源服务业与人才政策。

53.2%，与2015年相比，全年共计新增网民4299万人，互联网普及率提升2.9个百分点。

《国务院关于积极推进“互联网+”行动的指导意见》给出了“互联网+”的定义和外延，并提出了具体的实施方案。2016年4月19日，习近平在网络安全和信息化工作座谈会上指出：“我国经济发展进入新常态，新常态要有新动力，互联网在这方面可以大有作为。”人力资源服务业作为提供获取开发和配置人力资源等各项服务的产业，已成为我国生产性服务业的重要组成部分，在推动经济转型升级、人才事业发展等方面发挥了重要作用。在“互联网+”浪潮和政策的推动下，人力资源服务机构根据自身的经营特点和优势，做出了一系列尝试，并取得了一些效果。本文将结合中国人事科学研究院对全国人力资源服务机构的抽样调查，对“互联网+人力资源服务业”的发展现状与趋势进行分析。

一　参与调查机构的基本情况

本次调查于2016年初实施，调查对象包括全国31个省（自治区、直辖市）的人力资源服务机构。调查对象采用按比例随机抽样方式选择，回答方式采用调查网络在线填写。调查的内容包括互联网产品和服务模式创新、互联网实施计划和投入、“互联网+”实施过程中面临的问题等。

从参与调查的人力资源服务机构看，民营、公共服务机构和国有机构的数量排在前三位，这三类机构占被调查对象的比例分别为66.06%、16.6%、8.73%。

在经营年限上，参与调查的人力资源服务机构的经营年限以“10年及以上”和“1~3年”为主。其中，“10年及以上”的最多，约占35.75%；其次是“1~3年”的，约占22.21%；而“4~6年”的位列第三，约占20.9%。

参与调查机构的主营业务主要为人力资源招聘、劳务派遣和人力资源服务外包，这些业务均为当前行业的主流业态。排行前五位的为人力资源招聘（约占61.6%）、劳务派遣（约占59.51%）、人力资源服务外包（约占34.51%）、人力资源和社会保障事务代理（约占32.41%）、人力资源管理咨询（约占20.13%）。

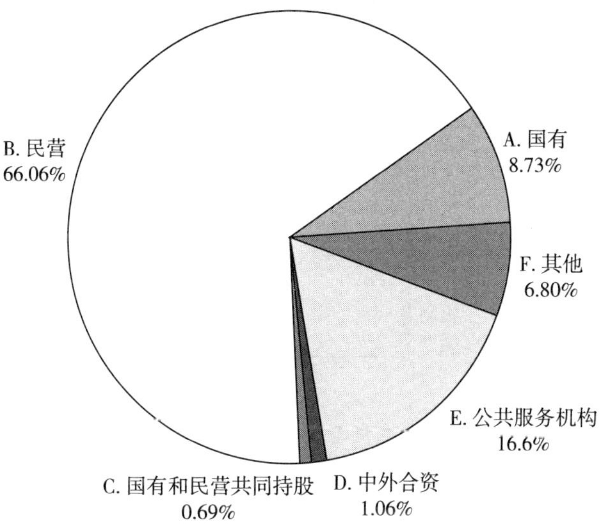

图1 参与调查人力资源服务机构的构成

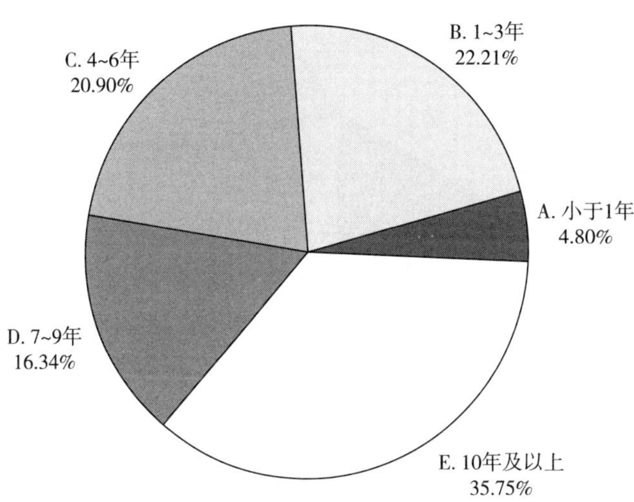

图2 参与调查人力资源服务机构的经营年限构成

从盈利状况看，参与调查的人力资源服务机构盈利水平总体不高。大部分机构反映盈利能力一般（约占43.36%），而认为较好的约占17.03%，很好的仅为2.68%。

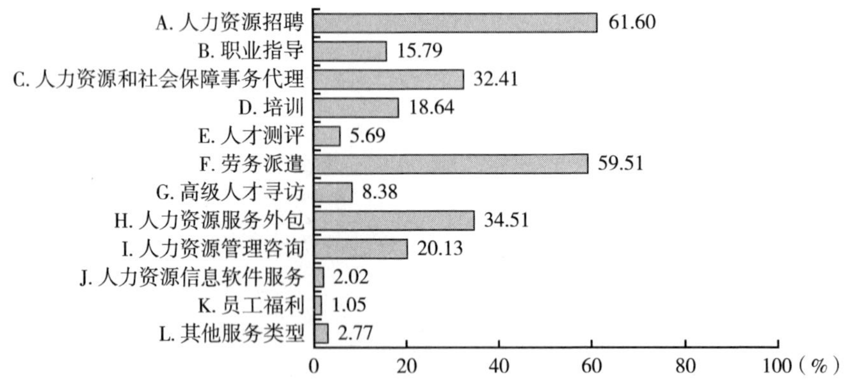

图 3　参与调查人力资源服务机构的主要经营业务形态

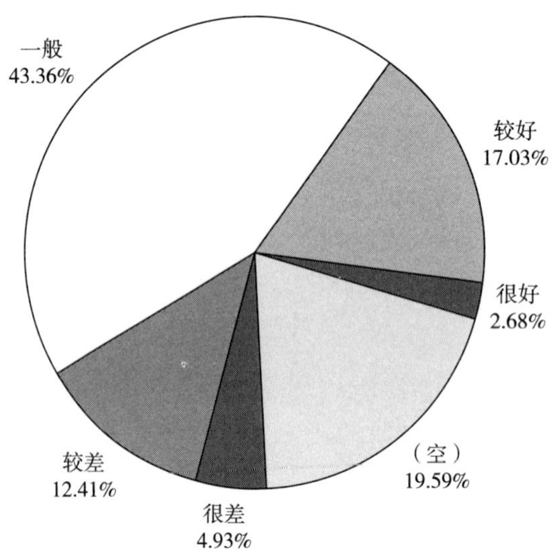

图 4　参与调查人力资源服务机构的盈利状况

从调查结果看，人力资源服务机构实施互联网和人力资源服务融合的状况基本停留在计划或者没有计划阶段。其中，选择“有计划，但还没有实施”的比例最高，为 47. 29%，其次为“没有计划”，占 22. 02%，而“产品已经成熟并实现预期收益”的只有 2. 31%，“已经商业化，正处在快速成长阶段，但相关产品还没有实现盈利”的占 6. 24%。

表 1　人力资源服务机构实施互联网和人力资源服务融合的状况

选项	小计(个)	比例(%)
A. 没有计划	353	22.02
B. 有计划,但还没有实施	758	47.29
C. 已经进行相关产品研发,但还没有商业化	309	19.28
D. 已经商业化,正处在快速成长阶段,但相关产品还没有实现盈利	100	6.24
E. 产品已经成熟并实现预期收益	37	2.31
F. 其他	46	2.87

二　我国“互联网 +人力资源服务业”的发展特点

从问卷调查和人力资源服务机构调研的情况看，我国“互联网 + 人力资源服务业”总状况呈现如下特点。

（一）行业内部对“互联网 +”影响的认识不一，“互联网 + 人力资源服务业”仍须积极引导

互联网的快速发展为人力资源服务业既提供了机遇也带来了挑战。问卷调查数据显示，56.14%的人力资源服务机构认为互联网为业务转型升级提供了好机会；而33.31%的机构则认为互联网使得市场竞争更加激烈，增加机构发展难度；也有极少数机构（占3.54%）悲观地认为，人力资源服务业将逐渐消亡。一半以上的被调查机构认为信息化和互联网对人力资源服务机构经营发展影响一般或是无效果甚至是负面影响（其中，45.79%的被调查机构认为信息化和互联网对人力资源服务机构经营发展总体效果的影响一般，6.01%的认为无效果，0.27%认为存在负面影响），而认为信息化和互联网对人力资源服务机构经营发展效果影响很明显（12.22%）和较明显（35.71%）的合计仅有47.93%。

在有关信息化和互联网影响人力资源服务机构发展具体效果的认识方

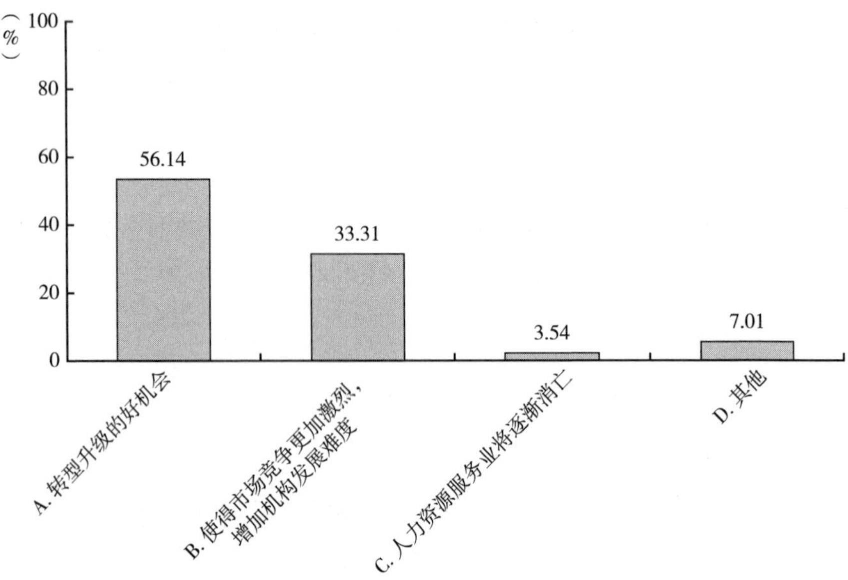

图 5　有关互联网快速发展对人力资源服务业发展机遇与挑战的认识

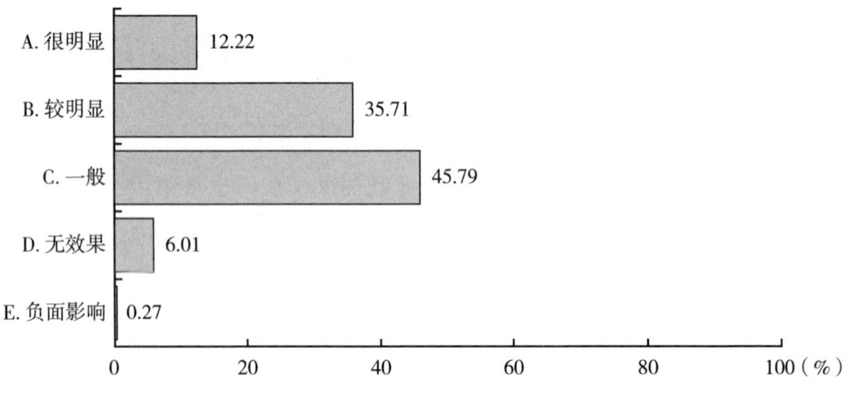

图 6　有关信息化和互联网对人力资源服务机构经营发展总体效果影响的认识

面，被调查的机构普遍认为“互联网+”将在提高企业经营效率、创新产品和服务模式、加强机构品牌建设以及推进企业规模快速扩张方面产生积极的作用（71.16%的机构认为能够提高经营效率，51.2%的机构认为能创新产品和服务模式，41.86%的机构认为能加强机构品牌建设，18.89%

的认为能推进规模快速扩张)，但也有少数机构认为信息化和互联网将挤压传统业务量。

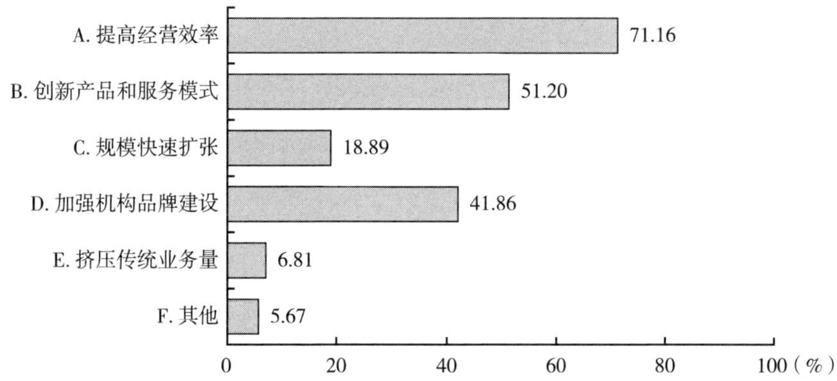

图 7　有关信息化和互联网对人力资源服务机构发展具体影响的认识

（二）已经实施“互联网 +”的人力资源服务机构比例不高，服务模式的创新较为有限

在被调查的人力资源服务机构中，互联网和人力资源服务融合已经成熟并实现预期收益或者商业化的占比不高，多数企业处在计划实施阶段。其中，选择“产品已经成熟并实现预期收益”的只有 2. 31%，选择“已经商业化，正处在快速成长阶段，但相关产品还没有实现盈利”的占 6. 24%。而选择“有计划，但还没有实施”的比例最高，为 47. 29%。

此外，从各类机构与互联网融合的具体情况看，被调查的企业中大部分企业还只是停留在一般形式上，基于微信的宣传和营销是目前的主要形式，其次是基于互联网的人力资源服务网络化处理，而真正利用“互联网 +”相关的大数据、云计算等技术的比例较少。具体来看，当被问到“本机构借助互联网进行的产品创新形式”（可多选）时，53. 87% 的机构回答是“基于微信进行的客户获取和宣传”，43. 46% 的机构运用的领域是在“代理、外包等业务的网络化处理”，而只有 20. 16% 的机构是“基于云存储技术进行的数据积累和挖掘”。

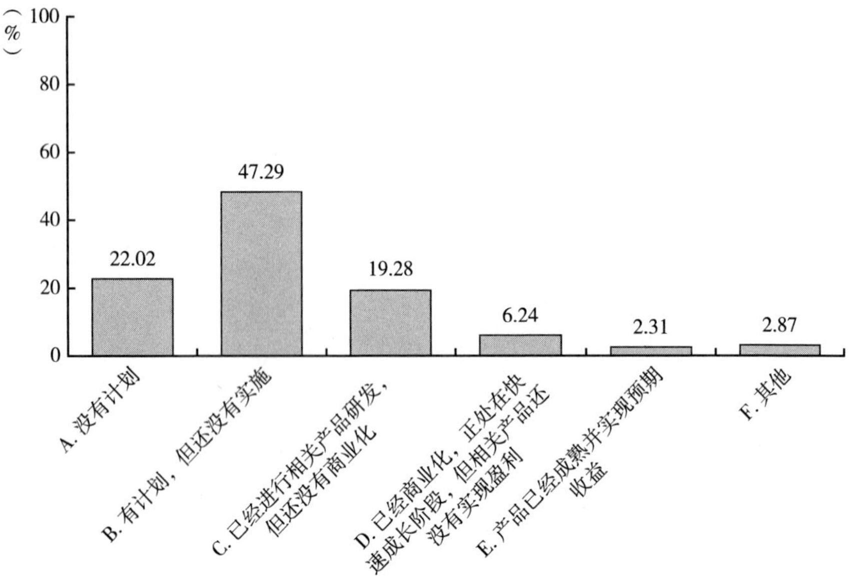

图 8　人力资源服务机构实施互联网和人力资源服务融合的状况

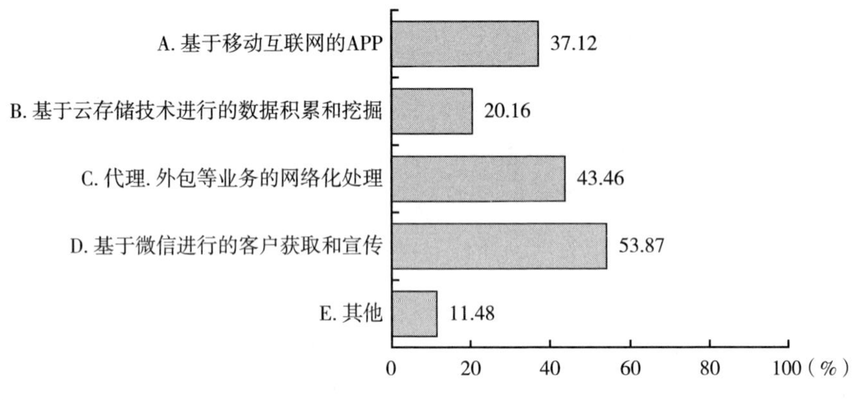

图 9　人力资源服务机构借助互联网进行产品创新形式

（三）各业态开展参与“互联网 +”冷热不均，招聘、派遣、人事代理领域活跃度最高

根据问卷调查的结果，人力资源服务机构借助互联网进行产品或者经营模式创新的活动，在主要的人力资源服务业态都有涉及，其中，招聘、劳务派

遣、人力资源和社会保障事务代理等领域的“互联网 +”融合发展最快最多，而测评、人力资源信息软件服务、员工福利领域开展“互联网 +”的比例很低。具体来看，招聘领域为 68. 87% ，劳务派遣领域为 28. 82% ，人力资源和社会保障事务代理领域为 25. 89% ，测评、人力资源信息软件服务、员工福利领域分别仅为 6. 99% 、5. 74% 和 2% 。

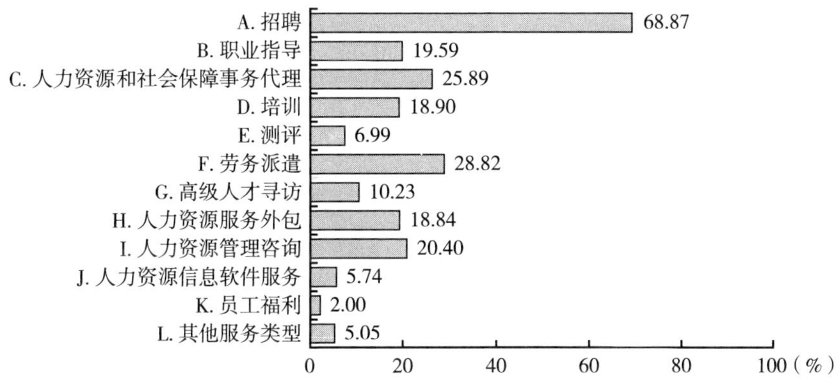

图 10　人力资源服务机构利用互联网进行服务产品和模式创新的主要业务形态

（四）人力资源服务企业信息化建设投入来源单一，主要靠自有资金

企业的“互联网 +”转型需要大量的信息化基础建设投入，从调查的情况看，目前，多数人力资源服务机构实施信息化的资金主要还是靠自有资金（其中，全部靠企业自有资金的机构占被调查的 56. 94% ，以机构自有资金为主、以政策性资金为辅的占 11. 82% ，两者合计占 68. 76% ），政策性资金支持非常有限（在被调查的机构中，仅有 7. 01% 的机构实施信息化的资金以政策性资金支持为主），与相关合作单位投入的比例仅为 3. 74% 。此外，有 20. 49% 的机构目前还没有信息化支出。这也反映出目前仍有较大一部分的人力资源服务机构尚未参与“互联网 +”行动。

在资金的具体用途方面，调查结果显示，用于购买硬件设备、购买相关软件和外部服务，以及必要的人员培训方面的投入最多，分别为 56. 81% 、56. 54% 以及 42. 46% 。

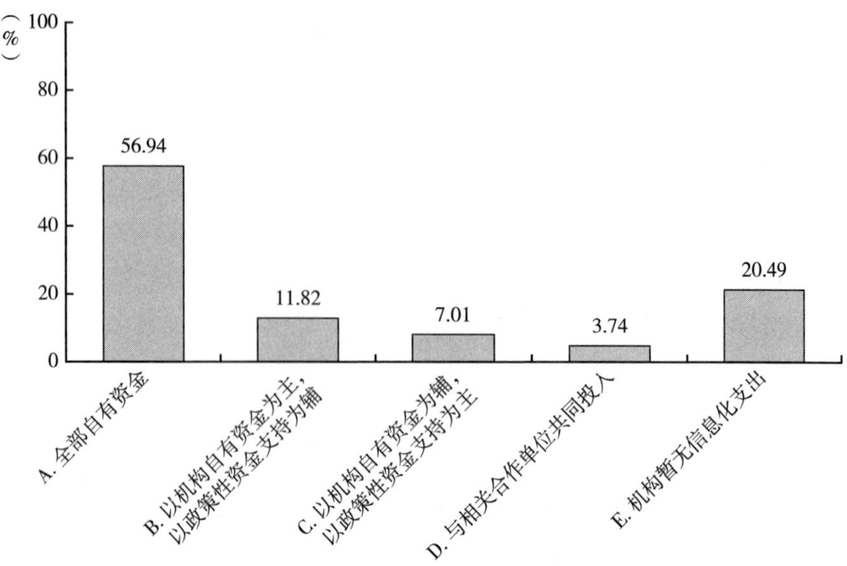

图 11　人力资源服务机构实施信息化的资金来源

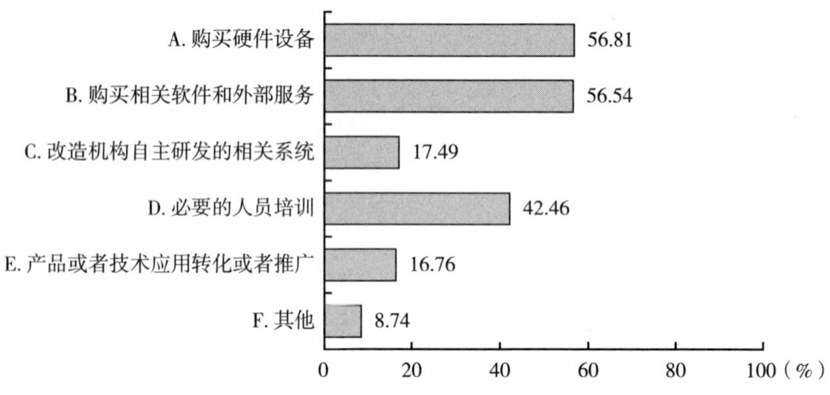

图 12　人力资源服务机构信息化建设资金的主要用途

（五）人才、资金、政策支持是影响“互联网 + 人力资源服务业”发展的主要因素

根据问卷调查的结果，在实施“互联网 + 人力资源服务业”的过程中，人力资源服务机构面临的主要问题是专业人才缺乏、资金不足、缺乏政府的帮

助与支持。其中，认为专业人才缺乏的人力资源服务机构占 63.82%，认为资金不足的有 53.34%，认为缺乏政府的帮助与支持的有 33.51%，认为现有技术的市场应用性差的有 26.10%，认为信息安全性差的有 15.55%，认为机构管理层不重视的有 10.01%。

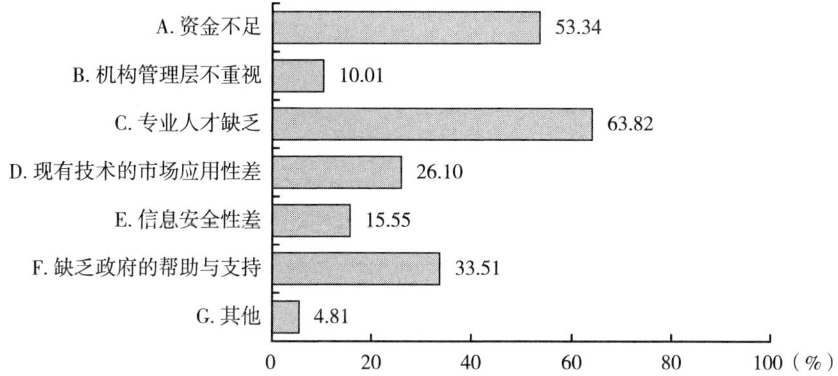

图 13　人力资源服务机构在信息化和互联网技术应用中遇到的主要问题

三　"互联网 +"背景下我国人力资源服务业发展趋势

基于"互联网 +"影响传统产业的一般规律，结合人力资源服务业自身的特点，通过对人力资源服务机构"互联网 +"的实践观察，课题组认为，"互联网 +"背景下我国人力资源服务业发展将呈现以下新的趋势。

（一）跨界融合将打破传统的业态边界

从行业的总体发展来看，在互联网、大数据、云计算等信息技术的推动下，企业人力资源管理越来越呈现信息化、专业化的特点，根据王通讯的研究，大数据将在人力资源规划、招聘、人才选拔、测评、人才使用、考核、薪酬管理、培训等方面广泛引用。中国互联网络信息中心 2016 年 1 月发布的第 37 次《中国互联网络发展状况统计报告》也显示，互联网信息技术在企业开展经营的各个环节都有应用，其中，网络招聘在商务服务类别和内部支撑类应用中属于普及率较高的一种应用，为 57.4%，其次为在线员工培训，为 28.1%。综合技术发展及其对服务业的影响，各类人力资源服务机构在为用人单位或者劳动者提供人力资源服务外包的时候，其服务手段和服务方式也要紧跟这些技术发展趋势，利用这些技术创新服务方式和经营模式，挖掘新的市场空间。

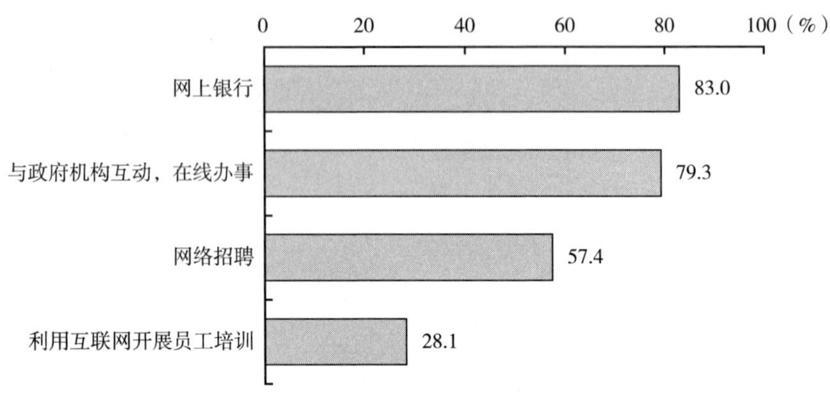

图 14　企业基础内部支撑类互联网活动开展情况

资料来源：中国互联网络信息中心：第 37 次《中国互联网络发展状况统计报告》，2016。

从技术发展和管理模式发展趋势看，人力资源服务业与其他生产性服务业或者生活性服务业跨界融合和创新将具有很大潜力。就国内外已有的实践来看，未来人力资源服务业将在三个领域实现跨界发展：第一，“互联网 + 传统人力资源服务”，如网络招聘、社交招聘以及网上社会保障事务代理等业务形态；第二，人力资源服务各传统业态借助互联网手段，形成一条相对完整的人力资源服务产业链；第三，人力资源服务与医疗健康、财务、法律等其他生产性或者生活性服务融合。

可以预见，无论是传统人力资源服务与互联网技术融合，还是传统人力资源服务在互联网技术的支撑下与行业内或者跨行业的融合，其业务边界将不断拓宽。在与生活性服务业融合方面，人力资源服务与家政服务结合将为传统的薪酬福利外包业务创造新的机遇；在与生产性服务业融合方面，人力资源服务与科技服务、商务服务、创业服务等结合将为人力资源外包服务提供更大的市场发展空间。

（二）共享型的人力资源服务模式日趋成熟

在“互联网＋”的推动下，我们看到共享型商业模式在各行各业发展壮大。所谓的人力资源服务业的共享型服务模式就是指由某一家企业牵头搭建一个统一的服务体系和营销体系，所有在这一平台上的企业和机构都可以共享这套体系。我国的人力资源服务企业普遍规模较小，大量的中小微人力资源服务企业所掌握和能调动的资源非常有限，产品和服务创新的能力也非常有限，这也是制约我国人力资源服务业整体跃升壮大的因素之一。截至2015年底，全国各类人力资源服务机构共2.7万家，从业人员45.1万人。根据这些数据，平均每家机构的从业人员仅为17人不到。在“互联网＋”背景下，我们看到近年来开始有企业着眼于通过互联网平台打造基于行业内部产品、服务以及商业模式互联互通的共享型人力资源服务生态系统。它们通过战略合作的方式将行业内不同业态、不同属地的服务机构联合起来，共享统一的互联网服务平台和营销网络，从而解决过去人力资源服务机构跨地区服务难的问题以及服务标准化等问题。未来将有越来越多的人力资源服务共享平台出现。

（三）重度垂直模式将推动行业专业化水平的提升

专业化程度不高一直是我国人力资源服务行业发展存在的不足。“互联网＋”背景下，重度垂直商业模式的创新和发展将有助于推动这一问题的解决。这几年，招聘、猎头、人事代理等领域崛起了一批专注于某一细分市场、能较好地融合互联网技术的创新型企业。对这些企业而言，互联网技术以其标准化、可复制性的优势，为其在细分领域实现快速扩张提供了机会。以互联网为手段的垂直招聘细分、人力资源大数据挖掘与分析、自由职业者等群体就业服务将成为未来人力资源服务垂直领域发展的重要产品和服务形态。

（四）人力资源服务过程中的用户参与度将日趋提升

“互联网＋”通过技术革新，极大地拉近了生产者和终端消费者之间的距离，传统模式下B2B的模式将向B2C、C2C延伸，构建起了一个以消费者为中心的新的生产关系。从参与的形式看，用户参与对人力资源服务提供的影响包括两大方面，一是各个行业领域的劳动者，他们对人力资源服务产品的需求

将是人力资源服务行业产品创新最直接、最真实的依据；二是在各个用人单位的企业人力资源管理部门的从业人员，他们对人力资源服务创新也有着直接且专业的体验和反馈。因此，未来，基于员工和企业人力资源管理人员的用户参与式创新将为人力资源服务企业乃至全行业的发展带去新的动力。

（五）基于用户数据积累的增值服务成为新的价值点

在“互联网 +”时代，IT 技术除了实现经济社会活动在线化以外，还将这一过程中所积累的信息整合到一起，实现了人们各类线下线上活动的数据化。所谓的“数据化”，就是依托互联网平台保持的数据，通过数据分析和整理对消费者、生产企业以及行业发展提供有效引导和支撑。就人力资源服务业而言，以云计算为核心的人力资源 SaaS（软件即服务）和大数据存储技术，将为人力资源服务的数据化提供有力支撑，以劳动者求职、流动、薪酬等为主要对象的数据挖掘将成为人力资源服务行业重要的衍生服务。以薪酬代发为例，人力资源服务通过为相关单位提供薪酬代发服务，积累了大量的薪酬数据，在不泄露相关单位商业秘密的前提下，提供薪酬代发的人力资源服务机构可以对这些单位所处的行业和地区进行薪酬水平分析，为政府最低工资水平调整、用人单位薪酬策略、劳动者求职决策提供有益的参考，解决劳动力市场信息不对称所带来的决策失误问题。

（六）资本市场将在企业发展中发挥越来越重要的作用

互联网企业竞争发展的一大特征是需要大规模资金支持，这就要求企业通过外部合作的方式来拓展资金来源。必须看到，在“互联网 +”推动跨界融合的大势下，人力资源服务企业依靠自有资金来实现“滚雪球”发展的模式已经不可持续。近年来，行业内一些企业依托良好的互联网技术和产品理念，凭借“讲好故事”和“做好产品”的能力，利用资本的力量实现了企业的快速发展和市场拓展。随着投资者对行业的熟知以及互联网和人力资源服务融合的加深，人力资源服务行业“重资产”特征的凸显，资本将成为人力资源服务企业实现跨越式发展的关键要素之一。

B.23
2016年人力资源服务企业经营状况调查分析*

林　彤**

摘　要：本报告旨在了解人力资源服务企业在2016年的总体经营状况，研究人力资源服务企业在新的市场环境下以创新求发展的情况，探寻“营改增”对人力资源服务企业的影响，本报告依据中国对外服务工作行业协会对所属部分会员单位2016年度经营情况的统计和相关问卷调查的结果，从总体情况、各主要业态细分情况的解读等角度对2016年人力资源服务企业的经营情况进行了分析和总结，并对人力资源服务业的发展趋势进行了探讨。

关键词：行业统计情况　人力资源　服务企业

前　言

2016年，人力资源服务产业在整体上依然保持了平稳的发展。但是，与人力资源服务产业发展的初期乃至中期相比，人力资源服务企业在2016年面临的市场环境和竞争格局更为复杂。“互联网+”商业模式、大数据战略以及共享经济理念都在深刻地冲击、影响着人力资源服务行业。近年来崛起的一批

* 本报告中所涉及的人力资源服务企业是指以线下各类人力资源相关服务为主要经营范围的传统的人力资源服务企业。

** 林彤，经济学学士，中国对外服务工作行业协会研究室主任，国际商务师，研究方向为人力资源服务产业。

新兴互联网化企业在各类风险投资的助力下，以极具竞争力的价格和平台化的线上服务模式，垂直进入人力资源服务细分的不同领域。传统的人力资源服务企业遭遇了更为激烈的市场竞争，人力资源服务行业的未来走向也将面对一定的不确定性。观察、了解人力资源服务企业的经营现状，思考、研究人力资源服务企业未来的发展战略是本报告最重要的目的。

一 总体情况

中国对外服务工作行业协会（简称“外服协会”）成立于1989年。作为一家全国范围的人力资源服务行业协会，目前协会在全国各地拥有近150家会员单位，会员单位既包括人力资源服务领域的大型国有企业，也包括伴随着中国加入WTO及中国人力资源服务产业的发展应运而生的覆盖人力资源服务产业不同业态的民营企业及知名外资企业。从地区分布来讲，外服协会的会员单位分散在全国28个省份，还没有会员单位的省份包括宁夏、青海、西藏、云南。但是，会员单位又主要集中在北京、上海、广东、江苏、山东以及东部沿海地区和国内一线城市。其中北京有20家会员单位，江苏有20家会员单位，上海有12家会员单位，广东有13家会员单位。从全国范围来看，我国人力资源服务产业的发展并不平衡，相对而言，上述地区经济发达，人力资源市场非常活跃，会员单位的分布特点也印证了这一市场形势。从业务范围来讲，会员单位的主营业务为向国内各类经济组织、各类机构提供人力资源外包、劳务派遣、招聘、业务流程外包、咨询以及其他涉外商务服务等全方位人力资源服务解决方案。

外服协会还于1999年经外交部批准，加入世界就业联盟（其前身为CIETT），是海峡两岸在该组织中唯一的合法代表，在中国人力资源服务产业的国际交流上发挥着重要作用。

作为协会常年的一项重点工作，自1999年开始，外服协会一直坚持开展对所属会员单位年度经营情况的数据调查统计工作，从而对会员单位的总体经营情况、利润水平、发展状况、行业的发展趋势以及存在问题等获得较为清晰和全面的了解。与相关政府部门的统计角度有所不同，外服协会更加侧重从业务的角度关注、研究人力资源服务行业的变化与走势。

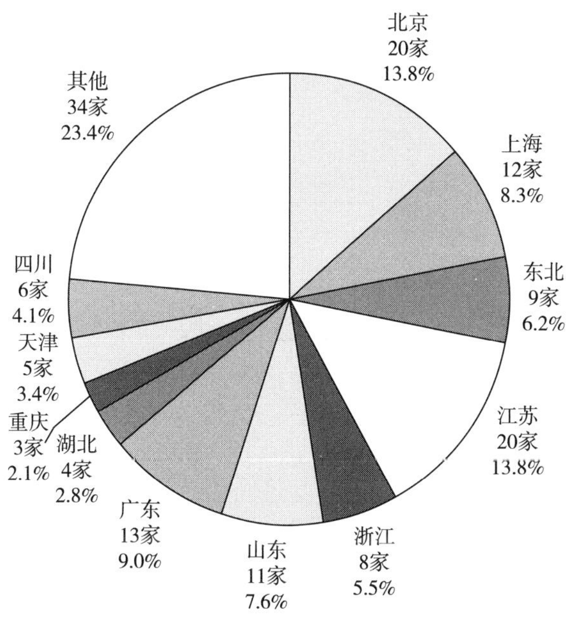

图1　外服协会会员单位地区分布

2017 年 3 月 1 日至 4 月 30 日，外服协会针对 2016 年度协会所属会员单位的整体经营情况开展了数据统计及相关问题的问卷调查工作。此项工作得到会员单位的大力支持，共有 107 家会员单位提交了翔实的统计报表，其中副会长单位（含执行会长单位）11 家、常务理事单位 32 家、理事单位及新会员单位 64 家，参与率为 74%。就调查统计的覆盖面而言，参加调查统计会员单位的绝对数量以及在全体会员单位中所占的相对比例都超过上一年度。此外，考虑到部分会员单位并未单独参加调查统计，而是由上级单位集合统报的实际情况，2017 年的统计结果更加趋同于协会全体会员单位的总体经营规模，更加真实地呈现了会员单位在业务经营活动中的共性问题以及不同业态的变化走势。

根据本次调查统计的反馈结果，参加调查统计的会员单位实现营业总收入 38275423. 92 万元（含代收代付 29103239. 43 万元）。营业净收入同比平均增长率为 16. 35%；实现利润 188849. 41 万元，同比平均增长率为 23. 65%；总服务客户 205739 家；服务各类员工总人数为 5880931 人；参加统计的会员单位内部员工总数为 48556 人，在全国各地共有 861 家分支机构。

参加调查统计的会员单位中，大部分会员单位实现了利润的稳定增长，但也有 18 家会员单位出现了利润的同比下降甚至亏损。

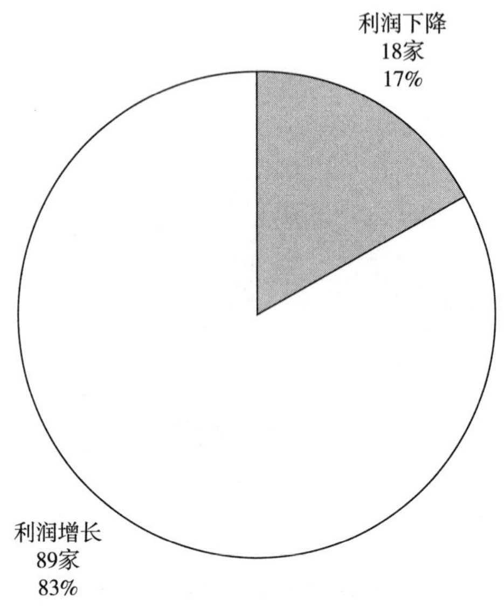

图 2　会员单位利润的增长与下降情况对比

二　主要业态经营情况的分析与解读

2016 年，人力资源服务企业开展的业务主要有以下几类：人事代理服务、招聘（含高端人才寻访和招聘流程外包）、劳务派遣、业务外包、人力资源咨询服务、培训服务、人才测评服务、对外劳务合作。还有部分会员单位开展了境内外商务咨询、外籍人服务、生活服务等其他业务。

（一）人事代理服务

2016 年，参加调查统计的会员单位为 4747523 名员工提供了人事代理服务，服务人数同比平均增长率为 17.79%。

综合近年来的统计结果，人事代理服务的业务规模持续而稳定增长。在我国当前的用工环境下，随着各项相关法律、法规的不断完善，用人单位比以往

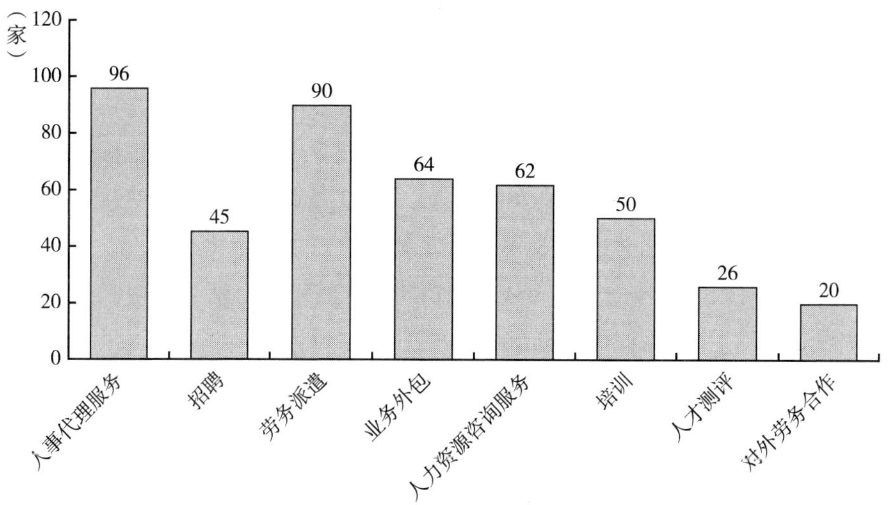

图3　2016 年开展各类业务的会员单位数量

更加合规、谨慎地使用员工，更加愿意将与员工相关的各种人事服务手续委托给专业的人力资源服务机构，这为人力资源服务企业人事代理服务的持续增长提供了稳定的市场基础。与 2015 年相比，会员单位所服务的客户数量同比也有了一定幅度的增加。上述情况表明：以社保代理、薪酬福利管理为主要内容的人事代理服务目前仍是客户企业最需要的核心服务。

需要引起有关部门注意的是：对于人力资源服务企业的客户是否应单独设立社保账户的问题，各地人社部门的规定不尽相同。有些地区允许客户将社保缴纳在人力资源服务企业自身的大账户中（业内俗称“大盘”）。而有些地区则要求客户在当地必须单独设立自己的社保账户（业内俗称“小盘”）。在后一种情况下，有时，当地人社部门不允许人力资源服务企业代理客户办理与社保相关的手续。

（二）招聘

2016 年，参加调查统计的会员单位通过高端人才寻访（猎头）与招聘流程外包（RPO）等招聘服务，实现成功上岗的员工人数为 97375 人，同比平均增长率为 14.68% 。

招聘业务一直是人力资源服务的一个重要内容，也是近年来人力资源相关服务创新实践最为活跃的领域。在"互联网+"的时代背景下，招聘服务体现出多样化发展的趋势。除了一些大型的综合性门户招聘网站外，社交媒体招聘、细分行业招聘网站、可视化招聘平台、手机客户端招聘 APP、共享招聘平台等新型招聘形式纷纷出现。一些传统的人力资源外包服务企业也积极在招聘服务方面进行创新尝试，例如，由博尔捷人力资源集团投资开发的欧孚视聘就是将可视化面试与网上测评系统联结在一起，缩短了整个招聘流程，提升了企业内部 HR 的招聘工作效率。上述新型招聘模式的出现丰富了招聘服务的形式和手段，拓宽了求职者获取信息和实现就业的渠道。

招聘交付能力对于人力资源服务企业其他相关业务的开展也非常重要，特别是在开展劳务派遣以及灵活用工的人力资源服务企业中，招聘团队可以起到重要的支撑作用。然而，多年来，招聘能力对于大多数人力资源服务企业来讲一直是一个"软肋"，随着新型招聘模式的出现，传统的顾问式招聘服务的市场空间受到了一定程度的影响。与 2015 年相比，开展招聘业务的会员单位数量同比出现了下降，这一情况也显示出招聘业务目前仍然是大多数人力资源服务企业发展的瓶颈。

（三）劳务派遣

2016 年，参加调查统计的会员单位在 2016 年向用工单位提供的派遣员工总数为 646691 人，同比平均增长率为 -5.18%。

受《劳务派遣暂行规定》的持续影响，近两年来劳务派遣用工数量和营业规模仍处在缓慢下降过程中。需要指出的是：根据观察，新规的实施对于人力资源服务企业相关业务的影响是有限的。当前，劳务派遣用工单位很大部分来自国有企业。在用工方面，它们法规意识强，能够按照规定要求调整劳务派遣用工比例。对于由劳务派遣用工转为直接聘用的员工，用工企业更倾向于将这部分员工的人事服务继续委托给人力资源服务企业来承担，因此，虽然近年来人力资源服务企业的劳务派遣业务有所下降，但是，人事代理服务收入依然继续保持了稳定的增长。此外，《劳务派遣暂行规定》对政府部门一些承担公共服务职能的岗位（比如交通协管员）使用劳务派遣员工没有明确限制，这些都为人力资源服务企业继续开展其他相关业务提供了市场基础。

（四）业务外包

2016 年，参加调查统计的会员单位中共有 64 家单位开展了生产外包、商业流程外包（BPO）、岗位外包、财务外包等各类外包业务。各类业务外包在岗人员 282705 人，同比平均增长率为 102%；外包业务实现收入 1255015. 87 万元，同比平均增长率为 79. 7%。

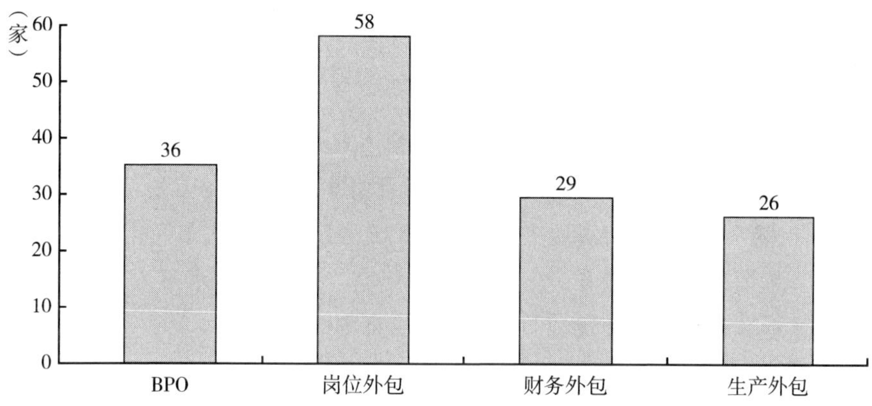

图 4　2016 年开展各类外包业务的会员单位数量

与劳务派遣板块的下降形成鲜明对比的是：参加调查统计的会员单位 2016 年在业务外包板块强势上升，体现在外包项目在岗员工和外包业务营业收入的双双同比大幅增长。近年来，人力资源服务企业在业务外包领域取得长足进步是由多种因素叠加而促成的。外包业务初期的发展更多的是在政策影响下，用工单位通过将劳务派遣用工向业务外包的被动转换而实现的。经过数年的探索尝试，近两年来，一些人力资源服务企业在业务外包领域已经形成了比较成熟的操作模式和管理经验。与劳务派遣的“管人”不同，业务外包是一种全流程管理，其价值更多地体现在人力资源服务机构在业务流程过程中通过优化生产环节、提高劳动生产率所创造的价值，是对劳动力资源的一种深度加工。通过调查研究，我们看到：当前，外包业务的盈利水平普遍达到劳务派遣业务的 6 倍以上。外包业务正在完成从政策影响下的过渡手段向市场驱动型的以满足灵活用工需求为目标、以提高劳动生产效率为核心价值的解决方案的转变。还需要指出的是，近年来，特别是劳动合同法修正案以及《劳务派遣暂行规定》实施后外包市场的快速增长充分表明：用工单位对于灵活用工的需求不但是真实存在的，而且具有相当大的市场潜力。有研究资料表明：2016 年全面推开的“营改增”进一步促进了企业的设备和技术更新，有利于企业将非核心业务外包出去，从而集中力量做精做强主业。特别是制造业随着营改增的全面推进，抵扣项目不断增加，成为营改增的最大受益者。这也为人力资源服务机构开展外包业务，特别是生产外包和业务流程外包提供了良好的市场机遇。2016 年，开展商业流程外包和生产外包的会员单位数量较以往均有不同程度的增加。

（五）其他业态

2016 年，参加调查统计的会员单位共提供人力资源咨询服务 3596 次；举办各类培训 820 场；为 38550 名各类人员提供了测评服务；对外输出劳务人员 13037 人。

近年来，一些人力资源服务企业丰富了业务门类，尝试多元化经营，开展了咨询、培训、测评等业务，但无论业务规模，还是盈利水平方面均非常有限，更多地体现为对人力资源服务主业的一种支撑。

三　问题与展望

（一）当前人力资源服务业发展中的主要问题

1. 创新实践的效果还有待观察

多年来，传统的人力资源服务企业在经营理念和管理体制上已经形成了一套固有的模式，在一定程度上阻碍了它们革故鼎新，以更加商业化的思维和举措去迎接挑战。尽管如此，面对复杂的市场环境，如何在挑战中寻突破、在机遇里求创新、在创新下促发展还是成为人力资源服务领域近年来最关注、思考最多的问题。2016 年，外服协会的部分会员单位在创新实践方面进行了不同类型的尝试。例如，利用移动互联网技术开发各类 APP 或操作系统来提升服务效率；利用大数据的理念，以员工大数据为依托，开发网上健康福利商城等跨界增值服务；利用 SaaS 共享服务平台的模式，助力中小型客户企业的人力资源开发与管理，以此激发线上服务的客户数量增加，促进自身业务的潜力增长；依靠地区优势和渠道优势，开展其他各类有偿商业服务。

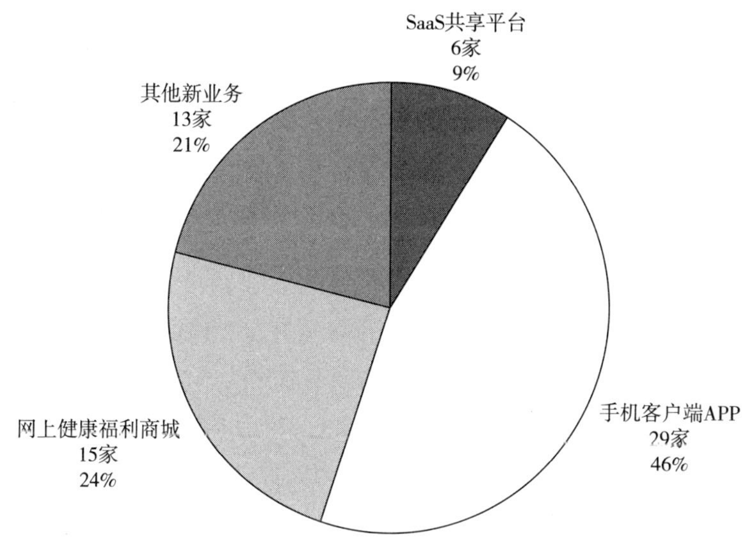

图5　会员单位的创新实践观察

然而，通过改革创新来带动盈利的显著增长甚至实现商业模式的蜕变还需要较长的一段时间。调查问卷显示：多数会员单位表示，当前，创新实践能否带来显著的经济效益尚在观察中。

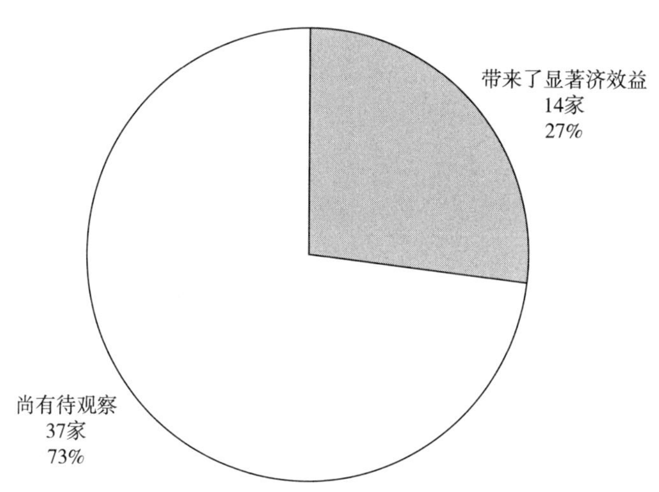

图6　创新实践对会员单位的影响

2. 人力资源服务行业营改增的效果显现还需时日

2016 年，人力资源服务行业“营改增”工作全面推开。为了了解会员单位“营改增”后税负的变化情况，外服协会还开展了相关问题的问卷调查。结果显示：2016 年，在部分会员单位税负下降或保持平稳的同时，还有一部分会员单位出现了税负增加的情况。根据观察，绝大多数税负增加的会员单位都是在利润增加的情况下出现的税负自然增加。“营改增”在人力资源服务行业推行伊始，人力资源服务机构对“营改增”的适应度还比较低，一些会员单位进项税抵扣率低，造成初期税负的小幅上升。我们认为：2016 年 4 月 30 日出台的“47 号文件”［《财政部　国家税务总局关于进一步明确全面推开营改增试点有关劳务派遣服务、收费公路通行费抵扣等政策的通知》（财税〔2016〕47 号）］明确规定了劳务派遣和人力资源外包服务可差额纳税，代收转付部分不计入销售额。此外，劳务派遣和人力资源外包服务“营改增”后的基础税率仍然维持 5%，这样就保证了税负的“平移”，不会对人力资源服务机构增加额外税负。随着会员单位对“营改增”工作的逐步适应，政策所带来的积极效果必将逐步显现。

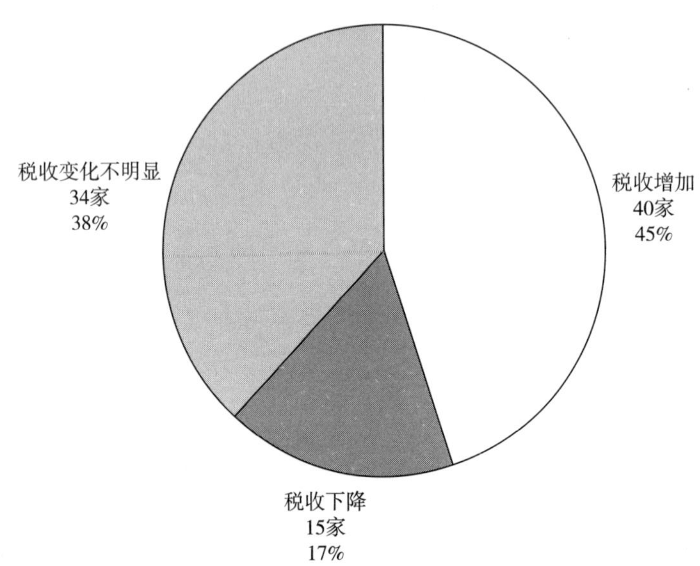

图 7　营改增后，会员单位的税收变化情况

3. 人力资源服务业务格局难以改变

人力资源服务业的业务格局短期内难以改变。近十年以来，人力资源服务行业已经形成了社保经济模式。社保代理和劳务派遣（灵活用工）成为人力资源服务产业最重要的两个支柱。根据外服协会近年来的调查统计，人事社保代理和劳务派遣已连续多年占据会员单位营业总收入的80%以上。虽然政府有关部门鼓励引导人力资源服务企业开展咨询、测评、培训等业务门类，但当前客户企业最希望人力资源服务企业解决的还是合规用工以及优化用工成本两大核心问题，至于其他服务，甚至包括中低端人员的招聘服务，大部分客户企业还是倾向由企业内部的人力资源管理部门（In-house HR）来完成。总之，人力资源服务业务格局短期内难以改变的现状是由当前的市场环境决定的。

（二）人力资源服务业发展展望

1. 人力资源企业跨区域经营趋势明显，行业垄断将加剧

2016 年，人力资源服务企业跨地区经营的趋势更加明显。为了满足开展异地劳务派遣以及异地人事代理服务业务的需要，很多人力资源服务企业在国内不同地区建立了分支机构，以此实现“一地签约、全国服务”的人力资源服务整体解决方案。2016 年外服协会的统计情况显示，北京外企、上海外服、中智、易才四家领军大型人力资源服务集团在全国各地均各自设有 100 家左右的分支机构，基本上实现了服务网络在国内各省份的全覆盖。而兼并、收购、重组成为人力资源服务企业扩张经营、延展产业链的最常用方式。例如，在国内招聘服务领域处于领军位置的北京科锐国际人力资源股份公司，通过持股北京亦庄国际人力资源公司和山东正信人力资源公司两家优质企业，拓展了劳务派遣、灵活用工、业务外包等服务领域，丰富了自身的产品种类，公司近年来的营业规模和盈利水平显著增长，并于 2017 年 6 月成为在国内主板上市的首家人力资源服务企业。根据人力资源和社会保障部等三部委 2014 年下发的《关于加快发展人力资源服务业的意见》，到 2020 年，重点培育形成 20 家左右在全国具有示范引领作用的龙头企业和行业领军企业。大型人力资源服务企业集团的形成有利于构建统一、规范的服务标准，对人力资源服务行业的发展起到引领示范作用，但在一定程度上也会加剧行业的垄断，压缩中小型人力资源服务企业的生存空间。

2. 人力资源服务业将继续向互联网化转型，传统的线下人力资源服务仍有价值体现

近年来，在互联网技术和风投资金的推动下，人力资源服务业呈现了从线下传统人力资源服务向线上互联网化转型的趋势，以人力资源服务不同细分领域为切入点的各类互联网平台不断出现，一些依托互联网技术，以线上开展各类人力资源相关服务为特征的互联网平台脱颖而出，例如，互联网招聘平台、社保代理平台、薪酬代发服务平台、中小企业人力资源服务 SaaS 共享平台等。这些平台丰富了人力资源服务的商业模式，也引起了民间投资机构的关注，一些风险投资基金也开始进入人力资源服务行业中。同时，人力资源服务企业也渴望拥抱资本，通过融资或取得风险投资的方式将企业做大做强。据了解，目前全国已有 44 家人力资源服务企业在新三板挂牌，另有数十家不同类型的人力资源服务企业已获得数百万至上亿元的融资。在互联网行业取得巨大成功的“平台战略”，已成为人力资源服务业转型的一个新方向。

但是，人力资源服务企业在进行“平台化”探索的过程中，也遇到了信息技术水平跟不上、商业模式不清晰、政策研究和理解不透彻、线上线下不畅通、同边和跨边网络效应不理想等问题，近年来，人力资源服务相关企业在向互联网化转型的路上遭遇挫折和失败的案例层出不穷。

尽管线上人力资源服务发展得如火如荼，与之相比，传统的线下人力资源服务仍具价值体现。如同再庞大、再完善的交通网络仍然需要最后一公里的关键支撑一样，对于人力资源服务行业来讲，其服务的对象是“人”这个特殊的个体，在其身边交集的是法律与人情、合规与合理等复杂的关系，因此，再高端、再先进的人力资源平台也需要由专业的人力资源服务机构在线下去完成最后一个关键性的交付步骤，优质的线下服务还是人力资源服务机构，特别是中小型人力资源服务机构的立身之本。一些业内专业人士对此也指出：人力资源服务机构要避免落入“以流量为王”的创新陷阱，最终还是要做到在自己的专业领域精工细作，“守拙，精益生产”。

2017 年 3 月 23 日，全球就业职介服务机构的行业组织——世界就业联盟在北京召开了理事会年度会议。在谈到新技术的发展对人力资源服务行业的影响这一话题时，世界就业联盟副主席、万宝盛华公司全球公共事务总监 Hans Leentjes 先生指出：“当前，人力资源服务的核心要素是 Tech（技术） + Touch（接触），两者相比同样重要。新技术的出现当然能促进服务效率的提升，但最终的解决方案还是依靠人力资源服务机构提供的个性化的专业服务”。

综合而言，人力资源服务行业的发展未来还具有一定的不确定性。作为生产性服务业的一种，人力资源服务业对上游产业的发展具有高度依赖性。当前，我国已进入经济新常态，在未来一个时期，经济增速都将保持平稳的中速增长，这就决定了人力资源服务业很难再出现类似于20世纪末期至21世纪初期那样的跨越式增长。新技术的出现确实提升了人力资源服务的效率，但是，能否直接为人力资源服务企业带来显著的经济效益，还需要较长一段时间的观察，毕竟在当下人力资源服务市场规模的弹性是有限的。此外，还有必要在此指出的是，我国人力资源服务的主要内容与欧、美、日等国家有较大的差异。在我国，人事社保代理服务多年以来一直是人力资源服务业最重要的服务内容和主要的收入来源。而由于各地社保政策不尽相同，全国还未实现社保联网，办理员工的社保缴纳手续对于企业客户来讲还是一件比较复杂的工作。如果未来我国的社保缴纳能像欧美国家一样实现全国联网，社保的缴纳直接与个人收入的应税捆绑在一起，缴纳社保因此变得不再复杂，对于人力资源服务业来讲，真正的考验才开始。当下，对于人力资源服务企业来讲，如何保持浮华之下的一份冷静，如何在市场竞争中和行业演变中找准自己的定位，找到适合自己的发展之路，才是最为迫切需要思考和解决的问题。

参考文献

部分数据来源于《第一财经日报》。

Abstract

The year 2016 marks the decisive year of comprehensively building a well-off society, the beginning of the 13th Five Year Plan, and the crucial year of promoting supply-side reform. Under the leadership of Central Committee of CPC and State Council, the development human resources and social security of China follows the spirit of a series of important lectures of President Xi, and his new philosophies, new thoughts and new strategies. The focuses are to ensure the livelihood of the people, and to prioritize work related to talent, by adhering to reform and innovation, maintaining stability with progress, taking comprehensive measures, and focusing on the right target. Major tasks and goals were perfectly accomplished with sound development, which marks a good beginning of the 13th Five Year Plan.

In 2017, progress has been made and stability has been ensured in the overall economic development. In accordance with the "Five-in-One" layout, and the "Four Comprehensives" strategy, following the "Three Focuses and One Promote" guideline, in the new period of reform and development, the human resources and social security development gains new momentum and new achievements, presenting new characteristics and new trends.

The research period of the Report covers the second half year of 2016 and the first half year of 2017, some of the important systems and measures were implemented since the 18th CPC National Congress. The report collects the latest research results of more then 40 experts in the field of human resources and social security, presenting the overall situation and future trends of the human resources and social security development in China. The report is consist of one general report and six specialized chapters. The General Report reviews the new trends, measures and situations of the development of human resources and social security in China since 2016 in terms of the general situation of human resources, work related to talents, personnel system reform in the public sector, employment and entrepreneurship, income distribution, social security, development of human resources service industry and the construction of legal system. Six specialized chapters includes situation of human resources, work related to talents, personnel system in public sectors, employment, social security and human resources service industry. By summarizing the overall review, current situation and future trend, each report analyses the new development, new measure and new characteristics of human resource and social security development.

The Chapter on human resources introduces the overall situation of human resources in China, important development regarding to institutional reform of technical talents development, and overall situation of human resources in Beijing, Tianjin and Hebei Province. The Chapter on work related to talent focuses on talent plan and evaluation, regional talent policies, overseas talent introduction and reform of professional titles and qualifications. The Chapter represents major development of the institutional innovation of talent work and talent policy implementation, regional talent development policies and its future trend, development of China's overseas talent introduction and current situation and trend of the reform of professional titles and qualifications, since the implementation of the national talent plan. The Chapter on personnel system of public sector explores the progress of the implementation of classified management of civil servants and the reform of paralleled positions and ranks system of civil servants, situation of routine assessment of civil servants in china, personnel system reform in public institutions, situation and trend of wage system reform in China's public institutions, and an overview of the personnel system reform in China's state owned enterprises. The Chapter on employment analyses employment situation of China in 2016, situation and development trend of incubators in China, and the influence of E-commerce development on employment. The Chapter on social security illustrates development of social insurance in China in 2016, and the situation, achievements and trend of China's Basic Old-age Insurance System in 2016. The Chapter on human resources service industry analyses and carries out surveys on the current development of human resources service industry in China, the current situation and development trend of " Internet plus human resources service industry" and the operation of human resources service enterprises in 2016.

The Report centers on new development, new philosophy and new reform. From the viewpoint of development of human resources and social security in China, the Report represents the development trend of human resources and social security in

China in the past year, as well as the new progress and new measures, with a focus on illustrating newly published representative policies. Based on deep research, overall review and systematic analysis, the Report identifies the future development and reform trend of human resource and social security in China.

Contents

Ⅰ General Report

Abstract: In 2016, the beginning year of the "13th Five-Year Plan", the development of human resources in China showed a promising prospect. In general, the total amount of human resources remained stable, the industrial distribution structure of human resources was improved, the educational level increased steadily and the talent system and mechanism reform was further promoted. The structural contradiction in employment was mitigated, the general employment situation kept stable, the labor relations tended to be more harmonious and the social security system functioned smoothly. This Report reviews the new trends, measures and situations of the development of human resources and social security in China since 2016 in terms of the general situation of human resources, work related to talents, personnel system reform in the public sector, employment and entrepreneurship, income distribution, social security, labor relations, human resources service industry, construction of legal system and development of human resources service industry. The development trends of human resources and social security in China in the next period are analyzed on the basis of the significant events in 2016 and existing problems in the development of human resources.

Keywords: Human Resources; Work Related to Talents; Personnel System Reform; Employment and Entrepreneurship

Ⅱ Current Situation of Human Resources

B. 2 General Situation of Human Resources in China, 2016

Li Xueming / 038

Abstract: In 2016, China deepened the supply-side structural reform, firmly promoted mass entrepreneurship and innovation, and accelerated the economic transformation and upgrading in order to actively adapt to the "new normal" economy, thus the development of human resources maintained a good momentum. In general, the total amount of human resources remained stable, the general employment situation registered a stable performance with good momentum for growth, the industrial distribution structure of human resources was improved, the educational level increased steadily and the rate of participation in social insurance rose continuously. The talent resources achieved a rapid development, the scale of talents expanded in the science and technology and manufacturing industry and the "deficit" between the returned Chinese students and overseas Chinese students was reduced with considerable number of the former.

Keywords: New Normal Economy; Supply-side Structural Reform; Human Resources

B. 3 Significant Progress in Sci-Tech Talents Development System and Mechanism Reform in China (2016 -2017)

Abstract: The *Suggestions of the Central Committee of the Communist Party of China on Deepening the Talent Development System and Mechanism Reform* provided a general layout of the talent development system and mechanism reform. In 2016, the sci-tech talents development system and mechanism reform was launched on a broad scale in China. The sci-tech talents reform plan was advanced with steady steps to address the shortage of high-level talents in China. In order to accelerate innovation in the talent cultivation, evaluation, flow, motivation, introduction mechanisms, the relevant departments and local government promulgated a series of policies and measures featuring intense reform and high value so as to delegate powers to the employers, lift the restrictions on the talent and improve the system by which the talent is encouraged to come to the fore and contribute according to their ability. The "13th Five-Year Plan" for national science and technology talent development sticks to the problem-based principle, focuses on the construction of integrated, systematic, coordinated and centralized system and make efforts to improve the sci-tech talent team for the purpose of enhancing their innovation capacity and vitality. As a result, the transformation from the expansion in quantity to the enhancement in quality of the sci-tech talent team can be promoted.

Keywords: Sci-tech Talent; Talent System and Mechanism; Reform and Development

B. 4 Development of Human Resources in Beijing-Tianjin-Hebei Region

Abstract: The coordinated development of Beijing-Tianjin-Hebei Region has become a national strategy. The establishment of Hebei Xiong'an New District demonstrated the great determination and action taken in order to promote the coordinated development of Beijing-Tianjin-Hebei Region. The human resources, especially the talent resources, come first in this respect. At present, What is the general situation of human resources in the Beijing-Tianjin-Hebei Region? What are some of the current issues and the corresponding solutions? These questions need to be answered. This Report pointed out three main problems existing in the development of human resources in the Beijing-Tianjin-Hebei Region and proposed six corresponding solutions and suggestions by clarifying the situation of the total amount of human resources and its development, analyzing the development of six talent teams and whether the industries match with the talent in the Beijing-Tianjin-Hebei Region and making a comparison of the current situation of three state demonstration zones, i. e., "Zhongguancun, Binhai New Area and Xiong'an New District".

Keywords: Human Resources; Talent Resources; Beijing-Tianjin-Hebei; Xiong'an New District

Ⅲ Work Related to Talents

Abstract: The talent plan has been effectively boosted with good progress since implementation in which the organization department played a leading and coordinating role and relevant functional departments fulfilled their duties and provided the close cooperation under the centralized arrangement of the central talent coordination group. Currently, the overall progress in the innovation of the talent system and mechanism is overachieved with formation of a national talent policy system at the national, systematic and local level. A good progress was made in the overall tasks. In general, the leadership system of the management of talent by the party and the talent development in a scientific way have been significantly improved; an significant progress was made in the overseas talent introduction policy, talent evaluation and professional title reform, civil servant classification management reform, pension insurance system reform of the government departments and public institutions, personnel system reform of the public institutions and motivation of the talent in innovation and entrepreneurship, and remarkable achievement in the establishment of the talent management reform pilot zone was made. Currently, a breakthrough is made in the "deep-water zone" reform of talent system and mechanism, good performance is registered in the implementation of the significant talent policies and the talent development as a priority is advancing to the new track of normalized, demand-based and fine development.

Keywords: Talent Planning; System and Mechanism; Significant Policies

Abstract: The eastern China, middle China, western China and northeast China developed a number of policies and plans or projects concerning the talent from 2010 to 2016 with different characteristics shown in the talent system and mechanism reform. Currently, these four regions still face some problems to be solved immediately in the area of talent system and mechanism reform. In order to act in the spirit of the *Suggestions* and make a breakthrough in key areas, the four regions are required to further streamline administration and delegate power, ensure the independent employment by the employers and implement all reform policies.

Keywords: Talent Policy; Regional Talent; Comparison of Policies

Abstract: This paper firstly reviews the main talent introduction work in recent years; secondly, introduces the results of talent introduction in terms of the number of planned candidates, foreign talents and foreign students in China; thirdly, focuses on the progress of key talent introduction from 2016 to 2017, including the initiating the work permit system for the foreigners in China, issuing the policies and measures for exit of and entry into China for the purpose of supporting the development of key areas and strengthening the permanent residence management of the foreigners; finally, analyzes the five characteristics and trends of talent introduction: enhance the system construction, expand the scope of talent introduction, make a breakthrough in targeted talent introduction, offer the services and management in a more scientific way and achieve the unprecedented vigor by means of pilot projects.

Keywords: Overseas Talent; Talent Introduction; Talent Introduction Work

Abstract: In January 2017, the General Office of CCCPC and the General Office of the State Council jointly issued the *Suggestions on Deepening the Reform of Professional Title Reform*, marking the beginning of the round of professional title system reform. Then a new start will be made in China's professional title system. This Paper briefly reviews the history of China's professional title system, systematically analyzes the problems and challenges during reform and brings forward the reform trends and future development by means of feasibility study of this reform.

Keywords: Professional Title; Professional Title System; Professional Title System Reform

Abstract: China has achieved good results since implement of the professional qualification certificate system in 1994, but a number of problems occurred also.

During the critical period of China's professional qualification system reform, the occupational classification ceremony, directory listing system, framework optimization and industry transfer are to be implemented orderly. This Paper briefly introduces the background and current situation of China's professional qualification system reform, systematically analyzes the existing problems and new circumstances and makes a judgment of the future reform trends and directions of the professional qualification system, and finally proposes the corresponding suggestions on the new professional qualification system framework.

Keywords: Professional Qualification; Professional Qualification Framework; Professional Qualification System Reform

Ⅳ Personnel System in the Public Sector

Abstract: As the position classification is basis of management of civil servants, the classified management of civil servants is significant for the reform and improvement of the civil servant system. With the development of civil servant system, the position classification reform and its system design are constantly deepened and improved respectively, and certain results have been achieved. However, the difficulties and problems, such as incomplete system, civil servant management system on the basis of position classification and external system coordination, are to be solved while promoting the classified management. Therefore, this report is intended to propose the corresponding suggestions by means of clarifying the cadre personnel system reform direction, defining the purpose of classified management reform, improving the classified management system design, building the management system based on the job classification and preparing for the reform.

Keywords: Civil Servants; Classified Management; Measures

Abstract: The positions and ranks system of civil servant has been the focus and difficulty in the civil servant management. The paralleled positions and ranks are significant for the expanding the career development paths of the civil servants and increase of wage. This paper analyzes and studies the proposal and current implementation of the paralleled positions and ranks system of civil servant, systematically analyzes paralleled positions and ranks in combination with the four wage system reforms of civil servants, and then puts forwards the problems including insufficient efforts made to implement the paralleled positions and ranks of the authority, negative effect of " unfair punishment" and incomplete supporting measures, and propose three suggestions of scientifically determining and setting up the number and proportion of positions in parallel with the ranks at different levels of authority, developing the measures for the management of promotion and defining the remuneration of relevant ranks, effectively combining the paralleled positions and ranks system with other management systems.

Keywords: Civil Servant; Positions; Ranks

Abstract: The routine assessment of civil servant constitutes a key part of the civil servant management system and serves as the basis of team development. The routine assessment of civil servant has been progressing since the 18th National Congress of the Communist Party of China. All pilot areas and departments pay high attention to the routine assessment on a pilot basis, actively make the exploration and have obtained good results and a wealth of experience, which lay a basis for the comprehensive, unified and regulatory routine assessment of civil servant. However, a number of challenges remain to be solved whiling great performance is registered in the routine assessment of civil servant. During the period of the "13th Five-Year Plan", for the new situations and challenges, routine assessment of civil servant should be implemented on a broad scale by means of laying a solid foundation and promoting the scientific assessment and coordinated management rights and responsibilities and the routine assessment should be implement by stages and steps from the overall view with an aim to cover all authorities at each level by 2020.

Keywords: Routine Assessment; Civil Servant Management; Team Development

Abstract: The routine assessment of civil servant constitutes a key part of the civil servant management system and serves as the basis of team development. The routine assessment of civil servant has been progressing since the 18th National Congress of the Communist Party of China. All pilot areas and departments pay high attention to the routine assessment on a pilot basis, actively make the exploration and have obtained good results and a wealth of experience, which lay a basis for the comprehensive, unified and regulatory routine assessment of civil servants. However, a number of challenges remain to be solved while great performance is registered in the routine assessment of civil servant. During the "13th Five-Year Plan", for the new situations and challenges, routine assessment of civil servant should be implemented on a broad scale by means of laying a solid foundation and promoting the scientific assessment and coordinated management rights and responsibilities and the routine assessment should be implement by stages and steps from the overall view with an aim to cover all authorities at each level by 2020.

Keywords: Routine Assessment; Civil Servant Management; Team Development

B. 14 Situation and Trend of Wage System Reform in China's Public Institutions

He Fengqiu / 216

Abstract: The income distribution system is an important part of the economic system, which changes with the economic development and social change. Since the founding of the PRC, the wage system of the public institutions has undergone four major changes which respectively adapted to the economic and political system and demonstrated different characteristics of the times. In November 2013, the *Decisions of the CCCPC on Major Problems of Comprehensively Deepening Reform* proposed reform of the wage and subsidy system in the government departments and public institutions according to the industrial characteristics and establishment of the motivation and constrained allocation system for the high-level talent, main leaders, etc. In 2016, China established the regular increase mechanism for the wage of public institutions and arranged for annual adjustment of base pay standard in the long term, while the adjustment was made biennially recently. Meanwhile, the *Guidelines on the Pilot Reform in Compensation System of Public Hospitals* was issued in January 2017 in order to further explore the compensation system consistent with the industrial characteristics and act in the spirit of relevant national conferences, which proposed the pilot work with an aim to establish more scientific and reasonable compensation system. The pilot units could also adopt the annual compensation system, agreement based compensation system, etc. This report first reviews the history of the wage system reform in the public institutions, then analyzes the difficulties in the wage system reform and finally points out the development trends.

Keywords: Public Institutions; Wage System; Wage Reform

B. 15 Overview of the Personnel System Reform in China's State Owned Enterprises

Tong Yali, *Dong Zhichao* / 229

Abstract: Since the implementation of reform and opening policy, the personnel system reform of state-owned enterprises is contentiously deepened. The reform started from the labor, personnel and income distribution systems in statedowned enterprises, gradually to achieve the goal of building a modern enterprise system. By summarizing the history and development process of personnel system reform of state-owned enterprises, this chapter identifies five focuses in deepening personnel system reform of state-owned enterprises under current situation: exploration of employee stock ownership plans in mixed ownership enterprises; implementation of the duties of board member; marketization of the selection and recruitment of managers; reform of differentiated distribution of enterprise incomes; and the implementation of professional manager system.

Keywords: State-owned Enterprises; Personnel System; System Reform

V Employment

Abstract: In 2016, China's employment situation generally remained stable with expansion of scale, improvement of structure and increase of payment. New progress was made in employment service, as a result, the employment of key groups increased stably, entrepreneurship significantly drove the employment and the public employment service further expanded. In order to meet the future economic development, it is top priority to achieve the employment of key groups when mitigating the overall employment pressure, and it is always the key to promote the resource reorganization and relevant reforms so as to ease the structural contradiction in employment.

Keywords: Employment and Entrepreneurship; Employment of Key Groups; Public Employment Service

Abstract: The incubators emerged in the late 1980s in China, which formed a certain scale with type and service functions being improved. The types of incubators can be classified into investment promotion, training guidance, media extension, professional service and maker incubation. Furthermore, the incubators can be divided into site service, financial service, intermediary service, technical service and promotion service in terms of service functions. The incubators, as the important carrier and platform for entrepreneurship, are the key to supporting the growth of start-ups, promoting the development of hi-tech industries, driving the construction of the national and regional innovation system and accelerating the industrial structure transformation and economic prosperity.

Keywords: Incubator; Service Function; Start-ups

Abstract: In recent years, China has seen the sustained and rapid development of the e-commerce, which has become the new drive of economic development and new growth point of employment. The e-commerce development has had overall and profound influence on the employment pattern of China, created new forms of job opportunities and promoted the change of employment structure. The resulting employment ways are diverse, which brings forward higher requirements for the employment capacity of the laborers. Meanwhile, the e-commerce development also brings about new challenges for human resources and social security, and the existing employment and social security system are to be improved immediately. This paper studies the situation of China's e-commerce development and its influence on the employment and proposes the measures and suggestions on how to support e-commerce development and employment in the field of human resources and social security.

Keywords: E-commerce; Employment; Human Resources

Ⅵ Social Security

Abstract: In 2016, China has further deepened the reform in social insurance system with expansion of coverage, increase of compensation, growth of fund scale, enhancement of management and service capacity and improvement of social insurance systems and made a series of achievements in the construction of multilevel and sustainable social security system with full coverage and basic guarantee. However, there are still some problems. This Report introduces the general situation of China's social insurance system in 2016, clarifies the progress of significant reforms in social insurance, summarizes the main problems in social insurance system and proposes the corresponding suggestions.

Keywords: Social Insurance; Reform; Progress

Abstract: In 2016, the coverage of basic old-age insurance system, fund scale and compensation were expanded and increased. A series of results have been achieved in the reform of basic old-age insurance system: the pension fund investment back on the right track, proposal of the goal of universal coverage during the period of "13th Five-Year Plan", regulation of enterprise annuity market, promulgation of interim measures for the management of employment annuity fund, issuance of policies on the basic old-age insurance relations and employment annuity transfer and renewal, stricter regulation of basic old-age insurance, increase in level of information of social security and periodical reduction in social security payment rate. The basic old-age insurance system is facing increasing pressure of pension fund payment, expansion of multi-pillar pension insurance system and improvement of supporting measures for the fund investment and operation. This Paper proposes that it is necessary to accelerate the integrated reform in pension insurance and develop the multi-pillar old-age insurance system.

Keywords: Basic Old-age Insurance System; Pension Fund Investment; Annuity Market

Ⅶ Human Resources Service Industry

B. 21 Analysis ofthe Current Development of Human Resources Service Industry in China

Wang Xiaohui, *Tian Yongpo* / 309

Abstract: In 2016, China's human resources service industry continued its rapid development and made a good start in the "13th Five-Year Plan". In general, the human resources service industry continued its expansion in scale and improvement in quality; the private human resources service agencies achieved the fastest growth and has become the largest part in China's human resources service market; the requirements for flow and allocation of human resources were met; the on-site job fairs continued to shrink while the online job fairs maintained a rapid growth; the volume of labor dispatch business kept stable after rapid decline in recent years, while the human resources outsourcing services grew steadily; the human resources management and consultation services kept increasing rapidly; the total number and general quality of employees in the human resources service industry grew rapidly and was improved; and the governments, research institutions, associations and human resources service agencies at each level jointly held a series of group discussion, contest and exhibition activities, which enlarged the industry influence and increased business communication.

Keywords: Human Resources Service Industry; Online Recuitment; Consultation Service

B. 22 Current Situation and Development Trend of "Internet plus Human Resources Service Industry"

Tian Yongpo, *Wu Shuai* / 321

Abstract: The "Internet Plus" is profoundly changing the pattern of China's economic and social development. As the basis of development and allocation of human resources, the human resources service industry has become an important part of China's production-related service industries and is the key to promoting the economic transformation and upgrading and development of talent. Under the wave and policy of the "Internet Plus", the human resources service agencies have made a number of attempts based on their own operating characteristics and advantages and achieved certain results. This paper analyzes the current situation and trend of development of "Internet plus human resources service industry" respectively in combination with the sample survey on the national human resources service agencies conducted by the China Academy of Personnel Science.

Keywords: Human Resources Service Industry; "Internet Plus"; Service Agency

Abstract: In order to learn the general operation of human resources service enterprises in 2016, study the innovation and development of human resources service industry in the new market environment and explore the influence of "transition from business tax to VAT" on the human resources service enterprises, this Report analyzes and summarizes the operation of human resources service enterprises in 2016 in terms of the general situation and major business segmentation on the basis of the statistics of annual operation of some members of China Association of Foreign Service Trades in 2016 and the results of relevant questionnaire, and explores the development trends of the human resources service industry. It should be pointed out that the human resources service enterprises involved in this paper are those traditional human resources service enterprises with main business scope of various off-line human resources-related services.

Keywords: Industry Statistics; Human Resources; Service Enterprise

皮书起源

“皮书”起源于十七、十八世纪的英国，主要指官方或社会组织正式发表的重要文件或报告，多以“白皮书”命名。在中国，“皮书”这一概念被社会广泛接受，并被成功运作、发展成为一种全新的出版形态，则源于中国社会科学院社会科学文献出版社。

皮书定义

皮书是对中国与世界发展状况和热点问题进行年度监测，以专业的角度、专家的视野和实证研究方法，针对某一领域或区域现状与发展态势展开分析和预测，具备原创性、实证性、专业性、连续性、前沿性、时效性等特点的公开出版物，由一系列权威研究报告组成。

皮书作者

皮书系列的作者以中国社会科学院、著名高校、地方社会科学院的研究人员为主，多为国内一流研究机构的权威专家学者，他们的看法和观点代表了学界对中国与世界的现实和未来最高水平的解读与分析。

皮书荣誉

皮书系列已成为社会科学文献出版社的著名图书品牌和中国社会科学院的知名学术品牌。2016 年，皮书系列正式列入“十三五”国家重点出版规划项目；2012~2016 年，重点皮书列入中国社会科学院承担的国家哲学社会科学创新工程项目；2017 年，55 种院外皮书使用“中国社会科学院创新工程学术出版项目”标识。

中国皮书网

发布皮书研创资讯，传播皮书精彩内容
引领皮书出版潮流，打造皮书服务平台

栏目设置

关于皮书：何谓皮书、皮书分类、皮书大事记、皮书荣誉、皮书出版第一人、皮书编辑部

最新资讯：通知公告、新闻动态、媒体聚焦、网站专题、视频直播、下载专区

皮书研创：皮书规范、皮书选题、皮书出版、皮书研究、研创团队

皮书评奖评价：指标体系、皮书评价、皮书评奖

互动专区：皮书说、皮书智库、皮书微博、数据库微博

所获荣誉

2008 年、2011 年，中国皮书网均在全国新闻出版业网站荣誉评选中获得“最具商业价值网站”称号；

2012 年,获得“出版业网站百强”称号。

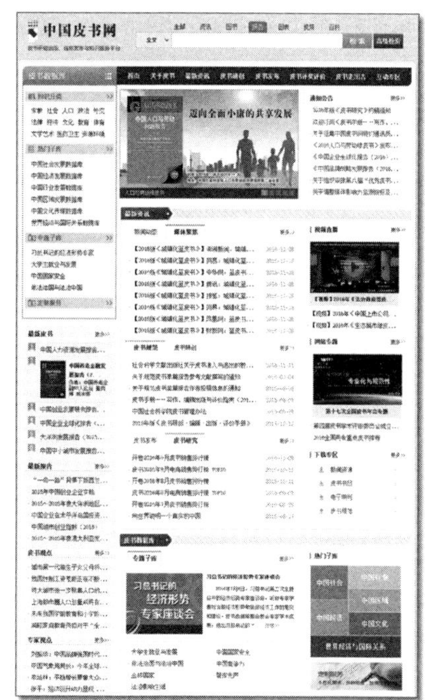

网库合一

2014 年，中国皮书网与皮书数据库端口合一，实现资源共享。更多详情请登录 www.pishu.cn。

权威报告·热点资讯·特色资源

皮书数据库

ANNUAL REPORT(YEARBOOK) DATABASE

当代中国与世界发展高端智库平台

所获荣誉

- 2016年，入选“国家‘十三五’电子出版物出版规划骨干工程”
- 2015年，荣获“搜索中国正能量 点赞2015”“创新中国科技创新奖”
- 2013年，荣获“中国出版政府奖·网络出版物奖”提名奖
- 连续多年荣获中国数字出版博览会“数字出版·优秀品牌”奖

WWW.PISHU.COM.CN

成为会员

通过网址www.pishu.com.cn或使用手机扫描二维码进入皮书数据库网站，进行手机号码验证或邮箱验证即可成为皮书数据库会员（建议通过手机号码快速验证注册）。

会员福利

- 使用手机号码首次注册会员可直接获得100元体验金，不需充值即可购买和查看数据库内容（仅限使用手机号码快速注册）。
- 已注册用户购书后可免费获赠100元皮书数据库充值卡。刮开充值卡涂层获取充值密码，登录并进入“会员中心”—“在线充值”—“充值卡充值”，充值成功后即可购买和查看数据库内容。

社会科学文献出版社 SOCIAL SCIENCES ACADEMIC PRESS (CHINA) 皮书系列

卡号：969273952178

密码：

数据库服务热线：400-008-6695

数据库服务QQ：2475522410

数据库服务邮箱：database@ssap.cn

图书销售热线：010-59367070/7028

图书服务QQ：1265056568

图书服务邮箱：duzhe@ssap.cn

S 子库介绍
Sub-Database Introduction

中国经济发展数据库

涵盖宏观经济、农业经济、工业经济、产业经济、财政金融、交通旅游、商业贸易、劳动经济、企业经济、房地产经济、城市经济、区域经济等领域，为用户实时了解经济运行态势、 把握经济发展规律、 洞察经济形势、 做出经济决策提供参考和依据。

中国社会发展数据库

全面整合国内外有关中国社会发展的统计数据、 深度分析报告、 专家解读和热点资讯构建而成的专业学术数据库。涉及宗教、社会、人口、政治、外交、法律、文化、教育、体育、文学艺术、医药卫生、资源环境等多个领域。

中国行业发展数据库

以中国国民经济行业分类为依据，跟踪分析国民经济各行业市场运行状况和政策导向，提供行业发展最前沿的资讯，为用户投资、从业及各种经济决策提供理论基础和实践指导。内容涵盖农业，能源与矿产业，交通运输业，制造业，金融业，房地产业，租赁和商务服务业，科学研究，环境和公共设施管理，居民服务业，教育，卫生和社会保障，文化、体育和娱乐业等 100 余个行业。

中国区域发展数据库

对特定区域内的经济、社会、文化、法治、资源环境等领域的现状与发展情况进行分析和预测。涵盖中部、西部、东北、西北等地区，长三角、珠三角、黄三角、京津冀、环渤海、合肥经济圈、长株潭城市群、关中—天水经济区、海峡经济区等区域经济体和城市圈，北京、上海、浙江、河南、陕西等 34 个省份及中国台湾地区 。

中国文化传媒数据库

包括文化事业、文化产业、宗教、群众文化、图书馆事业、博物馆事业、档案事业、语言文字、文学、历史地理、新闻传播、广播电视、出版事业、艺术、电影、娱乐等多个子库。

世界经济与国际关系数据库

以皮书系列中涉及世界经济与国际关系的研究成果为基础，全面整合国内外有关世界经济与国际关系的统计数据、深度分析报告、专家解读和热点资讯构建而成的专业学术数据库。包括世界经济、国际政治、世界文化与科技、全球性问题、国际组织与国际法、区域研究等多个子库。

法律声明